李剑国

著

本

中国狐文化

人民东方出版传媒
People's Oriental Publishing & Media
东方出版社
The Oriental Press

**图书在版编目（CIP）数据**

中国狐文化 / 李剑国著 . —修订本 . —北京：东方出版社，2022.6
ISBN 978-7-5207-2676-4

Ⅰ . ①中… Ⅱ . ①李… Ⅲ . ①狐—文化研究—中国—古代
Ⅳ . ① B933

中国版本图书馆 CIP 数据核字（2022）第 015323 号


中国狐文化（修订本）
（ZHONGGUO HUWENHUA）

--------------------------------------------------------------

作　　者：李剑国
责任编辑：张凌云
出　　版：东方出版社
发　　行：人民东方出版传媒有限公司
地　　址：北京市西城区北三环中路 6 号
邮　　编：100120
印　　刷：北京汇林印务有限公司
版　　次：2022 年 6 月第 1 版
印　　次：2022 年 6 月第 1 次印刷
开　　本：710 毫米 ×1000 毫米　1/16
印　　张：25.5
字　　数：340 千字
书　　号：ISBN 978-7-5207-2676-4
定　　价：69.80 元
发行电话：（010）85924663　85924644　85924641

--------------------------------------------------------------

狐

# 目录
## CONTENTS

# 序章

## 狐的生物性与文化性

当我写下"中国狐文化"这个题目时，并不是被"文化热"所驱非要拼凑一个浅薄的文化结构。探寻狐文化的内涵与流变，绝非在文化的名义下重述尚能满足现代人嗜奇心理的古代狐精故事。可以说狐和狐精挟带着许多极为重要的传统观念——世俗的和宗教的，伦理的和哲学的，历史的和审美的，因此它才能在漫长的历史岁月中形成一种独特的内涵丰富的文化现象。狐精是中国文化的独创，独特的东西才具魅力。因此它在古代就传播到深受中国文化影响的东邻诸国，而在现代，也有一些东西方国家的汉学家从学术角度予以关注。据笔者所知，日、美、德等国都有学者研究过或正在研究中国的狐狸精。

几乎没有任何一种动物像狐这样被最充分地赋予意味深长的文化含义。而且狐文化和诸如牛文化、蚕文化之类不同，后者都较多包含着物质生产的内容；也和蟋蟀、蝈蝈文化不同，后者包含着极大的赏玩性和娱乐性。狐是自然物，但在狐文化中，狐基本上不以狐的原生态形式出现，狐是被夸张、变形、虚化了的狐，狐成为观念的载体，审美的对象。狐皮虽作为名贵皮毛早已进入人类的物质文明，作为药材也曾多次被载入种种药典，但狐文化的发展走向从一开始就是超物质的。狐在被初民作为狩猎对象之初，同时就获得了超物质的品性。狐文化的意义在精神方面，在宗教信仰和审美创造方面。狐是一种象征物，一种神秘的文化符号，一种动人的审美意象。在宗教、民俗和文学中，它曾长久地发挥着特殊的文化功能和艺术功能。

这一点或许与被古人统称为"四灵"的龙、凤、龟、麟相似，但又有不同。龙、凤的原型已难确考，它们由先民的图腾逐渐虚拟化并升华为神圣的象征，曾长期被帝王垄断，又作为吉祥的象征一直延续至今世，人们从龙凤身上获得幸福如意的感受。尤其是龙，它和长城、黄河同被当代中国人视为数千年民族精神的最完美的象征。和龙凤同属虚拟动物的麒麟，作为祥瑞物曾与龙凤处于同等重要的地位，只不过麒麟文化并未充分发育，其影响远不能与龙凤匹敌。狐一度也是瑞兽，也是神圣之物，但狐文化却不具备龙凤文化那样崇高的品格。狐断裂了瑞兽的属性，最终以妖精的面貌横肆天下。"四灵"中的龟是唯一的实有之物，这和狐一样；龟的一脉堕为妖物，也和狐一样。但龟因其长寿进入道教修炼系统，而且因与北方玄武七宿的配合成为道教玄武大帝的象征，其地位之崇非狐能望其项背。只有龟作为妖精出现时——这种情况并不太多，才在光芒四射的狐妖面前显示出它的暗淡。

狐的角色性质早先是图腾、瑞兽，后来是妖兽、妖精，即使在它被视为狐神、狐仙受到崇拜时，也还是妖精。狐神、狐仙从未被列入祀典，一直属淫祀范围，就因为狐神、狐仙之不雅。因此，狐文化前期是图腾文化和符瑞文化，后期是妖精文化，妖精文化是主要方面。作为妖精，狐妖是庞大妖精群中无与伦比的角色，堪称妖精之最。这不仅仅是因为在妖精传说体系中狐妖所占比例最大，更因为狐妖经历了最为复杂的演变过程，曾以最尊贵的地位（对诸妖而言）受到持久的尊崇，这就是狐神崇拜和狐仙崇拜。而在这中间，狐妖不仅体现出一般意义的宗教观念，例如所谓"物老为怪"等，更包含着许多为狐妖所特有的宗教观念，以致我们可以用狐妖观念、狐仙观念之类的概念来概括关于狐的变化、修炼等特殊内容。在狐妖身上也非常特殊地体现着中国人的伦理观、女性观等等，折射着不是对狐而是对人的认识和评价。而狐妖在文学形象体系中较之其他妖物也处于无与伦比的地位，没有哪种妖物能像狐妖那样获得文学家——主要是小说家——的青睐。狐妖在从宗教民俗文化进入审美文化后经历了全新的价值判断和审美改造，成为最具魅力的审美意象。

　　狐的被灵化和妖化，是在其原生态基础上进行的，古人对狐的形态（体形特征）和生态（生活习性）的生物学认识制约着狐被灵化和妖化的走向及定型特征。那么作为动物的狐是怎样的呢？

　　狐，今天叫作狐狸。"狐狸"一词早已出现，实际指的是狐和狸两种动物。《左传》襄公十四年："狐狸所居，豺狼所嗥。"《孟子·滕文公上》："狐狸食之，蝇蚋姑嘬之。"《后汉书》卷五六《张纲传》："豺狼当道，安问狐狸。"以狐狸与蝇蚋、豺狼对举，分明是以狐狸为二兽。类似例证极多。《淮南子·缪称训》：

明王圻等编《三才图会》
鸟兽卷中之狐图

"今谓狐狸，则必不知狐，又不知狸。"高诱注："俱不知此二兽。"关于狸，东汉许慎《说文解字》豸部释云："狸，伏兽，似貙。"段玉裁注："伏兽谓善伏之兽……即俗所谓野猫。"① 狸的别名很多，尚有山猫、钱猫、狸猫、狸子、山狸、野狸、石虎等等，而其动物学学名则为豹猫，大约因为它毛色形体似豹的缘故。狸的体形大小与家猫仿佛，比狐小，形体特征也不同于狐，古人说："（狐）鼻尖似小狗，惟大尾，全不似狸。"② 所以在现代动物分类学上，狐属于犬科，而狸属于猫科。狸的分布遍及南北各地，皮称狸子皮，可以制裘，这倒同狐一样，而且同样是昼伏夜出的"伏兽"。大约因为狐和狸有这些相似处，故而古人把它们看作同类。《淮南子·缪称训》云："狐、狸非异，同类也。"东汉黄宪《三难》云："（狐）何以为党？其名曰狸。"而且《诗义问》还说："狐之类，貉貓狸也。"③ 把貉、貓（猪獾）也都归入狐类。南宋谢维新《古今合璧事类备要》别集卷七八也说，狸、香狸、风狸、玉面狸、貓、貉，"皆狐之类"。这当然不符合现代动物分类学知识，但古人以狐、狸同类是一贯的认识，直到清代蒲松龄还说狸"亦狐属"④。甚至把二者混为一物，前边所引《淮南子》"今谓狐狸"云云说的便是不辨狐与狸，另外《子思子》亦云："谓狐为狸者，非直不知狸也，忽得狐复失狸者也。"⑤ 唐传奇《古镜记》写女妖鹦鹉本是千岁老狸所化，而王度称其为"老狐"，《西游记》第六十回《牛魔王罢战赴华筵，孙行者二调芭蕉扇》说玉面公主是万岁狐王的女儿，六十一回却又说"原来是个玉面狸精"，也都是同样的情况。这自然是由于以狐狸为同类而并称所造成的混乱，诚如北齐刘昼《刘子·审名》所云："狐、狸二兽，因其名便，合而为一。"当古人用"狐狸"一词不是

---

① 见清段玉裁《说文解字注》，上海古籍出版社，1981 年。
② 北宋唐慎微《重修政和经史证类备用本草》卷一八引唐本注，《四部丛刊初编》影印金刊本。
③ 唐徐坚等《初学记》卷二九引，中华书局，1980 年。
④ 张友鹤辑校《聊斋志异》卷三《刘海石》，上海古籍出版社，1978 年。
⑤《太平御览》卷九一二引，中华书局影印宋刊本，1985 年。

兼称二兽而是独称一兽时，有时指狸，《初学记》卷二九注云："今或呼狸为狐狸。"但更多的情况是称狐。例如唐张读《宣室志》卷二○《许贞》中雌狐精对许贞说"天命当与君偶，得以狐狸贱质奉箕帚二十年"。《新唐书》卷二○八《宦者传下·刘克明传》云："帝（敬宗）夜艾自捕狐狸为乐，谓之打夜狐。"南宋洪迈《夷坚三志己》卷三《刘师道医》云妇人"俄化为狐狸"，后又云"复化为狐"。凡此皆是。但以狐狸专指狐，将狸完全排斥在外，还是近世习惯，狐精也就称为狐狸精了。

在动物分类学中，狐属属于兽纲食肉目犬科。据古生物学家研究，在新生代第三纪中期的渐新世出现新食肉类动物，其中犬形类到更新世分化为狐、狼、豺等。更新世是第四纪早期，约二百五十万年前至一万五千年前，人类祖先大约也出现在这一时期。这就是说，人类祖先出现时狐也出现了。在犬科动物中，狐的体形属于中等或偏小，小于狼与豺。吻尖而长，耳较大，体纤长，四肢短，尾形长而粗圆，等于或超过体长之半，尾毛长密。狐的栖息习性较为多样，大凡森林、草原、沙漠、高山、丘陵、平原均可栖息。但多水地区和水位高的场所则绝少栖居，因为不易穴处生存。狐奔跑速度很快，每小时约达48公里。感觉极为灵敏，能施放狐臭，用于自卫。狐属于夜行性兽类，夜出觅食，白昼匿藏洞穴，所以古人说它是"隐伏之物"[①]。它的食性很杂，以各类小动物及昆虫为食，也吃植物浆果[②]。

狐属种类很多，我国古代对狐的明确分类至清始见。清人阮葵生《茶余客话》卷二○《貂鼠》云：

> 狐之族七。蒙古产者二：毛黄而长，曰草狐。短而黇（按：音天，黄白色），曰沙狐。俄罗斯产者五：绒黑而毫白，曰玄狐。其次身鼬

---

① 魏王弼《周易·解卦》注，《十三经注疏》本。
② 以上参见高耀亭等编著《中国动物志》兽纲第八卷食肉目，科学出版社，1987年。

（按：音湍，黄黑色）而臁（按：音浅，肋后胯前的部位）黑，曰猏刀。又其次身巀（按：音蝉，黄色）而臁青，曰火狐。此外又有白狐、灰狐二种。又有妖狐，一曰灵狐，似猫而黑，年老能幻人形。

又和邦额《夜谭随录》卷四《杂记》云：

> 狐之类不一，有草狐、沙狐、玄狐、火狐、白狐、灰狐、雪狐之别。……或曰：老而妖者名狌狐，又名灵狐，似猫而黑，北地多有之，盖别一种云。

除所谓狌狐（妖狐、灵狐）者外，草狐等等共八种。这当然不是科学的分类，而在全球范围内狐的种类实际还要多。据《简明不列颠百科全书》介绍，狐属的种类及变种有十好几种，凡有赤狐、孟加拉狐、黑狐、杂交狐、沙狐、十字纹狐、阿富汗狐、猫狐、素狐、大耳苍狐、苍狐、吕氏狐、参孙狐、银狐、南非狐、藏狐。其中黑狐、银狐、参孙狐等都是赤狐的变种。而据《中国动物志》，狐属现生种计有9种，我国只有3种，即赤狐、沙狐、藏狐。

沙狐别名东沙狐，体形小，主要分布在内蒙古、甘肃、宁夏、新疆的草原荒漠地区。藏狐别名西沙狐、藏沙狐，主要分布在青藏高原。分布最广的是赤狐，南北均有。赤狐别名红狐、狐狸，毛皮叫"草狐"。毛色棕黄或趋棕红，故而叫作赤狐。但南北各地由于地理条件、气候条件不同，赤狐的毛色变异很大，并不单一。所谓黑狐、银狐，自然是因毛色趋黑或趋白而名之，都是赤狐的一个色型[①]。我国古书所记载的狐，大都是赤狐。《诗经·邶风·北风》所云"莫赤匪狐"，说狐毛赤色，所指正是赤狐，赤狐之名亦得于此。赤狐有几个亚种，主要是北狐和南狐，分别生活在北方和南方的广大地域。

---

① 参见《简明不列颠百科全书》，中国大百科全书出版社，1991年。

　　狐的经济价值主要表现在它的皮毛上，狐皮是制裘的珍贵皮毛。北狐由于体大毛长，色泽鲜亮，所以狐皮质量最佳，南狐则远逊之，而且南方多水地区狐分布很少，所以猎狐业自古以来主要集中于北方。

　　由于这种原因，古人和狐直接接触，开始于狩猎。狐体形较小，性情也不凶残，所以较易捕获，从而成为狩猎的重要对象。甲骨文中没有"狐"字，但有一个"犷"字，有"获犷十有三""获犷廿五"等记载。这个"犷"字，罗振玉、王襄、商承祚、唐兰等学者认为是"狼"字，叶玉森、柯昌济、郭沫若等则认为是"狐"字[1]。虽然"犷"字不能肯定必是"狐"字，但至少有这种可能，即甲骨文中已有许多获狐记录。所谓"获狐（犷）十有三"等等，记录的是每次猎狐所获的数量。十三、二十五等数字说明所获甚多，既表明狐是狩猎的重要对象，也表明当时狐的野生数量极大。《周易》中有获狐的明确记载，《解卦》云："田获三狐。"显然也是狩猎记录。唐人李咸曾作《田获三狐赋》[2]，即本此。其实古人猎狐绝不始于殷商，可以想象早在原始社会，人们绝不会放过这种可提供毛皮和肉食的动物。考古表明，丁村人、山顶洞人等原始人类都猎过狐[3]。

　　我们不知道原始人对狐皮狐肉具有什么特殊评价。在文明人那里据说狐肉是可食的，甚至是一道美味。《田获三狐赋》说："腋入珍裘，肉登俎味。"宋人苏舜钦《猎狐篇》也说："皮为榻上藉，肉作盘中胘。"谢维新《古今合璧事类备要》别集卷七八称狐肉"可作羹臛"。李时珍《本草纲目》卷五一下《狐》引苏颂语云："北土作脍，生食之。"不过食狐肉并不普遍，狐对人类最大的贡献乃是它的皮毛。古人对狐皮的格外珍惜最晚在西周已然，《诗经·豳风·七月》云："取彼狐狸，为公子裘。"可见狐皮裘是贵族的享用之物。古代制裘皮料很多，有羊、狗、貂、狼、虎、鹿、豹等等[4]，但均不及狐裘名贵。先秦典籍中关于狐裘记载极多，如：

　　───────────────

[1] 见李孝定编述《甲骨文字集释》第十，台湾"中央研究院"历史语言研究所，1970年。

[2] 见北宋李昉等编《文苑英华》卷一三四，中华书局，1982年。

[3] 参见郭沫若主编《中国史稿》第一册第二章第一节，人民出版社，1976年。

[4] 参见《太平御览》卷六九四《服章部·裘》。

　　君衣狐白裘，锦衣以裼。……士不衣狐白。君子狐青裘豹襃，玄
绡衣以裼之。……狐裘，黄衣以裼之。锦衣狐裘，诸侯之服也。(《礼
记·玉藻》)

　　狐裘尨茸，一国三公，吾谁适从。(《左传》僖公五年)

　　羔裘逍遥，狐裘以朝。……羔裘翱翔，狐裘在堂。(《诗经·桧
风·羔裘》)

　　狐裘蒙戎，匪车不东。(《诗经·邶风·旄丘》)

　　彼都人士，狐裘黄黄。(《诗经·小雅·都人士》)

　　景公之时，雨雪三日而不霁。公被狐白之裘，坐于堂侧
阶。……曰："怪哉! 雨雪三日而天不寒。"(《晏子春秋·内篇
谏上》)

　　景公赐晏子狐白之裘、玄豹之茈，其赀千金，使梁丘据致之，晏
子辞而不受。(《晏子春秋·外篇重而异者》)

从这些记载可知，西周以来狐裘一直是贵族的时髦冬服，这是因为它轻暖
名贵。东汉班固《白虎通义·衣裳》曾说：

　　古者缁衣羔裘，黄衣狐裘。禽兽众多，独以狐羔何? 取其轻暖。
因狐死首丘，明君子不忘本也。……故天子狐白，诸侯狐黄，大夫狐
苍，士羔裘，亦因别尊卑也。

说服狐裘还有表明"君子不忘本"的含义，这是汉人的附会之说，其实目的只是"取其轻暖"。兼之狐皮毛色华美，具有富贵感，于是狐裘便被贵族所垄断，士只能穿羊羔皮裘了。就中狐白裘最为珍贵，是天子之服。《淮南子·说山训》亦云："狐白之裘，天子被之而坐庙堂。"但春秋战国之世等级混乱，诸侯贵族尽可服之。战国孟尝君曾有一件狐白裘，据说"直千金，天下无双"。孟尝君被囚在秦国，靠了它贿赂秦昭王宠姬，才安全逃回齐国①。所谓狐白裘，是用狐的腋部皮毛缝缀起来制成的。腋皮的毛细柔洁白，称作狐白，被视为最珍贵的皮毛，古人有"千羊之皮，不如一狐之掖（腋）"②的说法。一件狐白裘需要用许多张狐皮——"粹白之裘，盖非一狐之皮"③，"千镒之裘，非一狐之白"④——自然就贵重无比了。

狐裘在后代也一直是贵重服饰。《新唐书》卷二二一上《高昌传》载："太宗即位，献玄狐裘。"玄狐即黑狐，据《茶余客话》，"绒黑而毫白，曰玄狐"。清代尤重玄狐裘，王士禛《池北偶谈》卷四《玄狐》云："本朝极贵玄狐，次貂，次猞猁狲。玄狐惟王公以上始得服。"此外还有诸多名色，如天马皮、乌云豹、麻叶子，都是集狐腋、项、腿部的特殊毛色而成裘，均为珍品⑤。

古人在猎狐活动中逐渐对狐的习性有所了解。综合起来，大致有四点。

一是昼伏夜出。《庄子·山木》云："夫丰狐、文豹，栖于山林，伏于岩穴，静也；夜行昼居，戒也。"王弼《周易·解卦》注："狐者，隐伏之物也。"故而后来宋人陆佃在《埤雅》中说狐是"藏兽"（卷四《狐》）。《说文》释狸为"伏兽"，狸、狐习近，狐自然也是"伏兽"。"伏兽""藏兽"都说的是狐昼伏夜出的习性。

① 见《史记》卷七五《孟尝君列传》。

② 《史记》卷六八《商君列传》。

③ 战国慎到《慎子·知忠》，《诸子集成》本，中华书局，1986年。

④ 《墨子·亲士》，《诸子集成》本，中华书局，1986年。

⑤ 见清平步青《霞外捃屑》卷五《玄狐猞刀》。

现代动物学研究表明，狐的生态特性正是这样。《中国动物志》对赤狐的生态有这样的描述："一般均日伏夜出，白天蜷伏洞中，抱尾而卧。"

狐的夜出日藏当然是在生存竞争中自然选择的结果，《庄子》用"戒"来解释这一习性。戒是警戒之谓，是说狐的警惕性、戒备心甚重，为趋利避害，故而夜行昼居。可见狐的夜行习性引出人们对它的内在禀性的认识，即生性机警。这种暗夜动物，不免也就带上阴暗色彩和神秘感。

二是狐性多疑，并由此产生了"狐疑"一词。屈原《离骚》已有"心犹豫而狐疑"的话。《汉书》卷四《文帝纪》载文帝元年诏云："方大臣诛诸吕迎朕，朕狐疑。"唐颜师古注："狐之为兽，其性多疑。每渡冰河，且听且渡。故言疑者，而称狐疑。"师古注本其祖父颜之推所著《颜氏家训》，其《书证篇》云："狐之为兽，又多猜疑。故听河冰，无流水声，然后敢渡。今俗云狐疑虎卜，则其义也。"狐听冰渡河之说，出自晋人郭缘生《述征记》。北魏郦道元《水经注》卷一《河水》云：

> 《述征记》曰："盟津、河津恒浊……寒则冰厚数丈。冰始合，车马不敢过，要须狐行。云此物善听，冰下无水乃过。人见狐行，方渡。"余按《风俗通》云："里语称：狐欲渡河，无如尾何。"且狐性多疑，故俗有狐疑之说。

听冰渡河是有关狐性的一个著名传说，南北朝时广为流传。唐段成式《酉阳杂俎》前集卷一二《语资》载：

> 梁遣黄门侍郎明少遐、秣陵令谢藻、信威长史王缵冲、宣城王文学萧恺、兼散骑常侍袁狎、兼通直散骑常侍贺文发，宴魏使李骞、崔劼。……劼问少遐曰："今岁奇寒，江淮之间，不乃冰冻？"少遐曰："在此虽有薄冰，亦不废行，不似河冰一合，便胜车马。"狎曰："河冰

上有狸迹，便堪人渡。"劼曰："狸当为狐，应是字错。"少遽曰："是。狐性多疑，鼬性多预，狐疑鼬预，因此而传耳。"劼曰："……狐疑鼬预，可谓兽之一短也。"

唐人杨涛、滕迈还写过《狐听冰赋》[①]，现将滕迈所作录下：

狐出潜穴，冰胶广川。俯晶晶而是听，虑峨峨之未坚。于是临渚曲，傍河壖。疑涓溜之在中，庬茸不动；审凝冱之彻底，睅盱欲前。足缩缩而心感，貌绥绥而听专。积素之姿逾净，莫赤之容潜映。逼严凝以属耳，宁惮苦寒；思涸冱以投躯，必资余劲。若乃烟横古岸，月照空崖，寂无人而久听，纷触物以多疑。聆远吹之飔飔，谓波摇岸曲；闻残铮之淅沥，惊溜断河湄。郁曲载移于短步，忙怀屡变于妖姿。望寒墟之在前，庶斯远矣；惑夏颂之不至，俯而听之。远近阴凝，浅深风壮。念兹道理，在此冰上。试之以耳，犹回耳之可图；试之以身，将退身而何望。况复穷阴惨凛，川长难审。征春鱼之欲上，验时不同；比夏虫之有疑，执心弥甚。及夫虚盈以测，厚薄斯分。飒为裘之毛，知不可陷；低正丘之首，惟恐有闻。既勃窣而投趾，乃凌兢而慎履。寻声不离于听表，处薄恐成于祸始。奋自扰之迹，一却一前；曳有芊之躯，时行时止。是知事欲审于未萌，心无妨于若惊。傥躐虚以轻进，必履险而忘倾。则濡尾之忧至，溺身之害并。异哉！一兽之智，可以阶善，必听而配，规行者也。

这篇赋把狐听冰渡河的神态行止作了生动描写，其中使用了许多有关狐的词语典故，如广川、庬茸、绥绥、积素、莫赤、多疑、为裘、正丘、有芊、濡

---

尾等，大都出自先秦典籍。

说到狐的多疑，还有一个"狐埋狐搰"的谚语，它远比听冰渡河之说为早。《国语·吴语》云："夫谚曰：'狐埋之而狐搰之。'是以无功。"韦昭注："埋，藏也。搰，发也。"就是说狐把多余的食物埋起来留为贮备，埋好后不放心，怕被别的野兽或同类窃走，又挖出来看看还在不在。这确实说明狐性多疑，但未免疑得过分，近乎愚蠢，所以《国语》用来说明多疑寡断事难成功的道理。但不管怎么说，狐的多疑是被古人确认的习性。事实上，在自然界残酷的生存斗争中，面对天敌和人类以及自然灾变的威胁，狐逐渐形成感觉敏锐、警觉性高的行为特征，这也是被现代动物行为学所证实了的。

三是机智多诈。狐的多疑实在也是机警的表现，所以滕迈《狐听冰赋》说"一兽之智"，白行简《狐死正丘首赋》也说"听冰而表智"，又李咸《田获三狐赋》也说："嘻兹狐之无知，何虽兽而似智。"均以智来相许。说到狐的智，最突出地反映在"狐假虎威"的故事中，机智多诈的狐捉弄了虎而保全自己的性命。这个记载在《战国策·楚策一》中的寓言人所熟知，不必赘述。《淮南子·人间训》谈到过狐捕雉，说："夫狐之捕雉也，必先卑体弥耳，以待其来也。雉见而信之，故可得而禽也。"《淮南子》称其为"禽兽之诈计"。狐的机智或狡诈是中外寓言和民间故事不断描写的内容。古希腊亚里士多德在《动物志》中已说过"狐，灵巧而多诈"[1]。《伊索寓言》、《列那狐传奇》、拉·封丹《寓言诗》、《克雷洛夫寓言》中的狐，无一不是以智慧或狡诈的象征而出现的。

四是"狐死首丘"。《礼记·檀弓上》云："古之人有言曰：狐死正丘首，仁也。"孔颖达疏："所以正首而向丘者，丘是狐窟穴，根本之处。虽狼狈而死，意犹向此丘，是有仁恩之心也。"古来狐死首丘见载于书记者甚多，并成为一项典故不断被征引，如：

---

[1]《动物志》卷一章一，吴寿朋译，商务印书馆，1979年。

　　鸟飞反故乡兮，狐死必首丘。（屈原《九章·哀郢》）

　　鸟飞反乡，兔走归窟，狐死首丘，寒将翔水，各哀其所生。（《淮南子·说林训》）

　　狐狸首穴。（《淮南子·览冥训》）

　　狐死首丘，不忘本也。（《白虎通义·封禅》）

　　狐死首丘，明君子不忘本也。（《白虎通义·衣裳》）

唐人白行简还写过一篇《狐死正丘首赋》[①]：

　　狐者微物，死乃可珍。想彼丘而结恋，正兹首以归仁。生也有涯，且不忘其本；死而无二，亦不丧其真。可比德于先哲，实闻言于古人。原夫委化将终，微情有托，面淇梁之窟穴，目武都之林壑。顾慕而首尾不差，向背而东西必度。死生契阔，知归骨之莫从；视瞻无回，念旧乡之可乐。匊兹异质，蕴彼仁心。宁九尾之足尚，实三德之可钦。岂不以怀旧诚切，恋主志深。等太公之于齐，终闻返葬；比庄舄之去越，尚发哀吟。想夫溘尔数穷，隐然存盼，叹青丘之永诀，想南山之不见。其心怀土，望故处以增悲；惟首正丘，聊向隅而表恋。知其恋本者合乎礼，恋旧者继乎情。何绥绥之陋质，叶仁人之美名。观物化，感平生。颐指而千羊让德，头会而百兽惭狞。徒观其首也，不回心乎！惟愍殊听冰而表智，异含沙而招损。正有芃之质，志在慎终；委

---

① 见《文苑英华》卷一三四。

莫赤之容，仁无弃本。想其美也，合于礼者。鄙贯首之羰羊，符恋主之良马。观趺行喙息之类，其数则多；察乐生念本之徒，斯情盖寡。系兹兽之可奇，谅古今而称之。死不择音，嗟逐鹿于往日；生而隐雾，叹玄豹于昔时。曷若怀念远之感，轸去故之悲。异哉！首丘之仁也，非众类之等夷。

狐死首丘的说法并不可靠，这只是一个偶然现象，古人把它普遍化、规律化了。实际上古人认为凡鸟兽大抵都有恋旧向本的天性，汉初韩婴《韩诗外传》云"代马依北风，飞鸟栖故巢"[①]，《古诗十九首》云"胡马依北风，越鸟巢南枝"，说的正是这一点。就中狐死首丘现象最为突出，表明狐具有强烈的故丘情结，这是它的灵性所在，是它近乎人情之处。儒家用仁的学说来解释狐死首丘，于是狐遂被赋予道德的品格，故丘情结提升为仁性。《白虎通义》甚至解释说，天子诸侯大夫之所以服狐裘，就是为了用狐"不忘本"的德性来戒励自己。

由此又发展为对狐的全面伦理化。《说文解字》说狐有"三德"："其色中和，小前大后，死则丘首。"狐毛色棕黄，基本属于黄的色调。黄在五色中处于中，色调柔和，此之谓中和。中庸之道讲究和谐不偏执，故中和即指中庸。这样说来，其色中和原是由色而及德，说狐的毛色暗合中庸之道。由于在五行学中黄与土相配，所以日本学者吉野裕子解释说，"其色中和"指的是狐的"土德"[②]。"小前大后"说的是狐的体形特征，即头小尾大。由小渐大，秩序井然，分明是表明尊卑之序。许慎的"三德"之说乃是在狐是瑞兽的前提下引发出来的。

古人对狐的习性的认识后来还有一些，如性柔、性淫等，但在先秦时期大

①《文选》卷二九《古诗十九首》其一唐李善注引。
②《神秘的狐狸——阴阳五行与狐狸崇拜》，辽宁教育出版社，1990年，第48页。

致不出以上四点。这几点认识对于决定狐所扮演的文化角色的性质至关重要。狐的多疑机警及所谓"狐死首丘",无非都在证明着狐的灵性。在古代传说中有灵性的动物极多,不止于狐,但狐的灵性无疑受到突出的强调,能与之相比的大约只有猿猴。明梦觉道人等撰《三刻拍案惊奇》第二十回《良缘狐作合,优俪草能偕》曾说:"天下兽中,猩猩猿猴之外,狐狸在走兽中能学人行,其灵性与人近。"狐的灵性成为它被高度灵异化的生长点,不论它作为瑞兽、神兽还是作为妖兽、妖精,它被赋予的神秘功能及种种人性人情和超人才智,都是初始灵性的扩大和延伸。它作为妖精,变幻之多端使它成为妖精之最,所以冯梦龙改编《平妖传》第三回《胡黜儿村里闹贞娘,赵大郎林中寻狐迹》说:

> 话说诸虫百兽,多有变幻之事,如黑鱼汉子、白螺美人,虎为僧为姬,牛称王,豹称将军,犬为主人,鹿为道士,狼为小儿,见于小说他书,不可胜数。就中惟猿、猴二种最有灵性,算来总不如狐成妖作怪,事迹多端。

凌濛初《二刻拍案惊奇》第二十九回《赠芝麻识破假形,撷草药巧谐真偶》中也说:

> 天地间之物,惟狐最灵,善能变幻,故名狐魅。

又明徐昌祚《燕山丛录》卷八云:

> 大抵物久而为妖,有情无情皆有之,而惟青丘之兽(按:指狐)为多。

这都是植根于对狐的灵性的无限强化。至于狐昼伏夜出的夜行性特征,在古人心目中成为暗夜动物而具神秘色彩，这也有助于引发人们对它产生敬畏情感，或视为神灵之物而崇拜，或视为不祥之物而避忌。

从物质生产的角度看，狐皮具有较高的经济价值，狐肉也有食用价值，这些前边已经说过。尽管如此，狐的经济作用远不能和牛马鸡蚕等直接关涉农业生产的动物相比。在古代医药学中，狐可入药，据说从狐肉五脏到狐阴茎、狐屎均有药效。尽管如此，狐之为药并不稀罕，而且也不普遍，远不能和鹿茸、麝香之属相比。狐的这些物质功能都未被强调，被强调的是它的灵性。于是狐便带着远远超出自然特性的灵性和神性进入宗教文化和世俗文化。一方面是作为生物的狐的人格化，一方面又是超人化，兽、妖（或神）、人三位一体——这便是狐文化中的狐。

中国狐文化的分布区域以北方为主。《太平广记》狐门九卷，大多数故事发生在北方，只有很少一部分发生在南方。清代小说写狐较多的《聊斋志异》《阅微草堂笔记》《萤窗异草》等也大抵如此。这与狐的地理分布有关。狐虽分布于南北各地，但北方分布远较南方为多，因为南方多水泽，不利于狐的栖居。古代有过一种不正确认识，即狐不渡江，江南无狐。西汉焦延寿《易林》卷三《恒》之《蛊》已有云：

> 江阴水侧，舟楫破乏。狐不得南，豹无以北。

"狐不得南"正是说江南无狐，至于豹乃指云豹，江南所产。五代孙光宪《北梦琐言》云：

> 江南无野狐，江北无鹧鸪，旧说也。晋天福甲辰岁，公安县沧渚村民辛家犬逐一妇人，登木而坠，为犬啮死，乃老狐也，尾长七八尺。则正首之妖，江南不谓无也，但稀有耳。蜀中彭、汉、邛、蜀绝无，唯山郡往往而有，里人号为野犬。更有黄腰，尾长头黑，腰间焦黄。

或于村落鸣，则有不祥事。①

"江南无野狐"是旧说，流传已久。孙光宪举位于长江南岸的公安县事证明"江南不谓无也，但稀有耳"，结论是对的。北宋唐慎微《重修政和证类本草》卷一八引《图经》云：

> 狐，旧不著所出州郡，陶隐居（按：即梁陶弘景）注云："江东无狐，皆出北方及益州。"今江南亦时有，京洛尤多。

南宋谢维新《古今合璧事类备要》别集卷七八及明李时珍《本草纲目》卷五一下亦引述以上这段话，时珍又云："南北皆有，北方最多。"时珍的看法是对的，但明徐应秋《玉芝堂谈荟》卷三二《淮北多兽》仍说"江南无野狐"，"狐不渡江"。

狐既多出北方，自然北方各地是狐崇拜及狐妖传说的多发地区，诚如《二刻拍案惊奇》卷二九所说，狐魅"北方最多"。唐代民间盛行祠狐神，主要地域是北方。清代民间尊事以狐仙为首的"五仙"，也盛行于北方。薛福成《庸庵笔记·述异·物性通灵》云：

> 北方人以狐、蛇、猬、鼠及黄鼠狼五物为财神，民家见此五者，不敢触犯，故有五显财神庙。南方亦间有之。

"南方亦间有之"，自然极不普遍。这里所说的北方，又主要是指今京、津、晋、冀、鲁、豫、陕、甘等地，尤其是京、津、鲁、冀，祀狐最为盛行。

狐的分布和狐文化分布并不是完全重合的。南方狐不及北方多，狐崇拜及

---

① 今本无，《太平广记》卷四五五引，题《沧渚民》。

狐妖传说也较少，所以明人沈德符说：

> 狐之变幻，传记最夥。然独盛于京师，……渐南渐少，齐赵梁宋之间，尚时作媚惑，过江则绝不闻。有言其禀性不能渡江，是不然。余游浙东西诸山，稍入幽邃，时时遇之，但不能逞妖如北地耳。[①]

但在清世，狐分布较少的南方各省，也广泛流行狐仙信仰，狐之逞妖一如北地。事实上是，以京津冀鲁为中心，狐文化向四周辐射，远及江浙两广云贵诸地，即便狐极少见的地区也有狐妖狐仙之说。不过由于文化背景不同，少数民族地区绝少狐崇拜。例如新疆分布有沙狐，但据纪昀《阅微草堂笔记》所述，却并无狐神、狐妖之说。

总之狐文化绝非是只限于北方地区的地域文化，乃是汉族地区广泛流播的文化现象。甚至它还传播到日本、朝鲜、韩国等国。日本古来流行狐崇拜，从吉野裕子《神秘的狐狸》来看，日本狐文化分明源于中国狐文化，所以在祠狐民俗及关于狐妖习性、法术、惑人、报恩种种方面有显著的中国特征。例如奈良朝沙门景戒在嵯峨天皇弘仁（810—824）末年所编《日本国现报善恶灵异记》，卷上《狐为妻令生子缘》讲钦明天皇时狐女与男子结为夫妻并生一子，后来狐女被狗咬住现出原形。狐化女求男为妻、生子、畏犬，完全是中国式的。大约成书于1040年以后的平安末朝《本朝继文粹》，卷一一载有大江匡房《狐媚记》，记载康和三年（1101）几件狐怪故事，末云："嗟乎！狐媚变异多载史籍。殷之妲己为九尾狐。任氏为人妻，到于马嵬，为犬所获。或破郑生业，或读古冢书，或为紫衣公到县，许其女尸。事在倜傥，未必信伏。今于我朝，正见其妖，虽及季叶，怪异如右，伟哉！"所云妲己为九尾狐，任氏为人妻等，均为中国著

---

① 《万历野获编》卷二八《鬼怪·京师狐魅》。

名狐妖故事①。九尾狐是中国瑞狐和妖狐中的著名角色，也传至日本。日本伊藤清司在《〈山海经〉中的鬼神世界》中说："这种妖狐（九尾狐）竟然东渡日本，变成鸟羽天皇的宠姬鸟羽前，后被安倍泰成看破，现出九尾狐原形。之后，在东国下野（栃木县）的那须野原被杀，化为杀生石。"②这个故事明显是九尾狐妲己的翻版。

　　韩国也流行狐妖之说，古书中多有记载。例如高丽朝僧一然《三国遗事》卷二载新罗真圣女王（887—896）时老狐变沙弥取食龙神西海若子孙肝肠，被军士居陁知射死，朝鲜朝郑麟趾《高丽史·高丽世系》记载作帝建射死作害于西海龙王的老狐妖。曾长期生活在中国的新罗文人崔致远有诗云："狐能化美女，狸亦作书生。谁知异物类，幻惑同人形。"③这些说法和故事无疑也是中国狐文化东传的结果。狐妖传说至今仍流行于韩国民间，九尾狐被视为至淫至邪之妖，常常成为坏女人的代称。而且新罗时期土人也立庙祭祀狐神④，表明韩国古代流行过狐神崇拜，这是唐代狐神崇拜影响的结果。中国狐文化的东渡，不只是因为日、朝、韩诸国也有狐的广泛分布，这仅仅是物质基础。更重要的是中国的整体文化在东邻诸国扎下深深的根基，而狐文化中所包蕴的也正是中国文化的诸多观念。

---

① 以上参见王晓平《佛典·志怪·物语》，江西人民出版社，1990年，第168—171页。
② 〔日〕伊藤清司：《〈山海经〉中的鬼神世界》，刘晔原译，中国民间文艺出版社，1990年，第12页。
③ 《孤云先生文集》卷一《古意》。
④ 《太平广记》卷四四九引《广异记·汧阳令》末云："公远（罗公远）上白云：'此是天狐，不可得杀，宜流之东裔耳。'书符流于新罗，狐持符飞去。今新罗有刘成神，土人敬事之。"

# 第一章·远古狐图腾崇拜

# 一、狐图腾崇拜（一）：涂山九尾白狐神话的解析

上古神话有一个关于禹娶涂山女的著名神话，记载在东汉赵晔《吴越春秋》卷六《越王无余外传》中：

> 禹三十未娶，行到涂山，恐时之暮，失其度制，乃辞云："吾娶也，必有应矣。"乃有白狐九尾，造于禹。禹曰："白者，吾之服也；其九尾者，王之证也。"于是涂山人歌曰："绥绥白狐，九尾痝痝。我家嘉夷，来宾为王。成家成室，我造彼昌。"天人之际，于兹则行，明矣哉！禹因娶涂山女，谓之女娇[①]。

《艺文类聚》卷九九、《北堂书抄》卷一〇六、《太平御览》卷五七一亦引此事，然出《吕氏春秋》。《类聚》引曰：

> 禹年三十未娶，行涂山，恐时暮失嗣，辞曰："吾之娶，必有应也。"乃有白狐九尾而造于禹。禹曰："白者，吾服也。九尾者，其证也。"于是涂山人歌曰："绥绥白狐，九尾庞庞。成于家室，我都攸昌。"于是娶涂山女。

---

① 周生春著《吴越春秋辑校汇考》，上海古籍出版社，1997年。

今本《吕氏春秋》不载，可能是佚文。今本《吕氏春秋·季夏纪·音初》只是说："禹行功，见涂山之女。禹未之遇，而巡省南土。涂山氏之女乃令其妾候于涂山之阳。女乃作歌，歌曰：'候人兮猗。'实始作为南音。"屈原《天问》也有"禹之力献功，降省下土四方。焉得彼嵞山女，而通之于台桑"的语句，王逸注："言禹治水，道娶嵞山氏之女，而通夫妇之道于台桑之地。"未有九尾白狐之说。

这个神话说的是禹到涂山，见到一只九尾白狐，又听到涂山人唱的九尾白狐歌，感到自己的婚姻就应在此处，于是便娶涂山女为妻。由于神话记录于后世，在流传中被涂上浓重的瑞应符命色彩，变成一个帝王瑞应故事，失去本来面貌，从而给探求它的初始文化含义造成困难。

这个神话包含三个物象：一是禹，一是涂山女，一是九尾白狐。重要的是第三个物象，探求它在禹和涂山女婚姻中的真实作用，乃是解析这一神话的关键。九尾白狐无疑是一个象征物，问题是作为吉祥的象征物，它和涂山女有无直接关系。可以有两种解释：一是九尾白狐作为天命启示出现在涂山，出现在禹的面前，对禹的婚姻作出启示，即启示他择涂山女为妻。而九尾白狐与涂山女并无关系，它不属于涂山，九尾白狐只是男子佳偶的象征物。至于涂山人的歌也是天意的启示。二是九尾白狐是涂山的灵兽，是涂山女的象征或化身，涂山人对九尾白狐的讴歌恰是对涂山女的讴歌，说娶她为妻可以幸福昌盛。禹见到涂山狐其实就是见到涂山女，故而决定要娶她。

第一种解释是就这一神话的现有文本作出的，完全是符瑞化的解释。符瑞思想流行于战国秦汉，绝不可能出现于上古，因而这种解释不符合神话的本义。只有第二种解释差近其实，九尾白狐与涂山女二位一体。倘若把这一古老神话的符瑞天命内容剥去，那么神话便可如此来表述：

禹三十未娶，行到涂山。乃有白狐九尾，造于禹。涂山人歌曰："绥绥白狐，九尾庞庞。成家成室，我造彼昌。"禹因娶涂山女，谓之女娇。

倘若对它作出民间故事化的处理，那么还可这样来表述：禹来到涂山，涂山氏的女儿爱上他，便变成九尾白狐来到禹的面前，恋恋不舍。涂山人在一旁唱歌，赞美白狐，说娶了她可以多子多福。禹被白狐所吸引，随她而去，结果涂山女现出真形，是位漂亮姑娘。于是禹高高兴兴娶了她。

神话中的九尾白狐是涂山女变的，人变形为动物在神话中颇为常见。例如禹化熊通辕辕山[1]，河伯化白龙游于水[2]。

自然还可以倒过来说，九尾白狐化作了涂山女，禹娶的实际是狐。若此，神话又可如此来表述：

禹三十未娶，行到涂山。乃有白狐九尾，造于禹。涂山人歌曰："绥绥白狐，九尾庞庞。成家成室，我造彼昌。"白狐化涂山女，禹因娶之，谓之女娇。

动物化人古神话中亦有事例，古蜀神话说武都山精化为女子，蜀王娶为妻[3]，即是。

甚至还可这样说，禹娶的就是白狐，这更符合上古神话的古朴怪诞。人与动物婚配，颇见于原始神话，著名的盘瓠神话就是[4]，五色犬盘瓠做了高辛氏女儿的丈夫。这种神话中的婚配形式，叫作人兽婚型[5]。

清朝人普遍存有这种看法，证据是众多的狐妖都自称是涂山氏后裔：

闻君祖纂《涂山外传》……我涂山氏之苗裔也。（狐翁胡义君语，

---

① 见《汉书》卷六《武帝纪》注引《淮南子》佚文。

② 见《楚辞·天问》王逸注。

③ 见《太平御览》卷八八八引扬雄《蜀王本纪》。

④ 见李剑国《搜神记辑校》卷二四《盘瓠》，中华书局，2019年。

⑤ 参见陶阳、钟秀《中国创世神话》，上海人民出版社，1993年，第252页。

蒲松龄《聊斋志异》卷一《青凤》)

予本涂山氏之裔。(狐媪语，长白浩歌子《萤窗异草》二编卷三《艳梅》)

妾涂山氏之苗裔也。(狐女语，淮阴百一居士《壶天录》卷下)

妾固涂山氏之苗裔也。(狐女语，王韬《淞滨琐话》卷四《皇甫更生》)

涂山胡氏谨叩。(黑狐精语，同上书卷五《刘大复》)

我涂山曾祖姑，嫁得神禹。(狐精袁复语，管世灏《影谈·洛神》)

余系出涂山。(狐精温郎语，俞蛟《梦厂杂著》卷八《齐东妄言上·毛毕》)

汝日读书，而不知大禹娶涂山之事乎？绥绥厖厖，昌都成室，是祖德也。(狐女语，沈起凤《谐铎》卷一《狐媚》)

晚清梦花馆主江荫香小说《九尾狐》第一回《说楔子演说九尾狐，偿孽债愿为比翼鸟》亦称："若古时大禹皇帝，娶女于涂山氏，自称九尾天狐，禹颇得其内助，而夏遂以兴。"

不论说狐化涂山女，涂山女化狐，还是大禹所娶径为涂山九尾白狐，均无关大局，重要的是涂山九尾白狐的文化意味是什么。可以明确地说，神话所反映的乃是涂山氏是以狐为图腾的。涂山氏是夏部族以外的一个氏族或部族，其宗教形式处于原始自然崇拜的图腾崇拜阶段。一般来说，图腾崇拜是母系氏族社会初期的宗教形式，因此涂山氏可能还是一个相当原始的氏族。原始宗教研究表明，图腾崇拜是更初级的动植物崇拜的符号化和观念化。其中以动物居多，动物崇拜乃是氏族渔猎经济的产物。费尔巴哈说："动物是人不可缺少的、必要的东西；人之所以为人要依靠动物，而人的生命和存在所依靠的东西，对于人来说就是神。"① 当某一氏族把与自己生存密切相关的某种动植物作为本氏族的标志及祖先和亲属的时候，图腾观念和图腾神遂告产生。涂山氏以狐为图腾，即意味着该族自认为是狐的后代，与野生狐有着血缘关系，于是便出现了涂山女是九尾白狐的神话。

可以断定，在涂山氏生活的地区有狐经常出没，狐是涂山人重要的衣食来源，或者狐与涂山氏存在着其他为我们所无法探知的密切关系，因而最终狐成为涂山氏的图腾崇拜对象。

那么涂山在哪里？唐人苏鹗《演义》卷上云：

> 《史记》云禹娶于涂山氏，今涂山有四：一者会稽。二者渝州，即巴南，旧江州是也，亦置禹庙于其间。三者濠州，亦置禹庙。郦道元《水经》云周穆王庙，误为涂山禹庙。《左传》注云涂山在寿春东北，即此是也。其山有鲧禹启三庙，又有五诸侯城。四者《文字音义》云：峹山，古之国名，夏禹娶之，今宣州当涂县也。此峹山既为古侯国，禹娶之则宜矣。

四说实为三说。所谓濠州或曰寿春东北，均指汉代当涂县，在今安徽怀远县东南，汉属九江郡。今安徽当涂县实是东晋侨置，唐时属宣州。因此《文字音义》所云"今宣州当涂县也"，是弄混了两个当涂，实际还是在指寿春东北的

---

① 《费尔巴哈哲学著作选集》下卷《宗教的本质》，三联书店，1962年。

汉当涂。另外《水经注·伊水》云："今水出陆浑县之西南王母涧，涧北山上有王母祠。……伊水历崖口，山峡也……即古三涂山也。"陆浑县在今河南嵩县东北，嵩县西南即三涂山。清顾祖禹《读史方舆纪要》卷四八云："三涂山，在县（嵩县）西南十里。"加此则四。嵩县在洛阳西南。

各种说法大抵与后世附会的禹庙联系在一起，有禹庙必有涂山，遂纷纭莫一。就中当涂说和会稽说最早。《吴越春秋》虽未明言涂山所在，但既在《越王无余外传》中叙此事，显然山在越地。而《越绝书》卷八《越绝外传记地传》更明确地说："涂山者，禹所娶妻之山也，去县五十里。"县指会稽郡山阴县，地当今绍兴。《说文解字》山部云："崮，会稽山也。一曰九江当涂也。"又明确指出涂山即会稽山，山在今绍兴东南。另一说之九江当涂，乃指今安徽怀远县东南的涂山，又名当涂山。《吕氏春秋·音初》高诱注："涂山在九江，近当涂也。"即本此。《吴越春秋》《越绝书》《说文》均为东汉书，时代较早，但说法并不可靠。因为夏部族活动于黄河中游地带，所谓禹在会稽"大会诸侯"及在涂山娶涂山氏女，必不能超出这一地域范围，断不会远至淮南甚至浙东地区。所以闻一多在《天问疏证》中独取嵩县说，认为："崮山本即三涂，在今河南嵩县。越亦称禹后，因之南方会稽亦有涂山。战国时人多以涂山为南方之涂山，故诸书或曰'南省方'，或曰'巡省南土'。"杨宽《中国上古史导论》也说："涂山即会稽，当即三涂，在今河南嵩县。"[1]

这样说来，涂山氏在禹时代活动于今河南西南部一带，与夏部族邻近，所以才有联姻之事。后来涂山氏向东南迁移，大约汇入古越族。古越族分布于江、浙、皖、闽等广大地区，在和中原华夏族的碰撞中接受影响，也自认为夏禹之后，于是禹迹在神话传说中大大南移，便有会稽涂山之说。而当涂涂山，地当淮水之南，也曾是古越族活动地区[2]。

---

[1] 载《古史辨》七册下册，上海古籍出版社，1982 年。

[2] 参见吕振羽《简明中国通史》上册，人民出版社，1962 年，第 12 页。

古涂山之究竟在何处，对我们来说唯一有意义的是该地区产不产狐。事实是无论河南、安徽、浙江都有狐的活动地区，而河南尤多，因此狐之为涂山氏图腾之说便获得了一个支持。可以想象，涂山氏在渔猎经济活动中接触到狐，进而产生崇拜心理，把狐奉为图腾神。涂山氏当时处于母系社会，所以图腾对象表现为一只雌狐，他们自认是九尾白狐的后世子孙。当涂山氏与禹联姻后，在固有原始思维的作用下，遂又有禹娶狐女之说，涂山女仍以九尾白狐面貌出现。

九尾白狐不是实有之物，是虚拟化了的。毛色纯白的狐在现代有北极狐，冬季毛色纯白，仅鼻尖和尾端呈黑色，所以亦称白狐。自春至夏毛色逐渐转变为青灰色，特称青狐①。涂山白狐自然不是北极白狐，当是赤狐的变种。白狐而九尾，并非故作虚诞之说，其中包含着生殖崇拜的意义。雌狐阴户临近尾根，所以兽类交配叫交尾。因而这里显然存在着这样一种含义，尾多则阴户多，阴户多则多产子，结果是子孙昌茂，氏族兴旺。这里九尾尽可理解为即九阴（阴户），是女阴崇拜的曲折表现。《白虎通义·封禅》解释九尾说"九妃得其所，子孙繁息也"，虽说以九尾象征九妃乃是汉人观念，但说"子孙繁息"却倒颇得其实。

涂山狐在毛色和尾巴上都具特异性，这样就增加了它的神秘性，使涂山狐成为从内在禀性到外部形态都具神圣感的神灵之物，涂山氏相信它可以给本部族带来好运。

---

① 参见上海辞书出版社 1979 年版《辞海》。

## 二、狐图腾崇拜（二）：纯狐玄妻的解析

屈原《天问》有这样一段话：

> 浞娶纯狐，眩玄妻爰谋。何羿之射革，而交吞揆之？

王逸注云：

> 浞，羿相也。爰，于也。眩，惑也。言浞娶于纯狐氏女，眩惑爱之，遂与浞谋杀羿也。吞，灭也。揆，度也。言羿好射猎，不恤政事法度，浞交接国中，布恩施德而吞灭之也。

《天问》所说的羿是后羿，后羿是属于活动在今山东的东夷族的一个部落的首领。浞是寒浞，本是后羿的亲信。夏启死后，由儿子太康继王位。太康宴游失政，引起夏民怨恨。后羿乘机起兵攻太康，夺取王位。接着寒浞又杀掉后羿，取得王位，很久以后才被太康弟弟中康的孙子少康攻灭[①]。从《天问》看，在寒浞攻杀后羿的活动中，纯狐氏之女玄妻起了很大作用，那么玄妻是什么人呢？

闻一多《天问疏证》对此有详尽的考证。他认为，玄妻即《左传》昭公

---

[①] 参见郭沫若主编《中国史稿》第一册，人民出版社，1962年，第80页。

二十八年所云"昔有仍氏生女，鬒黑而甚美，光可以鉴，名曰玄妻"的玄妻，亦即后羿之妻雒嫔。雒嫔本系河伯封豨之妻，后羿射死河伯，夺为己妻，所以《天问》说："帝降夷羿，革孽夏民。胡射夫河伯，而妻彼雒嫔？"《离骚》也说："羿淫游以佚田兮，又好射夫封猪①。固乱流其鲜终兮，浞又贪夫厥家。"封猪即封豨，河伯之象。"贪夫厥家"的厥家，便是雒嫔。雒嫔先嫁河伯，再嫁后羿，复又与寒浞合谋杀羿，做了寒浞妻室，故而闻一多说"其人尝历事三夫也"。

闻氏又考证说，雒嫔所住的雒水（即洛水），注于玄扈之水，《山海经·中山经》云："讙举之山，雒水出焉，而东北流，注于玄扈之水。"《水经注·洛水》又云："玄扈之水，出于玄扈之山。"讙举山亦即玄扈山，同为雒水和玄扈水所出，因此，"分之则洛与玄扈为二水，合之则曰玄扈洛为一水"。闻氏以为，"纯狐与玄扈声通"，纯狐亦即玄扈。而且，"纯玄不惟声近，亦且义同"。《仪礼·士冠礼》："纯衣，缁带。"《礼记·祭统》："以供纯服。"《玉藻》："大夫佩水苍玉而纯组绶。"纯皆谓黑色。纯字本作黗，《广雅·释器》："黗，黑也。"闻氏的意思是，玄、纯义同，扈、狐声通，雒嫔为玄扈氏，亦即为纯狐氏。纯狐即玄狐，因此"纯狐氏女色黑而号曰玄妻"。闻氏的考证有一点疏忽，即《左传》明谓玄妻乃有仍氏女，而不是玄扈氏或纯狐氏。除非来证明纯狐氏即有仍氏或出于有仍氏才行。当代学者有人则认为纯狐玄妻"即著名的嫦娥"②。

纯狐玄妻究竟是雒嫔还是嫦娥，对我们来说并不很重要，重要的是纯狐氏是以玄狐为部族名称的。这就使人联想到《山海经·海内经》幽都之山的"玄狐蓬尾"。闻一多说："传说河伯即豕，则纯狐未尝不可实指狐。"这就是说如果加以神话化，那么纯狐玄妻就是一只玄狐亦即黑狐。闻一多在这里没有引入图腾概念。用图腾崇拜说来解释，纯狐氏（即玄狐氏）乃是以黑狐为图腾的。今

---

① 《天问疏证》："猪本作狐，从《上林苑令箴》改，详《离骚》"，生活·读书·新知三联书店，1980年，第55页。

② 龚维英《原始崇拜纲要——中华图腾文化与生殖文化》，中国民间文艺出版社，1989年，第127页。

人龚维英就明确地说："上古涂山氏、纯狐氏等均系狐图腾族。"[①]

黑狐也是赤狐的变种。据《茶余客话》说，它"绒黑而毫白"，产于俄罗斯。清末徐珂《清稗类钞》动物类则云："玄狐，黑狐也，产奉天等处。色黑，毛暖。其皮为里，价最贵。"大约上古时期黑狐并不限于辽宁（奉天）等地所出，中原地区亦有，故而纯狐氏奉为崇拜对象和图腾神。

有趣的是传说中的纯狐玄妻也是一位女性，和涂山女相同，一黑一白而已。但品性则异，涂山女佐禹治水，纯狐玄妻则为淫荡不洁之妇。后世狐妖常见为性淫之女性，纯狐玄妻可以说具有原型意义。

吕振羽先生曾说："氏族的原始图腾的名称到后来便渐次为个人的名称或地名所代替了。"[②]在先秦文献中有许多带狐字的姓氏和地名。前者如狐突、狐偃（《左传》）、狐功（《墨子》）、狐不谐（《庄子》）、狐咺（《战国策》）、狐丘林（《世本》），以狐、狐丘为姓氏；后者如狐人、狐壤、令狐（《左传》）、狐父（《荀子》）、狐岐之山（《山海经》）等，有的亦转为姓氏，如令狐。凡此大抵与狐图腾有关，或是狐图腾变为部族姓氏，或变为部族所在地的地名，而地名又转为姓氏。这表明远古时期的狐图腾族不止涂山氏和纯狐氏，而是分布比较广泛。

---

① 《原始崇拜纲要》，第 130 页。
② 《史前期中国社会研究》，三联书店，1961 年，第 78 页。

# 三、《山海经》中的狐与狐状兽

　　《山海经》大约成书于战国中晚世，又经秦汉人增益。此书鲁迅谓为"盖古之巫书"[1]，其说近实。我们知道，从原始社会以来直到殷商，巫作为沟通人和鬼神关系的超自然力量，一直是氏族和国家宗教活动的主持者和文化传承者。西周以后重人事轻鬼神，巫的政治地位大大下降，但又广泛活动于民间。而在文明发展程度较低的诸侯国和部族，巫和巫术仍然十分活跃，处于重要地位。巫不仅扮演着降神驱鬼、消灾祛病的神秘角色，而且还是远古以来神话及巫话的载体和传播者，有了他们，远古神话、巫话才得以积累和世代相传。这些世代积累的各部族的神话和巫话，相当多地保存在《山海经》中。所以有的学者说："《山海经》之离奇怪诞，正可以窥见初民意识形态之真面目。"[2]当然由于是世代积累型的，各部族的原始宗教和神话不免发生变异，也会吸收后起的不同地区的宗教文化内容，因此，《山海经》是不同文化层的堆积。但它毕竟不同于考古学的文化层，后者层次比较分明，《山海经》则是混杂的，所以就不能用同一种历史文化眼光去鉴定它的文化内容。

　　《山海经》记有大批动物，大部分都不是实有之物，表现出奇形怪状的形体特征。其中有多处地方记狐，兹引录于下：

---

[1]《中国小说史略》第二篇《神话与传说》，人民文学出版社，1963年，第9页。
[2] 王庸《中国地理学史》第一章第一节，商务印书馆，1956年。

青丘国在其（朝阳之谷）北，其狐，四足九尾。（《海外东经》）

有青丘之国，有狐，九尾。（《大荒东经》）

北海之内，有山，名曰幽都之山，黑水出焉。其上有玄鸟、玄蛇、玄豹、玄虎、玄狐蓬尾。有大玄之山。有玄丘之民。有大幽之国。有赤胫之民。（《海内经》）

此外还记有狐状兽：

又东三百里，曰青丘之山。其阳多玉，其阴多青䨼。有兽焉，其状如狐而九尾，其音如婴儿，能食人，食者不蛊。（《南山经之首》）

又南三百里，曰耿山。无草木，多水碧，多大蛇。

《山海经》插图九尾狐

九尾狐

青丘國在海東之北有狐四足九尾汲郡云栢極于出征嘗獲一狐九尾

明王圻等编《三才图会》鸟兽卷中之九尾狐

有兽焉，其状如狐而有鱼翼，其名曰朱獳，其鸣自訆，见则其国有恐。（《东次二经》）

又南三百里，曰姑逢之山。无草木，多金玉。有兽焉，其状如狐而有翼，其音如鸿雁，其名曰猲狙，见则天下大旱。（同上）

又南五百里，曰凫丽之山。其上多金玉，其下多箴石。有兽焉，状如狐，而九尾、九首、虎爪，名曰蠪侄，其音如婴儿，是食人。（同上）

又东四百里，曰蛇山。其上多黄金，其下多垩。其木多枸，多橡章。其草多嘉荣、少辛。有兽焉，其状如狐，而白尾长耳，名岯狼，见则国内有兵。（《中次九经》）

明万历蒋应镐绘图本
《山海经》九尾狐

035

　　白民之国，在龙鱼北，白身被发。有乘黄，其状如狐，其背上有角，乘之寿二千岁。(《海外西经》)

　　青丘山的九尾狐状兽，正是青丘国九尾狐，郭璞注云："即九尾狐。"之所以称其"其状如狐"而不言其为狐，盖因其九尾异乎常狐。其余朱獳、獬獬、蛰侄、犰狼、乘黄五种狐状兽，其实都是狐的变体，和九尾狐一样，均是以自然狐为原型虚拟出的动物。这样，《山海经》中的狐类实际上共七种：(一)九尾狐；(二)玄狐；(三)鱼翼狐(朱獳)；(四)有翼狐(獬獬)；(五)九尾九首虎爪狐(蛰侄)；(六)白尾长耳狐(犰狼)；(七)背角狐(乘黄)。七种狐的形体变异程度不同，蛰侄变异最大，九尾之外又加九首，同时又嵌合了虎的爪。其次朱獳、獬獬是狐和鱼、鸟的嵌合体，嵌合了鱼或鸟的翼，乘黄则嵌合了兽角。九尾狐是对尾的夸张。玄狐和犰狼变异最小，主要是毛色变化而已。

　　包括狐在内的《山海经》诸禽兽，究竟属于什么文化性质？是神物，是妖怪，还是别的什么？日人伊藤清司在《〈山海经〉中的鬼神世界》把它们统称为妖怪。在"化为美女的九尾狐"一节中说："居于青丘山的怪物是九尾妖狐。……青丘之狐虽具有狐形，但并不是一般的野兽，九尾乃是妖怪的标志。十八世纪法国研究妖怪的学者ビエフオソ伯爵曾给妖怪下过定义，妖怪的标志一是身体出现了过剩部分，例如四角牛；二是身形有欠缺部分，如一足鸟；三是身体各部位颠倒错乱，如眼睛长在腋下的羊。这种分类法，是根据'内部世界'(按：伊藤指人类生活的社会环境)而来的：凡是与内部世界居民持不同的形态者，均为异类，均为妖怪。青丘之狐多出八根尾巴，其为妖怪无疑。九尾狐常常打扮成奸诈的美女，例如妲己、褒姒。殷纣王被迷惑，周幽王也神魂颠倒，弄得身死国亡。不仅如此，这种妖狐竟然东渡日本，变成鸟羽天皇的宠姬鸟羽前，后被安倍泰成看破，现出九尾狐原形。……不用说，这些九尾狐是青丘妖狐的嫡传后裔，其外形特征和害人本性没有丝毫改变。"①

　　法国人给妖怪下的定义只适合于西方，对中国而言体形怪异的动物不一定必是妖怪。在中国古代观念中，妖怪或曰妖精所指大体为两类物象：一是奇形异状的动物体，多为凶险不祥之物。二是可以幻化人形的动植物及无生命物体，可善可恶，无固定善恶属性。第二类是秦汉后后起的观念。在先秦时期，本来妖和怪不同，《左传》宣公十五年云："天反时为灾，地反物为妖。"杜预注"地反物"为"群物失性"，就是说地面上反常的自然现象都是"妖"，如六鹢退飞、兔舞于市、桑谷生朝等等，它和星陨暴雨之类天灾属于同一范畴，都是天地间的自然现象。不光限于自然，人世中某些现象异乎寻常而暗寓灾变，也称为"妖"，如服妖、妖言等，《说文解字》蠥字释云："衣服歌谣草木之怪谓之妖。"怪则指罕见奇特的动物。《庄子·达生》说："山多怪类。"《国语·鲁语下》说："木石之怪曰夔蝄蜽，水之怪曰龙罔象，土之怪曰羵羊。"先秦文献中有许多这样的怪，如一足鸟商羊（《孔子家语·辨政》），比目鱼、比翼鸟、比肩兽、枳首蛇（《尔雅·释地》），地中犬地狼（《尸子》），食翼的邦鸟、生角的独鸟（《鲁连子》）等等。《淮南子·泛论训》称之为"天下之怪物"，"怪物"是怪和物的同义连称。先秦时怪又常称为物，《左传》宣公三年所云"铸鼎象物，百物而为之备，使民知神奸"即是，物、百物都是指稀奇的怪物。后来司马迁在《史记》卷五五《留侯世家》论赞中说："学者多言无鬼神，然言有物。"这物也是怪。怪物有时叫魅，《左传》文公十八年："投诸四裔，以御螭魅。"又宣公三年："螭魅罔两。"杜预注："魅，怪物。"《说文》魅作彬，释云："老物精也。"掺入后起的精怪变化观念。精与怪相似，《管子·水地篇》说"其状若人，其长四寸"的"庆忌"是"涸泽之精"，"一头而两身，其形若蛇，其长八尺"的蚢是"涸川之精"。精是某些物体的精灵，但常常与怪相混。

　　先秦人认为怪物是异气所生。《尔雅·释地》说东方比目鱼、南方比翼鸟、

_____

① 《〈山海经〉中的鬼神世界》，第10—12页。

西方比肩兽、北方比肩民是"四方中国之异气"，杜预注《左传》"以御螭魅"亦称："山林异气所生，为人害者。"一些怪物看不出有什么吉凶属性，如《国语·鲁语》《说苑·辨物》等书所载的出自井中的羊形"土之怪"羵羊就不言其有影响人类生活的怪异特性。一些怪物是作为某种自然现象的征兆出现的，如《孔子家语·辨政》和《说苑·辨物》中的一足鸟商羊，现则"天将大雨"，孔子说它是"水祥"，意即下雨的征兆。它其实和对天气变化敏感的许多鸟类、昆虫、爬行动物一样，本身并不具备灵性和神性。但先秦人更多地认为怪物是不祥之物，能对人类构成威胁。《太平御览》卷五三〇引《庄子》佚文说："黔首多疫，皆魅为祟。"《左传》宣公三年所说夏禹铸鼎象物，"使民知神奸"，"民入川泽山林，不逢不若，螭魅罔两，莫能逢之"，显然也视为凶物。

春秋战国人的怪物观念和晚起的妖怪变化观念不同，也和瑞应符命之说无关，怪物不具备人形化和人格化，不具备天命启示性，充其量含有某种神秘力量而已。《山海经》中的奇禽怪兽自然有许多属于怪物范畴，但笼而统之称为"妖怪群"并不恰当，把它们与后起的害人妖精混为一谈尤为不妥。《山海经》中的所谓"妖怪"——准确地说应当用"怪物"一词——是一个非常混杂的群体。其中一部分属于一般的古博物学范围，一部分属于巫术（含医术在内）范围，常和治病消灾有关，一部分则是各民族原始宗教中动物图腾的遗存。不少研究者认为《山海经》有着十分丰富的图腾记载，并用图腾观念解释其中的许多动植物，这是很有见地的看法。

再来看《山海经》中的狐。

《山海经》中的狐最突出的是青丘国或青丘山九尾狐，凫丽山的蛊雕是九尾九首狐状兽，实属同类。九尾狐和蛊雕被记载在《南山经》、《东山经》、《海外东经》和《大荒东经》中。《山海经》各部分非出一时一人之手，因此地理方位颇多淆乱，但九尾狐产地大体不出东南两个方向。在《周书·王会解》中，贡九尾狐的青丘国在西向一列，也为东方之国。

夏禹时代的涂山氏本居于河南，以后向东南迁徙，不论生活在安徽还是浙江，相对于中原地区都可以说是位于东方或南方，因此青丘九尾狐和涂山九尾狐密切相关。可以给出四种解释：一是青丘九尾狐是模拟涂山九尾狐而来。二是在流传中涂山九尾狐发生易地现象，由涂山易为青丘。三是所谓青丘国是活动于青丘山的原始部族，该族和涂山氏有血缘关系，分化出去成为独立一族，故而亦以九尾狐为部族标志。四是青丘国即涂山氏，但这种解释尚缺乏足够证据。

其余的狐和狐状兽也都可以理解为狐图腾，至少可以解释为是图腾观念的产物。由于图腾崇拜的长期存在，遂在人们的文化观念中积淀和定型为图腾意识。作为图腾对象的动植物，成为图腾原型而世代相传并发生转移，人们有意无意地用图腾观念来看待动植物，或依据图腾原型来虚拟超真实的物体。因此，青丘九尾狐及其他狐即便不是真实的图腾存在，也起码包含着图腾含义。北海幽都山的蓬尾玄狐可以理解为北方某氏族——玄丘民之类——的图腾，生活于同一区域的其他同一血缘的氏族则分别以玄鸟、玄蛇、玄豹、玄虎为图腾，共同构成一个大的部族，而以黑色为共同标志。蓬尾玄狐与涂山九尾白狐图腾从形体特征上看实际是同一图腾观念的产物，因此也可以理解为蓬尾玄狐是九尾白狐图腾原型的变异，是巫创造的别一种狐图腾符号。二者的共同点是强调毛色和尾，这是原型特征，不同之处是一黑一白、一蓬尾一九尾而已，这是变异。其余的鱼翼狐朱獳、有翼狐獙獙、白尾长耳狐狪狼、背角狐乘黄也都可以作如是观。它们都是动物图腾或由巫创造的图腾化动物，并不是一般意义上的怪物，更非害人的妖怪。

《山海经》中的七种狐，没有一种是以自然狐的原生态出现的。西方人把妖怪定义为形体的过剩、欠缺、错位，自然可以削足适履地把九尾狐等叫作妖怪。但只要研究一下动物图腾，就会发现许多图腾都具有奇异形体。以中国古代而论，女娲"人头蛇身"①，伏羲"蛇身人首"②，炎帝"人身

---

① 《楚辞·天问》王逸注。

② 唐司马贞《补史记三皇本纪》。

牛首"①，蚩尤"人身牛蹄"②，这种人蛇、人牛嵌合体正是图腾形象。有的学者把中国远古图腾分为原生态图腾、准原生态图腾和次生态图腾等层次。原生态图腾是最原始的氏族图腾，每族只有一个，图腾实体必是此氏族生活中的实有之物。之后的准原生态图腾和次生态图腾等，则可允许虚构物（如龙、凤、麟、踆乌、天鼋之类）来充当③。这种说法也是认为图腾可以是虚拟之物。

青丘狐和蛮佺"能食人"，朱獳"见则其国有恐"，獭獭"见则天下大旱"，狍狼"见则国内有兵（战争）"，表面看它们都是凶兽、妖兽，所以伊藤清司把它们看作是吃人作祟的妖怪。但从图腾崇拜角度来分析，这些不过是图腾禁忌观念的反映。原始人视图腾为神圣之物，是部族保护神，它既能带来幸福也能降下灾祸，不能触犯它，因此对图腾对象有严格的崇拜仪式和禁忌规矩，诸如祈祷、祭祀、禁杀生食用等等。法国人类学家雷诺在谈到图腾信仰时说："图腾动物能够保护和警告它的部族。"④上述"能食人"，"见则天下大旱"等等，其实正是对图腾动物的可怖性和超自然力的说明。而且这些图腾动物对于敌对部族也可以制造恐慌、战争和天灾。至于乘黄的"乘之寿二千岁"，则是从图腾动物的正面功能说的，相信它能使人健康长寿。

青丘九尾狐"食者不蛊"，郭璞注："啖其肉令人不逢妖邪之气。"一般来说，图腾动物是禁止食用的。但雷诺在谈图腾信仰时说，"在某些情形下，禁食的禁制只局限于动物身体的某一部分"，又说"由于事实需要而必须加以杀害时，则常须举行请求宽恕的仪式"⑤。青丘九尾狐的"食者不蛊"大约就是这种情况，先民相信狐肉可以避邪，便有杀狐食肉之举，当然要通过祈祷形式征得图腾狐的

---

① 西晋皇甫谧《帝王世纪》，《艺文类聚》卷一一引。
② 梁任昉《述异记》卷上。
③ 龚维英《原始崇拜纲要》，第 6、81 页。
④ 转引自弗洛伊德《图腾与禁忌》，中国民间文艺出版社，1986 年，第 131 页。
⑤ 《图腾与禁忌》，第 130 页。

同意并举行隆重的仪式。另外，巫靠巫术治病，曾被作为图腾崇拜的动植物会被巫看作是灵验的药物。《山海经》中记有大量药用动植物，九尾狐"食者不蛊"也有可能是由狐图腾崇拜而遗存下来的一种巫术。

狐被奉为图腾即处在神的地位，既是部族图腾神，也是部族活动区域的山川之神。《山海经》中的山川神中没有狐，但在已经失传的战国书《琐语》（又称《古文琐语》《汲冢琐语》）中却有这样一条记载：

> 晋平公至浍上，见人乘白骖八驷以来，有狸身而狐尾，去其车而随公之车。公问师旷，师旷曰："狸身而狐尾，其名曰首阳之神，饮酒于霍太山而归。其逢君于浍乎？君其有喜焉。"[1]

古人认为狸属狐类，此神狸身狐尾，强调其尾为狐，分明是狐狸合体的狐神。既称其为"人"，则为人之首，乃又是人、狐、狸的嵌合体。此狸身狐为首阳山神，而且是福神，这是远古狐图腾崇拜的遗存和演化。

《太平御览》卷九〇九引《韩诗外传》曰："狐，水神也。"未闻狐为水神。按同书卷九五〇引《韩诗外传》曰："短狐，水神也。"作短狐是也。短狐即蜮，含沙射影之物[2]。

---

① 《太平广记》卷二九一引，题《晋平公》。

② 《太平御览》卷九五〇引陆机《毛诗疏义》曰："为鬼为蜮，蜮，短狐也，一名射影。如龟，二足，江淮水皆有。人在岸，影见水中，投人影则杀人，故曰射影也。南方人欲入水，以瓦石投水中令浊，乃入也。或又含沙射人，入肌，其疮如疥。"

# 第二章·瑞狐：狐的符命化

前边说过，《吴越春秋》所记禹遇涂山九尾白狐以为婚姻征应，含有后起的瑞应符命思想。郭璞注《山海经·大荒东经》青丘国九尾狐，亦称："太平则出而为瑞也。"他所作《九尾狐赞》（《山海经图赞》）又云："青丘奇兽，九尾之狐。有道则见，出则衔书。作瑞周文，以标灵符。"更明确指出青丘九尾狐是有道则见、衔书作瑞的瑞兽，曾成为周兴的符瑞。再后来沈约在《宋书》卷二七《符瑞志上》中也说禹"又有白狐九尾之瑞"。

这表明，在经历了狐图腾之后，狐又被符命化了，图腾狐变为符命狐，狐崇拜由原始社会的图腾崇拜变为封建国家的符瑞信仰。

符瑞、符命之说是在天人感应学说基础上提出的一种唯心主义天命观，它认为帝王和国家的兴衰是同某种祥瑞事物的出没联系在一起的，天降祥瑞则预示着君王邦国的兴起和太平盛世的出现。它和降灾示警的灾异说相反相成，是正负对立的两个方面，植根于同一天命观念。被视为祥瑞的物事很多，《艺文类聚》设祥瑞一门，有庆云、甘露、木连理、木芝、龙、麟、凤凰、鸾、比翼、乌、雀、燕、鸠、雉、马、白鹿、狐、兔、驺虞、白狼、比肩兽、龟、鱼、鼎二十四种，其中还有些具体区分，如龙有黄龙、赤龙、青龙、黑龙之别。实际上所谓祥瑞之物远较此为多。

符命思想在战国后期已经产生。《吕氏春秋·应同》云："凡帝王者之将兴也，天必先见祥乎下民。"并说黄帝之时天先见大螾大蝼，禹之时天先见草木秋冬不杀，汤之时天先见金刃生于水，文王之时天先见火，赤乌衔丹书集于周社。《礼记·礼运》亦云："故天不爱其道，地不爱其宝，人不爱其情。故天降膏露，地出醴泉，山出器车，河出马图，凤皇麒麟，皆在郊棷，龟龙在宫沼。其余鸟兽之卵胎，皆可俯而窥也。则是无故，先王能修礼以达义，体信以达顺，故此顺之实也。"至汉，符命思想经今文经学家大力鼓吹，得到极大发展，大畅于天下。汉武帝时，董仲舒在《贤良对策》中回答"三代受命，其符安在"的问题时说："臣闻天之所大奉使之王者，必有非人力所能致而自至者，此受命之符也。天下之人同心归之，若归父母，故天瑞应诚而至。《书》曰'白鱼入于王舟，有火复于王屋，流为乌'，此盖受命之符也。"此见于《汉书》卷五六《董仲舒传》。《汉书》卷五八《兒宽传》云："司马相如病死，有遗书，颂功德，言符瑞，足以封泰山。"可见司马相如亦言符瑞。而兒宽亦云："精神所向，征兆必极，天地并应，符瑞昭明。"又云："光辉充塞，天文粲然，见象日昭，报降符应。"颜师古注："言天显示景象，日日昭明也。降下符应，以报德化。"东汉初，班固等人撰《白虎通义》（简称《白虎通》），在《封禅·符瑞之应》中更将符命思想作了详尽说明：

> 天下太平，符瑞所以来至者，以为王者承天统理，调和阴阳。阴阳和，万物序，休气充塞，故符瑞并臻，皆应德而至。德至天，则斗极明，日月共，甘露降。德至地，则嘉禾生，蓂荚起，秬鬯出，太平感。德至文表，则景星见，五纬顺轨。德至草木，则朱草生，木连理。德至鸟兽，则凤凰翔，鸾凤舞，麒麟臻，白虎到，狐九尾，白雉降，白鹿见，白鸟下。德至山陵，则景云出，芝实茂，陵出黑丹，阜出蓄莆，山出器车，泽出神鼎。德至渊泉，则黄龙见，醴泉涌，河出龙图，洛出龟书，江出大贝，海出明珠。德至八方，则祥风至，佳气时喜，钟律调，音度施，四夷化，越裳贡。

班固认为，王者施德于天下，休气充塞，符瑞便会感应而至。太平之世的瑞应之物列出许多，其中有九尾狐。九尾狐和龙凤等都曾是先民部族图腾，图腾物具神圣性，因而在符命思想兴起后，便被纳入符瑞系统。

战国时期，九尾狐或已被视为吉祥之物。《周书·王会解》记载四夷列国贡物，有青丘国九尾狐和白民国乘黄，还有不令支玄貘，据晋人孔晁注，玄貘即黑狐。《穆天子传》卷一载："天子猎于渗泽，于是得白狐、玄狢焉，以祭于河宗。"《竹书纪年》载："宣王（周宣王）时，乌化为狐，夏伯杼子东征，获狐九尾。"[1]《山

---

[1] 《太平御览》卷九○九引。

左图：青铜尊上的九尾狐
右图：江苏淮阴高庄战国墓铜匜上的九尾狐

海经·海外东经》"青丘国"郭璞注："《汲冢竹书》曰：'柏杼子征于东海及王寿，得一狐，九尾。"《汲冢竹书》即西晋出于汲冢的古本《竹书纪年》。九尾狐之所以作为贡品和祭品，分明是因为它是吉祥之物，相信会给人带来好运气。春秋战国青铜器也有九尾狐图纹[①]，含义当亦如此。九尾狐进入符命系统后，已不是一般意义的吉祥物，而被赋予新的文化含义，即王者天命的象征和太平盛世的象征，成为符瑞系统中格外引人注目的瑞命符号。

这里应当分析一下《史记》卷四八《陈涉世家》记载的一段篝火狐鸣的故事。陈胜、吴广在大泽乡发动戍卒起义，为了"威众"，按照卜者的指点，在帛上写上"陈胜王"三字置入鱼腹，士卒买鱼烹食，发现了帛书，感到奇怪。陈胜又叫吴广夜间躲在丛祠，点起火，学狐鸣呼叫"大楚兴，陈胜王"，结果取得"威众"的极佳效果。吴广在丛祠中夜学狐鸣，表明了狐的山神身份，狐之为山神，前已述之。而借狐神的名义喊出"大楚兴，陈胜王"的谶语，显然表明狐神可以昭示天命。狐的这种神性，大约在当时为民间所熟知，所以才能起到惑众威众的作用。当然这和汉代的狐瑞观念还有不同，但包含着符瑞因素则是无

---

① 参见王昕宇《东渡的〈山海经〉与日本的夜行百鬼关系考》，插图亦取自此文，《艺苑》，2018 年第 5 期。

疑的。这个故事清人纪昀在《阅微草堂笔记》卷一〇《如是我闻（四）》引用过，说"必当时已有是怪，是以托之"。纪昀认为所托是狐怪，借以证明秦末已有狐妖之说，其实所托的不是狐怪，而是可以预示天命的狐神。

汉代的瑞狐并不是一般的狐，并不是任何狐都可以成为符命化的瑞兽，主要是古老的九尾狐、白狐、玄狐。这是文化原型积淀的结果，远古的狐图腾以此三类狐为著。这三类狐各有其特殊的形体特征，在文化变迁之后，这些瑞狐的特征又获得新的象征意味。

九尾狐和玄狐都是对狐尾的强调。狐尾是狐体很突出的部分，所以古人曾以"兽之长尾者也"释狐[1]。《中国动物志》说，赤狐尾较长，略超过体长之半，尾形粗大，覆毛长而蓬松。《诗经·小雅·何草不黄》云："有芃者狐，率彼幽草。"朱熹注："芃，尾长貌。"突出的正是这条尾巴。史载北齐永安王高浚曾作"狐掉尾戏"[2]，模拟狐摇尾以为戏乐，也是对狐尾的关注。狐尾极为珍贵，唐代剑南茂州、松州土贡中有狐尾[3]。据说狐十分爱惜自己的尾巴，《周易·未济》云："小狐汔济，濡其尾。"旧题西汉焦延寿撰《焦氏易林》卷一《蒙》之《师》云："小狐渡水，污濡其尾。"《风俗通》载俚谚云："狐欲渡河，无如尾何。"[4]都是说狐在涉水时生怕弄湿自己的尾巴。尾大是狐十分重要的形体特征，本身又十分珍贵，因而在图腾中尾被夸张了——此即"玄狐蓬尾"，并且幻化为九尾——此即涂山、青丘九尾狐。

在中国人的文化观念中九代表着数字的极限，《素问·三部九族论》云："天地之至数，始于一，终于九焉。"我们相信远古已有这种观念。三国吴徐整《三五历纪》记盘古神话，说盘古生于浑沌之中"一日九变"，天地形成后"天去地九万里"，皆以九为极限数字。徐整解释说："数起于一，立于三，成于五，盛

---

① 南宋释法云《翻译名义集》卷五引《辅行记》："狐，兽之长尾者也。"
② 见《北齐书》卷一〇《高祖十一王传》。
③ 见《新唐书》卷四二《地理志六》。
④ 《水经注·河水》引。

于七，处于九。"①又如《山海经·海外北经》记共工之臣相柳氏"九首，以食于九山"，《大荒西经》记夏后开三次上天，"得《九辩》《九歌》以下"。例证甚多。涂山狐之九尾也正是用九来表示数量极限，言狐尾之多。不过在远古九字未必有神秘含义，九字的终极含义渐次带上神秘性与阴阳五行学的兴起有关。在《周易》中，阴爻（--）用六表示，阳爻（—）用九表示。《说文》释九字云："九，《易》之变也，象其屈曲究尽之形。"段玉裁注："《列子》《春秋繁露》《白虎通》《广雅》皆云九，究也。"究，即究乎天人变化之数，这样九便带上隐秘的含义，表示气数变化的极致。在汉代九尾狐崇拜中，九尾之九也不能不隐含着阴阳气数思想，或者说也正是九尾的特征，才引起符命家的注意，把九尾狐纳入瑞物系统。

《白虎通》对九尾狐有这样一个解释：

狐九尾何？狐死首丘，不忘本也，明安不忘危也。必九尾者何？九妃得其所，子孙繁息也。于尾者何？明后当盛也。

前边我们说过，《说文》认为狐有"三德"："其色中和"，符合中庸之道；"小前大后"，象征尊卑有序；"死则首丘"，具备不忘根本的德行。这是汉代以狐为瑞的一种根据，《白虎通》"不忘本"云云正是先从狐的一般德性上来申言之。以下两节解释专门着眼于九尾，认为九尾象征天子九妃，象征子孙繁息，后代昌盛。这种解释无疑是从禹娶九尾涂山狐生发出来的。如前所言，九尾狐图腾具有女阴崇拜和生殖崇拜的意义，狐的九尾不妨理解为九阴（阴户）。在汉人瑞应观念观照下，九尾再不是如此朴素的原始生殖意义，而抽象为天子"子孙繁息"的象征，并进而扩展为太平盛世的象征。因为"明后当盛"并不能狭隘地理解为天子九妃生一大堆孩子，而是说国家一代代繁荣昌盛下去。

①《艺文类聚》卷一引。

　　汉代盛行九尾狐崇拜，在出土的汉代画像石刻和砖刻中（下图）经常可以发现九尾狐形象，作蹲伏、奔驰等状，常与三足乌、白兔、蟾蜍、西王母画在一起。西王母在汉人观念中是仙灵之长，三足乌与白兔、蟾蜍代表日月，九尾狐与之为伍，自然是极端重要的太平瑞应之物。

图1　　　　　　　　　　　　　　　　图2

图3　　　　　　　　　　　　　　　　图4

　　再说白狐和玄狐。纯黑色和白色的野生兽类极罕见，所以《吕氏春秋·用众》说："天下无粹白之狐。"北宋陆佃《埤雅·狐》说："白狐盖有之矣，非常有也。"白狐、黑狐都是狐的野生变种，由于罕见，故而在以稀奇为神灵的观念下极易成为先民的图腾物。为什么《山海经》中记有许多白色黑色动物，诸如白犬、白虎、白狗、白马、白狼、白蛇、白鹿、白犀、白雉、白猿、白翟、白鸡、玄虎、玄豹、玄鸟、玄蛇、玄龟、黑犬、黑蛇等，或许原因就在这里。

文化语言学认为，色彩词常常蕴含着丰富的联想意义。美国语言学家帕默尔指出："颜色有一种很大的心理效果。"色彩词的联想意义的产生，受到民俗民情、生活方式、地理环境、宗教文化等社会因素的制约，因而呈现出种种不同的情况①。在原始图腾观念中，白色和黑色的鸟兽大概已经产生了关于神奇、吉祥或恐惧、灾难的联想。到战国秦汉，不同色彩与五行联系起来，青代表木，白代表金，赤代表火，黑代表水，黄代表土，而五行又与五方、五帝等配合，于是五色也具备了五方五帝的属性。《说文》云，"白，西方色也"，"黑，北方色也"，如此等等，便是五行配合的结果。五色被纳入五行系统，色彩便从一般的颜色区别而具备了神秘意义，五色成为神秘的气数符号。在五行学中，五行也和星象配合，二十八宿分为四组，分别配合以四方，并分别与四种动物相配，即东方苍龙（青龙）、北方玄武（黑龟）、西方白虎、南方朱鸟，四种动物内含着青、黑、白、赤四种颜色。在这种文化背景下，古书记载中白鹿、白狼、白狐、玄狐之类，当然不仅仅因其毛色稀罕而被视为珍物，而因其纯白纯黑之色合于白虎、玄龟，不能不成为瑞物了。

汉代符瑞中黑白两色动物最多，又以白色常见，从上边所引《白虎通》和《艺文类聚》看得十分清楚，黑和白分明成为鸟兽的瑞色、吉祥色。而且瑞兽祥禽的毛色也常常和四方相配，应和着四方的气数。

白色和黑色对瑞鸟珍兽来说含义还不仅限于契合五行。东晋葛洪《抱朴子·对俗》引汉人书《玉策记》《昌宇经》云："虎及鹿兔，皆寿千岁，寿满五百岁者，其毛色白。……鼠寿三百岁，满百岁则色白。"可见白乃长寿之色。这种观念显然是从人老发白的现象引发出来的。对黑色的解释不见汉人书，但清人曾引用过这种说法："白狐年久而黄，黄久而玄"②。就是说白狐年深日久其毛色变黄，再久则变黑，可见黑色年寿更长。这似乎也是由返老还童的老人白

---

① 参见邢福义主编《文化语言学》下编第一章第一节第一部分，湖北教育出版社，1990年。

② 见平步青《霞外捃屑》卷五《玄狐猧刀》。

发变黑生出的。《平妖传》第三回说"玄狐、白狐则寿多而色变也",可见黑白二色还有长寿年久的含义,长寿则为福则为瑞,于是白狐、黑狐之属便成为瑞兽。大约黑色鸟兽更为罕见也更为祥瑞,所以记载远不及白色鸟兽为多。

作为瑞兽的九尾狐、白狐、玄狐,常见于汉人书,两汉纬书中尤为多见。此外还有青狐、文狐。现将有关记载分别引录如下:

（一）九尾狐

机星得,则狐九尾。（《艺文类聚》卷九九引《春秋运斗枢》）

德至鸟兽,则狐九尾。（同上引《孝经援神契》）

天命文王以九尾狐。（《文选》卷五一《四子讲德论》、卷三五《七命》注引《春秋元命苞》）

昔文王应九尾狐,而东夷归周。（王褒《四子讲德论》）

散宜生至吴,得九尾狐,以献纣也。（《艺文类聚》卷九九引班固《幽通赋》注）

（元和）二年……白鹿、白兔、九尾狐见。（《东观汉记》卷二《肃宗孝章皇帝》）

（二）白狐

白帝生,先致白狐。（《艺文类聚》卷九九引《河图》）

　　文王拘羑里，散宜生之西海之滨，取白狐青翰献纣，纣大悦。（同上引《尚书大传》）

　　白狐至，国民利；不至，下骄恣。（同上引《潜潭巴》）

（三）玄狐

　　帝伐蚩尤，乃睡，梦西王母遣道人，披玄狐之裘，以符授之。……有玄龟衔符，从水中出，置坛中而去。……于是黄帝备之以征，即日禽蚩尤。（《艺文类聚》卷九九引《黄帝出军决》）

（四）文狐

　　君乘火而王，其政讼平，南海输以文狐。（《艺文类聚》卷九九引《礼斗威仪》）

（五）青狐

　　周文王拘羑里，散宜生诣涂山得青狐，以献纣，免西伯之难。（《太平广记》卷四四七引《瑞应编》）

　　青狐所出《瑞应编》，即梁人孙柔之《瑞应图》，不是汉人书。但《艺文类聚》引《尚书大传》"散宜生之西海之滨取白狐青翰"，注云："《六韬》得青狐。"可见汉之《六韬》已有青狐之说，当为《瑞应图》所本。后人言瑞狐，大抵因袭汉说，例如《瑞应图》："九尾狐者，六合一同则见，文王时东夷归之。"鲍照《河清颂序》："素狐玄玉，聿彰符命。"《宋书》卷二八《符瑞志中》："白狐，王者仁智则至。""九尾狐，文王得之，东夷归焉。"所以《瑞应图》涂山青狐的记载，虽为晚出之书，却仍是汉人之说。

所引汉人上述文字，言九尾狐、白狐者较多，玄狐很少，但据《魏书·灵征志下》，周成王时曾见黑狐（详下），当据汉人书为说。文狐、青狐为汉世新说，前此未见。青狐之说很有意思，也产于涂山，与九尾白狐同出一地。毛色为青，这或者是因为涂山位于东方，东方属青，因此其狐色青；或者是由青丘狐产生的联想，移青丘之青为狐之青。顺便说在《山海经》中青丘狐未言其色，孙柔之《瑞应图》乃言其为赤色：

> 九尾狐者，神兽也。其状赤色，四足九尾，出青丘之国。音如婴儿。食者令人不逢妖邪之气及蛊毒之类。①

说青丘九尾狐赤色，根据想必有二：一是这段描述原出《山海经·南山经》及郭璞注，南属赤。二是九尾狐曾为周兴之瑞，而"周人尚赤"②。这里不仅依据五行之说，而且也切合了《诗经》"莫赤匪狐"的描写。

我们按照五行之说来阐释狐的毛色，是因为汉人言狐之色确也常常扣住四方。白帝生而致白狐，白帝即西方之帝，于是白狐成为西方白帝的象征。散宜生之西海取白狐，西海自在西方。披玄狐之裘的道人分明是北方之神，玄狐属北方。文狐出南海，《文选》卷三四曹植《七启》"曳文狐"注引《礼斗威仪》亦曰："其君乘土而王，南海输以文狐。"南属火属赤，这文狐恐是赤狐之有纹者，是火德王者的象征。

瑞狐的符命功能表现在四个方面：（一）应帝王之兴。（二）应帝王之德。（三）应国民之利。（四）应星象之运。这里作些解释。商末文王被拘，散宜生得九尾

---

① 《太平广记》卷四四七《瑞应》引《瑞应编》。
② 《礼记·檀弓上》。

狐（或白狐、青狐）献给纣王，纣王很高兴，其实九尾狐等均为文王的符命而不是纣王的符命，应在周昌。西海的白狐应周兴于西方，吴九尾狐以其位于东方，故应东夷归周，涂山青狐也是同样的意味。黄帝战蚩尤，梦西王母遣道人授符与之。道人当是北方之神，玄狐、玄龟均为北方瑞物，故有道人披玄狐之裘、玄龟衔符出水之事。黄帝战蚩尤相传在涿鹿之野[1]，为北方之地，故而北方之神授符佐之。机星是北斗七星的第三星，即天机星（又作天玑），常与第五星玉衡合称为机衡，以代指北斗。《史记》卷二七《天官书》云："北斗七星，以齐七政。……斗为帝车，运于中央，临制四乡。分阴阳，建四时，均五行，移节度，定诸纪，皆系于斗。"《索隐》引《尚书大传》云："七政，谓春、秋、冬、夏、天文、地理、人道，所以为政也。"东汉王符《潜夫论·班禄》亦云："机衡不倾，德气流布而颂声作也。"北斗星的运转关系天地四时变化、人间兴衰治乱，而九尾狐的出没与北斗机星的出没相应，自是寓含天道的神瑞之物。九尾狐不仅是夏禹、周文王这些古圣贤的瑞应之物，汉章帝时也出过九尾狐[2]，其因何在？汉章帝被史家誉为"长者"，是有德之君，而章帝"在位十三年，郡国所上符瑞，合于图书者数百千所"[3]。东汉符命谶纬之说极度盛行，臣下投时主所好，纷纷竞说符瑞取宠于上，于是九尾狐也就被扯了出来。

汉后凡言帝王符瑞者，莫不言及瑞狐。曹丕代汉，效王莽故事打出符命旗号。鱼豢《魏略》云："文帝欲受禅，郡国奏九尾狐见于谯、陈。"[4]《宋书》卷二八《符瑞志中》亦载云："魏文帝黄初元年十一月甲午，九尾狐见鄄城，又见谯。"唐李咸《田获三狐赋》所云"九尾来仪，感魏君而呈瑞"，即本此。晋代亦有狐瑞记载，白居易《六帖》卷九七引《晋录》云：

<hr />

① 见《史记》卷一《五帝本纪》。
② 《宋书》卷二八《符瑞志中》："汉章帝元和中九尾狐见郡国。"
③ 《后汉书》卷三《章帝纪》。
④ 《艺文类聚》卷九九引。

咸宁二年，有白狐七尾，见汝南。

七尾狐于古无征，若非晋人杜撰，或即七字是九字之讹。

北魏一朝尤重符瑞，魏收著《魏书》，特辟《灵征志》，其中记狐瑞者极夥：

高祖太和二年十一月，徐州献黑狐。周成王时，治致太平，而黑狐见。

三年五月，获白狐。王者仁智则至。

六月，抚冥获白狐以献。

八年六月，徐州获黑狐以献。

十年三月，冀州获九尾狐以献。王者六合一统则见。周文王时，东夷归之。曰，王者不倾于色则至，德至鸟兽亦至。

十一年十一月，冀州获九尾狐以献。

二十三年正月，司州、河州各献白狐狸。

十九年六月，司州平阳郡获白狐以献。

世宗景明三年二月，河州献白狐。

永平三年十月，白狐见于汲郡。

延昌四年四月，兖州献白狐。

九月，相州献白狐。

闰月，汾州献白狐二。

肃宗正光二年三月，南青州献白狐二。

三年六月，平阳郡献白狐。

八月，光州献九尾狐。

四年五月，平阳郡献白狐。

孝静天平四年四月，西兖州献白狐。

七月，光州献九尾狐。

元象元年四月，光州献九尾狐。

二年二月，光州献九尾狐。

兴和三年五月，司州献九尾狐。

十二月，魏郡献白狐。

四年四月，瀛州献白狐二。

武定元年七月，幽州获白狐，以献上。

三年七月，瀛州献白狐，二牡一牝。

九月，西兖州献白狐。

在从太和二年（478）到武定三年（545）的六十八年间，竟然九尾狐七见，白狐十九见，黑狐二见，共二十八见，瑞兽几成凡物，可见对祥瑞的迷信竟至如此！但这些记录都是真实的，因此所谓白狐、黑狐不过是毛色发白发黑而已，被附会为古之白狐、玄狐。九尾狐当然也不是真的有九尾，大约是尾部有特殊花纹并分外长大，或尾毛有分岔，遂比附为古之九尾狐。《清稗类钞》动物类《九尾狐》云："长白山有九尾狐，相传其地即九尾狐产地之涂山也。"长白山九尾狐大约也是对具有特殊尾巴的狐的称呼。

狐瑞兴于汉，历魏晋而盛极于北魏。唐代仍有瑞狐记载，如张读《宣室志》卷一载李揆乾元初为中书舍人，见一白狐在庭中捣练石上，客曰："此祥符也，某敢贺。"明日选礼部侍郎。但已不涉国家祥瑞，而且这类记载也很少。瑞狐的销声敛迹，是因为符命之说唐以降逐渐吃不开，没人再喜欢搞这套自欺欺人的鬼把戏，而狐也早已从瑞兽堕落为妖兽、妖精了。

# 第三章·狐妖：神性的失落

# 一、妖兽与媚兽：狐的妖精化

当九尾狐、白狐和玄狐带着祥瑞的光环出没天人之际，昭示邦国人君的兴旺时，芸芸众生的狐们则已经开始失去神性堕为妖精。到后来连最尊贵的九尾狐也失去了瑞兽地位，成为最恶劣的精怪。

《说文解字》犬部云："狐，妖兽也，鬼所乘之。"许慎以"妖兽"释狐时，接着又有"有三德"云云，乃又用汉人瑞狐之说，这表明汉人狐观念的两重性，狐瑞观念尚在盛行时，狐妖观念同时也在流行，至少一部分狐已从图腾神、山神、瑞兽的神圣地位跌落下来，进入山精水怪的行列。瑞兽之为妖兽，神灵之为妖精，是狐文化内部的一个根本性转移。狐为妖兽之说从此延续下去，三国吴虞翻《周易注·未济》云："狐，野兽之妖者。"南宋朱熹《诗集传》注《邶风·北风》："狐，兽名，似犬，黄赤色。……皆不祥之物，人所恶见者也。"虽说在《周易》《诗经》时代并无狐为妖兽、不祥之物的观念，但他们仍以《说文》以后的观念注释古经中的狐。

《说文》"鬼所乘之"之说不知所本，估计依据的是汉代传闻。唐代倒有一个故事讲鬼乘狐，出于戴孚《广异记》[①]：

> 宋溥者，唐大历中为长城尉。自言幼时与其党暝扱野狐，数夜不

---

① 《太平广记》卷四五一引，题《宋溥》。

获。后因月夕复为其事，见一鬼戴笠骑狐，唱《独盘子》。至扱所，狐欲入扱，鬼乃以手搭狐颊，因而复回。如是数四。其后夕，溥复下扱伺之。鬼又乘狐，两小鬼引前，往来扱所。溥等无所获而止。

鬼为阴物，能祟人害人，狐成为鬼的坐骑，受鬼役使，其妖性之可见。

从现有文献看，狐之成为妖兽始于西汉，突出反映在西汉昭帝时人焦延寿所作《易林》中。《易林》是本模仿《周易》的占卜书，卦辞都用四字韵语写成，其中许多地方写到狐。有些是一般性描写，不去管它。个别地方狐为瑞兽，卷三《损》之《无妄》云："雄狐绥绥，登山崔嵬。昭告显功，大福允兴。"[1] 本《诗经·齐风·南山》，但显然又吸收了汉人狐兆福瑞的观念，这也不必细说。最多的描写是狐为祟，现引录于下：

1. 传言相误，非于径路。鸣鼓逐狐，不知迹处。（卷一《乾》之《无妄》）

2. 逐狐东山，水过我前。深不可涉，失利后便。（卷一《蒙》之《蛊》，又见卷三《益》之《暌》，卷四《垢》之《巽》，《艮》之《临》，《渐》之《夬》）

3. 逐狐平原，水遇我前。深不可涉，暮无所得。（卷二《畜》之《震》）

4. 驾驷逐狐，轮挂荆棘。车不结辙，公子无得。（卷一《小畜》之《观》）

---

[1] 又见卷三《咸》之《贲》，卷四《既济》之《咸》。

5. 裸裎逐狐，为人欢笑。牝鸡晨鸣，主作乱妖。（卷二《噬嗑》之《豫》，又卷一《大有》之《咸》有前二句）

6. 狐嘈向城，三旦悲鸣，邑主大惊。（卷四《困》之《兑》）

7. 三狐号哭，自悲孤独。野无所由，死于丘室。（卷四《未济》之《剥》）

8. 老狼白驴，长尾大狐。前颠却踬，进退遇祟。（卷三《蹇》之《剥》，又见卷三《睽》之《需》，驴作驹）

9. 长女三嫁，进退无羞。逐狐作妖，行者离忧。（卷二《观》之《蛊》）

10. 长女三嫁，进退多态。牝狐作妖，夜行离忧。（卷二《颐》之《同人》）

11. 老狐屈尾，东西为鬼。病我长女，哭涕诎指。或西或东，大华易诱。（卷三《睽》之《升》）

12. 老狐多态，行为蛊怪。为魅为妖，惊我主母，终无咎悔。（卷三《萃》之《既济》）

前五条都写“逐狐”。逐狐原因从字面上不大能看得出来，但如参照第九条“逐狐作妖”以及卷一《随》之《讼》所云“逐兔驱狼，避去不祥”，则可知是因为狐是不祥之物而入人家作祟，故而逐之。“逐狐东山”，“逐狐平原”，“驾驷逐狐","鸣鼓逐狐",都是劳而无功,空手而回。因为或遇到地形障碍,或是走错了路,"不知迹处"。第五条先说逐狐,后说"牝鸡晨鸣,主作乱妖",意思是说母鸡报晓是不祥兆头,主生妖乱,果然夜间有狐入室,主人赤条条跑出来撵它,以致引起观者的哄笑。

第六条至第十二条都是对狐作祟行为的描写。第六条说狐一连三天早晨向城悲鸣,引起邑主(县令)的惊恐。惊恐什么?惊其作祟。第七条写三狐因孤独而号哭。既为三狐,何言孤独?可见孤独不是无侣,而是无偶——人间之偶。身处野外,无由入人家求偶,最终"死于丘室"。第八条是说行人前遇狼驴,后逢大狐,皆为作祟妖兽,进退两难。末四条都是直接描写妖狐惑人。九、十两条意思差不多,是说家中"长女"已经嫁了三次,在娘家成日没羞没臊地扭捏作态,这是因为中了狐魅,被老狐精迷住了。家人忧愁不已,夜间逐狐。十一、十二两条是说老妖狐弯曲着尾巴神出鬼没,鬼鬼祟祟,潜入人家"为魅为妖",把"长女"和"主母"(女主人)迷惑住,弄得她们疯疯癫癫,哭哭啼啼。从这四条可以看出这样几个问题:

(一)妖狐均为邪恶之物,给人家带来灾祸。"福禄不遂,家多怪祟"①,怪祟主要是妖狐。

(二)妖狐是"老狐"。

(三)妖狐作祟对象均为女性,而妖狐却为"牝狐"(雌狐)。

(四)妖狐均未人形化,仍为兽体。它是以特有的妖术使"长女""主母"受惑的,并不是化为人形。

关于第二点,它反映着汉人关于妖精变化的观念,即所谓"物老为怪"。大凡年深日久的老物,皆能为魅为妖。这一点下边还要详说。

关于第三点则反映出狐作祟的性质及妖狐性别问题。虽说《未济》之《剥》卦辞有"三狐号哭,自悲孤独"的话,照我们的分析可能与妖狐在人间觅偶有关,

---

① 见卷一《蛊》之《无妄》。

但从蛊惑长女的狐是牝狐而不是雄狐这点来看，显然妖狐作祟不具备性的因素，即雄狐惑女、雌狐惑男。似乎西汉人对于妖狐的看法仅是一般作祟而已，亦即后来郭璞在《玄中记》中所说的，"善蛊惑，使人迷惑失智"。至于妖狐的这种作祟祸人对它自己有什么好处不得而详。

在以后的观念中狐妖作祟则主要被规定为性蛊惑，即所谓"狐媚"，六朝时期此类故事甚多。故而梁人顾野王在《玉篇·犬部》，用"媚兽"二字释"狐"字。所谓"媚"，含有迷惑、淫荡等意思，专门以猎取性目标为事，所以狐被目为"淫兽"。终清之世，一直流行着这种说法，如：

狐，淫兽也，以淫媚人。（清张潮辑《虞初新志》卷一〇陈鼎《烈狐传》）

吾闻狐性极淫，故名曰淫狐。（和邦额《夜谭随录》卷四《杂记》）

其实，淫本是人行而不是兽行，兽类交配都依循自然规律。《中国动物志》说赤狐每年一、二月为交配期，此时雄狐为争雌争斗激烈。发情期争雌本是许多禽兽的共同特性，并不为狐所独有，万万扯不到一个淫字。但古人却顽固地认为狐是淫兽，《埤雅·狐》就说："其为物性淫，故《诗》义以刺恶，所谓'雄狐绥绥'是也。"目狐为淫物，盖源于对《诗经·齐风·南山》的理解。《南山》诗首章云："南山崔崔，雄狐绥绥。鲁道有荡，齐子由归。既曰归止，曷又怀止？"照《诗序》的解释，齐子是齐襄公妹妹、鲁桓公夫人文姜，兄妹私通，《南山》即是齐大夫讽刺齐襄公淫于其妹的"鸟兽之行"的，诗中的"雄狐"便是比喻齐襄公。"绥绥"一词在《卫风·有狐》中也出现过："有狐绥绥，在彼淇梁。"毛传："绥绥，匹行貌。"意即狐成双捉对——自然是一公一母——地行走。郑玄释云："雄狐行求匹耦于南山之上，形貌绥绥然。……喻襄公居人君之尊，而为淫佚之行。其威仪可耻，恶如狐。"后来朱熹训"绥绥"为"独行求匹之貌"。

不管独行还是匹行，于狐初无贬义，故而涂山人歌九尾白狐亦曰"绥绥白狐"。原《诗》之义，只是以雄狐刺襄公，言其为禽兽，并无狐淫的意思。但由于狐和淫邪丑恶的齐襄公扯在一起，狐尤其是雄狐便蒙上淫兽、性淫的恶名，郑玄注云"恶如狐"，分明视狐为淫邪之物，这实在是狐的不幸。下边我们将谈到六朝狐妖作祟的性蛊惑特征及雄狐倾向，这不能不和汉人对《南山》的解释有关。

从汉代开始出现狐为"妖兽"及六朝开始出现狐为"媚兽"的说法之后，妖和媚成为狐的两种特性，朱熹《诗集传》注《诗经·卫风·有狐》，说"狐者，妖媚之兽"，便是合而言之。全部狐妖故事大都在这两个字上生发，"妖"规定着狐的妖精本质，"媚"规定着狐的妖性特征和妖行走向——性淫和以色惑人，对人间男女进行性诱惑、性骚扰和性攻击。

终战国之世，狐的文化属性基本上属于图腾神和祥物珍兽的范围，至汉则具有瑞兽和妖兽的双重性质。由于多种文化观念的并存和不同文化观念的交织错杂，汉代狐被用作不同的文化符号，在文化语境中呈现不同的含义，这是很自然的现象。狐被妖化的文化背景是比较复杂的，这里只能作些粗浅分析。

汉代逐渐形成了妖精变化的宗教性观念。这种观念据说出于孔子，当然不可信，不过是汉人的假托。干宝《搜神记》载：

> 孔子厄于陈，弦歌于馆中。夜有一人，长九尺余，着皂衣高冠，大叱，声动左右。子贡进，问："何人耶？"便提子贡而挟之。子路引出，与战于庭，有顷未胜。孔子察之，见其甲车间时时开如掌，孔子曰："何不探其甲车，引而奋之？"子路如之，没手仆于地，乃是大鳀鱼也，长九尺余。孔子叹曰："此物也，何为来哉？吾闻物老则群精依之，因衰而至。此其来也，岂以吾遇厄绝粮，从者病乎？夫六畜之物及龟蛇鱼鳖草木之属，久者神皆依凭，能为妖怪，故谓之五酉。五酉者，五行之方，皆有其物。酉者老也，故物老则为怪矣。杀之则已，夫何患焉！或者天之未丧斯文，以是系予之命乎？不然，何为至于斯

也？"弦歌不辍。子路烹之，其味滋，病者兴。明日遂行。①

这里提出三个基本思想：一是"物老则为怪"。何以物老可以为怪？是因为"物老则群精依之"。干宝曾解释说："妖怪者，盖是精气之依物者也。气乱于中，物变于外，形神气质，表里之用也。"②这就是说：动植物等年深日久，天地间某些精气便逐渐凝聚依凭于其中，物的本质为精气所乱，便发生质变，成为妖怪。二是妖怪是衰败之征，"因衰而至"。三是东南西北中五方之老物——即五酉③——都可为怪，物老为怪具有普遍性。《抱朴子·登涉》引汉人书《玉策记》和《昌宇经》就记有种种老物的变化情况④。

东汉王充在《论衡·订鬼篇》中亦言：

> 鬼者老物精也。夫物之老者，其精为人，亦有未老，性能变化，象人之形。……故妖怪之动，象人之形，或象人之声为应。故其妖动不离人形。天地之间，妖怪非一，言有妖，声有妖，文有妖，或妖气象人之形，或人含气为妖。妖气象人之形，诸所见鬼是也。人含气为妖，巫之类是也。

《订鬼》中的"鬼"是一个宽泛的概念，包含妖怪在内；所谓妖怪也是个宽泛的概念，既指"地反物为妖"之类的反常现象——即妖怪的初义，也指物老为怪的"老物精"妖怪，也正是《说文》所说的"老物精"——魅。关于老物精，这里的观念同《搜神记》中所谓孔子所议完全相同，也认为物老则含妖气而为怪，天地之间妖怪甚多。而且还认为物也有未老而即变化的，这就把妖怪变化的时

---

① 《搜神记辑校》卷一八《五酉》，中华书局，2019年。
② 见《搜神记辑校》卷一○《妖怪》。
③ 《史记》卷二五《律书》："酉者，万物之老也。"
④ 王明认为此二书皆汉人造作。见《抱朴子内篇校释》，中华书局，1985年，第56页。

间限定提前了。又认为妖怪变化的形式是"其精为人","象人之形","象人之声",就是说妖怪是以人形出现的,这就提出了妖怪人形化的思想——或者说是妖怪的趋人性。前所引孔子论妖怪之事,大鳀鱼精正是以皂衣高冠的九尺伟男面目出现的,此之谓"象人之形"。而其"大叱,声动左右",分明是"象人之声"了。《论衡·订鬼篇》所记都是前汉以来流行的说法,关于老物变化并非王充自己的观点,是汉人相当普遍的观念。

在汉代流行"物老为怪"这一宗教观念的背景下,狐作为物,被纳入妖怪变化系统是不可避免的。虽说它曾是神兽、灵兽,但它和龙、凤、麟毕竟不同。狐太平常了,人人熟知熟见,出没于荒林古穴,潜入人家窃鸡盗食,它在早已脱离原始蒙昧的人们的心理中,很难唤起神圣崇高之感。兼之昼伏夜出,行为诡秘,生性狡黠,以其为妖为怪,自然是合乎逻辑的事情。《焦氏易林》中的卦辞许多是民间谣谚,或是对民间传闻的概括。战国以来有"穷乡多异""穷乡多怪"之语①,由此来判断,狐的妖精化首先是在民间出现的。如果说汉儒在经学文化的背景中把狐文饰为瑞兽的话,那么野老村夫则在民俗宗教文化的背景中把狐化为妖怪。当然这里少不了方术之士的参与,是他们从理论上作了概括,提出了妖化观念,也就是宋初释延寿在《宗镜录》卷一五所说的"狐狸老变,木石精化"的"妖通"——妖精的通灵变化。这种妖化观念影响于民间,自然也会促成狐妖说的流传。

从民众接受心理来说,和瑞狐相比,妖狐之说无疑显示出众多的优势。妖狐是生动具体的,不像瑞狐较为抽象;妖狐属于人间,瑞狐属于上天;妖狐有广泛的群众性,瑞狐只存于符命家的瑞应图中。因此狐妖观念一经产生便迅速扩散,流布后世,以致取代了瑞狐观念,成为大众文化心理的共识。即便狐妖以后又在新的狐崇拜中上升为神和仙,那也是妖神、妖仙,再不是符命瑞物了。

早在公元二世纪,狐为"妖兽"之说即传到高句丽。高丽金富轼《三国史记》

---

① 见《战国策·赵策二》、西汉刘向《新序·善谋》。

卷一五《高句丽本纪》载：

> （次大王三年）秋七月，王田于平儒原。白狐随而鸣，王射之，不
> 中。问于师巫，曰："狐者妖兽，非吉祥，况其白色，尤可怪也。然天
> 不能谆谆其言，故示以妖怪者，欲令人君恐惧修省以自新也。君若修
> 德，则可以转祸为福。"

次大王三年当东汉桓帝建和二年（148）。这说明在汉代狐被妖化为"妖兽"之
后便迅速传到近邻高句丽，而且连白狐也被视作不祥之物。白狐作为瑞兽在中
国的妖化时间很晚，大约到唐代才出现，而在高句丽白狐以其毛色"尤可怪"，
却成为妖兽之尤。

## 二、从兽形态到人形态：狐妖的人形化

两汉时期的狐妖传说，除《焦氏易林》所记外，其余不多见。现从《西京杂记》等书中引录四段：

> 栾书冢，棺柩明器，朽烂无余。有一白狐，见人惊走。左右遂击之，不能得，伤其左脚。其夕，王（广川王）梦一丈夫，须眉尽白，来谓王曰："何故伤吾左脚？"乃以杖叩王左脚。王觉，脚肿痛生疮，至死不差。（西汉刘歆《西京杂记》卷六）

> 古今凶验，野物皆然。……卢奴令田光与公孙弘等谋反，其且觉时，狐鸣光舍屋上，光心恶之。其后事觉坐诛。（东汉王充《论衡·遭虎篇》）

> 今有妖狐，成群游于大苑之中，憩于金穴之内。其容足以媚太阳之光，其氛足以侵雷霆之声。贪如鼫鼠，矫若雄鹰，状如狒狒，巧若猩猩。其突如羝，其盅如廉。倏忽万态，莫知厥机。足蟠乎螭魅之域，迹风乎魍魉之墟。饰之以冶容，粲之以文皮。能礼北辰，而弗惠乎黔黎。何以为党？其名曰狸。此皆兽苑之所不畜者也。（明王舜华《天禄阁外史》引东汉黄宪《三难》）

谨按北部督邮西平郏伯夷，年三十所，长沙太守郏君章孙也。日晡时到亭，敕前导入。录事掾曰："今尚早，可至前亭。"曰："欲作文书。"便留。吏卒惶怖，言当解去。传云："督邮欲于楼上观望，丞扫除。"须臾便上。未冥，楼镫阶下复有火，敕："我思道，不可见火，灭去。"吏知必有变，当用赴照，但藏置壶中耳。既冥，整服坐诵《六甲》《孝经》《易》本讫，卧。有顷，更转东首。以帻巾结两足，帻冠之，密拔剑解带。夜时，有<u>正黑者四五尺，稍高</u>，走至柱屋，因覆伯夷。伯夷持被掩，足跳脱，几失再三。徐以剑带击魅脚，呼下火上照视，<u>老狸正赤，略无衣毛</u>，持下烧杀。明旦发楼屋，得所髡人结百余。因从此绝。（东汉应劭《风俗通义·怪神篇》）

《风俗通义》所载为狸怪，《艺文类聚》卷八〇、《太平御览》卷九一二引《风俗通》亦均作老狸，但明本《搜神记》卷一八所辑《到伯夷》全据《风俗通义》今本而改为老狐。盖古人以狐、狸同类，每相混淆。这一条也算作狐妖之例。

这四段文字，狐的性质和妖化程度并不完全一样，显示出狐在妖化过程中的不均衡性和不稳定性，是狐妖化的过渡形态。《西京杂记》中的古冢白狐，还带有作为神物的白狐的影迹，它惩治广川王全因广川王对它的冒犯和伤害，并不具备严格意义的作祟性质。《论衡》中的狐是以灾异的象征形式出现的，与瑞狐虽有本质不同，但表现形式一样。《三难》描写妖狐的妖性，讽喻朝中奸党。妖狐以兽形态出现，与《论衡》相同。《西京杂记》则有白须丈夫的人形形象，清人纪晓岚据以认为狐"幻化人形，见于汉代"①。不过这是在梦中，白须丈夫是白狐的梦象形式，并不是真正幻化为人形。《风俗通义》所记狸怪从"正黑者

①《阅微草堂笔记》卷一〇《如是我闻四》。

四五尺"来看，再联系同书所记老狗化为来季德的故事①，当是呈人形态的。

魏晋南北朝时期记载渐多。一些故事狐妖仍以兽形态出现，如：

> （管）辂在田舍，尝候远邻，主人患数失火。辂卜，教使明日于南陌上伺，当有一角巾诸生，驾黑牛故车，必引留，为设宾主，此能消之。即从辂戒。诸生有急求去，不听，遂留当宿，意大不安，以为图己。主人罢入，生乃把刀出门，倚两薪积间，侧立假寐。欸有一小物直来过前，如兽，手中持火，以口吹之。生惊，举刀斫，正断要，视之则狐。自此主人不复有灾。（《三国志》卷二九《魏书·方技传·管辂》裴松之注）

> 吴郡顾旃，猎至一岗，忽闻人语声云："咄！咄！今年衰。"乃与众寻觅。岗顶有一阱，是古时冢，见一老狐蹲冢中，前有一卷簿书，老狐对书屈指，有所计较。乃放犬咋杀之。取视，口中无复齿，头毛皆白。簿书悉是奸爱人女名。已经奸者，朱钩头。所疏名有百数，旃女正在簿次。（《搜神后记辑校》卷六《古冢老狐》）

> 襄阳习凿齿，为荆州主簿，从桓宣武出猎。时大雪，于江陵城西见草上雪气出。伺视，见一黄物，射之，应箭死。往取，乃一老雄狐，脚上戴绛绫香囊。（同上《绛绫香囊》）

上述几个狐妖的体形都属兽形态。狐不能成人形，说明狐的变化力还未达

---

① 《风俗通义·怪神》："谨按司空南阳来季德停丧在殡，忽然坐祭床上，颜色服饰声气熟是也。孙儿妇女以次教诫，事有条贯，鞭挞奴婢，皆得其过。饮食饱满，辞诀而去。家人大哀剥断绝，如是三四，家益厌苦。其后饮醉形坏，但得老狗，便朴杀之。推问里头，沽酒家狗。"

到足够的程度。在后世狐妖传说中仍有兽形态狐妖出现。如五代王仁裕在《玉堂闲话》中写一狐魅民妇，如犬般"忻然摇尾，款步循扰于妇侧"，以使民妇失智，即属"虽有魅人之异，而未能变"的情况①。但顾旉所见老狐虽然不具人形，却会作人语，显然进了一步，正是《论衡》所说的"象人之声"。

另一些故事狐妖则以人形态出现，如：

　　张华字茂先，范阳人也。惠帝时为司空。于时燕昭王墓前有一斑狐，积年能为幻化。乃变作一书生，欲诣张公。过问墓前华表曰："以我才貌，可得见张司空否？"华表曰："子之妙解，无为不可。但张司空智度，恐难笼络，出必遇辱，殆不得返。非但丧子千岁之质，亦当深误老表。"书生不从，遂诣华。华见其总角风流，洁白如玉，举动容止，顾盼生姿，雅重之。于是论及文章，辨校声实，华未尝闻此。复商略三史，探赜百家，谈老庄之奥区，被风雅之绝旨，包十圣，贯三才，箴八儒，擿五礼，华无不应声屈滞。乃叹曰："天下岂有此年少！若非鬼怪，则是狐狸。"书生乃曰："明公当尊贤容众，嘉善而矜不能，奈何憎人学问？墨子兼爱，其若是耶？"言卒便请退。华已使人防门，不得出。既而又谓华曰："公门置甲兵兰锜，当是疑于仆也。将恐天下之人卷舌而不言，智谋之士望门而不进，深为明公惜之。"华不应，而使人御防甚严。时有丰城令雷焕，字孔章，博物士也。华谓孔章曰："今有男子，少美高论。"孔章谓华曰："当是老精。闻魑魅忌狗，可试之。"华曰："狗所别者数百年物耳，千年老精不复能别。唯有千年枯木，照之则形见。闻燕昭王墓前有华表柱，向千年，可取照之，当见。"乃遣人伐之。使人既至，闻华表叹曰："老狐自不自知，果误我事。"于华表穴中得青衣小儿，长二尺余。将还，未至洛阳，而变成枯木。遂燃以

────────────

① 《太平广记》卷四五五《民妇》。

照之，书生乃是一斑狐。茂先叹曰："此二物不值我，千年不复可得。"
（《搜神记辑校》卷一八《斑狐书生》）

　　有一书生居吴中，皓首，自称胡博士。以经传教授诸生，假借诸
书。经涉数载，忽不复见。后九月九日，士人相与登山游观，但闻
讲诵声。命仆寻觅，有一空冢，入数步，群狐罗列。见人迸走，唯
有一老狐独不去，是皓首书生，常假书者。（《搜神记辑校》卷一八《胡
博士》）

　　后汉建安中，沛国陈羡为西海都尉。其部曲士灵孝，无故逃去，
羡欲杀之。居无何，孝复逃走。羡久不见，囚其妇，其妇实对。羡曰：
"是必魅将去，当求之。"因将步骑数十，领猎犬，周旋于城外求索，
果见孝于空冢中。闻人犬声，怪避。羡使人扶以归，其形颇象狐矣。
略不复与人相应，但啼呼索阿紫。阿紫，雌狐字也。后十余日，乃稍
稍了寤，云："狐始来时，于屋曲角鸡栖间，作好妇形，自称阿紫，招
我。如此非一。忽然便随去，即为妻，暮辄与共还其家。遇狗不觉，
云乐无比也。"道士云："此山魅。"《名山记》曰："狐者，先古之淫妇
也，其名曰阿紫，化而为狐，故其怪多自称阿紫也。"（《搜神记辑校》
卷一八《阿紫》）

　　胡道洽者，自云广陵人，好音乐医术之事。体有臊气，恒以名香
自防。唯忌猛犬。自审死日，戒弟子曰："气绝便殡，勿令狗见我尸
也。"死于山阳，殓毕，觉棺空，即开看，不见尸体。时人咸谓狐也。
（刘宋刘敬叔《异苑》卷八）

　　有挽歌孙岩，娶妻，三年不脱衣而卧，岩因怪之。伺其睡，阴解

其衣，有尾长三尺，似野狐尾。岩惧而出之。妻临去，将刀截岩发而走。邻人追之，变成一狐，追之不得。其后京邑被截发者一百三十余人。初变妇人，衣服靓妆，行于道路。人见而悦之，近者被截发。当时有妇人着彩衣者，人皆指其狐魅。（北魏杨衒之《洛阳伽蓝记》卷四）

以上五例狐妖，在进入人类活动环境与人进行某种形式的交往时，都变幻作人形，但变幻程度仍有差别。多数狐妖具备完美的人形，具备明确的人类身份，甚至有了姓名，属于彻底的人形化，甚至是更高意义上的人格化。只有孙岩狐妻的幻化是不彻底的，无法变掉那条尾巴，属于不完美的人形化。关于狐尾问题，我们以后还有机会详谈，这里只简单地说，在狐妖观念中狐尾最为难变。此类故事后世极多，例如《太平广记》卷四四八引《广异记·李参军》写其狐妻"身是人而其尾不变"，卷四五〇引《宣室志·祁县民》写白衣妇人露"狐尾在车之隙中"，卷四五三引《灵怪录·王生》写野狐精"一尾垂下床"，如此皆是。俗语说"露出狐狸尾巴"正是由此而来。另外胡道洽"体有臊气"的描写，保存了狐的某些生物学特征，是人形化后的兽态残留。《太平广记》卷四五〇引《广异记·王苞》写狐妇"有野狐气"，也是同样情况。

狐变成人后仍可恢复狐形，在人狐互变过程中存在着自由度。因此前边所引三例兽形态狐妖，顾旃和习凿齿所遇者，很难说不具备变人术，因为它们都是从人的环境回到狐的环境，一般说都仍以狐形出现。只有如胡博士，在冢中仍呈皓首书生之状，属于特例，实际是故事书写的需要，以皓首书生之状对应胡博士之名。

狐妖从兽形态向人形态的转变，表明狐妖化程度的加深，进入变形状态。汉人已经相当明确地提出"象人之形"的妖化观念，这一观念在晋代又得到强调。东晋葛洪在《抱朴子·登涉》中云：

又万物之老者，其精悉能假托人形，以眩惑人目而常试人。

又在《对俗》中引述汉人书《玉策记》和《昌宇经》之说云：

> 蛇有无穷之寿，猕猴寿八百岁变为猿，猿寿五百岁变为玃。玃寿千岁，蟾蜍寿三千岁，骐骥寿二千岁。腾黄之马，吉光之兽，皆寿三千岁。千岁之鸟，万岁之禽，皆人面而鸟声，寿亦如其名。虎及鹿兔，皆寿千岁，寿满五百岁者，其毛色白。熊寿五百岁者，则能变化。狐狸豺狼，皆寿八百岁，满五百岁，则兽变为人形。鼠寿三百岁，满百岁则色白，善凭人而卜，名曰仲，能知一年中吉凶及千里外事。

从生物学观点看，鸟兽寿命都不长，如狐寿命只有十三四年。但葛洪的基本思想是凡动物皆可能长寿，长寿则可变化，或由此兽变为彼兽，或变为人形。变人形是变化的最高形式。有意思的是，于其他鸟兽皆不云能变人形，独于狐狸豺狼为然。事实上是在妖怪体系中能变人形的远不止此四种，不过狐与狸这对难兄难弟之成精变人确实较多。在《搜神记》等书中时见狸妖[①]，从唐开始则少见。

东晋郭璞更专门论述狐妖变化，《玄中记》（《古小说钩沉》辑本）提出一套相当完整的狐化观点：

> 狐五十岁能变化为妇人，百岁为美女，为神巫，或为丈夫，与女人交接。能知千里外事。善蛊魅，使人迷惑失智。千岁即与天通，为天狐。

与葛洪说法相较，郭璞把狐变人的年龄期限大大提前了，而且还说明了狐变人的具体指向，即美女、丈夫、神巫。同时又提出"天狐"概念。天狐即上

---

① 如《搜神记辑校》卷一八有《狸神》《吴兴老狸》《句容狸妇》《狸客》《庐陵亭》。

可通天的千岁狐，它不仅可变人，而且还是通天神狐。《搜神后记辑校》卷六《伯裘》所写酒泉郡太守陈斐所遇之狐即是。它自称"我本千岁狐也，今变为魅，垂垂化为神"。后来告别陈斐，说是"今得为神矣，当上天去"，看来已经成为天狐了。《搜神记》的燕昭王墓斑狐也是千岁狐，故而化为书生后博学多才，但它不大安分守己，逞才而遇祸。天狐观念此时仍属初步，到唐代才有了充分发展。《玄中记》论狐化非常丰富，我们以后还会不断联系具体问题作出分析。

　　关于狐化人形，古印度佛教故事中也有类似故事，如三国吴康僧会译《旧杂譬喻经》卷下狐化人求食，得一囊饭麨送给梵志。估计这类故事对六朝狐妖化人故事多少会有些影响。

## 三、六朝狐妖性别分析与角色分析（一）：雄狐原型与阿紫原型

在前所引述的魏晋南北朝八例狐妖故事中，确定为雄狐者占了五例。此外如《搜神记辑校》卷一八所写的宋大贤所伏狐妖，《晋书》卷九五《艺术·韩友传》所写的韩友所伏狐妖[①]，也都是雄狐。其中，顾旃所遇狐妖以奸淫妇女为作祟走向。习凿齿所遇老雄狐，脚上戴绛绫香囊乃女人佩物，显然是从所奸女人那里弄来的。韩友伏狐，也是一例狐妖诱淫女人的故事：

> 韩友字景先，庐江舒人也。为书生，受《易》于会稽伍振，善占卜，能图宅相冢，亦行京房厌胜之术。……刘世则女病魅积年，巫为攻祷，伐空冢故城间，得狸鼍数十，病犹不差。友筮之，命作布囊，俟女发时，张囊着窗牖间，友闭户作气，若有所驱。斯须之间，见囊大胀如吹，因决败之，女仍大发。友乃更作皮囊二枚，沓张之，施张如前，囊复胀满，因急缚囊口，悬着树。二十许日渐消，开视。有二斤狐毛，女遂差。

郭璞在《玄中记》中论狐妖，特别强调狐妖作祟中的性因素：雄狐化丈夫"与女人交接"，雌狐化妇人或美女自然是与男人交接，都通过性蛊惑"使人迷

---

① 明本《搜神记》卷三辑入此条，实滥辑。

惑失智"，达到性占有的目的。汉人对"雄狐绥绥"的解释已露出狐为淫兽的端倪，实际上已经初步建立起"雄狐"——雄性淫狐——的原型观念①。到六朝时期，这一观念进一步发展，狐妖的雄化倾向和性淫特征被反复强调着，并由此产生了一系列"雄狐"型故事，这就把"雄狐"原型明确化、定型化了。

而在《搜神记》阿紫故事中，狐妖阿紫是以"好妇形"出现的，狐的性淫特征也转移到雌狐身上。《洛阳伽蓝记》中的孙岩狐妻也是性淫惑男的雌狐精。又《北齐书》卷八《后主纪》载，武平四年（573）正月，"邺都、并州并有狐媚，多截人发"。狐媚截发与孙岩狐妻行径相同，表明北朝这类传说很多。雌狐变女淫男是六朝时期出现的一个新的狐妖观念，《玄中记》表述为"狐五十岁能变化为妇人，百岁为美女"，首先强调的即是雌狐化女。《初学记》卷二九引《玄中记》作"千岁之狐为淫妇，百岁之狐为美女"。《搜神记辑校》卷一六亦称："千岁之狐，起为美女。"说法各有不同，但狐化美女、淫妇是一致的。由此并产生了一个阿紫传说，即《名山记》所云：

> 狐者，先古之淫妇也，其名曰阿紫，化而为狐，故其怪多自称阿紫也。

淫妇阿紫化为狐，便把淫性带给狐，狐便成了淫兽。狐既为淫妇所化，那么自然是雌狐更具淫性，因而它在化为人形后又还原为淫妇。这个思想，南唐谭峭在《谭子化书》卷二《术化·心变》中又表述为："至淫者化为妇人。"不只是狐，凡至淫之物均能化为妇人。

把狐妖与美女、淫妇联系在一起，把至淫之物与妇人联系在一起，这里有

---

① 由于这层原因，后世常以雄狐讥讽淫邪的男人。如《旧唐书》卷五一《杨贵妃传》云："国忠私于虢国，而不避雄狐之刺。"李渔《凰求凤》第二出《避色》中吕曜唱词〔二郎神〕云："要风流，除非是跨凤鸾，不将身作雄狐。"

着深层文化原因，即男性社会的性别歧视和女性偏见，女性观以狐性观的形式表现出来。当社会结束了母系制度后，女性便结束了自己的光荣历史和崇高地位，性别优势被男性所替代，男性成为社会的主体角色，女性成为男性的从属物，歧视女性的观念随之产生。女性的生物功能和社会功能，便是充当男性的性玩偶——此之谓"尤物"；家务承担者——此之谓贤妻；传宗接代者——此之谓良母。就中女性的"尤物"性尤被看重，而随之而来的男子的淫佚和由此产生的危害——国衰、家败、身亡，则都被归结为女性和女色的罪恶。于是便有"祸水"之说，于是便有"伐性之斧"之说，于是便有"二八佳人体如酥，腰中仗剑斩愚夫"的警世名言。概括起来这是一种女色禁忌观念，是从女色赏玩观念——即"尤物"观——的负面生发出的观念。这样也就便有了淫狐变淫妇惑人害人的观念和淫狐禁忌观念。上述狐妖故事中，孙岩被狐妻截发，士灵孝被狐妻同化，正是女色禁忌观的反映。

还须就《玄中记》所说狐化美女作一点解释。在狐妖实例中，士灵孝狐妻"作好妇形"，孙岩狐妻"衣服靓妆"，均为美女。在男人眼中只有美女才有赏玩价值，这似乎无须多说。但在妖精系统中，例来化美女者多属狐，其余动物化美女者不是没有但远不及狐多。这里似乎有着生物学原因和审美心理原因。

吉野裕子在《神秘的狐狸》一书中谈"狐狸的魅力"时先谈"狐的美丽"。她说："狐在多数的动物中显得特别美丽。狐狸具有曲线优美的身姿，尾巴丰实漂亮，虽然其长度占了胴体的四分之三以上，但是这不会破坏它全身的和谐。它的眼睛大而清澈，鼻子细而笔挺，显得非常聪颖，如果是人，就使我们想起秀丽的美女。这样的面孔和身姿，明显的使人感觉到一种高雅。"[1]确实，狐的面容是美丽的，狐面呈三角形，颇似柔媚的女人脸，所以黄宪《三难》说狐"饰之以冶容"。这样在人的审美心理上，很容易建立起狐和美女的心理认同关系。而其他动物尤其是形象丑陋的动物，同美女形象存在着巨大的反差，不易获得心理

---

[1]《神秘的狐狸》，第8页。

认同。当它们被妖精化后，常常表现为男性。即便也化为女人——如《搜神记辑校》卷一九之母猪化年十七八美女，苍獭化青衣小妇人，在接受者心理上也不易产生和谐感和美感。正因为审美心理认同关系的牢固建立，所以狐化美女之说迅速流播后世，逐渐成为狐化传说的主体。清人褚人获在《坚瓠六集》卷三《狐柳妖》中说："狐能幻化，往往变为女子，艳容巧慧，情爱惑人。"

　　遗憾的是，由于前文所陈述的社会心理原因，美女却成为淫妇的同义语。当狐妖首次以女性出现时，竟是淫妇阿紫。狐的阿紫原型开启了人们对狐妖的两重态度，半是欣赏，半是恐惧。阿紫原型在以后得到极大发展，以致在女狐中形成"阿紫一派"，如清人冯起凤《昔柳摭谈》卷五《僧道捉狐》中狐女所说："惟阿紫一派，专一淫风导人，为世俗口实，玷我清华，实堪痛恨。"以后我们还会多次谈到历朝的"阿紫一派"。

## 四、六朝狐妖性别分析与角色分析（二）：胡博士原型

六朝狐妖所扮演的人类角色，除淫夫淫妇外，还有一个非常特殊的角色，即书生。《搜神记》中的"胡博士"是"皓首书生"，是"教授诸生"的儒师。《异苑》中的"胡道洽"，"好音乐医术之事"，是音乐家兼医学家。燕昭王墓斑狐所化书生——燕昭王以好士著名，此狐亦受浸濡——尤为该闻博洽之士，学贯百家，无不通晓，以张华之饱学，亦竟处在下风。与狐精相近的狸精也有这种书生类型，《搜神记辑校》卷一八和《幽明录》均有记述，《搜神记》曰：

> 董仲舒尝下帷独咏，忽有客来诣，语遂移日。风姿音气，殊为不凡。与论《五经》，究其微奥。仲舒素不闻有此人，而疑其非常。客又云："欲雨。"仲舒因此戏之曰："巢居知风，穴居知雨。卿非狐狸，则是鼷鼠。"客闻此言，色动形坏，化成老狸，蹶然而走。

狐妖表现为学狐、才狐、儒狐，与所谓"媚兽""淫兽"者性质大异。这种新的狐妖类型在后世也反复出现，可称之为胡博士原型。

狐妖的书生化、学问化与狐多智的生物学认识有关，古人认为狐为智兽。由此便生出狐喜读书的传闻，晋人伏滔《北征记》云：

皇天坞北古特陶穴，晋时有人逐狐入穴，行十余里，得书二千卷。①

书生化和淫夫淫妇化是截然不同的两种情感，如果说后者反映着人类对狐的恶意，那么前者便反映着对狐的好感，对狐的智慧的赞叹。在全部妖怪传说中，只有狐的才智才受到突出强调，其他妖物莫能相比。其他妖物的才多表现为文才、诗赋之才，精通学问如狐者则鲜见。

这里也反映着六朝士人崇尚知识、以博学为荣的文化心理。梁人陶弘景"读书万余卷，一事不知，以为深耻"②，推而广之，可代表这一时代知识分子的共同性格。因此，学狐乃是士人自身的对象化，而且燕昭王墓斑狐还带有魏晋清谈之士的明显特点。

学狐都是雄狐。当人们从狐身上欣赏自己时，被欣赏的是男人，虽然在东晋曾出现过谢道韫那样才学兼备的杰出女子。但不管怎么说，部分雄狐被从"雄狐绥绥"的淫邪角色改变为才学之士，狐们也就有了自己的光彩。

狐妖的学问化在唐代进一步强化。钱锺书在《管锥编》第二册中说：

张简（出《朝野佥载》）曾为乡学讲《文选》，"有野狐假简形，讲一纸书而去"。按古来以狐为兽中黠而淫之尤，传虚成实，已如铁案。然兽之好讲学而爱读书者，似亦推狐，小说中屡道不一道。《搜神记》卷一八记"吴中有一书生，皓首，称'胡博士'，教授诸生"……同卷又记燕昭王墓前斑狐化书生谒张华，于"三史""百家"罔弗淹贯；《广记》卷四四八《李参军》遇老人读《汉书》，狐也，卷四五一《崔昌》有小儿来曰："本好读书，慕君学问尔"，常问文义，亦狐也，同卷《孙甑生》入一窟，"见狐数十枚读书，有一老狐当中坐，选以传授"，三

---

① 《太平御览》卷九〇九引。
② 《南史》卷七六《隐逸传下》。

则皆出《广异记》；卷四五四《尹瑗》（出《宣室志》）白衣丈夫自称"早岁嗜学"，以"文业"来"质疑"，则尝"媚"一裨将至死之狐；卷四四九《李元恭》（出《广异记》）胡郎谓崔氏曰："人生不可不学！"乃引一老人授以经史，则"魅"李氏外孙女之狐。《聊斋志异》卷四《雨钱》称胡翁"博洽"，深于"经义"；晋、唐小说中胡氏家风未堕也。"书淫"与"媚学"二话大可别作解会。①

钱氏所举诸例，除《搜神记》二例、《聊斋志异》一例，皆出唐人书。唐代的学狐，仍都是雄狐。但唐狐的嗜读好学并不完全同于六朝狐，唐狐的学问指向除经学史学外，还多为法术，尤其是通天术，狐的学问化明显向法术化转移，这与唐代的狐神信仰、天狐信仰密切相关。

晋唐的学狐对日本狐传说曾有很大影响。吉野裕子《神秘的狐狸》说，日本《提醒纪谈》中有白发学狐幸庵、蜕庵，幸庵"常以佛理教谕他人"，知"吉凶祸福及将来之事"，蜕庵"善卜筮"。这些"日本的学者狐源自中国的胡博士"。又说日本《其昔谈》中的会读书写字的"嗟来狐"，也"承源于中国的学者狐，是在其影响下得以培植出来的"②。

---

① 《管锥编》第二册，中华书局 1979 年，第 822 页。
② 见《神秘的狐狸》，第 45—47 页。

# 第四章·唐代的狐妖与狐神崇拜

唐代狐妖之说大盛，并流行狐神之说。纪昀《阅微草堂笔记》卷一〇《如是我闻（四）》云："张鷟《朝野佥载》称唐初以来，百姓多事狐神，当时谚曰：'无狐魅，不成村。'是至唐代乃最多。《太平广记》载狐事十二卷，唐代居十之九，是可以证矣。"唐代是狐文化的第一个繁盛期，盛行狐神和天狐信仰，狐妖、狐神观念得到充分发育，狐在唐代小说中占有重要地位。

## 一、狐妖的化人术及其他

狐妖是如何变化人形的，在唐代以前未见记载。汉人只是说万物为精气所凭便可为妖怪，"象人之形"，是自然而然发生的变化现象。由于狐妖观念的发展，到唐代，人们为狐创造出奇特的化人术。这种化人术独属于狐妖，而于其余妖物概莫言之，表明狐妖在妖怪系统中的特殊地位。

晚唐段成式《酉阳杂俎》前集卷一五《诺皋记下》云：

> 旧说野狐名紫狐，夜击尾火出。将为怪，必戴髑髅拜北斗。髑髅
> 不坠，则化为人矣。

说野狐名紫狐，显然因阿紫而来。夜击尾火出，温庭筠《干𦠆子·何让之》[①]所云"一狐跳出，尾有火焰如流星"便是例证。——这些无须多说，重要的是戴髑髅化人之说。这种化人术，在晚唐陆勋《集异记·僧晏通》[②]中有具体描写：

晋州长宁县有沙门晏通修头陀法，将夜，则必就丛林乱冢寓俗焉。虽风雨露雪，其操不易；虽魑魅魍魉，其心不摇。月夜，栖于道边积骸之左，忽有妖狐跟跄而至，初不虞晏通在树影也，乃取髑髅安于其首，遂摇动之。傥振落者，即不再顾，因别选焉。不四五，遂得其一，岌然而缀。乃褰撷木叶草花，障蔽形体，随其顾盼，即成衣服。须臾，化作妇人，绰约而去。乃于道右，以伺行人。俄有促马南来者，妖狐遥闻，则怮哭于路。过者驻骑问之，遂对曰："我歌人也，随夫入奏。今晓夫为

《狐媚丛谈》卷三
《狐戴髑髅变为妇人》插图

盗杀，掠去其财，伶俜孤远，思愿北归，无由致。脱能收采，当誓微躯以执婢役。"过者易定军人也，即下马熟视，悦其都冶，词意叮咛，

---

① 《太平广记》卷四四八引。
② 《太平广记》卷四五一引。

便以后乘挈行焉。晏通遽出谓曰："此妖狐也，君何容易！"因举锡杖叩狐脑，髑髅应手即坠，遂复形而窜焉。

这里没有拜北斗之说，但对戴髑髅之事描述甚细，说是择一髑髅顶在头上，然后摇动脑袋，若掉下来再换一个，直到不掉为止。在复狐形之后，髑髅也恢复原状。故事又多出化衣之说，衣服是用树叶花草编缀起来变成的，这就解释了狐化成人形后的服装问题，总不能赤条条一丝不挂吧。

僧晏通事又传为释志玄事，北宋赞宁《宋高僧传》卷二四《唐沙门志玄传》云：

释志玄者，河朔人也。攻五天禁咒，身衣枲麻布耳。行历州邑，不居城市寺宇，唯宿郊野林薄。玄有意寻访名迹，至绛州，夜泊墓林中。其夜月色如昼，见一狐从林下将髑髅置之于首，摇之，落者不顾，不落者戴之。更取芳草堕叶，遮蔽其身，遂巡成一娇饶女子，浑身服素练，立于道左。微闻东北上有鞍马行声，女子哀泣，悲不自胜。少选，乘马郎遇之，下马问之曰："娘子野外深更号咷，何至于此耶？"女子掩泪，绐之曰："贱妾家在易水，前年为父母娉于此土张氏为妇，不幸夫婿去载夭亡，家事沦薄，无所依给。二亲堂上，岂知妾如此孤苦乎！有一于此，痛割心腑，不觉哀而恸矣。妾思归宁，其可得乎？郎君何怪问之？"乘马郎曰："将谓娘子哀怨别事，若愿还乡，某是易定军行，为差使回还易水，娘子可乘其粗乘。"女子乃收泪感谢。方欲攀踏次，玄从墓林出曰："君子，此女子非人也，狐化也。"彼曰："僧家岂以此相诬？莫别欲图之乎？"玄曰："君不信，可小住，吾当与君变女子本形。"玄乃振锡，诵胡语数声。其女子还为狐走，而髑髅、草蔽其身。乘马郎叩头悔过："非师之救，几随妖死。"玄凡救物行慈，皆此类也。

明人造《搜神记》八卷本（《稗海》本），卷七也载僧志玄事，情事全同，今亦引录于下，以资比对。

昔僧志玄，河朔人也。工五步罡，持清洁戒行，不衣纱縠，唯着布衣。行历州邑，不住城中寺宇，惟宿郭外山林。至绛州城东十里，夜宿于墓林下。月明如昼，忽见一野狐，于林下将枯骨髑髅安头上，便摇之，落者弃却。如此三四度，摇之不落，乃取草叶装束于身体，逶巡化为一女子，眉目如画，世间无比，着素衣，于行路立犹未定。忽闻东北上有鞍马行声，此女子便作哭泣，哀悲不堪听。俄有一人乘马而来，见女子哀泣，下马曰："娘子深夜何故在此？意如何？仆愿闻之。"女子掩泣而对曰："妾住易州，前年为父母聘与北门张氏为新妇。不幸妾夫去岁早亡，家事沦落，无所依投。尊堂远地，岂知此孤苦。妾思父母心切，拟归易州，缘女子不悉路途，所以悲恨。若何问之？"使人曰："适将谓女子哀怨，别事某不敢言，若要还乡亦小事。某是易州等职，昨因差使，今却返易州。娘子若不嫌鞍马稍粗，仆愿辄借，便请上马赴前程。"女子乃收泪谢曰："若能如此，负戴恩德，何可忘也？"言讫，请娘子上马之次，志玄从墓林而出，语军使曰："此非人类，是妖狐化之。"军人曰："和尚莫谩语相诬此女子。"志玄曰："君若不信，可住少时，当与君变却。"军人曰："是实否？"于是志玄结印，口诵真言，振锡大喝："何不速变本形！"女子闷绝而倒，化为老狐而死，鲜血交流，枯髑髅草叶尚满其身。军人见之，方信是实，遂顶礼再拜，嗟讶而去。

僧晏通和志玄伏狐事，是唐代民间流传的故事，尤其是志玄事民间色彩更浓。段成式所说"旧说"，大约就是这类民间俗说。后世言狐者每言狐化人，往往因袭唐人旧说。明代陈继儒《珍珠船》卷四云："野狐名紫狐，夜击尾火出。

将为怪，必戴髑髅拜北斗，则化为人。"徐应秋《玉芝堂谈荟》卷三二《鹬知天时》云："狐首戴髑，夜礼北斗。"二书均袭《酉阳杂俎》。甚至陆游诗也有"野狐出林作百态，击下髑髅渠自怍"语[1]。可见这一说法得到普遍认同。在明清小说中这类描写尤多，如明李昌祺《剪灯余话》卷三《胡媚娘传》：

> 黄兴者，新郑驿卒也。偶出夜归，倦憩林下，见一狐拾人髑髅戴之，向月拜，俄化为女子，年十六七，绝有姿容。

道士尹澹然的判词也说："缘木叶以为衣，冠髑髅而改貌。"

又如钱希言《狯园》卷一四《狐妖一》：

> 老狐取髑髅戴其首，望月而拜，拜数百下毕，夜半后便变为好妇形，或美少年状。

又如《平妖传》第三回《胡黜儿村里闹贞娘，赵大郎林中寻狐迹》：

> 大凡牝狐要哄诱男子，便变做个美貌妇人；牡狐要哄诱妇人，便变做个美貌男子。都是采他的阴精阳血，助成修炼之事。你道什么法儿变化？他天生有这个道数，假如牝狐要变妇人，便用着死妇人的髑髅顶盖，牡狐要变男子，也用着死男子的髑髅顶盖，取来戴在自家头上，对月而拜。若是不该变化的时候，这片顶骨碌碌滚下来了；若还牢牢的在头上，拜足了七七四十九拜，立地变作男女之形。扯些树叶花片遮掩身体，便成五色时新衣服。人见他美貌华装，又自能言美笑，不亲自近，无不颠之倒之。除却义夫烈妇，其他十个人倒有九个半着

---

① 《剑南诗稿》卷五八《悯俗》。

了他的圈套，所以叫作狐媚。

（赵壹）眼见天色已晚，提了钢叉回身便走。……此是九月初八日，日光才退，早现出半轮明月。……月光之下，远远望见前面树林中，有些行动之影。赵壹站住脚头，定睛看时，却原来是一个野狐，头上顶了一片死人的天灵盖，对着明月不住的磕头。……只见那狐拜了多时，赵壹望去，看看像个美男子……不觉心中大怒，轻轻的放下钢叉，解下弓来，搭上箭，弓开的满，箭去的疾，看正狐身飕的射去，叫声"着"，正是明枪易躲，暗箭难防，正中了狐的左腿。那狐大叫一声，把个天灵盖掀将下来，复了原形，带箭而逃。

又如梦觉道人陆人龙《三刻拍案惊奇》第二十回《良缘狐作合，伉俪草能借》：

（狐）夜走入人家，只见蒋日休痴想文姬，他就在中□□□一个骷髅顶在头上，向北斗拜了几拜，宛然成一个女子，生得大有颜色。……明眸皓齿，莲脸柳腰，与文姬无二。又聚了些木叶在地，他在上面一个筋斗，早已翠襦红裙。穿上一身衣服，俨似文姬平日穿的，准拟来媚蒋日休。

又如清末李庆辰《醉茶志怪》卷二《杜生》：

（杜生仆）暑月宿廊下，见阶前二狐，语曰："肉食生脑满肠肥，盍往采补？"仆伪睡，以观其变。相将至寝门，各以白髑髅戴头上。徐揭帘入，则成二好女，一可二十余，一可十七八，服饰容光，并皆佳妙。

诸书所述，于唐人之说有所增饰。《平妖传》说牝狐牡狐变女变男须择用同性别的死人髑髅，又说拜月须拜四十九拜，《三刻拍案惊奇》说聚木叶在地，在上面翻一个筋斗，便衣裙着身。而且《剪灯余话》《狯园》《平妖传》都说所拜为月，不是北斗，更是显著的不同。

关于狐拜北斗之说，似乎来自东汉黄宪《三难》所说妖狐"能礼北辰"。北辰即北极星，《尔雅·释天》："北极谓之北辰。"北斗星围绕北极星运转，北极、北斗可看作同一星域。狐为何礼拜北斗，这和古人的北斗崇拜有关。《搜神记辑校》卷三《北斗南斗》说："祈福皆向北斗。"原来狐化人形时之所以拜北斗，是求北斗保佑它如愿。或者说，狐礼拜北斗，是要得北斗之气，以助幻化。

拜月之说起于明世，周晖《续金陵琐事》卷下也记有屠夫陈元嘉见两狐取髑髅加顶拜月，变为二妓的故事。这种说法大概同元明流行的设供焚香、拜月陈愿的民俗有关，元明小说戏曲多有拜月描写，如南戏《拜月亭记》即有王瑞兰拜月之事。改拜北斗为拜月切合明人的民俗心理。《平妖传》特别点明狐拜月是在九月初八，值上弦月。钱锺书《管锥编》说：

> 唐时有一俗说，后世无传，余读唐诗得之。如张祜《中秋夜杭州玩月》："鬼愁缘避照"，李颀《中秋对月》："万怪想潜形"，方干《中秋月》："当空鬼魅愁"，孙纬《中秋夜思郑延美》："中秋中夜月，世说慑妖精"，释可朋《中秋月》："迥野应无鬼魅形"，似月至中秋，功同古镜。然则妖狐拜月，多不在中秋之夕矣。①

钱氏意思是，由于妖精怕镜照，而中秋之月形同明镜，所以唐时俗说认为妖鬼之物每于中秋之夕潜形避照。《平妖传》所写狐妖拜月当月亏之时，正与此暗合，大约不是随便说的。

狐变人为什么要头顶死人髑髅，宋人曾有过解释。方勺《泊宅编》卷七云：

---

① 《管锥编》第二册，第821页。

朝散郎路时中行天心正法，于驱邪尤有功，俗呼路真官。尝治一老狐，亦立案，具载情款，如世之狱吏所为。云狐能变美妇以媚人，然必假冢间多年髑髅以戴于首而拜北斗，但髑髅不落，则化为冠，而用事已则埋之，欲用则复以为常。盖不假此，则不能变也。人死骨朽，唯髑髅尚有灵。古方治劳疾用天灵盖，既能治疾，岂不能为妖邪？世有术者，事髑髅能知人已往事。

这种解释认为死人头骨尚有灵气，所以狐妖戴而化人。日人吉野裕子也说是因为"人的骷髅里还充溢着人活着时的精气"[1]。但这里恐怕还有别的意思，即借髑髅变人的脸面。想来狐化人形，头脸最为紧要，必得借死人头骨加于狐首方能象人之形。古人对于兽类化人有一种朴素的对应转换观念，即头变头，体变体，四肢变四肢，变其他物事亦循对应原则。《西游记》第六回《观音赴会问原因，小圣施威降大圣》写孙大圣和二郎神斗法时变一座土地庙："大张着口，似个庙门，牙齿变做门扇，舌头变做菩萨，眼睛变做窗棂。只有尾巴不好收拾，竖在后面，变做一根旗竿。"便是对应转换。白居易《古冢狐》诗说狐"头变云鬟面变妆，大尾曳作长红裳"，也是对应转换。较之人体，狐多出尾巴，根底浅的狐往往变不掉狐尾。狐头虽和人头对应，但二者相去甚远，所以必须借助死人髑髅。而且狐不是随便变个人就行，有男女老少妍媸之别，这样便须选择合适的髑髅。狐再三再四择髑髅顶于首，摇而振之不落者方称合适，其故盖在于此。

在日本物语中有狐化人时把草叶水藻戴在头上的传说[2]，这是受中国狐头戴髑髅身披花草树叶化人化衣之说的影响而加以变化。或许去掉髑髅会减弱狐妖变化的丑陋和可怖。

---

① 《神秘的狐狸》，第 38 页。

② 参见吉野裕子《神秘的狐狸》，第 38 页。

　　狐妖化人术后世还有不同说法，我们以后还将谈到。狐不仅可化人形，还可以随意变出其他物事。戴孚《广异记·贺兰进明》①说贺兰进明娶狐妇，狐妇给贺兰家上下送"续命"（礼物），家人以为不祥，多焚其物。狐妇悲泣道："此并真物，奈何焚之？""此并真物"的表白说明狐常以假物充真。同书《僧服礼》②说老狐化形为弥勒佛，待现出原形，"幡花旒盖，悉是冢墓之间纸钱尔"。同书《冯玠》③说雌狐精赠冯玠衣一袭，令其"保爱"，后来取出一看"乃是纸焉"。张读《宣室志》卷一〇《韦氏子》说雌狐妖出酒卮请韦氏子饮酒，卮"乃一髑髅，酒若牛溺之状"。《太平广记》卷四五四《张简栖》说张简栖得狐书，路逢知己，骗其书鞭马疾去，简栖逐之，"其人变为狐，马变为獐"，这是把獐变成马以为坐骑。狐甚至还可把所栖墓穴变成高门大宅，皇甫枚《三水小牍》卷上《王知古为狐招婿》说，王知古入一大宅，"朱门中开，皓壁横亘，真北阙之甲第"，原来是"大冢十余，皆狐兔之窟宅"。李隐《大唐奇事记·昝规》④之老狐所居古冢，亦幻化作"门宇华丽，状若贵人宅"。清人纪晓岚在《阅微草堂笔记》卷五《滦阳消夏录（五）》于此概括说："狐居墟墓，而幻化室庐，人视之如真。"

　　此等描写，后世小说屡见不鲜。例如元人《湖海新闻夷坚续志》后集卷二《狐精嫁女》写狐精以拗黄竹篾缚楂叶变麦担，荷叶变雨伞；《狐精魅人》写雌狐精的手帕、包袱、首饰等物，都是"紫色茄柯包野菊花枯枝败叶之属"。冯梦龙《醒世恒言》第六卷《小水湾天狐诒书》有这样几句赞词："破芭蕉，化为罗服；烂荷叶，变做纱巾。碧玉环，柳枝圈就；紫丝绦，薜萝搓成。罗袜二张白素纸，朱舄两片老松皮。"可算是狐妖变物的代表性表述。可以看出，狐妖变物，也循对应转换原则，所变之物都是由相近的他物变成的。当然幻化屋舍物事并不限于狐妖，大凡妖鬼皆擅此道。

---

① 《太平广记》卷四五一引。
② 《太平广记》卷四四七引。
③ 《太平广记》卷四五一引。
④ 《太平广记》卷四五五引。

## 二、狐妖化相特例分析

狐妖所化之人——可称之为化相——有两类：一是随机型化相，即化人对象的指向只限定于性别、年龄、身份及美丑妍媸，不必只限于某一已存在或原曾存在的确定对象。二是定相型化相，即必须化作某一确定对象。前者可视为通例、常例，是大量出现的狐化现象；后者相对来说少见一些，是狐妖为实现某种特定目的而有意冒充某人相貌，属于特例。后者在唐前没有出现过，但却曾出现于其他妖怪身上。东汉应劭《风俗通义·怪神》载老狗怪化作刚死的来季德[1]，《搜神记辑校》卷一八载老狸怪化作吴兴二男之父，都是以假充真，作祟人家。

唐代狐妖的定相化人，常见有两类：一类是有意化作某家之人。有的是亡人，如：

> 唐沈东美为员外郎，家有青衣，死且数岁，忽还家曰："吾死为神，今忆主母，故来相见。但吾饿，请一餐可乎？"因命之坐，仍为具食，青衣醉饱而去。及暮，僮发草积下，得一狐大醉。须臾，狐乃吐其食，尽婢之食也。乃杀之。（牛肃《纪闻·沈东美》，《太平广记》卷四四八引《纪闻》）

---

[1] 《搜神记辑校》卷一九亦载。

狐所化为沈东美家已故青衣，说来可怜，仅只是为讨口饭吃便遭杀身之祸。

有时化成亡人后并不露面，只显其声口而已。如：

> 唐辛替否，母死之后，其灵座中，恒有灵语，不异平素，家人敬事如生。替否表弟是术士，在京闻其事，因而来观。潜于替否宅后作法，入门，是一无毛牝野狐，杀之，遂绝。（戴孚《广异记·辛替否》，《太平广记》卷四五〇引）

又《广异记·严谏》①也是写洛阳尉严谏从叔亡，一"赤肉野狐"在灵座效亡叔"言语处置状，有如平生"。这些灵座效亡人的狐妖故事均源自《风俗通义》狗怪化形来季德事。有意思的是这两例的野狐都是赤肉无毛，这大约正是不肯露面的原因所在——无毛化衣。若此，则狐化衣服乃以体毛，不必定为草木之属。而狐妖显其声而不露本体，则狐妖有潜形之术。

下边一例所化则在世之人：

> 唐国子监助教张简，河南缑氏人也，曾为乡学讲《文选》。有野狐假简形，讲一纸书而去。须臾简至，弟子怪问之，简异曰："前者来必野狐也。"讲罢归舍，见妹坐络丝，谓简曰："适煮菜冷，兄来何迟？"简坐，久待不至。乃责其妹，妹曰："元不见兄来，此必是野狐也，更见即杀之。"明日又来，见妹坐络丝，谓简曰："鬼魅适向舍后。"简遂持棒，见真妹从厕上出来，遂击之。妹号叫曰："是儿。"简不信，因击杀之。问络丝者，化为野狐而走。（张鷟《朝野佥载·张简》，《太平广记》卷四四七引）

---

① 《太平广记》卷四五〇引。

此狐先化张简,再化其妹,使张简兄妹真假难辨,终于酿成惨祸。

顺便说,《吕氏春秋·疑似》讲过一个黎丘奇鬼效丈人子欺辱丈人,而丈人误杀真子的故事[1],《搜神记辑校》卷一八吴兴老狸事,卷一九秦巨伯事,南唐徐铉《稽神录》卷二《望江李令》,均属同类,仅有狐与狸、鬼之异。而南宋洪迈《夷坚支庚》卷六《谭法师》则亦为狐,其事略云:

> 德兴海口近市处居民黄翁,有二子,服田力穑,以养其亲,在村农中差为赡给。又于三里外买一原,其地肥饶。……乃创茅舍,宿食于彼。翁念其勤苦,时时携酒或烹茶往劳之。……自后其来愈密。正当天寒,二子共议,使老人跋涉如此,于心终不安,舍之而归。翁问何以去彼,具以诚告。翁曰:"后生作农业是本分事,我元不曾到汝边,常以念念,可惜有头无尾。"二子疑惊,询其妻,皆云:"□翁不曾出。"始大骇。复为翁述所见,翁曰:"闻人说此地亦有狐狸作怪,化形为人。汝如今再往原上,若再敢弄汝,但打杀了不妨。"子复去。迫晚翁至,持斧迎击于路,即死,埋诸山麓。明日归,翁曰:"夜来有所见乎?"曰:"杀之矣。"翁大喜,二子亦喜。……然翁所为浸浸改常。家有两犬……翁畏之,犬亦常怀搏噬之意。……且频与妇媟谑,将呼使侍寝。里中谭法师者,俗人也,能行茅山法。……是时访翁,辞以疾作不出,凡三至皆然。已而又过门,径登床引被自覆。谭曰:"此定有异。"就房外持咒捧杯水而出,觉被内战灼,形躯渐低。

---

[1] 《吕氏春秋·疑似》:"梁北有黎丘部,有奇鬼焉,喜效人之子侄昆弟之状。邑丈人有之市而醉归者,黎丘之鬼效其子之状,扶而道苦之。丈人归,酒醒,而诮其子曰:'吾为汝父也,岂谓不慈哉?我醉,汝道苦我,何故?'其子泣而触地曰:'孽矣,无此事也。昔也往责于东邑人,可问也。'其父信之,曰:'嘻!是必夫奇鬼也,我固尝闻之矣。明日端复饮于市,欲遇而刺杀之。'明旦之市而醉,其真子恐其父之不能反也,遂逝迎之。丈人望其真子,拔剑而刺之。"

噢水揭视，拳然一老狐也，执而鞭杀之。而寻父所在弗得。试发葬处，则父尸存焉，已败矣。盖二子再入原时，真父往视，既戕之，狐遂据其室。

以上几例鬼魅作祟故事，属同一母题，其源黎丘奇鬼可为代表，可称作黎丘奇鬼原型母题。

另一类定相化人，是化佛、菩萨、老君等，这类故事很多，如：

唐永徽中，太原有人自称弥勒佛，礼谒之者，见其形底于天，久之渐小，才五六尺，身如红莲花在叶中，谓人曰："汝等知佛有三身乎？其大者为正身。"礼敬倾邑。僧服礼者，博于内学，叹曰："正法之后，始入像法；像法之外，尚有末法；末法之法，至于无法。像法处乎其间者，尚数千年矣。释迦教尽，然后大劫始坏，劫坏之后，弥勒方去兜率，下阎浮提。今释迦之教未亏，不知弥勒何遽下降？"因是虔诚作礼，如对弥勒之状。忽见足下是老狐，幡花旄盖，悉是冢墓之间纸钱尔。礼抚掌曰："弥勒如此耶？"具言如状，遂下走，足之不及。（戴孚《广异记·僧服礼》，《太平广记》卷四四七引）

唐则天在位，有女人自称圣菩萨，人心所在，女必知之。太后召入宫，前后所言皆验，宫中敬事之。数月，谓为真菩萨。其后大安和尚入宫，太后问见女菩萨未，安曰："菩萨何在？愿一见之。"敕令与之相见。和尚风神邈然。久之，大安曰："汝善观心，试观我心安在。"答曰："师心在塔头相轮边铃中。"寻复问之，曰："在兜率天弥勒宫中听法。"第三问之，"在非非想天。"皆如其言。太后忻悦。大安因且置心于四果阿罗汉地，则不能知。大安呵曰："我心始置阿罗汉之地，汝已不知，若置于菩萨诸佛之地，何由可料？"女词屈，变为牝狐，下

阶而走，不知所适。(《广异记·大安和尚》，同上引)

唐坊州中部县令长孙甲者，其家笃信佛道。异日斋次，举家见文殊菩萨，乘五色云从日边下。须臾，至斋所檐次，凝然不动，合家礼敬恳至，久之乃下。其家前后供养数十日。唯其子心疑之，入京求道士，为设斋，遂击杀狐。令家奉马一匹，钱五十千。后数十日，复有菩萨乘云来至，家人敬礼如故。其子复延道士，禁咒如前，尽十余日。菩萨问道士："法术如何？"答曰："已尽。"菩萨云："当决一顿。"因问道士："汝读道经，知有狐刚子否？"答云："知之。"菩萨云："狐刚子者，即我是也。我得仙来，已三万岁。汝为道士，当修清净，何事杀生？且我子孙，为汝所杀，宁宜活汝邪？"因杖道士一百毕。谓令曰："子孙无状，至相劳扰，惭愧何言。当令君永无灾横，以此相报。"顾谓道士："可即还他马及钱也。"言讫飞去。(《广异记·长孙甲》，《太平广记》卷四五一引)

唐开元中，有焦练师修道，聚徒甚众。有黄裙妇人自称阿胡，就焦学道术。经三年，尽焦之术，而固辞去。焦苦留之，阿胡云："己是野狐，本来学术。今无术可学，义不得留。"焦因欲以术拘留之，胡随事酬答，焦不能及。乃于嵩顶设坛，启告老君，自言己虽不才，然是道家弟子，妖狐所侮，恐大道将隳，言意恳切。坛四角忽有香烟出，俄成紫云，高数十丈，云中有老君见立。因礼拜陈云："正法已为妖狐所学，当更求法以降之。"老君乃于云中作法，有神王于云中以刀断狐腰。焦大欢庆。老君忽从云中下，变作黄裙妇人而去。(《广异记·焦练师》，《太平广记》卷四四九引)

以上四例皆出戴孚《广异记》，前三例为化佛或菩萨，《广异记》尚有一些同类故事。《汧阳令》写天狐刘成化菩萨坐狮子上，所化也是文殊菩萨。《唐参军》写千年狐赵门福化佛，乘五色云。《代州民》写老狐化菩萨，驭五色云[1]。狐化菩萨、佛的目的，都是为骗取供养。

佛教中文殊、普贤、观世音（唐人避李世民讳称作观音）、地藏是所谓"四大菩萨"，《法华经》则以弥勒代地藏，弥勒又是所谓未来佛——《广异记·僧服礼》狐所化弥勒即未来佛。中国佛教信仰的特点是世俗民众尤拜菩萨，所以"四大菩萨"受到善男信女的普遍礼拜。老子被道教奉为教主，是最高神"三清"之一，北魏时始称太上老君，至唐高宗又加封为太上玄元皇帝。李唐王朝与老子联宗，崇重道教，只有武则天因佛教开周政——佛徒进《大云经》陈符命，托言则天是弥勒下生，当代唐作阎浮提主[2]，故以佛教为诸教之首。有唐一代是宗教狂迷的时代，狐妖化弥勒、菩萨、老君等，正反映出这种社会风气。

钱锺书《管锥编》引用上述诸例，说《平妖传》第六回[3]圣姑姑变普贤菩萨以欺杨娘娘，即师此[4]。另外，《西游记》第四十一回《心猿遭火败，木母被魔擒》中，红孩儿"变作一个假观世音模样"，猪八戒"见像作佛"，下拜叩头；第六十五回《妖邪假设小雷音，四众皆遭大厄难》黄眉怪"假设小雷音"，三藏下拜，八戒磕头，沙僧跪倒；第九十一回《金平府元夜观灯，玄英洞唐僧供状》犀牛精假装"佛爷现身"，慌得唐僧"倒身下拜"，都是同一机杼。罗贯中、冯梦龙《平妖传》写狐妖，大量从《太平广记》中汲取素材。老牝狐圣姑姑化普贤菩萨的描写在第七回、第十二回、第四十回均有。如第七回写其化相说："只见东南方五色祥云一朵，冉冉而来。云中现一位菩萨，金珠璎珞，宝相庄严，端坐在一个白象身上。"与唐人有关描写相似。第三回又说："他（狐妖）又能逢僧作佛，遇道称仙，哄人礼拜供养。"也是本唐人为说。

---

[1] 以上三例见《太平广记》卷四四九、卷四五〇引。

[2] 见范文澜《唐代佛教》附张遵骝《隋唐五代佛教大事年表》，人民出版社，1979年。

[3] 按：应为第七回，回目《杨巡检迎经逢圣姑，慈长老汲水得异蛋》。

[4] 《管锥编》第二册，第821页。

在朝鲜和韩国古书中也有类似故事，《高丽史·高丽世系》所载老狐化如来相从空而下，吹螺击鼓，读《朋肿经》，令西海龙王头痛。《三国遗事》卷二载老狐化沙弥从天而降，诵《陀罗尼》，龙神西海若夫妇子孙便皆浮水上，沙弥取其子孙肝肠食之。这两个故事均发生在新罗末期，显然是受到了唐代狐妖之说的影响。而新罗以佛教为国教，狐妖化佛惑人之说更易有流传的基础。

# 三、狐妖作祟与道士伏狐

作祟是妖精的共同行为特征，即对人进行骚扰和伤害，从而达到某种目的。狐作祟的手段很多，我们已经很熟悉的便是对人间男女进行性诱惑、性骚扰和性侵犯，以占有性对象为目的——性因素始终是狐妖作祟的最重要因素。在唐代小说中，这类故事极多。就具体作祟形式而言，大体有这样几种情况。

一是擅入人家淫惑未婚少男少女。此类例证不少，就《广异记》一书所载，如《上官翼》《王璿》都是牝狐化为美女诱奸少男，《李元恭》则是雄狐化形少年诱奸少女①。佚名《会昌解颐录·张立本》②写狐魅张立本女亦属同类。

二是淫人妻妾。《集异记·徐安》③写徐安妻王氏貌美，徐安外出，妻独居。狐妖化美少年来，以"可惜芳艳，虚过一生"诱之，王氏悦而结好，往来无惮。徐安还，"妻见之，恩义殊隔"。此后每夜王氏梳洗打扮好骑笼穿窗而出，入山与狐妖相会，至晓方回。《广异记·长孙无忌》④写唐太宗以美人赐赵国公长孙无忌，有殊宠，美人被名叫"王八"的狐妖所惑。这些狐妖全为雄狐。

三是盗掠美女美妇。《广异记·刘甲》⑤载：

---

① 《广异记》三例见《太平广记》卷四四七、四五一、四四九引。
② 《太平广记》卷四五四引。
③ 《太平广记》卷四五〇引。
④ 《太平广记》卷四四七引。
⑤ 《太平广记》卷四四八引。

唐开元中，彭城刘甲者为河北一县。将之官，途经山店，夜宿。人见甲妇美，白云："此有灵祇，好偷美妇，前后至者，多为所取，宜慎防之。"甲与家人相励不寐，围绕其妇，仍以面粉涂妇身首。至五更后，甲喜曰："鬼神所为，在夜中耳，今天将曙，其如我何！"因乃假寐。顷之间，失妇所在。甲以资帛顾村人，悉持棒，寻面而行。初从窗户中出，渐过墙东，有一古坟，坟上有大桑树，下小孔，面入其中。因发掘之，丈余，遇大树坎如连屋。有老狐，坐据玉案，前两行有美女十余辈，持声乐，皆前后所偷人家女子也。旁有小狐数百头。悉杀之。

这只老狐专干"偷美妇"的恶事，行同《补江总白猿传》中的白毛老猿。较之入室淫人妻女，为害尤剧。

四是雄狐上门自荐为婿。《广异记》的《杨伯成》《汧阳令》《韦明府》[1] 即是。《韦明府》中的狐妖诣韦明府（县令）家自称崔参军求娶，韦明府知其为妖媚而不许，但延请术士道士不能制之，只好许婚。狐妖便堂而皇之娶走其女，后来并让他的狐小妹入门媚惑韦家独子。又《广异记·杨氏女》[2] 写杨氏二女嫁胡家二郎，小胡郎受丈母娘疼爱，大胡郎吃醋，便揭露小胡郎是野狐，其实他也是同类。

还有一例狐妖买妻故事，《大唐奇事记·昝规》[3] 云：

唐长安昝规，因丧母，又遭火焚其家产，遂贫乏委地。儿女六人尽孩幼，规无计抚养。其妻谓规曰："今日贫穷如此，相聚受饥寒，存

① 《太平广记》卷四四八、四四九引。
② 《太平广记》卷四五○引。
③ 《太平广记》卷四五五引。

活终无路也。我欲自卖身与人，求财以济君及我儿女，如何？"规曰：
"我偶丧财产，今日穷厄失计，教尔如此，我实不忍。"妻再言曰："若
不如此，必尽饥冻死。"规方允之。数日，有一老父及门，规延入，言
及儿女饥冻，妻欲自卖之意。老父伤念良久，乃谓规曰："我累世家
实，住蓝田下。适闻人说君家妻意，今又见君言。我今欲买君妻，奉
钱十万。"规与妻皆许之。老父翌日送钱十万，便挈规妻去，仍谓规
曰："或儿女思母之时，但携至山下访我，当令相见。"经三载后，儿
女皆死，又贫乏，规乃乞食于长安。忽一日，思老父言，因往蓝田下
访之。俄见一野寺，门宇华丽，状若贵人宅。守门者诘之。老父命规
入，设食，兼出其妻，与规相见。其妻闻儿女皆死，大号泣，遂气绝。
其老父惊走入，且大怒，拟谋害规。规亦怯惧走出，回顾已失宅所在，
见其妻死于古冢前。其冢旁有穴，规乃自山下共发冢，见一老狐走出，
乃知其妻为老狐所买耳。

五是狐妖做人妻。如《广异记·贺兰进明》[1]写贺兰进明"为狐所婚"，娶"狐
新妇"，"状貌甚美"。同书《李麐》写东平尉李麐娶卖胡饼者之妻郑四娘为妻，
并生一子。四娘者原是狐，李麐被人呼为"野狐婿"。男子做了"野狐婿"，常
常是被狐有意招去的。《三水小牍》卷下《王知古为狐招婚》即写狐招王知古为婿，
只是因为王知古无意间暴露了自己的身份，狐得知他与卢龙节度使张直方——
此人好猎，"淫兽于原"，狐皆识之——相识，"乃张直方之徒"，事才告吹。《广
异记·李参军》[2]也写老狐妖推荐李参军就娶萧氏女，李娶妇，妻婢尽为狐。同
书《王黯》中老狐妖之女婿王黯被射死，老狐又携小女来，"更与王郎续亲"，
被拒后骂道："天下美丈夫亦复何数，安用王家老翁为女婿！"看来狐妖是非常

---

① 此条与《李麐》均见《太平广记》卷四五一引。
② 此条及下条《王黯》见《太平广记》卷四四八、四五一引。

喜欢招人间男子为婿的。

以上事例，狐招婿，狐为人妻，狐娶妇，不纯出于恶意，甚至是怀有对人的好感而示亲近之意，但主调是狐媚惑人间男女，这自然是基于狐好色性淫的本性。《平妖传》第三回说牝狐哄诱男子，牡狐哄诱妇人，"都是采他的阴精阳血，助成修炼之事"，这是明代方兴的观念，唐人尚无这种说法。狐妖以性占有为目的，有时对对方并无伤害，《古镜记》中老狐狸精鹦鹉说"变形事人，非有害也"，但在许多时候却能使对方生病患疾。被狐所媚而患疾，称作"狐魅疾"①，大都表现为"狂疾"②，即精神病，症候是神志迷惑，喜怒不能自制。韦明府女"昏狂妄语"③，张立本女"号呼泣不已"④，村女"每日昃，辄靓

《狐媚丛谈》卷四
《王知古赘狐被逐》插图

妆艳服"⑤，王黯一会儿"发狂大叫"，一会儿"忽尔欣喜"⑥，张例"时有发动，

---

① 《太平广记》卷四五一引《广异记·冯玠》。

② 《太平广记》卷四五五引《稽神录·张谨》。

③ 《太平广记》卷四四九引《广异记·韦明府》。

④ 《太平广记》卷四五四引《会昌解颐录·张立本》。

⑤ 《稽神录·张谨》。

⑥ 《广异记·王黯》。

家人不能制"①，这都是"狂疾"的表现。之所以发狂，《宣室志》卷一〇《江陵少尹》中的术士解释说是"精魄已为妖魅所夺"，就是说人的魂魄被妖魅夺走，因而失智不能自制。一患"狂疾"，"医药无及"，发展下去便会病重身亡，《宣室志》卷一〇《尹瑗》中王御史的神将便是"为狐魅病而卒"。这样狐妖的性蛊惑出现了两种结果，一是仅仅被淫污，二是致病甚至死亡，显然后者危害更大。

狐妖作祟，常见的还有骗食和骗取供养，事例前节已有征引。有的狐妖胃口不大，《纪闻·沈东美》中的狐妖只是因为肚子饿骗顿饭吃。但许多狐妖化佛化菩萨，则是利用愚夫愚妇的崇拜心理企图得到供养，长期受用。《广异记·代州民》中老狐化菩萨乘云至民家借居，"村人供养甚众"，就是这样。狐妖化为亡灵，也是为了骗取亡灵亲人的供养。

还有些作祟行为如骚扰人家，投瓦掷粪②，大抵不危及人性命。但在某些特殊情况下，也要闹出人命，如《朝野佥载·张简》，野狐化形张简兄妹，虽系恶作剧，但竟使张简误杀其妹，便是典型一例。

有些作祟行为是对触犯狐妖的人的报复。《广异记·唐参军》写狐妖赵门福和康三到唐参军家"求点心饭"，唐参军命奴以剑刺之，刺伤了康三。赵狐以其"无道"，发誓"修报"。但赵狐的报复只是骚扰一番，并未伤人，比唐参军的行为要仁义得多。《朝野佥载》卷六中的野狐报复则颇具攻击性：

> 前御史王义方，出莱州司户参军，去官归魏州，以讲授为业。时乡人郭无为颇有法术，教义方使野狐。义方虽呼得之，不伏使，却被群狐竞来恼，每掷砖瓦以击义方。或正诵读，即裂其书碎。闻空中有声云："有何神术，而欲使我乎？"义方竟不能禁止，无何而卒。③

---

① 《太平广记》卷四五〇《张例》，脱出处。
② 见《太平广记》卷四五二引《广异记·李苌》。
③ 《太平广记》卷四四八引，题《王义方》。

王义方学到"使野狐"的法术想役使狐，惹恼了群狐，终于被骚扰而死。报复虽嫌过重，但于王义方来说无疑是咎由自取。

狐妖作祟还有颇为奇特的一种方式，即截发。《太平广记》卷四五○引牛肃《纪闻·靳守贞》云：

> 霍邑，古吕州也，城池甚固。县令宅东北有城，面各百步，其高三丈，厚七八尺，名曰囚周厉王城，则《左传》所称"万人不忍，流王于彘城"，即霍邑也。王崩，因葬城之北。城既久远，则有魅狐居之。或官吏家，或百姓子女姿色者，夜中狐断其发，有如刀截。所遇无知，往往而有。唐时，邑人靳守贞者，素善符咒，为县送徒至赵城，还归至金狗鼻。（原注：傍汾河山名，去县五里。）见汾河西岸水滨，有女红裳，浣衣水次。守贞目之，女子忽尔乘空过河，遂缘岭蹑虚，至守贞所。手攀其笠，足踏其带，将取其发焉。守贞送徒，手犹持斧，因击女子坠，从而斫之，女子死则为雌狐。守贞以狐至县，具列其由，县令不之信。守贞归，遂每夜有老父及媪，绕其居哭，从索其女，守贞不惧。月余，老父及媪骂而去，曰："无状杀我女，吾犹有三女，终当困汝。"于是遂绝，而截发亦亡。

狐妖截发已见于北朝，《洛阳伽蓝记》孙岩狐妻截孙岩发，京邑被截发者凡一百三十余人。《北齐书·后主纪》载："邺都、并州并有狐媚，多截人发。"——这些前已有述。更早的记载乃在东汉。应劭《风俗通义·怪神篇》记老狸精被除，"发楼屋，得所髡人结百余"，事又载《列异传》[1]。明本《搜神记》卷一八滥辑此事作老狐，"结"作"髻"，都指人的发髻。《怪神篇》和明本《搜神记》卷一六又都记汝阳西门亭有女鬼作祟，宾客止宿，"其厉厌者皆亡发失精"。说明截发

---

[1] 《太平御览》卷二五三引。

者不仅为狐妖，还有狸妖及女鬼。另外《幽明录》载"淮南郡有物髡人发"，则是蝙蝠精，被杀后发现"屋檐下已有数百人头髻"[①]。又《酉阳杂俎》前集卷一六《广动植序》亦云："人夜卧无故失髻者，鼠妖也。"看来大凡妖怪鬼魅都有截人发髻的习惯。

妖鬼何以截发？《列异传》在讲述了汝南惧武亭狸精"杀人发结数百枚"的故事后说："旧说狸髡千人，得为神也。"[②]原来妖鬼杀人取发的目的是积千人之发而成神。但何以"髡千人得为神"，人发在妖鬼成神中发挥着什么样的作用，我们还无法作出确切解释。

一般来说，狐妖作祟并没有被说成是极为可怖的恶行。似乎狐妖也吃人，《太平广记》卷四五一引《广异记·崔昌》写一老狐醉后"吐人之爪发等"，但这种情况十分罕见。明许仲琳《封神演义》第二十八回《子牙兵伐崇侯虎》写九尾狐狸精妲己现原形寻人吃，清末醉月山人《狐狸缘》第四回《玉面狐兴心食童男，小延寿摘果妖丧命》写玉面狐妖吃童男也属个别，并不被大多数谈狐者所接受。从总体上看，狐妖作祟尚较平和，非如吸人魂魄、食人体肤之凶鬼恶煞。这大约是因为狐毕竟是中型野兽，历来狐狸、狐兔并称，难以伤人，而且狐性被限定在"性淫""多疑"上，也并不凶残如虎狼然。我们看《太平广记》卷四四二引《广异记·冀州刺史子》写大白狼化美女嫁给冀州刺史子，把丈夫奴婢吃了个一干二净，卷四二六引《会昌解颐录·峡口道士》写峡口虎怪食九百九十九人，如此甚多。野兽幻化为妖怪后，在习性上总要保持着某些一致性，这是一条妖化法则。狐妖的作祟之所以具备相对温和性，攻击性较弱，往往被限定在淫男惑女、骗食盗物、骚扰捣乱的水平上，是和狐的自然生态大有关系的。

针对狐妖作祟，便有人狐斗争。唐代以前，这方面的记述已有许多。《焦氏

---

① 《太平御览》卷九四六引，又《太平广记》卷四七三亦引，题《朱诞》。
② 《太平御览》卷二五三引。

易林》多次写到"逐狐",即人驱赶妖狐。《搜神记辑校》卷一八《阿紫》所写西海都尉陈羡将步骑领猎犬,狐妖闻犬声避去。狐性畏犬,所以《搜神后记辑校》卷六《古冢老狐》有顾旃放猎犬咬死老狐之事。同卷《绛绫香囊》又记习凿齿打猎时射死老雄狐。《搜神记辑校》卷一八还记有南阳宋大贤在亭楼杀老狐妖事。这些都是勇士武夫之流治狐,《晋书·韩友传》所记韩友事则是"行京房厌胜之术"的术士用法术来制服狐妖。法术很奇特,"张囊着窗牖间",作法驱狐入囊,二十几天后化为乌有,只剩下狐毛。张华是方术化的文人,所以也精通法术。他制服燕昭王墓斑狐的方法是"千年枯木照之则形见"——遣人伐墓前华表木,燃枯木以照书生,乃一斑狐。关于千年枯木可治狐,吉野裕子用五行相克之说作出解释,她认为由于木生火、火生土,"属于土气的狐狸,因为火生土,很轻易被火引生出来而显出原形"①。至于狐属土,所据乃《宣室志》卷八所记,雁门衙门将林景玄猎于高岗,逐兔至一墓穴,闻墓中有语:"吾命属土也,克土者木,日次于乙,辰居卯,二木俱王,吾其死乎!"又曰:"有自东而来者,我将不免。"毁其穴,见素衣白髯老翁,化为老狐,景玄射之而毙。如前所说,《说文》所说的狐的"三德",首为"其色中和",而黄色属土,这或许就是狐命属土的依据。不过在《宣室志》中,所谓"命属土,克土者木"是专门针对林景玄之姓林(二木)而言,这土命似乎专属此一老狐,并不具备普遍性。即便果真是说所有的狐都"命属土",这也只是《宣室志》的说法,也不具普遍性。吉野裕子的说法只可备一说②。在汉代还有犀角治狐之说。《太平御览》卷八九〇引《淮南万毕术》云:"犀角骇狐。"注:"犀角置狐穴,狐去不敢复居也。"古传犀角辟邪,《异苑》卷七、《晋书·温峤传》记有温峤于牛渚矶燃犀角照水怪事,唐诗人王建《送严大夫赴桂州》诗亦云:"辟邪犀角重"。照此说来,以犀角置狐穴驱狐,自然有效。

---

① 《神秘的狐狸》,第 139 页。

② 关于"土气即狐",见《神秘的狐狸》,第 69—71 页。

　　唐代治狐，主要是道士和身份各异的术士，他们是治狐的主力。相传唐代著名道士叶法善、罗公远、叶静（一作净）能辈都曾伏过狐妖，见《太平广记》卷四四八至四五〇引《纪闻·叶法善》《广异记·汧阳令》《广异记·王苞》。敦煌话本《叶净能诗》也曾描写过叶净能伏野狐精的故事，颇为细致生动：

　　　　当时策贤坊百姓康太清有一女，年十六七，被野狐精魅。或笑或哭，或走或坐，或出街中乱走，即恶口骂詈人。时有邻人报康太清曰："玄都观内有一客道士，解医野狐之病。"康太清闻说，与妻相随，同诣观中院内，礼拜净能。且论疾状，"辄投尊师救疗，死不辜恩。"净能曰："此病是野狐之病，欲得除愈，但将一领毡来，大钉四枚，医之立差。"康太清当时便归，取毡一领及钉，并引女子，同至观中。净能见女子，便知是野狐之病。净能当时左手持剑，右手捉女子，斩为三断，血流遍地。一院之人，无不惊愕。康太清夫妇号天叫地，高声唱："走投县门，告玄都观道士，把剑煞人。"净能都不忙惧，收毡盖着女子尸，钉之内四角，血从毡下交流。看人无数，皆言帝城之内，敢有此事，谁不叫呼。净能却于房内，弹琴长啸，都不为事。须臾，捕贼官及捉事所由等，齐到净能院内，问："煞人道士何在？"净能于房内报之："在此，官人何必匆匆？净能疗野狐之病，闲人无知，妄说煞人。"官人回问，康太清启言官人曰："在毡底一人。"其官人见毡下血流傍地，语净能曰："煞人处目验见在，仍敢拒张！"净能语官人曰："何不揭毡看验之？取此行粗疏法令。"捕贼官遂处分所由，揭毡验之，曰："康太清女子为野狐病，并卧，女子宛然无损，野狐斩为三断。"捕贼官见人，情思愕然。康太清夫妻匍匐作礼。其女魅病，当时便除。

　　此野狐精魅人，是隐形附体于康太清女，所以叶静能以斩女之术而斩狐。

叶静能本为中宗时道士，景龙四年（710）中宗崩，临淄王李隆基诛韦武党，叶静能也在被诛之列[①]。但在唐人小说中，他却被传为玄宗朝道士，与罗公远、叶法善、张果等道士同为箭垛式传奇人物。李唐崇尚道教，有关道士道术之事流布极广。道士行法每有伏妖之事，所以狐妖也便常常撞上道士、术士这些死对头。也有僧人伏狐妖的，如《集异记·僧晏通》。而普通人伏狐者一如六朝，大抵为胆大有勇力者。如《集异记·徐安》，徐安"好以渔猎为事"，奋短剑杀死化形为少年的三只老狐。

道士、术士治狐凭借法术。《稽神录·张谨》写土地神交给道士张谨一编书，说是"禁狐魅之术"。这天他到一户人家，这家女儿被狐所魅患狂疾，张谨书符数道，"病即都差"。不久书被二狐诈去，狐称此书为"符法"，说明禁狐术主要是符法。道士伏狐大抵用符法，叶静能伏迷惑王苞的老野狐，罗公远、叶法善伏天狐，也常常用符。符法在道教中占重要地位，早期的太平道、五斗米道（天师道）均属符箓派，专尚符法，以符作为驱邪治病的法宝。连丹鼎派的葛洪在《抱朴子·登涉》中也提到许多辟山精鬼魅之符，如天水符、上皇竹使符、老君入山符等。

还有其他一些伏狐方法、法术和法宝。

镜。镜被认为可照见妖怪原形。《抱朴子·登涉》云：

> 万物之老者，其精悉能假托人形，以眩惑人目而常试人，唯不能于镜中易其真形耳。是以古之入山道士，皆以明镜径九寸已上，悬于背后，则老魅不敢近人。或有来试人者，则当顾视镜中。其是仙人及山中好神者，顾镜中故如人形；若是鸟兽邪魅，则其形貌皆见镜中矣。

---

[①]《旧唐书》卷七《睿宗纪》："景龙四年夏六月，中宗崩，韦庶人临朝，引用其党，分握政柄。忌帝望实素高，潜谋危害。庚子夜，临淄王讳与太平公主子薛崇简、前朝邑尉刘幽求、长上果毅麻嗣宗、苑总监锺绍京等率兵入北军，诛韦温、纪处讷、宗楚客、武延秀、马秦客、叶静能、赵履温、杨均等，诸韦、武党与皆诛之。"

镜有这层神效，故唐人称为照妖镜。李商隐诗《李肱所遗画松诗书两纸得四十韵》有云："我闻照妖镜，及与神剑锋。寓身会有地，不为凡物蒙。"言照妖镜和宝剑同为伏妖神器。唐初王度《古镜记》写以镜降伏狸精：

至其年六月，度归长安，至长乐坡，宿于主人程雄家。雄新受寄一婢，颇甚端丽，名曰鹦鹉。度既税驾，将整冠履，引镜自照。鹦鹉遥见，即便叩首流血……自陈云："某是华山府君庙前长松下千岁老狸，大行变惑，罪合至死，遂为府君捕逐。逃于河渭之间，为下邽陈思恭义女，蒙养甚厚。嫁鹦鹉与同乡人柴华，鹦鹉与华意不相惬，逃而东。出韩城县，为行人李无傲所执。无傲，粗暴丈夫也，遂将鹦鹉游行数岁，昨随至此，忽尔见留。不意遭逢天镜，隐形无路。"度又谓曰："汝本老狸（按：原作狐，据明抄本、清孙潜校本改），变形为人，岂不害人也？"婢曰："变形事人，非有害也。但逃匿幻惑，神道所诬，自当至死耳。"度又谓曰："欲舍汝，可乎？"鹦鹉曰："辱公厚赐，岂敢忘怀。然天镜一照，不可逃形。但久为人形，羞复故体，愿缄于匣，许尽醉而终。"……度登时为匣镜，又为致酒，悉召雄家邻里，与宴谑。婢顷大醉，奋衣起舞而歌曰："宝镜宝镜，哀哉予命！自我离形，于今几姓？生虽可乐，死不必（按：原作必不，据明抄本、孙校本改）伤。何为眷恋，守此一方！"歌讫再拜，化为老狸而死，一座惊叹。

鹊头、鹊巢。《广异记·杨氏女》云：

唐有杨氏者，二女并嫁胡家。小胡郎为主母所惜，大胡郎谓其婢曰："小胡郎乃野狐尔，丈母乃不惜我，反惜野狐。"婢还白母，问何以知之。答云："宜取鹊头悬户上，小胡郎来，令妻呼伊祈熟肉，再三

言之，必当走也。"杨氏如言，小胡郎果走。故今人相传云："伊祈熟
肉辟狐魅。"甚有验也。

《广异记·韦明府》又载：狐妖崔参军娶韦明府女，其小妹入韦家惑其子，
韦子之母责骂崔参军，"崔乃于怀出一文字，令母效书，及取鹊巢，于儿房前烧
之，兼持鹊头自卫，当得免疾"。韦氏行其术，几天后韦子病愈，韦女也用这套
办法赶走了崔参军。《酉阳杂俎》卷一六《羽篇》载："贞元三年，中书省梧桐
树上有鹊以泥为巢，焚其巢可禳狐魅。"又《酉阳杂俎》续集卷八《支动》云："鹊
窠，鹊构窠取在树杪枝，不取堕地者。……端午日午时焚其窠灸病者，疾立愈。"
也都是同样的说法。

按以鹊辟邪愈疾，古有说焉。古人认为鹊为祥鸟，鹊至则喜，故称喜鹊。
古人还认为鹊知避太岁，《说文解字》隹部云："䧿（鹊）者知太岁之所在。"西
晋张华《博物志》卷四《物性》亦云："鹊巢门户背太岁，得非才智也。"又《酉
阳杂俎》前集卷一六《广动植序》云："鹊巢背太岁。"按古代迷信说法，太岁
所在为凶方，因此宜谨避之。鹊巢门户背太岁而开，可见此鸟知避凶邪。这就
是以鹊或鹊巢避邪的道理所在。《太平御览》卷九二一引《五行书》云："烧鹊
置酒中，令家无盗贼。"《广异记》所说烧鹊巢、悬鹊头以辟狐魅，正为一理。
至于又称鹊头为"伊祈熟肉"，伊祈疑即伊耆，也就是神农[①]。《太平御览》卷
九二一引《广异记》载，相传赤帝（即神农）女学道得仙，居桑树上，衔柴作巢，
或化为白鹊，不为女人之形。赤帝见而悲恸，诱之不得，以火焚之，女即升天。
鹊既为神农女所化，而神农有焚鹊巢之事，故而民间有悬鹊头或烧鹊巢辟邪的
风俗。所谓"伊祈熟肉"，意思是说神农烧熟的鹊头在此，诸魅当避。

《宣室志》卷八《林景玄》说林景玄至墓穴，"见一翁（老狐）衣素衣，髯

---

① 《礼记·郊特牲》："伊耆氏始为蜡。"郑玄注："伊耆氏，古天子号也。……或云即帝
尧是也。"孔颖达疏："伊耆氏，神农也。"

白而长，手执一轴书，前有死乌鹊甚多"。这"死乌鹊"大概也是辟邪用的。狐妖本为邪物，但它也要用法术制服别的狐妖或其他鬼魅，狐妖崔参军不就是向丈母娘透露出烧鹊巢、持鹊头的法术驱逐狐小妹的吗？

桃枝、桃汤。《广异记·长孙无忌》写崔参军伏天狐，"取东引桃枝决之，血流满地"。同书《李氏》①亦言用"东引桃枝"辟狐。所谓"东引桃枝"就是朝东生长的桃树枝。又《唐参军》言"以桃汤沃洒门户"禁狐。用桃辟邪，也是一种古老的法术。《左传》昭公四年："桃弧棘矢，以除其灾。"桃弧，即桃木弓。《艺文类聚》卷八六引《庄子》佚文："插桃枝于户，连灰其下……鬼畏之。"《初学记》卷二八引《典术》："桃者，五木之精也，故厌伏邪气，制百鬼。故今人作桃符着门以厌邪，此仙木也。"类似说法极多②。

柳枝洒水。《太平广记》卷四五〇引《广异记·韦参军》云：

　　（韦）乃选拜润州书佐，遂东之任，途经开封县。开封县令者其母患狐媚，前后术士不能疗。……明日至舍，见太夫人，问以疾苦，以柳枝洒水于身上。须臾，有老白狐自床而下，徐行至县桥，然后不见。

观世音菩萨手持净瓶，中插杨柳枝，乃有大神力。看来此法与观世音杨柳枝有关，借菩萨佛力以驱狐。

毒药。《广异记·上官翼》写绛州司马上官翼的儿子被狐妖所狎，上官翼密捣毒药和入油麻，狐妖食后化为老狐，被擒杀烧死。

咋狐犬。古人认为狐性畏犬，故而常以犬咋狐，善咋狐的犬叫咋狐犬，见《广异记·李参军》。关于犬和狐的关系，以后要专门讨论。

---

① 《太平广记》卷四四九引。
② 参见拙著《唐前志怪小说辑释》（修订本）中《玄中记·桃都山》的注释及附录，上海古籍出版社，2021年。

狐妖作祟和道术之士伏狐，体现出邪正斗争的观念，因而胜利者往往是道士、术士。唐代以前已流传过一些道士降妖的故事。《后汉书》卷八二下《费长房传》说道士费长房与人共行，见一书生黄巾披裘，无鞍骑马。书生见到长房便下马叩头，原来是狸妖，盗社公马，被长房识破。葛洪《神仙传》卷五《栾巴传》说豫章老狸诈为庙神，"损百姓日久"，又化作书生，骗娶太守女。栾巴作符长啸，符飞去，旋即书生持符出，变为一狸，栾巴杀之。道教在唐代极盛，因而道士及其他道术之士伏妖的故事纷纭而出，这可以说是道教文化向狐文化和妖精文化的大量渗透。

## 四、狐妖雌化倾向及性格两极对立：
## 阿紫原型的发展与任氏原型的产生

唐代以前，由于"雄狐"原型观念的巨大影响，淫狐主要是雄狐，但已产生了雌性淫狐类型，我们称之为阿紫原型。到唐，这一原型得到很大发展，出现了许许多多阿紫式狐妖，即雌狐化为美女蛊惑男子。如《广异记·上官翼》中化作"年可十三四，姿容绝代"的少女，使上官翼之子为之动心而"求欢狎"，自此"每夜常来"的老狐，同书《王黯》中使王黯中媚患狂疾的牝狐，《太平广记》卷四五〇《张例》（脱出处）中使始丰令张例患魅疾，自称"狐娘"的老牝狐。如此甚多。

《广异记》中还有一个狐化娼妇的故事：

> 唐河东薛迥与其徒十人，于东都狎娼妇。留连数夕，各赏钱十千。后一夕午夜，娼偶求去，迥留待曙。妇人躁扰，求去数四，抱钱出门。迥敕门者无出客，门者不为启锁。妇人持钱寻审，到水窦，变成野狐，从窦中出去，其钱亦留。①

这是第一例狐妓故事，标志着狐妓原型——宋以后曾不断出现于小说之

①《太平广记》卷四五〇引，题《薛迥》。

117

中——的建立。狐妓原型是阿紫原型的一个变种，狐和妓的结合，深化了狐性淫的特征，同时也开了以狐喻妓的先例，给娼妓文化注入新的观念。

雌狐妖之惑人，此时还生出媚珠之说，北宋陆佃《埤雅》卷四《狐》云："旧说狐有媚珠。"李时珍《本草纲目》卷五一下亦称："或云狐有媚珠。"这"旧说""或云"便是唐人之说，见于中唐戴孚《广异记·刘众爱》[1]：

> 唐刘全白说云，其乳母子众爱，少时好夜中将网断道，取野猪及狐狸等。全白庄在岐下。后一夕，众于庄西数里下网，己伏网中，以伺其至。暗中闻物行声，觇见一物，伏地窥网。因尔起立，变成绯裙妇人。行而违网，至爱前车侧，忽捉一鼠食。爱连呵之，妇人忙遽入网，乃棒之致毙，而人形不改。爱反疑惧，恐或是人，因和网没沤麻池中。夜还，与父母议。及明，举家欲潜逃去。爱窃云：宁有妇人食生鼠？此必狐耳。复往麻池视之，见妇人已活。因以大斧自腰后斫之，便成老狐。爱大喜，将还村中，有老僧见狐未死，劝令养之，云："狐口中媚珠，若能得之，当为天下所爱。"以绳缚狐四足，又以大笼罩其上。养数日，狐能食。僧用小瓶口窄者，埋地中，令口与地齐，以两胾猪肉，炙于瓶中。狐爱炙而不能得，但以口属瓶。候炙冷，复下两胾，狐沫涎久之。炙与瓶满，狐乃吐珠而死。珠状如棋子，通圆而洁。爱母带之，大为其夫所贵。

此狐既化形为绯裙妇人，自然是雌狐，看来所谓媚珠为雌狐所独有。媚珠的效用，从老僧所说"若能得之，当为天下所爱"，以及"爱母带之，大为其夫所贵"的记述看，是能使男子惑爱。可见，媚珠是雌狐迷惑男子的一件宝贝。可以想象，媚珠不但能使被惑男子中魔，进入痴迷状态，恐怕同时还具

---

[1]《太平广记》卷四五一引。

有增加雌狐化作女人后的美色和魅力的神效，唯其如此，才能加深男子被惑的程度。

媚珠之说为明清稗家所袭，徐应秋《玉芝堂谈荟》卷三二《猿臂通肩》云："狐有媚珠。"而在小说中常被吸收入情节之中。清乐钧《耳食录》初编卷八《阿惜阿怜》说狐女惜娘"真有媚珠"。冯起凤《昔柳摭谈》卷五《僧道捉狐》说狐女"生有媚珠"。王韬《淞滨琐话》卷四《皇甫更生》说狐女"眉睫间有妖冶气，一笑嫣然，能令人回惑失志，颠倒不自持，盖坐身有媚珠故也"。

唐代狐妖中雌狐已占较大比例，和雄狐平分秋色，这表明狐妖雄化倾向的相对弱化，雌化倾向的出现与强化。狐和娼妓的结合，媚珠之说，都是在狐妖雌化倾向中对于狐媚观念的发展，雌狐的性淫特征被强调，性淫更具本能性和本质性。

这种变化或许能从唐人的女性观、女色观中找到一些原因。元稹《莺莺传》中有一段话，是张生遗弃莺莺后的自饰之词，可以清楚地看到唐人的一种女色观：

> 大凡天之所命尤物也，不妖其身，必妖其人。使崔氏子遇合富贵，秉宠娇，不为云，不为雨，为蛟为螭，吾不知其所变化矣。昔殷之辛，周之幽，据百万之国，其势甚厚，然而一女子败之，溃其众，屠其身，至今为天下僇笑。予之德不足以胜妖孽，是用忍情。

这分明是"尤物"妖人观、"祸水"亡国观。"尤物"美色的强大媚惑力量足可以使君王溃众屠身，因而"尤物"也就是"妖孽"。这里提到了殷周时的殷纣王、周幽王，"一女子败之"的女子便是妲己和褒姒——两个承受着千载骂名的坏女人。放在中唐人眼前的有更为近切的榜样，即武则天、韦后、杨贵妃，不管历史应当如何评价她们，在唐人眼中她们也都是惑乱君王，"必妖其人"的"天命尤物"。陈鸿写《长恨歌传》，提出"亦欲惩尤物，窒乱阶，垂于将来"的创作宗旨，也认为杨贵妃这样的"尤物"，是使唐玄宗受惑怠政的"乱阶"。

以女性为尤物为妖孽，表明女色禁忌观念的强化。当把这种观念渗入狐妖观念、狐媚观念时，狐妖分明成为人间"尤物"的象征。这一点在白居易《古冢狐》一诗中表现得十分明白：

> 古冢狐，妖且老，化为妇人颜色好。
> 头变云鬟面变妆，大尾曳作长红裳。
> 徐徐行傍荒村路，日欲暮时人静处。
> 或歌或舞或悲啼，翠眉不举花颜低。
> 忽然一笑千万态，见者十人八九迷。
> 假色迷人犹若是，真色迷人应过此。
> 彼真此假俱迷人，人心恶假贵重真。
> 狐假女妖害犹浅，一朝一夕迷人眼。
> 女为狐媚害即深，日长月增溺人心。
> 何况褒妲之色善蛊惑，能丧人家覆人国。
> 君看为害浅深间，岂将假色同真色。

在这首诗里，白居易援入佛家色空真假之说，用狐妖的"假色迷人"比附褒姒、妲己之流狐媚蛊惑的"真色迷人"，强调其"能丧人家覆人国"的严重危害，从而提出"戒艳色"的题旨。以"褒妲之色"为为害之源，这同《莺莺传》所言"尤物"妖人如出一辙，都是基于对女性的偏见和对女色的歪曲认识而产生的女色禁忌观念。白居易诗是由狐及人，由狐媚而及人妖，反过来说便是由人及狐，由"褒妲之色善蛊惑"及于"狐假女妖"。在人狐比附关系中，最突出的便是这种"狐假女妖"和"女为狐媚"的比附，人们赋予"狐媚"的隐喻意义最重要的是女色迷人。在这种情况下，狐妖的雌化倾向和"狐媚"观念被限定为女狐以色媚人，便是必然结果。当十六国时代后赵主石勒说曹孟德（操）、司马仲达（懿）父子"狐媚以取天下"[①]时，狐媚所指为男性的欺骗迷惑，而唐人骆宾王在著名的《讨武曌檄》中说"狐媚偏能惑主"时，则是指武则天这个"人中狐"的美色惑人了。

在以后狐妖狐媚观念的发展中，唐人这种观念不断得到强调，以致女狐媚人成为全部狐妖故事的主体，而狐狸精一语几乎成为惑人女性的代名词。《红楼梦》第二十回《王熙凤正言弹妒意，林黛玉俏语谑娇音》写李嬷嬷骂袭人"一心只想妆狐媚子哄宝玉"，骂宝玉"你只护着那起狐狸"，第六十二回《憨湘云醉眠芍药裀，呆香菱情解石榴裙》晴雯戏骂芳官"你就是狐媚子"，第七十七回《俏丫鬟抱屈夭风流，美优伶斩情归水月》王夫人骂芳官"唱戏的女孩子，自然更是狐狸精了"，晴雯对宝玉说"我虽生得比别人好些，并没有私情勾引你，怎么一口咬定了我是个狐狸精"——在文化语境中狐狸精实在和"小娼妇"同义。

但也正是在唐代，在雌狐妖的淫妇特性被强化的时候，同时也出现了一种全新的雌狐妖——淫邪之性消泯而易之以善美之性，其代表就是著名的狐妖任氏。任氏是中唐传奇作家沈既济《任氏传》中的女主角。任氏作为"女妖"，具有雌狐妖的某些普遍特性。她在遇郑六之前，"多诱男子偶宿"；她的人格身份是"名系教坊"的长安狭斜"伶伦"，分明是狐妓。甚至她和郑六初遇时，面对郑六的动情也"时时盼睐，意有所受"，分明是狐媚惯技。此时的任氏和一般雌狐妖并无两样，因此由此延伸下去，当然会推演出这样一套逻辑——郑六惑于美色，中邪被疾，道士除妖，任氏现形被斩。但任氏的逻辑并不是这样。她作为"女妖"并不伤人——"凡某之流，为人恶忌者，非他，为其伤人耳，某则不然。"不仅如此，她委身郑六也不是出于性淫，而是以一位全然人质化、人性化的多情女子的心态，"愿终己以奉巾栉"，充当一位贤惠的姬妾。因此，当她被韦崟施以强暴时，百计抗拒，绝不顺从，以致使好色而义烈的韦崟大受感动，敛衽道歉。以后在同韦崟的来往中虽"每相狎昵，无所不至"，但始终"不及乱"。

---

① 见《晋书》卷一〇五《石勒载记下》。

因此，当她以狐皆有卜知未来之术的法术明知"不利西行"，而在郑六一再恳请下终究不顾一切地随之赴任，结果被犬咬死，可谓以死相许。任氏这一女狐妖，是对阿紫型狐妖的反拨，与阿紫构成情与淫、善与恶、正与邪的两相对立。"异物之情也有人焉"，她被强调的是人性、人情，是人的义和节——所谓"任氏"者，即人也。"兽质人心冰雪肤，名齐节妇古来无。"[1] 人们从任氏这一千古第一情狐和美狐身上看到的是一位理想女性。

任氏确立了新的狐妖原型即任氏原型。任氏原型有着民俗依据。在唐代民间流传的狐妖故事中已反映出这样的迹象，即从世俗审美心理和人妖认同心理出发，淡化雌狐们的妖精特性。例如《广异记》中

《狐媚丛谈》卷三《狐称任氏》插图

的《贺兰进明》和《王璿》，其中的"狐新妇"能克尽妇道，虽说仍被当作一种作祟行为，但实在看不出这种作祟于人有什么害处。"狐新妇"的行为是真诚的，良善的。唐代狐妖故事实际呈现着不同的状态，在传统妖精宗教观念作用下产生的狐妖作祟故事，属于民俗宗教态；当民众注入自己的审美理想后，民俗宗教态便转变为民俗审美态，上述两例便是。在民俗审美态故事中狐妖在人妖性

---

① 南宋洪适《盘洲文集》卷七八《勾南吕薄媚舞》。

灵相通性上获得人的心理认同，即狐妖可以像人一样持有善性而被亲近。当这种朴素认识和朴素情感转化为作家的审美创造后，便出现了高度审美化的狐妖任氏——此之谓文学审美态。沈既济从审美视点重新审视狐妖，把作祟害人的狐转化为文学审美意象，这是文学对宗教的反抗，审美观念对宗教观念的反抗，世俗情感对宗教情感的反抗。任氏原型意象的隐喻意义排除了阿紫原型所谓"娥眉有伐性之戒"①的女色禁忌观，变为对情感和伦理的张扬。

晚唐张读《宣室志》卷一○《许贞》中许贞的狐妻李氏，也属任氏原型，一个情狐和美狐。小说内容是：许贞西游长安至陕，夜入李外郎别墅求宿，李外郎盛情款待。至京师，有进士独孤沼来，为李外郎做媒，欲纳许贞为婿。许贞复诣外郎别墅，卜日成礼。妻色甚美，聪敏柔婉。十余年李生七子二女，"容色端丽，无殊少年时"，许生愈加钟念。不久李氏患病，百计求医不愈。临终李氏说出自己的狐狸本相，凄凄叮咛而死。许生发被，见一狐死被中。许生感悼不已，殡葬制皆如人。这位李氏也是被充分人性化了的女狐，具备善良女子的全部本质特征。小说最后说许贞"终不以为异"，《太平广记》卷四五四作"而终无恶心"②，表明李氏人性的完善。

任氏原型开启了一种全新的美狐观念——心性、形貌俱美的女狐，可谓意义重大。但在宋元明三代这一原型出现得并不多，表明传统狐媚观念的持久深入。到清代从蒲松龄开始，任氏原型才大量出现，终呈五彩缤纷之势。

---

① 《盘洲文集》卷七八《勾南吕薄媚舞》。
② 《太平广记》卷四五四引《宣室志》作计真。

# 五、狐神崇拜与天狐、仙狐

在久已失落了神性和瑞气的狐以妖精面貌在唐代四处作祟的时候，它竟也同时被当作神物再度受到崇拜。于是出现了错杂的局面：狐作为妖怪和作为神祇并存于世。这不奇怪。狐曾经是神灵之物，唐代狐神崇拜的出现，乃是民众对于狐的古老神性的记忆复苏。而且，由于有这种历史根源，狐即便在堕入妖精队伍中后仍具备着二重性，即善和恶、正和邪、吉和凶、福和祸的二重性，既可作威作祟于人，也可施恩施福于人。它作福的一面自然可以使人对之尊崇有加，即便它作祟，也可以引发出敬畏心理。事实上是，古来各种神祇并不总是笑面佛，总是作威作福并举，"顺我者昌，逆我者亡"，乃是神祇的普遍态度。

《平妖传》第三回写道："唐朝有狐神之说，家家祭祀，不敢怠慢。当时有谚曰：'无狐不成村。'"这唐朝狐神之说，出于初唐文人张鷟的《朝野佥载》。《太平广记》卷四四七引曰：

> 唐初已来，百姓多事狐神。房中祭祀以乞恩，食饮与人同之。事者非一主。当时有谚曰："无狐魅，不成村。"

从这则简短文字可以知道：

（一）狐神崇拜从唐初已经流行。

（二）狐神崇拜流行于民间，狐神是民间神祇，祭狐显然属淫祀范围。

（三）对狐神要进行设供祭祀，这并不单单是口头和心理上的敬畏，这是典型的崇拜形式。

（四）祭狐神在民家举行，似没有共同祭祀之所，如狐神祠、狐神庙之类。

（五）对狐神的祭品与人的饮食相同，无非是酒肉果品，这正符合狐的杂食性。

（六）祭祀狐神的目的是乞恩，求狐神庇佑。

（七）民家所供狐神各不相同，大约神主各有各的名号。

（八）民间祭狐极为普遍，遍布乡村。

（九）狐神虽被尊为神，但其本质仍是狐魅，属于妖神，与一般神祇有别。

《广异记》中有一例狐神故事，说开元中河北某县县令刘甲携妇上任，途经山店，当地人见刘甲妻美，便警告说："此有灵祇，好偷美妇。"[1] 村民称狐妖为"灵祇"，恰正印证了民间流行狐神崇拜的事实。而堂堂灵祇竟好偷美妇，也确实证明狐之为神乃妖神，不是气象庄严的正神。老百姓惧怕自己家的妻女被偷去，便顶礼膜拜——无祸便是福了。这说明崇拜心理和崇拜行为的发生，不单单是出于对崇拜对象的好感，也往往出于恐惧。就是说出于敬畏的双重心理。但不管怎么说，狐被尊为神，老百姓相信它具有祸福于人的神性和神力，对久堕为妖的狐来说，可算是神格的回归。

李朝威《洞庭灵姻传》（即《柳毅传》）写洞庭君击席而歌，中有一句说"狐神鼠圣兮薄社依墙"，也提到狐神，说狐鼠虽为神圣却是栖身于土地庙或墙壁之下。古来有"城狐社鼠"之说[2]，洞庭君歌即本此。古代乡村设社，每年于春秋两季定时祭祀土地神。社祠有供品，于是便成为狐鼠们的好居处，遂有"城狐社鼠"之说——城社、狐鼠为互文，并非专以狐属城，鼠属社。或许正是狐与社祠的这层密切关系，使得中国狐文化东渡日本后，日本的稻荷社——谷物神

---

① 《太平广记》卷四四八《刘甲》，出《广异记》。

② 见《晋书》卷四九《谢鲲传》。

祠便和狐联系在一起，传说中狐是稻荷神的使者。日人吉野裕子在《神秘的狐狸》中认定狐就是稻荷神，亦即谷物神。日本的情况我们说不清楚，但吉野根据狐属土气的阴阳五行观点，认为唐代的祭狐也是"中国农民把狐狸作为谷物神而加以祭祀"①，却难以成立。"好偷美妇"的山村"灵祇"根本与谷物神不沾边。实际上唐代乡村祀狐神，狐神的功能是多方面的，这里当然也会有祈求五谷丰登的内容，但恐怕更主要的是一般意义上的消灾祛病，平安无事。《广异记·长孙甲》中的天狐狐刚子对长孙甲说"当令君永无灾横"，《纪闻·袁嘉祚》②中老狐对袁嘉祚说"我能益于人"，益人之处也是府宅平安。

唐代狐神崇拜，一项重要内容是天狐信仰和崇拜。天狐又称通天狐，是狐神中最具法力者。天狐概念始见于东晋郭璞《玄中记》："千岁即与天通，为天狐。"《搜神记》中的燕昭王墓斑狐已近千年，即将成为天狐，可惜不善自保，终遭丧身之祸。张华说这妖物要不是碰上我，就会成为千年之物，到那时就制伏不了了。《搜神后记》的酒泉狐伯裘，也是"垂垂化为神"的千岁狐，后来上天为神，自然是成了天狐。天狐之说表明狐在动物类妖怪群中的独特性，除狐外还没有哪种动物能享受这份"通天"的尊荣，在"神能通天"③这层意义上从没有出现过诸如天狸、天猬、天蛇、天猿之类的天字号动物群，这就奠定了狐在妖怪中的独尊地位。

唐代关于千岁狐、天狐的故事极多，牛肃《纪闻》之《郑宏之》《袁嘉祚》，戴孚《广异记》之《长孙无忌》《杨伯成》《汧阳令》《李氏》《韦明府》《唐参军》，薛渔思《河东记·李自良》，温庭筠《干𦠆子·何让之》，段成式《酉阳杂俎》前集卷一五《诺皋记下》"刘元鼎"条，裴铏《传奇·姚坤》，无名氏《腾听异志录·李令绪》④，都是这类故事。分析这些故事，天狐的人化形貌和神性神力有

---

① 《神秘的狐狸》，第67页。

② 见《太平广记》卷四五一。

③ 《纪闻·袁嘉祚》。

④ 以上均见《太平广记》狐门所引。

这样一些特征：

（一）天狐被人形化后往往具备不同凡俗的外貌和身份。《广异记》中，天狐王八"身长八尺余"（《长孙无忌》），天狐吴南鹤"身长七尺，容貌甚盛"（《杨伯成》），天狐刘成化形为贵人，出行先后十余骑，"状如王者"。《纪闻·郑宏之》的天狐也具贵人身份，有百余骑相从。《河东记·李自良》的天狐则以"仪状风雅"的道士面貌出现，说明此狐已为得道之士。

（二）天狐"神能通天"（《纪闻·袁嘉祚》），可以出入天宫，与仙官为伍。《传奇·姚坤》中的天狐便可"蹑虚驾云，登天汉，见仙官"。有的天狐升天时还有仙人迎接，《河东记·李自良》说天狐道士"上腾空中，俄有仙人绛节，玉童白鹤，徘徊空际，以迎接之"，派头极大。这是因为天狐在天宫担任职务，受天曹驱使。有的甚至做了"天狼将军"，可以指挥天兵（《腾听异志录·李令绪》）。天宫还对天狐开科取士，《干䑛子·何让之》的天狐"应天狐超异科"而登第，做了"常在天帝左右"的侍臣。顺便说，由于天狐"通天"，所以唐人把贵官中的通天人物叫作"通天狐"。《牛羊日历》说："长庆中，举人歌曰：'欲入举场，先问苏张。苏张尤可，三杨杀我。'故辇下谓三杨为通天狐。"①

（三）天狐在山神地祇中备受尊崇。《纪闻·郑宏之》写天狐被拘缚之后，诸山林川泽丛祠之神及诸社鬼纷纷来谒，称为"大王"。

（四）天狐神通广大。天狐可以"预知休咎"（《纪闻·袁嘉祚》），《河东记》中的天狐便预言太原节度使马燧的部将李自良将有"福祚"，果然不久代马燧为节度使。天狐精通法术，刘成的法力就大得不得了，连罗公远都说他"善符箓，吾所不能及"。这样天狐便很难被制伏，"符禁之术，无可奈何"（《广异记·李氏》），一般道士、术士及普通神鬼对付不了他。如作祟于长孙无忌家的天狐王

---

① 白居易《六帖》卷九七引。按：苏为苏景胤，张为张元夫，三杨为杨虞卿、杨汝士、杨汉公，相勾结奔走宰相李宗闵、牛僧孺门下，举子选人多趋附之，升沉在牙颊间。见《新唐书》卷一七五《杨虞卿传》。

八"力不能制","诏诸术士,前后数四,不能却",家神也束手无策,刀剑不能伤其身——"此已通神,击之无益",待崔参军飞符召来五岳神才降伏了他。另一位天狐吴南鹤,是被奉天帝之命伏妖的天仙制服的。

(五)天狐神力既大,故"可以祸福中国"(《干𦠿子·何让之》),既能加祸于人,也"能益于人"(《纪闻·袁嘉祚》)。垣县县丞袁嘉祚因为释放了作祟的天狐,天狐报恩"愿为耳目,长在左右",及时通报休咎消息,使之迁升御史。

天狐的性别均系雄性,没有发现雌性天狐的例证。这是因为雄性具猛烈之气,自可上天入地,大显神威,阴柔的雌狐只配在人间勾引男人或充当妻妾。只有明清的天狐才有雌性。天狐名系天曹成为狐神,但狐的妖质决定了狐之为神仍带有浓重的原始野性和妖性,正如孙猴子做了齐天大圣仍不改旧习一样。因此天狐也常常作祟,作祟方式主要是逼婚、媚惑女人,所谓"肆行奸私"(《广异记·长孙无忌》),天狐王八、吴南鹤、刘成、崔参军及《广异记·李氏》中的天狐都是这副德行。《广异记·韦明府》的天狐崔参军下聘礼二千贯,是从天府中偷来的钱,为此在天曹受杖。

天狐作祟犯法后,享有死罪豁免权,仅受杖刑或被流放而已。如天狐王八被术士崔参军所伏,杖之五百,崔参军说:"为天曹役使此辈,杀之不可。"吴南鹤只受杖一百,天仙也说:"天曹驱使此辈,不可杀之。"罗公远用神法降伏刘成后说:"此是天狐,不可得杀,宜流之东裔。"结果把他流放到新罗。天狐崔参军也是被打一顿后"长流沙碛"。

在唐代小说中还有两种特殊的天狐,即九尾天狐和狐龙。

九尾天狐见于《酉阳杂俎》卷一五《诺皋记下》:

> 道术中有天狐别行法,言天狐九尾,金色,役于日月宫,有符有醮日,可洞达阴阳。

这种金色九尾天狐显然是由古老的九尾狐演变而来。九尾狐是狐类中最具灵性者，因此九尾天狐也较一般天狐神圣。九尾天狐供役于日官和月宫，通晓阴阳变化之道，已不是平常的"能知千里外事"和"预知休咎"。它还善符术，精通符书章醮，有自己的斋醮之日，所以道士仿其术而行"天狐别行法"。

狐龙之说见于晚唐李隐《大唐奇事记》，《太平广记》卷四五五引云：

> 骊山下有一白狐，惊扰山下人，不能去除。唐乾符中，忽一日突入温泉自浴。须臾之间，云蒸雾涌，狂风大起，化一白龙，升天而去。后或阴暗，往往有人见白龙飞腾山畔。如此三年。忽有一老父，每临夜即哭于山前。数日，人乃伺而问其故。老父曰："我狐龙死，故哭尔。"人问之："何以名狐龙？老父又何哭也？"老父曰："狐龙者，白狐而成龙，三年而死。我狐龙之子也。"人又问曰："狐何能化为龙？"老父曰："此狐也，禀西方之正气而生，故白色。不与众游，不与近处。狐托于骊山下千余年，后偶合于雌龙。上天知之，遂命为龙，亦犹人间自凡而成圣耳。"言讫而灭。

狐龙本是千年白狐，因为与雌龙偶合，得其灵气，于是便化形为龙，成为一种独特的天狐——狐龙。狐龙之说源于白狐崇拜，犹九尾天狐源于九尾狐崇拜。狐类中这两种不同凡流的瑞物神物在唐代的天狐崇拜中进一步被神化了。

天狐之说的流行和唐代狐神崇拜密切相关，正因为在唐代狐恢复了昔日的光荣受到普遍崇拜，所以早先并不很引人注意的天狐之说此时被大大突出来，天狐崇拜也就随之成为狐神崇拜的重要内容。天狐崇拜是唐代狐文化的一个鲜明特征。与历史上的几次狐崇拜相比，如果说原始社会的狐图腾崇拜过于原始朴素，汉代的狐瑞崇拜又过于概念化和符号化，那么唐代的天狐崇拜则是生动丰富的。天狐是一个活生生的群体，是一个十分真切的、事实化的崇拜对象，天狐们既有共同特性，又各具个性，甚至有名有姓，《广异记·唐参军》中的天狐赵门福还说："千年之狐，姓赵姓张。"——虽说并不都是如此。

在唐代狐文化中，还出现了狐妖修炼成仙的传说。狐妖成仙是一种新的狐化观念，也是在道教文化向狐文化的渗透中产生的，反映着传统妖精观念的道教化。

在天狐故事中，有的已经透出狐修炼成仙的迹象。《传奇·姚坤》的通天狐"初穴于冢，因上窍，乃窥天汉星辰，有所慕焉。恨身不能奋飞，遂凝盼注神，忽然不觉飞出，蹑虚驾云，登天汉，见仙官而礼之"。狐"凝盼注神"，便是道教存想定观的修炼术。而且许多天狐任职天曹，与仙官为伍，分明已在仙班。但从严格意义上说，天狐与仙狐不同，天狐以法术通天。狐们也常常学道，如《广异记·焦练师》中的雌狐阿胡就焦练师学道，经三年尽焦之术，同书《李氏》的天狐"入嵩岳学道"，都是为了掌握法术，提高神力。天狐在天官的位置，主要是隶属于天曹，供仙官驱使。而仙狐则不同，乃是通过修炼，蜕去凡体，修成仙质。一旦成仙，地位当在天狐之上。

唐代小说中有两个有关仙狐的极佳例证。较早的是《广异记》中的《长孙甲》，我们在本章第二节中已经引录全文。小说中"得仙"的狐刚子是典型的仙狐：（一）他已三万岁，远较千岁天狐年寿长久。（二）他的仙号是"狐刚子"，这是一个古仙人式的名号，与赤松子、广成子、宁封子等神仙名号相似。（三）他的名号事迹已被载入道经，并为道士熟知。（四）他奉行道教"修清静"、不杀生的信条，与天狐之妖性不泯全然有别。（五）他能保佑人"永无灾横"。

另一个故事是晚唐牛僧孺《玄怪录》卷一一《华山客》：

> 党超元者，同州合阳县人。元和二年，隐居华山罗敷水南。明年冬十二月十六日，夜近二更，天晴月朗，风景甚好。忽闻扣门之声，令童候之，云："一女子，年可十七八，容色绝代，异香满路。"超元邀之而入，与坐，言词清辩，风韵甚高，固非人世之材。良久，曰："君识妾何人也？"超元曰："夫人非神仙耶？必非寻常人也。"女曰：

"非也。"又曰："君知妾此来何欲？"超元曰："不以陋愚，特垂枕席之欢耳。"女笑曰："殊不然也。妾非神仙，乃南冢之妖狐也。学道多年，遂成仙业。今者业满愿足，须从凡例，祈君活之耳。枕席之娱，笑言之会，不置心中有年矣，乞不以此怀疑。若徇微情，愿以命托。"超元唯唯。又曰："妾命后日当死于五坊箭下。来晚猎徒有过者，宜备酒食以待之。彼必问其所须，即曰：'亲爱有疾，要一猎狐，能遂私诚，必有殊赠。'以此恳请，其人必从。赠礼所须，今便留献。"因出束素与党曰："得妾之尸，请夜送旧穴。道成之后，奉报不轻。"乃拜泣而去。

至明，乃鬻束素以市酒肉，为待宾之具。其夕，果有五坊猎骑十人来求宿，遂厚遇之。十人相谓曰："我猎徒也，宜为衣冠所恶。今党郎倾盖如此，何以报之？"因问所须，超元曰："亲戚有疾，医藉猎狐，其疾见困，非此不愈。"乃祈于诸人："幸得而见惠，愿奉五素为酒楼费。"十人许诺而去。南行百余步，有狐突走绕大冢者，作围围之，一箭而毙。其徒喜曰："昨夜党人固求，今日果获。"乃持来与超元，奉之五素。既去，超元洗其血，卧于寝床，覆以衣衾。至夜分人寂，潜送穴中，以土封之。

《狐媚丛谈》卷三《狐仙》插图

后七日夜半，复有扣门者，超元出视，乃前女子也，又延入。泣谢曰："道业虽成，准例当死，为人所食，无计复生。今蒙深恩，特全毙质，修理得活，以证此身。磨顶至踵，无以奉报。人尘已去，云驾有期，仙路遥遥，难期会面，请从此辞。药金五十斤，收充赠谢。此金每两值四十缗，非胡客勿示。"乃出其金，再拜而去，且曰："金乌未分，有青云出于冢上者，妾去之候也。火宅之中，愁焰方炽，能思静理，少涤俗心，亦可一念之间，暂臻凉地。勉之！勉之！"言讫而去。明晨专视，果有青云出于冢上，良久方散。

及验其金，真奇宝也。即日携入市，市人只酬常价。后数年，忽有胡客来诣，曰："知君有异金，愿一观之。"超元出示，胡笑曰："此乃九天液金，君何以致之？"于是每两酬四十缗，收之而去。后不知其所在耳。

这只南冢狐学道修成仙业，化形为"言词清辩，风韵甚高，固非人世之材"的绝色少女，仙风道旨，全然不是惑人妖妇模样。她的修道，当是炼丹饵服，所以才有赠药金之事，同时又修心养性，屏绝尘欲，"枕席之娱，笑言之会，不置心中有年矣"。她"道业虽成，准例当死"——当死于五坊猎徒箭下，乃是神仙尸解蜕化之法，即永远蜕去狐体，而得仙身。南冢狐的修仙之途，完全符合道教的修炼尸解之道，道教修仙理论同狐妖观念的结合，遂有这种狐妖修仙的新观念。明万历中凭虚子所编《狐媚丛谈》卷三曾收入华山南冢狐事，题为《狐仙》，以狐而成仙，称为狐仙十分确切。但我们这里称其为仙狐，完全是为了与清代盛行的狐仙之说加以区别。

狐神崇拜及天狐和仙狐观念是唐代狐文化中崭新的内容，对后代狐文化影响极大。清代盛极一时的狐仙崇拜导源于唐代的仙狐。天狐信仰在宋元明三世呈衰歇之势，只有小说家间或提起——如《平妖传》第三回说"千岁与天相通，人不能制，名曰天狐"，第七回说"这老狐精多曾与天狐往还"，第四十回说"圣姑姑多年修炼，已到了天狐地位"，"老牝狐精虽有众天狐保奏"。《三刻拍案惊奇》第二十回说"内中有通天狐，能识天文地理"，《狯园》卷一四也记有几例天狐故事，这都是采用唐人之说。但到清代，天狐之说又屡见于小说笔记，言天狐者甚多，天狐信仰被纳入狐仙崇拜系统。至于一般的狐神崇拜，唐以后则一直流行于民间，成为民俗宗教的一个内容。唐代狐神及天狐崇拜还传到新罗。《广异记·汧阳令》载：罗公远伏天狐刘成，"书符流于新罗，狐持符飞去。今新罗有刘成神，土人敬事之"。表明至晚在中唐时期，新罗已建祠祭祀天狐。

# 六、狐书与术狐

《太平广记》卷四五四引有一则唐人小说《张简栖》：

南阳张简栖，唐贞元末，于徐泗间以放鹰为事。是日初晴，鹰击拏不中，腾冲入云路。简栖望其踪，与徒从分头逐觅。俄至夜，可一更，不觉至一古墟之中。忽有火烛之光，迫面前，乃一冢穴中光明耳。前觇之，见狐凭几，寻读册子。其旁有群鼠，益汤茶，送果栗，皆人拱手。简栖怒呵之，狐惊走，收拾册子，入深黑穴中藏。简栖以鹰竿挑得一册子，乃归。至四更，宅外闻人叫索册子声，出觅即无所见。至明，皆失所在。自此夜夜来索不已，简栖深以为异。因携册子入郭，欲以示人。往去郭可三四里，忽逢一知己，相揖，问所往。简栖乃取册子，话狐状。前人亦惊笑，接得册子，便鞭马疾去，回顾简栖曰："谢以册子相还。"简栖逐之转急，其人变为狐，马变为獐，不可及。回车入郭，访此宅知己，元在不出，方知狐来夺之。其册子装束，一如人者，纸墨亦同，皆狐书，不可识。简栖犹录得头边三数行，以示人，今列于后。（下缺）

张简栖所获"狐书"册子，文字不可识，究竟是什么物事？

张荐《灵怪集·王生》①写杭州王生在圃田见二野狐倚树人立，"手执一黄纸文书"，王生夺得，"才一两纸，文字类梵书而莫究识"。后野狐化王生弟而来，小说写道：

> 因出妖狐之书以示之，其弟才执其书，退而置于怀中，曰："今日还我天书。"言毕，乃化作一狐而去。

狐妖称"黄纸文书"为"天书"，这"天书"又是什么？

所谓"狐书""天书"，乃是狐学习修炼法术的秘书。狐妖幻化人形须借法术，作祟惑人，与道士术士斗法亦须有神术法力，千岁狐要想通天，更应掌握高超法术。总之狐种种作祟护身，"预知休咎"、祸福于人之术，均得之"狐书"。

《广异记·孙甑生》②写孙甑生放鹰入一窟，"见狐数十枚读书，有一老狐当中坐，迭以传授"，孙夺书而还。次日群狐上门持金赎书，孙抄写一本，狐授口诀传法，孙便成为术士。很清楚，狐书乃道术之书。道家法术很多，狐书内容也非止一端。《宣室志》卷八《林景玄》写墓穴中狐翁"手执一轴书"，其书"点画甚异，似梵书而非梵字，用素缣为幅，仅数十尺"。从狐翁语"吾命属土也，克土者木，日次于乙，辰居卯，二木俱王，吾其死乎"来看，这册狐书当是五行占卜之书。《河东记·李自良》写冢中狐道士"执两纸文书"，"其字皆古篆，人莫之识"，狐道士称之为"天符"，则系符法之书。因为狐道士是天狐，他的符法大约得之于天上，故称"天符"。准此，王生所夺文书狐呼为"天书"，殆亦出自天宫。《广异记·韦明府》的天狐崔参军"怀出一文字"送给丈母娘，令其效书，以治作祟的狐小妹，后来说"天曹知此事，杖我几死"，显然也是"天

---

① 《太平广记》卷四五三引。
② 《太平广记》卷四五一引。

《狐媚丛谈》卷三
《李自良夺狐天符》插图

符"。另外《广异记·李苌》中狐妖送给李苌的书帖"符法甚备",《稽神录·张谨》中狐妖说"此符法我之书也",皆属符法书。

狐书中还有一种"通天经"。南宋曾慥《类说》卷一一《玄怪录·狐诵通天经》云：

裴仲元家鄂北，因逐兔入大冢，有狐凭棺读书。仲元搏之不中，取书以归，<u>字不可认识</u>。忽有胡秀才请见，曰行周，乃凭棺读书者。裴曰："何书也？"曰："<u>通天经，非人间所习</u>。足下诚无所用，愿奉百金赎之。"裴不应。又曰："千镒。"又不应。客怒，拂衣而起。裴内兄韦端士，已死，忽逢之，曰："闻逐兔得书，吾识其字。"乃出示之。韦曰："为胡秀才取尔。"遂失不见。裴亦寻卒。

经名"通天"，且"非人间所习"，显见是天狐修行通天术的秘经，也正是所谓"天书""天符"之类，肯定是狐书中最宝贵者。

有的狐书不是符禁占卜之书，但也为狐所珍秘。《干𦠆子·何让之》中何让之在墓窟所得"一帖文书"，"纸尽惨灰色，文字则不可晓解"，乃是天狐"应天狐超异科策八道"，亦即天狐的试帖。天狐凭此策登科，成为天帝近侍，故而视为至宝，不容他人夺走不还。

狐书是出现在唐代狐妖传说中的新内容，具有浓重的道教意味，也是道教渗透影响的结果。其实狐书也正是道书。唐代狐妖有明显的道术化倾向，许多狐妖被道术化了，成为精通道术法术的术狐。比如《广异记·李氏》的大狐媚惑少女，"以药颗如菩提子大六七枚，掷女饭碗中"，这显然是媚药；而小狐因与大狐争风吃醋，先后用药、桃枝和符禁治大狐。同书《韦明府》中的崔狐教给其丈母烧鹊巢、持鹊头的法术，又《杨氏女》中大胡郎也通悬鹊头辟邪之术。《宣室志·林景玄》老狐可以自知死日，并用死鹊禳灾。狐离不开术，术离不开书，遂有狐书出焉。本来六朝狐妖已有好学之习，故而多有学狐。晋伏滔《北征记》说狐穴中得书二千卷，这是狐书之始。但这都是人间经史百家之书，狐读而学之，才有胡博士之类的学狐、儒狐。唐朝狐妖的好学嗜读由学问转为法术，学狐乃成术狐，这是一个与道教影响密切相关的有趣变化。

狐书是狐的看家法宝，犹如命根，绝对丢舍不得。特别是"天书""天符""通天经"，得于天官，更不能泄露于人世。天狐崔参军就因为泄露了天书，被天曹几乎打死，而后"长流沙碛"。道士孙甑生得狐所传授秘诀，狐叮嘱他"不得示人"，若违犯必定死于非命，也是同样原因。因为这层缘故，所以狐妖失去狐书后，便要百计夺还，于是有种种赎书、索书、骗书之事。上述故事中，《干膜子·何让之》《灵怪集·王生》描写狐夺书最为曲折生动，冯梦龙《醒世恒言》第六卷《小水湾天狐诒书》就是根据《王生》改编的。结末四句诗有云："狐有天书狐自珍。"是很妥帖的断语。

狐书之说后世小说仍有描写，如北宋刘斧《青琐高议》别集卷一《西池春游》云："有耕者耕坏冢，见老狐凭腐棺而观书，耕者击之而夺其书，字皆不可识。经日复失之，不知其何书。"南宋诗人陆游诗亦用狐书典，《剑南诗稿》卷六七《林间书意》之二："不读狐书真僻学，未登鬼策且闲游。"又卷七一《闲中偶咏》之一："不识狐书那是博，尚分鹤料敢言高。"

第五章·狐神崇拜的持续与宋金元狐妖

# 一、宋金狐神崇拜

唐代民俗的狐神崇拜，在宋金元之世仍长期保存于民间，而且分布区域较广。《宋史》卷六六《五行志四》载：

> 宣和七年秋，有狐由艮岳直入禁中，据御榻而坐，诏毁狐王庙。

所谓艮岳是宋徽宗于政和七年（1117）下令在京城开封东北隅筑的一座土山，后又名万寿山。艮岳上的野狐窜入宫禁，坐在御榻上，这是不祥之事，故而下诏拆毁狐王庙以禳之。《五行志》这一记载，实际是说狐即胡，预示后来钦宗靖康元年（1126）金兵攻陷京城。《宋史》卷二二《徽宗纪四》宣和七年（1125）九月也载有"有狐升御榻而坐"，以为妖异。五代北宋，契丹、女真族威胁北方，汉族称之为胡，狐既为妖物，又与"胡"谐音，所以在中原人心目中，狐便成为胡人的隐喻。南宋委心子《分门古今类事》卷一三"谶兆门"上《杀狐之兆》载，契丹皇帝耶律德光在后晋少帝时陷京师，回师至恒州杀狐林病死。"杀狐"原是"杀胡"的谶语，故有此应。这种以狐应胡的谶应观念，加重了妖狐的不祥性质，所以当艮岳野狐堂而皇之坐在徽宗御榻上之时，徽宗便下令毁掉狐王庙了。

狐王庙看样子是在京城开封，京城既有狐王庙，其他地方也不会没有。北宋时邠州（今陕西邠县）即有狐王庙，王嗣宗知邠州，下令毁之，这件事在宋

代有许多记载:

　　景德中，邠州有神祠，凡民祈祷者，神必亲享，杯盘悉空。远近奔赴。盖狐穴神座下，通寝殿下，复门绣箔，人莫得窥。群狐自穴出，分享肴醴。王公嗣宗，雅负刚正，及镇邠土，乃骑兵挟矢，驱鹰犬，投薪穴中，纵火焚之。群狐奔逸，擒杀悉尽。鞭庙祝背，徙其家，毁其祠，妖狐遂绝。初，公在长安也，极疏种山人放之短。好事者有诗云："终南隐士声华歇，邠土妖狐巢穴空。二事俱输王太守，圣朝方信有英雄。"（王辟之《渑水燕谈录》卷九《杂录》）

　　（王嗣宗）后知汾（按：当作邠）州事，州有某王庙，巫祝假之以惑百姓，历年甚久，举州信重，前后长吏皆先谒莫，乃敢视事。嗣宗毁其庙，熏其穴，得狐数十头，尽皆杀之。（司马光《涑水纪闻》卷三）

　　真宗朝，王嗣宗守邠土。旧有狐王庙，相传能与人为祸福，州人畏事之，岁时祭祀祈祷，不敢少怠，至不敢道胡字。嗣宗至郡，集诸邑猎户得百余人，以甲兵围其庙，熏灌其穴，杀百余狐。或云有大狐从白光中逸去，其妖遂息。后人复为立庙者，则寂然无灵矣。（吕希哲《吕氏杂记》卷下）

　　（大中祥符）四年……徙嗣宗知邠州兼邠宁环庆路都部署。城东有灵应公庙，傍有山穴，群狐处焉。妖巫挟之为人祸福，民甚信向，水旱疾疫悉祷之，民语为之讳"狐"音。前此长吏，皆先谒庙然后视事。嗣宗毁其庙，熏其穴，得数十狐，尽杀之，淫祀遂息。（《宋史》卷二八七《王嗣宗传》）

这座狐王庙又称灵应公庙，灵应公是狐神的尊号，取其灵应之意。从记载来看，邠州百姓对它十分崇敬，不仅岁时祭祀，连"胡"字也不敢说，生怕冒犯致祸。狐王庙的出现，是因为此处山穴有狐，巫师利用民间狐神信仰而建庙立祠，以谋香火之资。影响所及，连地方官也要在上任前先行谒莫，这种情况已颇似清代官府对狐仙的敬畏了。只是还不很普遍，正人视为淫祀，遂有王嗣宗毁庙之举。

唐代家祭狐神，没有狐庙狐祠的记录，北宋民间立狐王庙，这是狐神崇拜发展的结果。称狐神为狐王，表明狐神地位的提高，因为在唐宋时期王是神祇的一个相当尊贵的称号，仅次于帝，例如四海龙神被封为广德王、广利王、广润王、广泽王。到明代，《西游记》第六十回《牛魔王罢战赴华筵，孙行者二调芭蕉扇》还提到"万岁狐王"，狐王乃万岁之狐，已非千岁之狐所能比拟。

南宋时期民间仍有狐神崇拜。元无名氏《湖海新闻夷坚续志》后集卷二《狐称鬼公》云：

> 浦城县西乡有神通灵，事多验，自称鬼公，至数十年，远近争趋之。忽有万屠以敦猪为业，肩持小网过一山坳，有狐堕其中。俄为人言曰："我乃西乡鬼公，冀全性命，当厚为报。"屠遂放逸。次夜灯时，以两鸡及官会五百千抛入其家。不逾数日，又入虞人之手，复哀告曰："我昔为万屠所得，彼既放我，已有厚谢。我若复活，当重报汝。"人不之信，置之死地。后数日，群狐绕屋寻索，曾不移时，有一狐火焚其屋而去。

《湖海新闻夷坚续志》约成于元武宗至大至仁宗延祐间，多采前人书，出自宋世者颇多。这则故事提到"官会五百千"，所谓官会即官府发行的会子，这是盛行于南宋东南地区的一种兑换券，可以兑换现钱现银。会子上面印有面额及发行机关，面额为一贯、五百文、三百文、二百文几种①。"西乡鬼公"抛给万屠户"官会五百千"，便是总数为五百贯的会子。浦城在今福建省，南宋时属福建路建宁府，正是会子流行地区。这些都说明《夷坚续志》这则故事发生在南宋，采自南宋书。

故事清楚地表明，南宋浦城西乡有狐神崇拜，狐神称为"鬼公"，远近百姓都敬奉之，几十年流行不衰。鬼公"通灵"，"事多验"，说明它可以预言吉凶祸福，百姓得其旨意，便可趋利避害。从故事看，"西乡鬼公"还可报答有恩于它的人。它送给万屠户的两只鸡和五百贯官会，无疑是偷来的，颇符狐偷鸡摸狗的习性。清代民间相信狐仙可以搬物使人致富，分明是同一观念。"鬼公"被虞人（守林员）所杀，群狐报复，这是狐神作威的一面。"鬼公"被杀自然再由别一狐充当"鬼公"，远近百姓照旧事奉。

金国也有狐神崇拜，金遗民元好问《续夷坚志》卷二《胡公去狐》载：

> 胡彦高，明昌二年以廉举为即墨令。县廨在古城之隅，为妖狐所据，昼伏夜出，变化狡狯。或为狱卒，纵遣囚系；或为官妓，盗驿传被幈。媚惑男女，有迷乱至死者。邑人无如之何，反以香火奉之，余五十年矣。彦高到官，问知其然，顾谓同僚："官舍所以居贤，今令不得居，而鬼物据之耶？"时室空已久，即令完葺之。明日，即厅事理务。抵暮，张烛而坐。夜半，狐鸣后圃中，一倡百和。少顷，坌集周匝庭内，中一大白狐，据地而吼，如欲搏噬然。卒伍散走，投避无所。彦高端坐不动，而狐亦不前，良久引退。如是者三日，遂不复来。又十许日，傅一女奴，跳踯歌笑，狂若痫语。彦高以朱书置奴钗间，逼逐之，奴即日知人。明旦，尉自巡逻还，遭群狐数百，由县东南去。

---

① 参见阴法鲁、许树安主编《中国古代文化史》第三册，北京大学出版社，1993年，第39页。

狐复惑登州吏目江崇家一妇，崇就海岛中请道士行法，乘妇人狂乱，
缚置车轮上，埋轴地中，令人转之，既久，妇快吐腥涎，乃是即墨狐，
为胡公逐至此。即墨父老为彦高刻石，名"胡公去狐碑"，屏山李之纯
之记也。彦高，武安人，仕至凤翔同知。

　　这里记载的是山东即墨县的狐神崇拜情况，前后历时五十余年。百姓香火
奉之，是防其作祟，乃出于敬畏心理。山东是狐崇拜的多发地区，至清尤甚。

## 二、《青琐高议》《云斋广录》中的狐女

北宋的狐妖故事见于记载的很少，但从《云斋广录》卷四《嘉林居士》所说："夫狐狸历世之久，尚能变化为殊色以惑人者多矣。"当时民间传闻不会是少数。不过值得重视的是，北宋后期刘斧《青琐高议》中有两篇描写狐妖的传奇小说，即后集卷三《小莲记》和别集卷一《西池春游》。李献民政和元年（1111）所作《云斋广录》，卷五也有一篇《西蜀异遇》传奇小说。三篇传奇中的女主角都是任氏型的女性情狐，属于文学审美态，是文学用审美观念改造民俗宗教态狐妖的结果，只是还保留着狐妖宗教观念中的一些因素，而且有些因素是以往未曾有的。

刘斧在《西池春游》篇末议论中说他幼年时见田家妇为狐所惑，"装饰言笑自若，夜则不与夫共榻，独卧，若切切与人语，禁其梳饰，则欲自尽，悲泣不止"。这仍是民间狐妖惑人失智之说，而《西池春游》和《小莲记》中的雌狐却完全改变了惑人作祟的妖精本性。

狐精小莲是李郎中的女奴，能歌善舞，颜色美艳。李郎中对她十分宠爱，"每欲室之"，她"毅然不可犯"。后来李郎中把她灌醉，"一夕乱之"，从此便成为李郎中爱妾。结末的主要情节是：

> 小莲且泣且拜："妾有私恳浼长者，愿以此身托死。"公曰："何遽
> 出此言？"小莲曰："妾实非人，乃城上之狐也。前世尝为人次室，构

青瑣高議後集卷之三
小蓮記　迷郎中
小蓮狐精

李郎中忘其姓名京師人家豪屢典郡公為人瓌偉厚自
奉養嘉祐中售一女奴名曰小蓮年方十三教以絲竹則
不能授女工則不敏數日公亦異其言久而稍稍能歌舞顏色
儻蒙庇育後必圖報公欲復歸之老嫗女奴泣告曰
日益美豔公欲室之則趦趄避異時誘以私語則欲容正色
毅然不可犯公意欲亟得乃醉以酒一夕亂之明日謝曰
妾菲薄安敢自惜顧不足接君之盛乃再拜自茲公大惑
之公妻孫氏賢亦不禁公一夕月晦待公寢中夜不見公
驚秉燭求之庖廚井厠俱不見公意其與人私顏憤至曉
方至怒甚欲加箠且詢所往小蓮曰願少選當露底隱于
公公引於靜室詰之曰今日不幸見拙於長者不敢隱譁

中国书店重刊董氏诵芬室校士礼居本

语百端，谮其冢妇，浸润既久，良人听焉。自兹妾独蒙宠爱，冢妇忧愤乃死。诉于阴官，妾受此罚。岁月满，得复故形，业报所招，例当死鹰犬。苟或身落鼎俎，膏人口腹，又成留滞，未得往生。公可某日出都门，遇猎狐者，公多以钱与之，云欲得猎狐造药。死狐耳间有花毫而紫，长数寸者，乃妾也。公能以北纸为衣，木皮为棺，葬我高壤，始终之赐多矣。"再拜又泣。因出黄金一两："聊备一葬，无以异类而无情。"公皆许诺。公留之宿，小莲云："丑迹已彰，公当恶之。"公坚留乃宿。翌日拜辞曰："阴限有期，往生有日，无容款曲，幸公不忘平日之意。"大恸而去。公如期出镇，北行数里，果有荷数狐者，择日葬之，公亲为葬文，如法葬于都城坊店之南，迄今人呼为狐墓焉。

同任氏一样，作为狐妖本质的惑人害人特性从小莲身上完全被抹掉，取而代之的是人类的爱和善。这样小莲和李郎中的关系构成人狐恋爱的新关系，阿紫式的性淫因素被排除了。自然这一恋爱关系的特点是李郎中对小莲的宠爱，小莲对李郎中的情义执着，明显是主人与姬妾的结合模式，但毕竟这种关系是纯粹的人际关系，而不是人妖关系。

当然小莲作为女狐精不可能不保留着某些妖精特性，但这些特性只表现为狐妖的特殊能力。李郎中生病，小莲说："公无求医，公好食辛辣，膈有痰，但煎犀角、人参、腻粉、白矾，服之自愈。"如其言果然如此。"家人有疾，从其说皆验。"小莲精通医术，而且"言人休咎无不验"，凡此都在显示狐女作为人妖结合体的异于常人之处。

小莲精通法术，显然亦属术狐，这是唐代术狐观念的延续。在小莲的经历中还有些新的情况。小莲作为狐妖有所隶属，"每至晦夕，例参界吏"，如失期便受刑罚。一次由于被李郎中灌醉未能参谒，结果被打得"青痕满背"。李郎中授命守某州，小莲因有所属不能侍从，否则"去经岁月，罪不容诛"。所谓"例参界吏"，就是定期去冥界参拜冥吏，从洪迈《夷坚三志壬》卷三《张三店女子》看，这冥界大概是指城隍司，一切妖鬼都受它管束。

城隍神是州县的冥神和保护神，属于道教冥神系统。据南宋赵与时《宾退录》卷八，三国吴赤乌二年（239）已建芜湖城隍祠，但未见文献记载，见于文献的最早记载是《北齐书》卷二〇《慕容俨传》："城（郢城）中先有神祠一所，俗号城隍神，公私每有祈祷。"唐代士民的城隍信仰有了很大发展，许多州郡建有城隍祠庙。张九龄、张说、李阳冰、许远、韩愈、杜牧、李商隐、麹信陵等都有祭城隍文，杜甫、羊士谔有赛城隍诗，李德裕在成都建城隍庙[1]。征之小说，戴孚《广异记》记载过开元中滑州刺史韦秀庄见"城隍之主"的故事[2]，《报

---

① 参见《宾退录》卷八、《明史》卷四九《礼志三》、清姚福均《铸鼎余闻》卷三。
②《太平广记》卷三〇二引。

应录》也有鬼使执符牒，奉城隍神命来追洪州司马王简易的故事①。五代时期城隍神封王，《册府元龟》卷三四载，后唐末帝清泰元年（934）诏杭州城隍神改封顺义保宁王，湖州城隍神封阜俗安城王，越州城隍神封兴德保阐王；后汉隐帝乾祐三年（950），以蒙州城隍神为灵感王。

宋代城隍信仰得到极大发展，城隍庙遍布天下，城隍神列入祀典，《宋史》卷一〇五《礼志八·诸神祠》中即有城隍，并有封赐。《宾退录》云："今其祠几遍天下，朝家或锡庙额，或颁封爵。未命者，或袭邻郡之称，或承流俗所传，郡异而县不同。"赵氏又说，各州县城隍神名号皆不同，"迁就附会，各指一人"，有以纪信、灌婴、周苛、英布、范增、萧何等古人为城隍神者。城隍之职乃统辖州县境内神鬼及生人之冥籍，与人间州县之长分治阴阳三界。但在唐代，并无狐妖受治于城隍之说，狐妖要自由得多，这自然与唐人的自由性格有关。宋代城隍之说大畅，成为士民朝野的普遍信仰。城隍既然为阴界长官，统治一切神鬼妖魅，那么狐妖自然也在统辖之列，于是狐妖便终于失去了自由。这种新的狐妖观念，是对传统狐妖惑人害人观念的进一步强化，唯其兴妖作怪，所以才要被置于城隍神的权力系统中接受严格管束。就其思想本质而言，这一新的观念折射着宋代统治阶级及其理论重视思想钳制的事实，无论宗教或理学，都承担着这种思想钳制和禁锢作用。因而可以说，正是宋人的被禁锢，导致了狐妖的被禁锢。

狐精小莲被说成是前世以谗言惑乱良人、导致主妇忧愤而死的谗妇，阴官罚其为狐。业报满期后，方得再转世为人。这里分明残留着淫妇阿紫死化为狐的影迹，谗妇不过是淫妇的另一个说法。而且这里更引入佛教善恶报应、轮回转世的思想。于是小莲和李郎中的恋爱失去了唐人的浪漫性，小莲对李郎中的亲爱行为可以理解成为赎罪，即以人妾的优质服务换取超生业报。小莲以谗妇而转世为狐，是狐化观念对佛教的接纳。南宋释普济《五灯会元》卷三也曾讲

---

① 《太平广记》卷一二四引。

过一个和尚堕为野狐精的故事，说一老人就唐怀海禅师听法，自称前世为僧，因为错对有关因果的转语，遂五百生堕野狐身，求怀海代为转语，以求超脱。狐妖不仅成为道教冥神的管束对象，同时也落入轮回之道，狐妖身上遂被加上双重枷锁，必须接受善恶的终极评判。这样我们来看小莲，她的爱情生活其实并不是很愉快的，而是很沉重的。作者在创造小莲形象的审美过程中，所运用的审美尺度掺入了这些佛道善恶观，不像沈既济创造任氏的审美尺度主要是人性美和人情美，最终形成了小莲性格和人狐恋爱主题的变异。

《西池春游》写的是士人侯诚叔游西池艳遇女狐妖独孤氏——因筑穴于隋将独孤将军墓而以为姓氏——的故事。独孤氏"以情而爱人"，也是任氏型的。她善吟诗，"能歌唱伎艺□不能者"，透露着宋代都市歌妓舞女的影像，这与"家本伶伦"的任氏相似。独孤氏是被高度人情化、理想化了的，她做了侯生妻子后，俨然是一位贤内助，小说描写道：

> 生久寓都辇，至起官费用，皆姬囊中物。姬随生之官，治家严肃，不喜揉杂，遇奴婢亦有礼法，接亲族俱有恩爱。暇日论议，生有不直，姬必折之。生所谓为，必出姬口，虽毫发必询于姬。

这种品质也是任氏所曾有的。但和任氏的不同之处，是她"性不可犯"和"人或负之，亦能报人"的刚烈之性，具体说一是妒心重，二是报复心重。她不许侯生接近别的女性，侯生强迫青衣（也是狐妖）交欢，瞒不过"智意过人，逆知先事"的独孤氏，青衣遭到严惩。侯生想纳妾，被她严词拒绝，说道："先青衣，子尝犯之，吾已逐之海外。子若售妾，吾亦害之。"她要求侯生绝对忠实，不能有二心。当侯生另娶大族后，她作书严厉谴责侯生无恩无义："士之去就，不可忘义，人之反复，无甚于君。恩虽可负，心安可欺？视盟誓若无有，顾神明如等闲。子本穷愁，我令温暖。子口厌甘肥，身披衣帛。我无负子，子何负我？吾将见子堕死沟中，亦不引手援子。我虽妇人，义须报子。"后来她果然略施"小智"，害得侯生和妻子郝氏两头奔波，终于"家资荡尽"，而独孤氏也重新"委身从人"了。

独孤氏的妒心和报复心，其实不能看作是她的缺点，完全可以理解为在男权社会中妇女对两性关系的平等要求。独孤氏本人是绝对忠实于侯生的。她虽然多次"幻惑年少"，但并非水性杨花如阿紫辈然。她曾与一田家子偶，并生一子，只因为家人讨厌她砍伤她的脚才从此不再来，责任并不在她。而当男方信任她，她为"人妻"至有三十载"情意深密"者。她与侯生的反目为仇，根源在于侯生的负心，终于使这场人狐恋爱以破裂结束。另择良人是她的权利，无须责怪，对新良人的诚挚一如以往。当与贫病潦倒的侯生邂逅于道中时，她不记旧仇而顿生怜悯之心，赠以五缗钱为别，可说是善为情者。

小说中独孤氏的妖性也未完全消除，正如任氏有术和畏狗一样。其实古人在描写妖精时不管赋予妖精多么完备的人性，总要多少显示其异于人类的特性，只是被限定在不伤大雅的范围内。这其实也是审美的需求——人性和妖性的和谐统一。独孤氏"不味野物"，"饮亦不过数盂"，前一种习性可能是野物会诱发出狐的野性，后一种习性乃是防止酒后现形，狐妖贪杯现原形在唐人小说中多有描写。

在唐代小说中，狐妖在同人间男子结为性伴侣后，除有意作祟使人患"狂疾"外，大抵不对人构成危害。小莲之于李郎中也无损于他的身体健康，更不用说危及性命了。但独孤氏之于侯诚叔却构成身体危害，小说写道：

> 前后七年，生甫补官都下。有故游相国，遇建龙孙道士，惊曰："生面异乎常人。……凡人之相，皆本二仪之正气，高厚之覆载。今子之形，正为邪夺，阳为阴侵，体之微弱，唇根浮黑，面青而不荣，形衰而靡壮，君必为妖孽所惑。子若隐默不觉乎非，必至于死也。……"生闻其论甚惧。

孙道士的一番话表明了一种新的看法，即狐妖尽管在主观意向上无害人之心，但由于人属正，妖属邪，人属阳，妖属阴，以邪夺正，以阴侵阳，人便会体弱形衰，久则至死。

其实唐代已有这种说法，晚唐裴铏《传奇·孙恪》写孙恪秀才蛊恋猿精袁氏，后遇表兄张闲云处士，处士对他讲了这样一段话：

> 愚兄于道门曾有所授，适观弟词色，妖气颇浓，未审别有何所遇。……夫人禀阳精，妖受阴气，魂掩魄尽，人则长生，魄掩魂销，人则立死。故鬼怪无形而全阴也，仙人无影而全阳也。阴阳之盛衰，魂魄之交战，在体而微有失位，莫不表白于气色。向观弟神采，阴夺阳位，邪干正腑，真精已耗，识用渐隳，津液倾输，根蒂荡动，骨将化土，颜非渥丹，必为怪异所铄。

这段话讲的也是人妖阴阳相干的道理。这种观念是道教对精怪鬼魅的普遍看法，裴铏本人好道，特地假张闲云之口以出之，便有了权威性。不过在狐妖故事中却未见有关记述，只有《广异记》所记王苞与雌狐妖"情好甚笃"而被叶静能道士觉察出身上的"野狐气"而已。到北宋这种阴阳相克的妖精观念便进入狐妖观念，从此一路延续下去。大凡被狐妖迷惑住的男子，脸上都透出邪气妖气，而被道士一眼看破。这显然是狐妖禁忌观念不断强化的结果。

侯诚叔面有异气但最终未至于死，因为独孤氏给他服了药剂，一个多月后便"气清形峻"。这表明并不想害人的狐妖有办法克制自己以阴侵阳的后果。这可以说是在狐妖损人真精的宗教观念与人狐恋爱的审美情感的冲突中找到了协调办法，是宗教观念向世俗情感的妥协。独孤氏这一招，表明她也是法术化了的术狐，是唐代术狐的延续。所不同的是她的法术被用来实现人狐恋爱的顺利发展，小莲也是这样。

《云斋广录》的《西蜀异遇》写官家公子李达道与狐妖宋媛——一位冒充邻

女的美如"蓬岛之仙子"的漂亮姑娘——的遇合故事，亦属人狐恋爱主题。宋媛用青木叶治李母的心痛病，一服立愈，其术"通神"，显然亦属术狐。但她畏惧灌口神君的符，不敢接近李生，自然是妖不胜道。她与李生相好月余便使李生"容色枯悴，肌肉瘦削"，为此父母将李生闭于密室，阻断她来相会，她便"现怪百端"，骚扰不已，这也都是妖性表现。但宋媛分明是个"情深义重"的情狐，事夫诞子，树立起"虽人间夫妇亦所不及此"的模范榜样。而且她能诗善词，一如才女，分明为李清照、朱淑真辈，更是以往女狐中所未曾有的才狐。才德色艺俱全，这是被高度美化、理想化了的狐女。李生之于宋媛，明知为妖却"爱其才而复思其色"，宁肯冒着化为异类——夔州进士孔昌宗说他与宋媛妹妹"为伉俪"，"岁月既久则与之俱化，同为丑类"，故作书警告李生。不久又托梦说因泄群狐之机被杀于西溪。但宋媛却说孔昌宗是以无稽之言进谗——的危险和不顾身体病瘦而与宋媛相见欢爱。他说"人之所悦者，不过色也"，把色当成人生最高追求。这里搬出"食色，性也"的古训，女色禁忌观念被打得粉碎。李生并不是鲁钝之徒，他这么做纯然基于宋媛之可爱，以致为了爱不惜承受任何打击。孔昌宗所说宋媛妹妹媚惑他以致使他也变成狐，如果确是事实（从小说描写中不大好确认），但宋媛却不是"变为妖丽以惑人"的。她一旦成为人妻，便不肯"贼人之命，伤人之生"，因此事实上李生终究安然无恙。在这场人狐恋爱中，小说从人和狐双方"情深义重"的态度方面推翻了淫狐阿紫旧案。

结局是宋媛因"冥数已尽"，与李生永别。李生问后会之期，宋媛援笔为诗以示：

> 二年衾枕偶多才，此去天涯更不回。
> 欲话他时相见处，巫山嶂外白云堆。

宋媛回到巫山白云之中，这是她作为狐的居处。这使人想到《传奇·孙恪》中的猿女，路经旧居地峡山寺时裂衣化为老猿跃树而去，事前也有一绝："刚被恩情役此心，无端变化几湮沉。不如逐伴归山去，长啸一声烟雾深。"袁氏由人返兽是野性的复归，是自然对尘世的否定，宋媛不然，乃为"冥数"所制。这是个十分模糊的概念，大致是说宋媛以狐化女为人妻由"冥数"所规定，时限一到便应回到老巢，否则便受严惩。后来狐妖与人的遇合分离常常归之于"冥数"，以"冥数"而来，以"冥数"而去。这也正如同狐妖受城隍管束一样，失去了自由。因此宋媛与李生的分离，分明是在宋人迂腐观念的制约下，宗教思想对人狐恋爱主题的冷漠干预。

# 三、《夷坚志》中的江南狐妖

南宋著名文人洪迈酷嗜怪异之谈，耗六十年精力撰多达四百二十卷的志怪小说集《夷坚志》。今存二百余卷的《夷坚志》有十二则记狐妖故事，即《支乙》卷四《衢州少妇》、卷九《宜黄老人》，《支丁》卷六《乌江魏宰》，《支庚》卷六《谭法师》、卷七《双港富民子》《应氏书院奴》，《三志己》卷二《东乡僧园女》、卷三《刘师道医》，《三志辛》卷二《宜城客》，《三志壬》卷三《张三店女子》，《志补》卷二二《姜五郎二女子》《王千一姐》。《宜黄老人》记了两个故事，实际上是十三个故事。

这些故事的发生地点是衢州、宜黄、乌江、德兴、鄱阳、浮梁、涟水、建昌、隆兴等地，除涟水在淮北，乌江在淮南外，其余皆在江南。足证古代"狐不渡江""江南无狐"的说法并不确切，江南也有狐文化分布。朱熹有诗云："人言毛女住青冥，散发吹箫夜夜声。却是邮童解端的，向侬说是野狐精。"诗题云："二十七日过毛山铺，壁间题诗者皆言有毛女洞，在山绝顶。问之，驿吏云狐魅所为耳。因作此诗。"① 毛山铺在萍乡西，亦属江南。不过从《夷坚丁志》卷一九《江南木客》所说江南五通神"变幻妖惑，大抵与北方狐魅相似"来看，北方仍是狐文化的主要分布地区，江南的狐魅流传是北方影响的结果。

分析《夷坚志》十三例狐妖故事，可以发现这样几个问题。

---

① 《朱文公文集》卷五。

（一）十三例故事中除《宜黄老人》所记老狐化老翁告官和《谭法师》所记老狐化黄翁作祟外，其余狐妖全系雌性，而且大都以诱惑男子为事，正如《宜黄老人》第二事所说，"又别有牝者，化形为美女……为所惑以死者非一"。联系北宋情况——《青琐高议》《云斋广录》三篇狐妖小说，全为雌狐，《云斋广录》所说狐狸"变化为殊色以惑人"，"殊色"者显然也指雌狐化为美女——来看，可以说唐代狐妖雌化倾向在宋代大大加强了，此中的社会文化原因，乃是女色禁忌心理和女色赏玩心理的进一步强化。

（二）与独孤氏一样，雌狐妖常被说成是娼女型的女妖。《双港富民子》中的雌狐妖"状如倡女，服饰华丽"，自称是"散乐子弟"。《王千一姐》中的千一姐"容色美丽，善鼓琴弈棋，书大字，画梅竹，命之歌词，妙合音律"，"负技艺过绝人"，被富人周生纳为侧室。《宜城客》的古墓狐精吟诗挑刘三客，诗云："昨宵虚过了，俄尔是今朝。空有青春貌，谁能伴阿娇？"分明也是妓女声口。

雌狐妖的娼妓化唐代已见端倪。宋代城市娼妓极盛，从《东京梦华录》和《武林旧事》来看，两宋都城开封、临安秦楼楚馆遍布全城，其余城市自然亦可想见。公私声色业的发达，表明在士民两个阶层都存在着庞大的声色消费群，社会风气淫靡不振。宋代的另一个局面是道学或曰理学的发达，道学家和正人君子反对士人纵情声色。在这种文化背景中，狐妖的娼妓化较唐代大为发展而成为趋势是自然而然的。雌狐的娼妓化无非是在暗示娼妓便是狐狸精，有惑人祸人之害。我们看，纳女狐妖王千一姐为妾的富人周生原本是"颇能损赀财以歌酒自娱"的声色之徒，《乌江魏宰》中的乌江县令魏昌贤之所以有美女狐妖作祟其家，也是因为他和官妓王道奴有来往。好娼而堕入狐祟之中，这里的讽喻意味是十分明确的。倘若再联系南宋郭彖《暌车志》卷一所记的一个故事，这一点会得到进一步的证明：

> 宣和间，林灵素希世宠幸，数召入禁中，赐坐便殿。一日……俄急睽视，唶曰："是间何乃有妖魅气耶？"时露台妓李师师者，出入宫

禁，言讫而师师至。灵素怒目攘袂，亟起，取御炉火箸逐而击之，内
侍救护得免。灵素曰："若杀此人，其尸无狐尾者，臣甘罔上之诛。"
上笑而不从。

宋徽宗是北宋有名的风流皇帝，据说好作狭邪之游，与京师名妓李师师打
得火热。大道士林灵素硬说她是惑乱官禁的妖狐，显然也是警戒徽宗不得亲近
妓女，妓女都具狐媚之性。

妓女与雌狐在性淫和媚人上存在着相似点，这是二者结为一体的根本原因。
唐代女狐任氏也曾自称是"名系教坊"出身，但唐代官妓多才雅之女，品位较
高，故而常被文士引为知己，如薛涛辈。宋代城市妓女多是商业化的色情职业
者，品位不高，妓女的人格地位大大下降，她们一方面被视为性玩偶，一方面
被视为性禁忌对象，这样便形成了妓狐一体关系。到清代这种妓即狐、狐即妓
的观念尤为突出，以后我们还会谈到。

（三）因此，狐妖尤其是雌性狐妖的危害性反复被强调着。抚州宜黄县牝狐
化形为美女，多有被惑死者（《宜黄老人》）。建昌民李七被狐娘所惑，"神思愦
愦，不能饮啄"（《张三店女子》）。倒霉男人们大抵是因自己好色性淫才中了狐
媚，所以宋末《鬼董》卷二道出这样几句话以戒世：

夫物之魅人者，必以淫。淫者其自魅也久矣，己魅而物之魅类
至矣。

（四）于是唐代道术之士伏狐模式被全盘接收下来，《乌江魏宰》《谭法师》《应
氏书院奴》《张三店女子》《王千一姐》都有道士术士驱邪伏狐的情节。须注意
两点：一是狐妖作为阴物，凡作祟之处会有妖气出现。狐妖千一姐入周家为妾，
周家便有"怪气雾现"而被独具法眼的道士看出，狐妖也就该倒霉了。二是道
士施法治伏，往往发牒令城隍司拘捕，如《张三店女子》所记：

　　建昌南城坊羊马城下民李七，舍故居徒寓丞厅后张三客邸楼房安止。庆元三年六月十日夜归，见房门半掩，睹一女子，着单衣，穿翠鞋而不袜。李惊疑之际，女频怒曰："汝若不相容，我便呼厢巡诬汝以诱引之罪。"李惧曰："敢不唯命是听。"良久，笑语无间，始云："我只邻近家女子，年二十九岁。良人游宦不归，闻死于降。父母知之，略不以为意。不免自出，寻雇夫力，前去审访。不惯识路途，迟回抵此，夜色既阑，故不可反舍，就此借宿，可乎？"李诺之，即登床并寝。过五鼓，穿牖而去。

　　明夕复从屋而下，一瓦不损。李怪问："是何女妇所为？"曰："我家本微薄，亦曾去路歧为踏索之技，所以习熟，对汝岂应复羞。"次夜携七十钱与李，又次夜与绢一匹，李感其惠。第四夜，挈酒一瓶并脯腊，令李饮之，而自不濡唇。李强之曰："幸能对酌，不应独醒。"乃亦尽一杯，且云："此是寡酒，极不易得。"命买菱角共食，遂皆大醉。困眠失晓，女惶惑无措，忽由窗隙中出，声如裂帛声。李震骇，方知必鬼魅，遽白主人。主人云："我正讶楼上何为此夜有妇人切切私语，正拟奉告，又恐做成官方，不料值此怪物。汝去矣，毋污我好店舍。"李辞往它处，取向所遗绢偿傫金，乃芭蕉叶尔。

　　李梦女戟手叱骂曰："汝真负心汉！与我昵比而尽以告人，何也？吾且治汝。"觉而神思愦愦，不能饮啄。景德寺寓士赵十二官，愍其堕鬼计，适同寺有叶生，曾遇至人授神霄法箓，济人颇多，赵率李往下拜投愬。叶令随口供状，饵以符，使纳膳饮，<u>仍牒城隍司拘捕孽祟。</u>是夜四鼓，李梦黄衣吏领刽子十人，押女子荷枷，亦驱李同去。见女容服如前，而后有尾，尚指李大骂曰："汝一何惨意！"刽子运铁椎击之。约行二十里，<u>到城隍庙</u>，众趋入。及阶下，传呼曰："李七、狐娘分左右立。"有刀斧手夹殿下，黄巾力士、紫衣功曹等，人物甚盛。俄顷，紫袍金带人升殿坐，蓬头道者四辈侍直。李自陈如初，其上一人厉声云："李七是生人，先放还。野狐当死，送狱讯勘。"旋押李出。正行间，坠于岩石之下，悸而寤，的的能记说。自此渐苏，凡涉再旬，始平复。

上节说过，狐妖须受城隍管束，这个"狐娘"犯下惑人之罪，所以叶生发牒，令城隍司拘捕，下狱讯勘，结果免不了一死。另外《应氏书院奴》写吴良史在应氏奴被惑后"疑为妖魅所作，投牒驱邪院"，驱邪院当也指城隍司。

顺便说，《东乡僧园女》写了一个三狐化女迷惑和尚的故事，和尚不为所动，诵经以拒，狐妖只好讪讪而退。道士持术伏狐，和尚持经却狐，都在说明邪不克正的道理，告诫凡夫俗子们应当善辨妖精而谨于自持。故事很生动，不妨抄在下面：

庆元三年，浮梁东乡寺僧法净，以暮冬草枯之际，令童行挈稻糠入茶园培壅根株。见林深处，一美女未及笄岁，长裙大髻，衣服光赫。两丫鬟从于后，色貌妍丽，嘻怡含笑，敛衽前揖曰："和尚万福。"法净应喏。既而思之曰："此间四向无居人，山前谷畔纵有两三家，其妇女皆农樵丑恶，岂得如是绰约华姿者？兹为鬼魅何疑。不可领略，以招蛊媚。"遂袖手掐印，诵《楞严咒》，大声咄叱以威之。女呜呜大笑，斥法净名曰："和尚，你也好笑，纵然念得《楞严》神咒数百千遍，又且如何？我不是鬼，怕甚神咒！"净曰："汝是何妖孽，入吾园中，以容色作妖怪？我身为僧，披如来三事之衣，日持佛书，斋戒修洁，虽鬼神魔幻，安可害我？汝速去！"女曰："儿实良人家，因随众出郭，迷踪到此。愿和尚慈悲，指示归路，儿之幸也。何事以鬼物相待？"净使从左方出。女子谢曰："所谓误入桃源，更容闲有时霎。"乃穿践丛薄中，不避荆棘。良久，三人俱化为狐，号声可怖。净骇惧，执童行手，大呼而奔。径还舍喘卧，心不宁者累日。

（五）关于狐的变形，《张三店女子》写狐娘被拘后"容服如前，而后有尾"，狐尾未变。同样的描写还有《双港富民子》：

鄱阳近郭数十里多陂湖，富家分主之。至冬日，命渔师竭泽而取。旋作苫庐于岸，使子弟守宿，以防盗窃。绍兴辛酉，双港一富子守舍。短日向暮，冻雨萧骚，拥炉块坐。俄有推户者，状如倡女，服饰华丽，而遍体沾湿，携一复来，曰："我乃路岐散乐子弟也。知市上李希圣宅亲礼请客，要去打窠地。家众既往，我独避雨，赶趁不上，愿容我寄宿。"富子曰："舍中甚窄，只着得一小床。若留汝过夜，我爷娘性严，必定嗔责。李宅去此不远，早去尚可及。"女恳祈再三，杂以笑谑，进步稍前，子毅然不听。徐言："既不肯教我宿，只暂就火烘衣，俟干而行可乎？"许之。子登床，女坐其下，半卸红裙，露其腕，白如酥。复背身挽罗裙，<u>不觉裙里一尾出</u>。子引手拈杖击之，成一狐而走。衣裳如蜕，皆污泥败叶也。

狐妖变幻人形而尾不变，六朝唐代均有此说，我们已经谈到过。宋人的狐化观念还是这样，狐尾最难变掉，故而根基尚浅的狐总不免要露出尾巴。《暌车志》林灵素说李师师若打死后尸体必有尾，这又是说狐妖死后即便不现狐形，但尾巴是肯定要现出来的，这也是由于狐尾难变，即便隐去也不能长久。狐尾这种难变易复的特性，可以表述为狐尾固原性，即对本形的执着，对本形的深刻记忆。明清小说中这类描写尤多。如《封神演义》第二十五回《苏妲己请妖赴宴》，众狐精喝过御酒"把尾巴都拖下来只是幌"。《聊斋志异》卷一《贾儿》，长鬣狐妖脱衣卧庭石上，"四肢皆如人，但尾垂后部"，贾儿便买条狐尾绑在屁股上冒充狐，寻找狐妖报惑母之仇。贾儿对长鬣狐妖说："我辈混迹人中，但此物犹存，为可恨耳。"看来狐颇珍惜的蓬蓬大尾，常成为它的祸根。

（六）《姜五郎二女子》中的野狐精董二娘"嗜食鸡"，甚至"变狐身，攫鸡而食"。这是个很有趣的细节。在人们的观念中，即便狐化作人形，也会保持着某些生物习性，嗜鸡即为一例。不仅狐妖如此，动物性妖精大抵如此。形可易，习难移，这是古人的妖精观念。

（七）《王千一姐》中的白面雌狐化形为美丽多才艺的千一姐，这里最早透出"白面狐狸"亦即玉面狐狸的消息。所谓"白面狐狸"，是指某些个体狐面部毛白，大概是一种毛色变异现象。狸中有玉面狸，面部有白纹，底色则为黄、棕、黑不等，故而学名叫花面狸。宋人曾写过《玉面狸》诗 [①]，见出人们对玉面狸的关注。白面狐大概由玉面狸生出，所以后来也叫玉面狐。白面之称可以兼指男性，如"白面书生"，至于玉面则专属女性，所以后世独取玉面之称，而玉面狐狸精也就纯为雌性狐。白面、玉面之称颇具美感，使人想到女子的花容月貌。在狐妖系统中玉面狐是突出的一类，所化者皆美艳女子。《西游记》第六十回《牛魔王罢战赴华筵，孙行者二调芭蕉扇》中，万岁狐王女儿叫玉面公主，生得"貌若王嫱，颜如楚女"。又第七十九回《寻洞擒妖逢老寿，当朝正主救婴儿》，比丘国白鹿精宠爱的美女，也是一个白面狐狸。《平妖传》第十五回《雷太监馋眼娶干妻，胡媚儿痴心游内苑》说妲己是个多年玉面狐狸精，"百般妖媚"。《狐狸缘》第一回《周太史隐居归仙阙，贤公子祭扫遇妖狐》中的九尾玄狐号玉面仙姑，道是"将及万载，黑将变白，因先从面上变起，故名曰玉面"，更将玉面狐、玄狐、九尾狐合为一体。玉面狐狸精均为至淫至媚之妖，所以清代竟有妓女号玉面狐者 [②]。玉面，女之美者；玉面狐，狐之美者；玉面狐狸精，狐媚之尤者——这实在是极有意味的。

---

① 南宋祝穆编《古今事文类聚》后集卷三七引，未署作者。
② 见纪昀《阅微草堂笔记》卷一八《姑妄听之四》"张太守墨谷言"条。

# 四、《湖海新闻夷坚续志》中的狐妖

　　《湖海新闻夷坚续志》（简称《夷坚续志》）是元朝前期成书的一本志怪小说集。后集卷二《精怪门·狐虎》记有六则狐精故事，即《狐精嫁女》《狐称鬼公》《狐恋亡人》《狐精媚人》《剥皮狐狸》《妖狐陈状》。这些故事大约取自于宋元间笔记，多为南宋时事，发生在浦城、温州、成都、松滋等地，无一在北方。

　　《狐精嫁女》记老狐妖"白服道人"携妻与三女来浦城村民家，嫁其三女于主人三子，结果老狐为犬所毙。《狐称鬼公》记浦城西乡鬼公，前边谈狐神崇拜时已有讨论。《狐恋亡人》记陈承务为老狐所化村妇所惑，感疾而卒。《狐精媚人》记温州季喜为胡家仆，遇合狐妖，后由法官追摄断治。《剥皮狐狸》记成都万景楼狐狸化美妇，其皮为少年所得，坠楼而死。《妖狐陈状》记江陵松滋尉周居安遇妖狐化七妇人托告状以惑之，周居安获其五狐而杀之，后又击杀一狐，妖狐遂取其家五人之命以报。六个故事均为狐妖作祟，而且多为化女子惑人，与《夷坚志》相似。其中《狐恋亡人》比较特殊，虽说狐妖使陈承务"面色黄瘁，感疾而卒"——这自然是以阴克阳的结果，但此狐却为有情者："及其死也，为治丧事，但见老狐扶头坐于陈丧之侧，呜呜声有悲哀之状"，显得极富人情味。

　　与《夷坚志》的嗜鸡描写相仿，《狐称鬼公》的西乡鬼公为报答万屠不杀之恩，夜中所送赠礼中有两鸡，《狐精媚人》中狐女与季喜来往，亦"携鸡肉以饷"，也都是狐的嗜鸡习性的表现，自己喜欢吃鸡所以送给恩人和情人的礼品也是鸡。

　　最值得注意的是《剥皮狐狸》，故事如下：

　　成都府万景楼，士大夫燕集，多以画楼有祟，夜宿者死。一日有三四少年赌戏于楼下，笑曰："谁敢宿此楼上，翌日众当掠钱馈之。"中有一贫少年云："我当宿此。"天将暮，众散，贫少年留，独登其上，缘梁栖泊。二更时，阴风淅淅，入窗划开，贫少年疑曰："此必祟至矣！"未几，见一大狐狸来，坐于椅上，<u>左拔一毛，一灯光、一丫鬟出，右拔一毛，亦然。向尾拔一毛，竟成美妇人，自脱皮为衣，</u>贴坐二丫鬟相与下楼，往往入市迷惑男子。贫少年伺其去，下梁携皮再上，踞梁而坐，观其所为。四更中，只妇人回，寻皮不见，跳梁久之，哭声哀甚。楼阔不见梁上之人。钟响，妇人哭曰："天败我！"遂坠楼下。天明，众人来，贫少年告之故。众往楼下寻著，乃一剥皮狐狸。事闻，郡太守以其能为众除害，赏千缗，并牒充巡检。

　　这里提出一种新的狐妖化人术，全然不同于戴髑髅拜北斗之说。此术乃是拔尾毛变美妇，并脱皮为衣，而且灯烛丫鬟也是拔毛所变——后世孙悟空拔毛变物及变小悟空，与此机杼全同，可谓拔毛变人术。值得注意的是，拔去尾毛可变美女，可见尾是狐身上最重要的部位。

　　还有一点也应提及，万景楼狐狸夜中入楼时小说说"入窗划开"——从窗户而入。这种情况《夷坚志》也有反映，《三志壬》卷三《张三店女子》写李七所遇狐妖"过五鼓，穿牖而去"，"忽由窗隙中出，耆如裂帛声"。狐妖从窗户出入人家，这是它的一种特殊行为，说明狐妖有缩形之术。这种观念六朝已经产生，《晋书》卷九五《艺术传·韩友传》写韩友治狐妖，"张囊着窗牖间"，驱狐入囊，说明狐妖也是从窗而出。唐人承袭了这种说法，《广异记·刘甲》中的狐神也是"从窗孔中出"。而且此狐不独自己从窗孔飞出，还挟带着所窃美妇，说明还能施缩形术于人。到清代小说中这类描写尤多，《阅微草堂笔记》卷一四《槐西杂志（四）》解释说，狐"质能缩而小"，"故有隙即遁"，"虽至灵之狐，往来亦必由户牖"。以后在讨论清代狐妖时我们还将谈到这一点。

## 五、妲己：九尾狐的妖化

古老的九尾狐是狐文化语境中的特殊符号，从远古九尾狐图腾到汉代九尾狐瑞兽再到唐代的九尾天狐，它一直是祥瑞和神圣的象征物。唐代一般天狐也作祟于人间，其实是妖狐之通天者，比普通妖狐神通广大而已。唯独九尾天狐没有作祟的记载，《酉阳杂俎》卷一五《诺皋记下》只是说"天狐九尾，金色，役于日月宫，有符有醮日，可洞达阴阳"。我们感受不到它的人格意味，它是道教中神秘的神兽。它被描绘为金色，虽说较之涂山九尾白狐更贴近野生赤狐的自然本色，但却带上了比白色更见神圣感的色彩。

但当芸芸众狐久已堕为妖精时，九尾狐的尊贵地位无论如何是保不住的。唐代，也曾是瑞兽的白狐、玄狐都被妖化。白狐、玄狐以妖物面貌出现，在晚唐张读《宣室志》中均有描写。卷八《祁县民》写祁县一村民途遇白衣妇人求寄载车中，行未四五里，露出狐尾，村民以镰断之，妇人化为无尾白狐鸣号而去。白狐如此猥琐狼狈，已全无神圣可言。卷一○《李林甫》，写宰相李林甫退朝坐于堂之前轩，"见一玄狐，其质甚大，若牛马，而毛色黯黑有光，自堂中出"。林甫命人射之，未射而忽然不见。此后一连数日出现，"其岁，李林甫籍没被诛"。这里玄狐的神秘出现分明是凶兆，玄狐也就成了不祥之物。而在《宣室志·张铤》①中，张铤所遇八怪，其中玄丘校尉"衣黑，状类沧浪君（狼）"，

---

① 《太平广记》卷四四五引，误注出处为《广异记》，据《绀珠集》卷七，应为《宣室志》。参见拙著《唐五代志怪传奇叙录》增订本，中华书局，2021年。

分明也是玄狐，其结局是与其余七怪一起被杀死。

在朝鲜、韩国，也有白狐为妖的记载，时间更早。金富轼《三国史记》卷二八《百济本纪》载义慈王十九年春二月，"众狐入宫中，一白狐坐佐平书案上"。这一异兆预示着明年百济灭亡，时为唐高宗显庆五年（660）。而在同书卷一五《高句丽本纪》载，次大王遂成三年秋七月，"王田于平儒原，白狐随而鸣，王射之，不中"。王问于师巫，师巫曰："狐者妖兽，非吉祥，况白其色，尤可怪也。然天不能谆谆其言，故示以妖怪者，欲令人君恐惧修省以自新也。君若修德，则可以转祸为福。"次大王三年，当东汉建和二年（148），时间更早了五百多年。两汉时期白狐尚为瑞狐，但由于汉人符瑞观念在百济影响较浅，所以当狐妖观念传入百济时，白狐以其毛色之异遂成为妖兽之尤。以后在高句丽也还沿袭此说。

较之白狐、玄狐，九尾狐妖化似乎要晚一些。北宋田况《儒林公议》卷上云：

> 陈彭年被章圣深遇，每圣文述作，或俾彭年润饰之。彭年竭精尽思，以固恩宠，赞佞符瑞，急希进用。当其役虑时，虽寒暑燥湿不知也。……时人目为九尾狐，言其非国祥而媚惑多歧也。乃参毗宰政，未几而亡。

从这段记载看，北宋真宗时九尾狐已经被视为"媚惑多歧"的不祥之物，并用来比喻陈彭年这样的邪佞之徒。

九尾狐被妖化后，同中国历史上一位著名女人紧紧联系起来，这就是商纣王妃子妲己。妲己之为九尾狐精，这种说法究竟起于何时，研究者有些不同说法。袁珂《中国神话传说词典》"九尾狐"条说："六朝时人李逻注《千字文》'周伐殷汤'，言妲己为九尾狐。"鲁迅《中国小说史略》第十八篇《明之神魔小说（下）》则谓："妲己为狐精，则见于唐李瀚《蒙求》注。"李瀚应作李翰，唐玄宗时人，其所作《蒙求注》今有三卷本及二卷本。三卷本载于《佚存丛书》，前有饶州刺史李良《荐蒙求表》，作于天宝五年，称李翰为前信州司马、仓曹参军，又有赵郡李华序。正文注文均系李翰自撰。二卷本载于《学津讨原》《四库全书》，注文乃宋人徐子光作。今查二本，无论正文注文都未言妲己为狐精，不知鲁迅何以言之，颇疑记忆有误。《千字文》为梁人周兴嗣作，历代多有注本，但没有见过所谓李逻注本，亦不晓李逻何许人。既然说是"六朝人"，那只能是梁陈间人。因为李逻注本未曾寓目，不知注文具体内容，此注本是否出于李逻及李逻是否为六朝人都无从考辨，所以不敢轻率断定六朝时已有妲己为九尾狐之说，只能存疑。

可以见到的较早资料是日本《本朝继文粹》卷一一江大府卿（即大江匡房）《狐媚记》中所载："殷之妲己为九尾狐。"《狐媚记》记康和三年（1101）事，相当于中国北宋徽宗建中靖国元年，说明至迟在北宋末年已有妲己为九尾狐之说，并流传至日本。

这种说法的流布结果，是在元代出现了讲史话本《武王伐纣书》（又称《武王伐纣平话》），通过小说形式把妲己为九尾狐之说非常明确地确定下来。在卷上《九尾狐换妲己神魂》一节中，写纣王选美女，令天下诸官员家有美女者尽来进献。华州太守苏护女妲己"有倾城之貌，寰中第一，年登十八岁"，苏护不敢隐匿，亲自送女进献。来到故恩州，住在驿中。以下小说写道：

　　有驿中女子，容仪端丽，去灯烛之下。夜至二更之后，半夜子时，忽有狂风起，人困睡着不觉。已无一人，只有一只九尾金毛狐子，遂入大驿中。见佳人浓睡，去女子鼻中吸了三魂七魄和气，一身骨髓，尽皆吸了。只有女子空形，皮肌大瘦，吹气一口入，却去女子躯壳之中，遂换了女子之灵魂，变为妖魅之形。有妲己，而无粉饰，宛如月里嫦娥，头不梳妆，一似蓬莱仙子。肌肤似雪，遍体如银。丹青怎画，彩笔难描。女子早是从小不见风吹日炙，光彩精神，更被妖气入肌，添得百倍精神。至晓，苏护叫侍从与女子梳妆。忽见女子，大惊，怎

有如此容貌！父见了女，大悦，口中不语，心下思之："我女有分与天
子为皇后。"言了，出驿行上。

姐己本是苏护女，九尾狐吸掉她的魂魄骨髓，只剩空皮囊，借其躯壳化为
姐己。这里不是直接变形为姐己，与以往狐化人形的形式不同。还须注意的是，
这只九尾狐是"九尾金毛狐子"，与唐代九尾金色天狐正同，但一为妖狐，一为
天狐，性质大异。

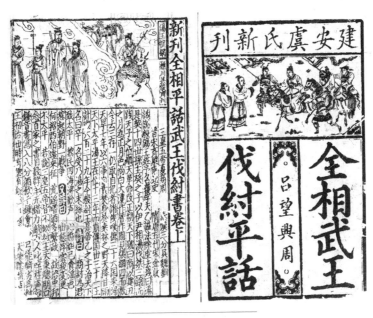

《新刊全相平话武王伐纣书》

作为苏护女的姐己已空有其名其形，而成九尾妖质。她进宫后"有妖气上
冲牛斗"，终南山贤人许文素察出妖气，向纣王献上一把"能断天下人间一切妖
精鬼怪"的宝剑，结果姐己险遭不测。这只九尾狐与其族原本居硕州庙殿穴中，
被比干发现，"撞穴熏之"，妖狐纷纷逃散，来到故恩州，遂有变姐己之事。待
入宫为妃，其族亦徙居宫内窟穴，不料又被比干发现。卷中《比干射九尾狐狸》

写道：

> 有一日，纣王宣文武于后宫梧桐园里，置御酒，赏百官饮宴。盛饮之次，见群花深处，闻一声响亮。文武皆惊，见一只九尾金毛野狐在于花树底下。坐有纣王伯父比干奏曰："此为妖怪，臣用弓箭射之。"比干拈弓取箭，射中狐一箭，火光迸散，带箭入窟窍中去了。比干又奏曰："令壮士掘之。"纣王依奏，令壮士掘开窟穴，见华身白面，可有百狐。比干又奏曰："除此妖怪。"纣王大喜，文武皆退。纣王来后宫，见妲己，具说比干之事。妲己见言，一声仆然倒地。令左右扶起，王怪问曰："卿何如此？"妲己口也不语，心内思惟，欲言比干坏了我祖上，尽是我枝叶，来气倒，我恐大王知是妖怪。半饷无言，眉头一纵，计上心来。妲己奏曰："臣妾从幼小时心疼，多年不发，今发。"妲己又奏曰："休教杀害狐狸，杀生害命。"纣王依奏，令出榜于朝门外，并不得杀害狐狸。有妲己心中思惟，乃恨比干，须教死在我手。

中箭的九尾金毛野狐，显然正是化形为妲己的九尾狐，只是小说交代得不大清楚。其余百狐，则是九尾金狐的"枝叶"，个个"华身白面"，即所谓白面狐、玉面狐。九尾狐被射"火光迸散"，这里的"火光"，显然正是《酉阳杂俎》所说"击尾火出"——一甩尾巴便迸射出火光。

平话结尾处写妲己被处斩，"妲己回首戏刽子，用千娇百媚妖眼戏之"，迷惑得刽子手坠刀落地，不忍斩之。一连两个刽子手都是这样，气得姜太公下令杀掉刽子手。殷交主动求斩妲己，怕受迷惑，"用练扎了面目，不见妖容"，然后举斧砍下去，"听得一声响亮，不见了妲己，但见火光迸散"。最终还是姜太公用降妖章和降妖镜逼得妲己现出九尾狐狸原形，然后"用七尺生绢为袋裹之，用木碓捣之"，才杀死了她。

妲己被说成是九尾妖狐不是偶然的，这是女色亡国观念与狐媚观念结合的产物。狐化淫妇媚人，妲己之流贵为后妃而媚主亡国，乃是淫妇之尤，也只能用妖狐之尤的九尾狐来配她。古人的观念，大凡亡国之君总有个坏女人伴随，夏桀之妹喜，商纣之妲己，周幽之褒姒，是最早也最有名的三个所谓亡国后妃。《汉书》卷九七上《外戚传序》云："夏之兴也以涂山，而桀之放也用末喜；殷之兴也以有娀及有㜪，而纣之灭也嬖妲己；周之兴也以姜嫄及太妊、太姒，而幽王之禽也淫褒姒。"兴也女人，亡也女人，女人实在被赋予了过多过重的兴亡责任。这种看法当然不正确，兴亡主要是男人的事，女人其实于国之兴亡并无多么紧要的关系——自父系社会以来一直如此。妹喜等三人的历史真实面目究竟如何实在模糊得很，不见得都是媚君的坏女人；即便是，那也是被坏男人宠坏的，亡国与她们无关。但君主惑女色必怠政，后妃受宠必乱政，怠政乱政必亡国，因而亡国之源乃是女色——这是古人总结出的一条历史规律。于是大凡貌美受宠的后妃们便被历史学家钉在耻辱柱上，冠以千古恶名。到西汉由于又出了赵飞燕、赵合德两位美女，被说成是"灭火（汉）"的"祸水"[①]，从此漂亮后妃们获得"祸水"恶称，而"祸水"亡国论更成为"真理"了。

妹喜、妲己、褒姒三女，妲己被认为最坏——其实是因为纣王最坏，下场也最糟糕。《汉书·外戚传序》颜师古注云："妲己，纣之妃，有苏氏女也。美好辩辞，兴于奸宄，嬖幸于纣。纣用其言，毒虐众庶。于是武王伐纣，战于牧野，纣师倒戈，不为之战。武王克殷，致天之罚，斩妲己头，县之于小白旗，以为纣之亡者，由此女也。"妲己成为"祸水"亡国的典型代表。

唐代又出韦后、武则天、杨贵妃三位著名女人，韦后临朝，则天夺位，杨妃受宠，尤其加深了唐人的"祸水"亡国观，所以才有陈鸿借《长恨歌传》"惩尤物，窒乱阶"，也才有白居易作《古冢狐》来"戒艳色"，这"尤物""艳色"，绝非系白居易之"樱桃樊素口，杨柳小蛮腰"，而是妲己、武则天、杨贵妃之流

① 见托名汉伶玄《赵飞燕外传》。

美艳后妃，小女子再美再艳也是成不了亡国"乱阶"的。

《天问》中的纯狐氏玄妻历事三夫，与寒浞密谋杀死第二任丈夫后羿，闻一多在《天问疏证》中以为《玄中记》所说"千岁之狐为淫妇"，"其说似导源于更事三夫之纯狐氏"。玄妻所出之纯狐氏以狐为图腾，依神话思维，固可将玄妻说成狐，但后代之狐化淫妇未必与她有关，后妃级的纯狐玄妻也就难以充当九尾狐妲己的原型。从唐代寻找线索，骆宾王骂武则天是惑主的"狐媚"，分明已将武则天说成是狐狸精了；而白居易在《古冢狐》中所说"何况褒妲之色善蛊惑，能丧人家覆人国"，又把褒姒、妲己派作"狐媚"的代表，实际上妲己已经被说成是"化为妇人颜色好"的狐狸精了。妲己之流非寻常"狐媚"可比，当狐中之最的九尾狐被妖化后，遂被选定为妲己的替身，实现了超级狐妖和超级人妖的完美结合。

应当说九尾狐和妲己的结合在《武王伐纣书》中只是开了个头，更充分完备的结合是在明代小说《封神演义》中完成的，留待后叙。

第六章·明代狐妖狐仙观念及有关小说戏曲

明代狐文化持续发展。狐妖传说广泛流布民间，许多小说笔记有大量记叙。主要分布于北方，南方较少。明人对狐妖的认识承袭了前代，但有新的内容，最主要的是在道教影响下提出了"狐仙"概念，初步建立起狐仙理论。另一个新情况是狐妖狐仙成为通俗小说和戏曲比较重要的题材，出现了多种狐妖小说、戏曲。这些在清代又都得到进一步发展，因此可以说明代狐文化是清代狐文化的基础。

## 一、明代的狐妖流传及狐妖观念

明代大量民俗态狐妖传说主要记载在陆粲《庚巳编》和《说听》、徐昌祚《燕山丛录》、王同轨《耳谈类增》、钱希言《狯园》、凭虚子《狐媚丛谈》等小说笔记中，又郎瑛《七修类稿》、谢肇淛《五杂组》、沈德符《万历野获编》也有关于狐妖的重要记载。上述诸书大都出自万历年间，说明明代后期是狐文化的发达时期。

明代狐文化主要流布于北方诸省，南方较少，这与前世相同。对此明人多有记述：

173

山东多狐狸而无猢狲。尝闻狐狸成精，能变男女以惑人。(《七修类稿》卷四八《狐狸》)

齐晋燕赵之墟，狐魅最多。今京师住宅，有狐怪者十六七，然亦不为患。北人往往习之，亦犹岭南人与蛇共处也。(《五杂组》卷九)

江北多狐魅，江南多山魈。鬼魅之事，不可谓无也。余同年之父，安丘马大中丞巡按浙直时，为狐所惑，万方禁之不可得，日就尪瘵，竟谢病归。魅亦相随，渡淮而北，则不复至矣。山魈闽广多有之，据人屋宅，淫人妇女，盖《夷坚志》所载木客之妖者。(同上书卷一五)

狐之变幻，传纪最夥，然独盛于京师。闻以举厂为窟穴，值乡会试期，则暂他徙。友人云，故元人主，每遇夏月避暑上都，此犹其故习。然渐南渐少，齐赵梁宋之间，尚时作媚态，过江则绝不闻。有言其禀性不能渡江，是不然。余游浙东西诸山，稍入幽邃，时时遇之，但不能逞妖如北地耳。(《万历野获编》卷二八《鬼怪·京师狐魅》)

说者谓南方多鬼少狐，北方多狐少鬼。(《耳谈类增》卷四七《外纪狐篇·京师狐》)

故狐北多而南少，谚云江南无野狐，江北无鹧鸪，岂虚语哉!(《狯园》卷一四《妖孽·狐妖一》)

天地间之物，惟狐最灵，善能变幻，故名狐魅。北方最多，宋(按：应作唐)时有"无狐魅不成村"之说。(凌濛初《二刻拍案惊奇》卷二九《赠芝麻识破假形，撷草药巧谐真偶》)

北方自古以来就是狐文化的主要分布区，民间长期存在狐神信仰，狐妖传说极为流行。南方虽有狐，但狐很少成为民间信仰对象，自唐宋以来民间崇拜的主要是五通神。五通系妖鬼之类，后来与五显神、五圣神相混[1]。洪迈《夷坚志》所记江南五通神极多，并说五通"变幻妖惑，大抵与北方狐魅相似"[2]，清蒲松龄也说"南有五通，犹北之有狐也"[3]，表明江南的五通崇拜和北方的狐神崇拜处于同等重要的地位。明代五通崇拜仍很流行，《庚巳编》卷二《说妖》云："吴俗所奉妖神，号五圣，又曰五显灵公，乡村中呼为五郎神，盖深山老魅山萧木客之类也。五魅皆称侯王，其牝称夫人，母称太夫人，又曰太妈。民畏之甚，家置庙庄严，设五人冠服如王者，夫人为后妃饰。"并说"性又好淫妇女，涉邪及年当夭者，多遭之，皆昏仆如醉"，习性全似狐妖。田汝成《西湖游览志余》卷二六《幽怪传疑》亦云："杭人最信五通神，亦曰五圣，姓氏源委，俱无可考，但传其神好矮屋，高广不逾三四尺。而五神共处之，或配以五妇。凡委巷若空园及大树下，多建祀之，而西泠桥尤盛。或云其神能奸淫妇女，输运财帛，力能祸福见形。人间争相崇奉，至不敢启齿谈及神号，凛凛乎有摇手触禁之忧，此杭俗之大可笑者也。"《五杂组》所说"江南多山魈"，所指也是五通。此外南方还流行青蛙崇拜，《聊斋志异》卷一一《青蛙神》说"江汉之间，俗事蛙神最虔"，卷一○《五通》说"五通、青蛙惑俗已久"。

从明人书记载看，江南人对狐妖比较隔膜，范濂《云间据目抄》卷三《记祥异》云："戊午（按：即万历四十六年，1618）秋八月，民讹传有狐狸精夜入人家为祟，遇之者如寐魇，有爪伤人。"所谓"讹传"，显见是松江（云间）地区一向少有狐狸精之说，不知从何处传出此风，老百姓不免惊恐，亦不晓狐狸精如何作祟，故而有"有爪伤人"的讹传，殊不知狐妖作祟是从不动爪子的。

---

① 参见宗力、刘群《中国民间诸神》，河北人民出版社，1987年，第651—653页。

② 《夷坚丁志》卷一九《江南木客》。

③ 《聊斋志异》卷一○《五通》。

明末冯梦龙《增补智囊补》卷七《明智部·剖疑》云："隆、嘉中，吴中以狐精相骇，怪幻不一，亦多病疠。居民鸣锣守夜，偶见一猫一鸟，无不狂叫。有道人自称能收狐精，鬻符，悬之有验。太守命擒此道人鞫之，即以妖法剪纸为狐精者。毙诸杖下，而妖顿止。"吴中道人假托狐精扰民，也正说明江南吴地对狐精的无知。

但这恰也表明狐妖之说已经侵入吴地，事实上在吴中地区产生过一些狐妖故事。《狐媚丛谈》卷五《狐丹》写成化间老牝狐化女子采阳人精血，事情发生在苏州。《狯园》卷一四《狐妖十》写孔承宠在金山寺遇天狐，事在丹徒。另外，《庚巳编》卷一《临江狐》事在临江，《耳谈类增》卷四七《竹园狐妖》事在豫章（南昌），均属江西。《狯园》卷一四《狐妖八》事在杭州，属浙江。《耳谈类增》卷四七《何令君杀狐》事在湘乡，属湖南。凡此皆为长江以南地区。《耳谈类增》卷四七《狐子鬼儿怪儿》更远在云南。《狯园》卷一四《狐妖十一》事在江苏淮阴，《耳谈类增》卷四七《狐术女变男子》，事在湖北麻城，十五卷本《耳谈》卷七《大别狐妖》，事在汉阳，虽在江北，但已去北方甚远。

不过与北方地区相较，南方狐妖传说要少得多。以上述诸书统计，《庚巳编》狐妖三事，其中元大都（北京）一事（卷一《西山狐》），山东一事（卷三《谷亭狐》）；《说听》卷上三事，其中乾州（陕西乾县）一事，汴城（河南开封）二事；《燕山丛录》卷八九事，其中河北永平、辽东罗城、河南上蔡各一事，北京二事又平谷一事，山东德州、章丘、冠县共三事；《耳谈类增》卷四七《外纪狐篇》十六事，其中北京五事，山东临清、河南杞县、甘肃庆阳各一事；《狯园》卷一四《妖孽·狐妖》十二事，其中北京六事，山西、河北邢台、甘肃各一事。从以上五书的统计来看，北京最多，共十五事，其次山东，共五事。这一数字确实印证了《万历野获编》狐妖"独盛于京师"和《五杂组》"齐晋燕赵之墟，狐魅最多，今京师住宅有狐怪者十六七"以及《七修类稿》"山东多狐狸"的话。

明代狐妖故事大都是变幻惑人之类，与往古相似，但也有些值得注意的内容，反映出明人狐妖观念的新发展。这里提出几个问题加以讨论。

先引用《七修类稿》卷四八《狐狸》一段记载：

山东多狐狸而无猢狲。尝闻狐狸成精，能变男女以惑人。予嘉靖八年到山东，以其事询土人。土人曰：狐每夜半即潜入贫家破屋，至卧榻中，出口受人鼻息。人觉，闻其气，骇曰："打皮狐！打皮狐！"然不知其去几许矣。如此久之，便能缩形，地不可进处，亦能以进。愈久便能变化，遂与民间男妇相淫乱，各寻其雌雄以合。且善摄其财物，以益主其所私者，死复移他室，人亦不甚怪也。

有木工宋留，暮遇一夫，自言欲为人役。话间，随宋至家，出钱沽酒对饮。醉后睡去，乃一纯黑狐也。宋亦不惊破。明发，语宋曰："汝无福，吾之西关李某氏也。"李乃青州府吏，其妻遂为所染。又石槽城李尧，儒官也，祖母为其所染。祖母死，母复被之。家有猎犬，时或见之，遂吠以噬，彼则跳蹲于主身耳。

又张姓者，乘车出西郭，见一犬追妇人飞来。顾间，妇人乞以附车逐犬，自言某地人，张遂载以去。抵家，复求假宿，张不拒而同寝焉。阅数月，自言："我狐也，今当去君。明年此日，见我于临清某市。"张如期至其地，见妇走索于市中，唤之即下。同至一酒馆，欢饮数日。资以白金百两，告曰："与汝缘数足矣，再勿相从。"张回，不知其向所。观此，则商人取以为妾之事有之矣。是皆见在之怪，而临淄一县之民，予亲闻之也。

关于狐"出口受人鼻息"久而便能变化，是与以往戴髑髅拜北斗拜月变人和拔尾毛脱皮变人全然不同的狐化观念。这里涉及狐仙修炼这一重要问题，下节我们将专门讨论。除此尚须注意三点。一是狐妖可以"缩形"，即"地不可进处，亦能以进"。晋唐以来每言狐出入自窗隙，《狯园》卷一四《狐妖十》也说天狐"从窗而出"。但从地隙而出入则是新鲜说法。而且把这种狐术称为"缩形"

也是首见，"缩形"之说表明狐从不可出入之处出入，是运用缩小体形的变化术。

二是狐善摄取财物。这一点前人也说过，但至明始较突出。《七修类稿》说狐妖摄取财物送给它所私通的人家，女狐妖赠张姓白金百两便是一例。《燕山丛录》卷八记德州狐妖惑周某妇，偷他家之物给之，周家遂致巨富，又记上蔡袁氏，狐通其子妇，盗物致之，袁家富，数世皆然，也都是例子。这里不仅是狐妖向情人讨好之意，实际上还常包含着感德报恩之意。张姓人救狐于犬下，所以狐妖才主动献身赠金。《燕山丛录》还记有京城逻卒救助醉卧在地的玄狐，狐每日致银五分以为取酒费，此例则不涉情爱，纯为报恩。《耳谈类增》卷四七《京师狐》也是同类故事。

因此第三点须加注意的便是报恩。狐报恩古已有之，至明代进一步得到强调。除上述数例，最有名的是《耳谈》卷七《大别狐妖》（这篇故事的全文在本章第六节引用）。浙人蒋生对大别狐其实并无救助之恩，大别狐"今且报子"纯系对蒋生情好的回报——男女之情自然也是一种恩德。大别狐的报恩方式很别致，就是借助三束草帮助蒋生娶爱慕已久的马家女为妻，这里大别狐充当了"狐媒"角色。狐对恩人或情人相报，意味着狐妖的惑人性、害人性的消弭和善性品格的注入，这无疑是用世人普遍认同的伦理观念改造传统狐妖的结果。

《万历野获编》《五杂组》都写到京师多狐魅，《万历野获编》说狐以"举厂为窟穴"，《五杂组》则说"今京师住宅有狐怪者十六七"，则狐住在居民住宅。《狯园》卷一四《狐妖一》也说："京师民家所居屋下，多野狐窟宅。"狐以民居为居，是狐妖观念的重要变化。古来多言狐居古墓洞穴，是为野狐，如今改为坊巷民居，分明已成家狐。由野狐到家狐的变化，实际反映着对狐妖品格评价的变化，即视狐为通人情、有人性的无害乃至有益之物。对于家狐，《狯园》《耳谈类增》多有记述。它们寄居民家服役于主人，俨然是主人的朋友和差仆，并言未来休咎，使主人趋利避害。

家狐观念起于北京，这同北京作为大都市的地位有关。京人既然侈谈狐妖，传言京师多狐，那么狐妖必然居于街市巷里。而且不只是栖息于废园空宅，并进而假屋而居，人成为狐的房东了。狐和人的这种新关系的出现势必促成狐妖观念的变化，狐妖的人性、善性大大被发扬了。山东等地人谈狐没有明显的家狐类型，但若《耳谈类增》卷四七《临清狐》所云："临清东阿之间有狐兄弟二人，皆雅士，具姓号。往街市与士人过从留款谈燕，衣冠伟丽，饮馔精美，好义多豪举，健谈锋。"这"雅士"狐兄弟实际也具有家狐特征。到清代，家狐观念和狐仙观念结合，在狐仙信仰作用下，家狐就遍布各地了。

唐代流行的天狐信仰，以后湮灭无闻。明代不存在天狐信仰，但《狯园》《平妖传》都写过天狐。《平妖传》以后专门讨论，这里谈谈《狯园》中的天狐描写。《狯园》卷一四《狐妖》有四则狐妖故事写到天狐。这些天狐大都是获天谴谪居人间，富于才艺，善言休咎，较之常狐风貌迥异。应当说明人言天狐大抵承唐人旧说，并无新的发明，但在具体描写上有些新颖的想象。《狐妖十二》写天狐有小谪罪巢于树头修行，西秦副将误毁其巢，天狐便从副将拇指尖进入副将肠中"假舍修行"，一载而后去。这种描写颇得天狐之性，十分有趣。明代天狐并不作祟，这一点和唐代天狐不同。《五杂组》卷九说："狐千岁始与天通，不为魅矣。"《狯园》中的天狐借肠修行事出有因，算不上是魅人。

《庚巳编》卷一记有一则医诊狐脉的故事也很有趣，题为《西山狐》：

> 　　范益者，精于脉药。仕元至正间，为大都医官，年七十矣。尝有老姬诣其门曰："家有二女医病，欲请公往治之。"问其家所在，曰西山。益惮途远，以老辞曰："必不得已，可携来就诊耳。"姬去良久，携女至，皆少艾。益诊之，愕然曰："何以俱非人脉，必异类也。"因谓姬："尔无隐，当实告我。"姬惶恐跪诉曰："妾实非人，乃西山老狐也。知公神术，能生吾女，故来投恳。今已觉露，幸仁者怜而容之。"益曰："济物吾心也，固不尔拒。然此禁城中帝王所在，万神呵护，尔丑类何得至此！"姬曰："真天子自在濠州，城隍社令皆移守于彼，此间空虚，故吾辈不妨出入耳。"益异其言，授以药，姬及二女拜谢而去。

是时高皇帝龙潜于淮右云。益吾乡刘原博先生之外祖也，刘之子能道其事。

狐脉非人脉，尽管已幻化成人，仍为兽脉，这种说法前此未见，是一种新的狐妖观念。西山狐故事后被谢肇淛采入《五杂组》卷九。《平妖传》第四回《老狐大闹半仙堂，太医细辨三支脉》写严三点为老狐婆子诊脉，诊出她是"兽之脉"，显然机杼于此。

范益故事中狐妪说城隍社令皆移守濠州，故其辈可以出入京城，这说明狐妖受到城隍神的辖治。这种观念产生于宋代，明人亦盛传城隍治狐之说。《说听》卷上记乾州唐文选好为大言惹恼了狐妖，狐妖扰乱其家，文选具牒投之城隍庙，乞为民除害，结果二狐被剜去舌头。文选又牒请行诛，次日二狐死于城下。《燕山丛录》卷八记狐惑民妻，章丘邑令为文告城隍神，狐妖遂绝。此等故事至清尤多，乃是民间城隍信仰介入狐妖系统的结果。

城隍乃冥神，其治狐妖原是以正克邪之意。在明世狐妖故事中有一个突出主题，就是邪不胜正，狐

《狐媚丛谈》卷四
《唐文选牒城隍诛狐》插图

遇正人而避之。《耳谈类增》此类故事很多，《竹园狐妖》写学宪公杀狐，云"百邪不胜一正"，《何令公杀狐》云"凡邪乘人心入者也"，《孙给舍押字泣狐》云"凡

正人怪邪所惮",《杞县传舍狐》写狐避李维寅,称"其人正人,吾等所当避",都强调了这一主题。这是关于正邪善恶的传统伦理观念深入狐妖观念的结果。

《说听》卷上周府后山狐精的故事也有值得注意之处。此狐"能前知,兼善医术","断其吉凶,无不灵验",是只术狐;又善"与参政剧谈宋元事",是只学狐。它法术和才学兼而有之,颇似其晋唐祖宗。它还能往东岳查人寿数,与冥府有来往,可见来历不凡,具有狐神的特性。故事最后说:"参政叹服,听民起神堂。"说明弘治间开封建有狐神祠。明代有关狐庙记载很少,但并不是因为明代不行狐神崇拜,只是远不如清代普遍罢了。

明代狐妖观念的最新最重要的变化是狐仙观念的确立,下节专门讨论。

## 二、狐的修炼与狐仙观念

　　明末凭虚子《狐媚丛谈》卷三有《狐仙》一篇，所记为唐元和年间党超元在华山遇南篗妖狐事。这篇小说即唐牛僧孺《玄怪录》卷一一《华山客》。我们已经谈过，唐代已有狐妖修炼成仙之说，华山南篗女狐修道成仙即为一例。但是唐人并未提出"狐仙"概念，只是初步提出狐修炼成仙的思想。"狐仙"一语的出现乃在《狐媚丛谈》，其意义不只在于给学道成仙的华山南篗女狐起了一个恰当的名称，更在于它揭示出这样一种观念，即狐妖通过修炼实现向狐仙的转化。狐仙概念的提出和狐仙观念的明确确立，与明代道教盛行密切相关，是道教修炼理论向狐妖系统转移的结果。

　　道教修炼理论五花八门，有服气、吐纳、导引、存思、外丹、内丹、房中术等等。《玄怪录》华山南篗狐的修炼方法是静心去欲，大约属内丹炼养之术。唐玄宗时著名道士张果（即八仙中的张果老），论内丹即云"在欲无欲，居尘出尘"[①]，主张修心养性。内丹功法至宋金时逐渐取代外丹获得道教修炼术的统治地位，元代盛极一时的全真道即主内丹而斥外丹。内丹派理论也是五花八门，其中有所谓阴阳派，专讲阴阳栽接采补之道，采人精气以成内丹。这种理论实际上是把房中术引入内丹学，或者说是把内丹学引入房中术，一向为正统道教内丹家所不齿，视为邪术。由于明代统治阶级的腐败淫靡，各种房中术大行天

----

① 《全唐文》卷九二三张果《太上九要心印妙经序》。

下，阴阳采补之道颇为流行，所以当明人把道教修炼理论赋予狐妖时，选中的便是这种采补邪术，这倒与一向视狐为淫兽相一致。

永乐间李昌祺所作《剪灯余话》，卷三《胡媚娘传》写狐妖胡媚娘迷惑进士萧裕，道士尹澹然数其罪曰"荐尔腥臊，夺其精气"，已透出雌狐采男子精气进行修炼的消息。嘉靖初陆粲所作《庚巳编》卷一《临江狐》则明确指出狐妖借阳气修仙。故事说临江狐化美姬来就陈崇古求欢，后向崇古道出原委，说道：

> 吾非祸君者，此世界内如吾者，无虑千数，皆修仙道。吾事将就，<u>特借君阳气助耳</u>。更几日数足，吾亦不复留此，于君无损也。

临江狐修仙道，大约先是用服气等法，在临近成功时才用采补法借人阳气促成。

从万历年间起此类记载多了起来，并明确指出狐妖采补为的是炼养内丹。《五杂组》卷九云：

> 狐千岁始与天通，不为魅矣。其魅人者，<u>多取人精气以成内丹</u>。然则其不魅妇人何也？曰狐阴类也，得阳乃成。故虽牡狐，必托之于女，以惑男子也。然不为大害，故北方之人习之。

《二刻拍案惊奇》卷二九《赠芝麻识破假形，撷草药巧谐真偶》写大别山牝狐对蒋生道：

> 好教郎君得知，我在此山中修道，将有千年，<u>专一与人配合雌雄，炼成内丹</u>。向见郎君韶丽，正思<u>借取元阳</u>，无门可入。却得郎君钟情马家女子，思慕真切，故尔效仿其形，特来配合。一来助君之欢，二来成我之事。

　　大别牝狐"阴阳配合真丹结"，采补对象是人间男子，这不用多说；但《五杂组》却说牡狐所采对象也是男子，因此虽为牡狐必须化形为女，这就不好理解了。按照常理，狐化女化男应与其为雌为雄相符，所以《七修类稿》说"与民间男妇相淫乱，各寻其雌雄以合"。由于狐妖的雌化倾向，狐妖故事中多为女形之狐，胡媚娘、临江狐、大别狐都是，其所魅者皆为男性，这就给人造成"不魅妇人"的印象。其实在明代狐妖故事中雄狐魅妇人者很多，只是并没有讲明它们的目的是炼养内丹。而在清代狐妖故事中则有雄狐采女精之说，说明雄狐并不是化女采男人元阳。《五杂组》的说法有悖于妖物变化的逻辑关系，只能视作一种特殊说法。

　　对狐妖采补炼内丹说得最详尽的是单本的传奇戏《蕉帕记》。白牝狐说自己"修真炼形已经三千余岁，但属阴类，终缺真阳，必得交媾男精，那时九九丹成，方登正果"，因此她化形胡小姐借采战取龙骧元阳，此后便腹中结"仙胎"，成"婴儿"，"神丹成就"了。——所谓"仙胎""婴儿"都是内丹家喻指内丹的术语。关于《蕉帕记》，以后还要详加讨论。

　　狐的内丹，明人称之为"狐丹"，见于祝允明《祝子志怪录》卷五《狐丹》[①]，故事很有味道，全文引录于下：

　　　　齐门外陆墓、吴塔之间，有赵氏兄弟居焉。伯曰才之，季曰令之，地颇幽僻。一日，才之自外归，薄暮，暝色惨淡，才之少驻足道傍槐阴下。倏忽昏暗，才之方悔不疾行，因反不动，待人来偕行。夜既阑，见一灯荧然，由南而来。渐近才之，才之迫而察之，乃一女子也，暗中虽不详辩其姿色，然殊有妖态。视其火，乃是衔一灯于口中耳。初意讶之，稍相接语，便已迷眩，女遂解衣野合焉。合既，复由前途逦迤而去，才之更怅怅似怕而归。明晚，思之不置，遂瞒其弟及家人，待至夜径往昨处俟之。女果复来，合之，又别。如是者几一月。令之察焉，备得其状。袭兄而行，至则见兄复云云。兄既毕事，令之乃前劫其女。女亦略无拒意，便相从为淫。令之自后递互往合。虽皆迷，不知所谓，而神度皆无虞如故，或更觉强爽。

一日，令之偶夸于所知，所知曰："子惑矣！人口中岂置火处耶？子今但夺其灯，倘得之，便强吞可也。"弟方悟曰："良是。"其夕仍去，则女已先在，令之遂与绸缪。初凡合时，女则吐灯阁于地，事罢乃复入口。至是，令之伺间急取灯，便吞之。女见之，亟来夺之。令之不及下咽，忽遽间失灯，堕于水。女乃怅然大恨曰："殊可惜矣！奈何奈何！"令之问之，女曰："吾当以实告汝。吾非人，乃老牝狐也，修行几百年矣。<u>吾丹已成</u>，所欠者阳人精气耳。今吾得二君，合已数十回，更得数如之，<u>则吾立跻地仙</u>，二君亦且高寿令终。<u>吾口中火，即丹也</u>。今不幸失之，是吾缘未就，而更得祸矣。最可恨者，数百年工夫成丹为可惜耳。然吾与君既尔云云，不得为无情，所望于君者，营身后事也。"言毕，泪堕潜然，遂僵仆于地，果狐身也。二生念之，因相与浴而瘗埋之坚爽之地。后不时往观览，念念不能忘。其后亦无他异。事在成化间。

老牝狐所炼狐丹，形如灯火，衔于口中。按一般内丹理论，内丹是结于体内的无形之物，非同有形之金丹（外丹）。狐丹虽称内丹，实又有外丹性质，这是明人根据道教内外丹理论为狐创造出来的特殊的丹。对于狐丹，清人言之尤多，或称内丹，或称外丹，以后还将讨论。

苏州这个老牝狐失丹而死，临江狐也死于非命——醉后自泄秘密被她的薄幸情人害死，只有《二刻》中的大别牝狐借元阳成了"仙家"。这似乎表明狐妖借采补修仙是条危险之途。顺便说《二刻》称狐仙为"仙家"，清人也沿用此称，详见下章。

由于道教修炼理论的侵入，明代不仅形成了狐仙观念，而且在狐化观念即关于狐变化的观念上也吸取了道教修炼理论。《七修类稿》说狐狸乘人睡眠时"出口受人鼻息",就是吸入人气,以此修炼变化之术。这种"受人鼻息"的吸气法类似于道教的服气。这里体现的是道教正统修炼观念。但明世还流行着另一种说法,反映的完全是道教邪术。《狯园》卷一四《狐妖一》云:

> (狐)性嗜妇人室女经血,京师民家平旦开门,弃恶秽于沟中,争来唉尽,人不见之,其成精魅盖以此。

《万历野获编》卷二八《京师狐魅》也有同样说法:

> 问之故老云,京师无厕,居者以妇人月水弃之地,狐窃食之,遂能幻化百出。成千年狐,为玄为白,不可问矣。然闻先朝驸马都尉赵辉者,尚太祖第十六女宝庆公主,生平嗜饮女子月经,寒暑不辍。凡为禁脔者六十九年,寿百余岁,直至成化间始卒。则狐与人俱得此药力,似不诬矣。今世皆重红铅,亦炼童女经事为药进之,不特士人为然。即嘉靖中邵、陶、顾、盛之徒,咸以此致三公六卿,想亦因赵辉多寿,仿其遗意耶?

狐食月经幻化,这种说法流行于北京,是由食月经长生的道教邪说生发出来的。道教称女人月经水为"红铅"。道教以铅汞炼丹,认为月水功同铅汞,饮之可助内炼,故称"红铅"。李时珍《本草纲目》卷五二《妇人月水》云:"今有方士邪术,鼓弄愚人,以法取童女初行经水服食,谓之先天红铅。巧立名色,多方配合,谓《参同契》之金华、《悟真篇》之首经,皆此物也。愚人信之,吞咽秽滓以为秘方,往往发出丹疹,殊可叹恶。按萧了真《金丹诗》云:'一等旁门性好淫,强阳复去采他阴。口含天癸称为药,似怎迦沮枉用心。'呜呼!愚人观此,可自悟矣。"李时珍不信这一邪说,所以在释月经之名时说:"邪术家谓之红铅，谬名也。"他虽也相信月水可用于治病，但绝不相信红铅补阳，故而凡"红铅方"一概不录。

嘉靖皇帝酷嗜道教，道教之徒纷纷以黄白术、扶鸾术、召鹤术、房中术以及童女天癸炼丹术希上邀宠。沈德符所提到的邵（元节）、陶（仲文）、顾（可学）、盛（端明），就是这种人。《万历野获编》卷二一《秘方见幸》及《进药》记载，此四人均以献房中秘方、秘药得幸世宗。邵、陶所进方药即为"红铅"，"取童女初行月事炼之如辰砂"；顾、盛所进之药为"秋石"，"取童男小遗去头尾炼之如解盐"。此二法在京城十分流行，"士人亦多用之"。这些丹药标榜可以长生，其实都是发情助兴的春药，"不过供秘戏耳"。在这种道教邪说十分盛行的情况下，明代狐文化受到严重侵蚀，于是便有狐食月水而化形以及采补修仙之说。到清代仍行狐仙采补之说，只是受到否定，而食月水幻化之说则销声敛迹了。

# 三、九尾狐与《封神演义》

九尾狐作为妖邪之物，明初刘基《郁离子》卷上《九尾狐》曾有描写：

> 青丘之山，九尾之狐居焉。将作妖，求髑髅而戴之，以拜北斗，而徼福于上帝。遂往造共工之台，以临九丘。九丘十薮之狐毕集，登羽山而人舞焉。……行未至阏伯之墟，猎人邀而伐之，攒弩以射其戴髑髅者。九尾之狐死，聚群狐而焚之，沮三百仞，三年而臭乃熄。

刘基这篇寓言托九尾狐讽刺邪佞徼福之徒，九尾狐的妖物之性非常突出。明初李昌祺《剪灯余话》卷三《胡媚娘传》描写妖狐胡媚娘被道士所伏，所书檄文中有"九尾尽诛，万劫不赦"语，分明也视九尾狐为胡媚娘一流。

元代讲史话本《武王伐纣书》将九尾狐与妲己联系起来，九尾狐与妲己互为一体，九尾狐的妖性得到强调，于是便有明初人上述九尾狐之为妖物的认识。

九尾狐与妲己的结合进一步由明代长篇章回小说《封神演义》推向极顶。但在明人其他书籍中，妲己虽被断为狐妖，却并不一准是九尾狐。嘉靖中王三聘所作《古今事物考》卷六《冠服·缠足》说：

> 商妲己，狐精也，亦曰雉精。犹未变足，以帛裹之，宫中皆效焉。

明末冯梦龙在《平妖传》第十五回中则把妲己说成玉面狐狸精。这些说法都没有沿袭《武王伐纣书》，而《封神演义》写妲己则独取《武王伐纣书》之九尾狐之说，于是使得古老九尾狐的妖化在明世大大发扬了，而妲己之为九尾狐也愈发深入人心。至于妲己为雉精之说，虽然清代褚人获《坚瓠广集》卷二《人为物精》仍称"妲己雉精"，但终究敌不过九尾狐狸精之说而湮没无闻。不过《封神演义》也没有放过雉精这个题目，创造了另一个女妖精——九头雉鸡精。

《封神演义》别称《封神传》，一百回，作者题许仲琳，孙楷第《中国通俗小说书目》考为明人陆

明万历金阊舒载阳刊本《封神演义》
第四回《恩州驿狐狸死妲己》插图

长庚作。《封神演义》的创作年代，鲁迅在《中国小说史略》第十八篇《明之神魔小说（下）》中断为隆庆、万历间作品，时当明代中期。

《封神演义》第一回《纣王女娲宫进香》说，女娲娘娘因为恼恨纣王题诗相戏，便令轩辕坟千年狐狸精、九头雉鸡精、玉石琵琶精三妖"隐其妖形，托身宫院，惑乱君心"，以断送成汤六百年江山。第四回《恩州驿狐狸死妲己》写冀州侯苏护送女妲己入宫为妃，夜宿恩州驿，妲己魂魄被千年狐狸吸去，千年狐狸遂借体为形，变成妲己。这一节是袭取了《武王伐纣书》的情节。但以上都称为"千年狐狸"，第五回《云中子进剑除妖》也只说"此畜不过千年狐狸"，"千年老狐，岂足当吾宝剑"，均未言其九尾。直到第九十六回《子牙发柬擒妲己》，写杨戬

三人战三妖，才说妲己是九尾狐狸精，第九十七回《摘星楼纣王自焚》也说："杨戬解九头雉鸡精，雷震子解九尾狐狸精，韦护解玉石琵琶精同至帐下。"又说："你是九尾狐狸，在恩州驿迷死苏妲己，借窍成形，惑乱天子。"后文的九尾之说乃是对前文"千年狐狸"说法的补充，妲己的真形是千年九尾狐狸精。

九尾狐狸精妲己入宫后，又招来轩辕坟的"义妹"九头雉鸡精化作胡喜媚一同惑乱纣王。胡喜媚之名其实暗含着"狐魅""狐媚"的意思，她是妲己的影子。妲己既以苏为姓，便将狐妖的通姓派给雉鸡精了。三妖之一的玉石琵琶精本来已被姜子牙用三昧真火烧出原形，妲己向纣王讨去放在摘星楼，五年后返本还元，又化作王贵人，也成为妲己惑乱纣王的帮凶。与《武王伐纣书》相比，《封神演义》在九尾狐之外又增二妖，这二妖其实都是妲己形象的补充，强化她的危害性。

九尾狐妲己在纣王宫做尽坏事。作为狐妖，她经常化现原形噬食宫人，曾被黄飞虎发现；而作为王妃，她百般蛊惑纣王沉迷于酒色，"朝纲不整，任意荒淫"（第十七回《子牙出关隐磻溪》），而且用种种骇人听闻的残酷手段杀害大臣、后妃、宫人及平民百姓。第九十七回《摘星楼纣王自焚》写姜子牙叱责妲己道："你岂可纵欲杀人，唆纣王造炮烙，惨杀忠谏，治虿盆荼毒宫人，造鹿台聚天下之财，为酒池肉林，内官丧命，甚至敲骨看髓，剖腹验胎？此等惨恶，罪不容诛，天地人神共怒，虽食肉寝皮，不足以尽厥辜。"第九十五回《子牙暴纣王十罪》

清代《封神真形图》妲己像

子牙宣布纣王十大罪状，诸如对皇后剜目烙手，赐死太子，炮烙大臣，杀戮诸侯，设虿盆吞官人肉，造鹿台积天下财，欺臣妻摔贵妃而致其死于非命，斫胫刳胎，暗纳喜媚昼夜宣淫等，其实也都是对妲己罪行的宣判。

在作者笔下，商纣王的本质并不那么坏，所谓"才兼文武"（第九十七回），而且外有忠臣良将之佐，内有贤后淑妃之助，成汤天下本来太平无虞。纣王之所以成为"古来惨恶独君深"的"无道昏君"，断送了成汤六百年江山，乃是"只因三怪迷真性"（同上），是妲己的"狐媚"迷惑了他。为了强调妲己的惑人魅力，作者特地用浓彩重笔描写了斩妲己一节，较之《武王伐纣书》的粗略描写，把妲己临刑犹逞娇作媚描绘得淋漓尽致：

只见三妖推至法场，雉鸡精垂头丧气，琵琶精默默无言，惟有这狐狸精乃是妲己，他就有许多娇痴，又连累了几个军士。话说那妲己绑缚在辕门外，跪在尘埃，恍然似一块美玉无瑕，娇花欲语，脸衬朝霞，唇含碎玉，绿蓬松云鬓，娇滴滴朱颜，转秋波无限钟情，顿歌喉百般妖媚，乃对那持刀军士说："妾身系无辜受屈，望将军少缓须臾，胜造浮屠七级。"那军士见妲己美貌，已自有十分怜惜，再加他娇滴滴的叫了几声将军长将军短，便把这几个军士叫得骨软筋酥，口呆目瞪，软痴痴瘫作一堆，麻酥酥痒成一块，莫能动履。只见行刑令下："杨戬监斩九头雉鸡精，韦护监斩玉石琵琶，雷震子监斩狐狸精。"三人见行刑令下，喝令军士动手。杨戬镇压住雉鸡精，韦护镇压住琵琶精，一声呐喊，军士动手，将两个妖精斩了首级。……杨戬与韦护上帐报功，只有雷震子监斩狐狸精，众军士被妲己迷惑，皆目瞪口呆，手软不能举刀。雷震子发怒，喝令军士，只见个个如此。雷震子急得没奈何，只得来中军帐报知，请令定夺。……子牙命："将行刑军士拿下，斩首示众。"复命杨戬、韦护监护。二人领命，另换了军士，再至辕门。只见那妖妇依旧如前，一样软款，又把这些军士弄得东倒西歪，如痴如醉。二人商议曰："这毕竟是个多年狐狸，极善迷惑人，所以纣王被他缠缚得迷而忘返，又何况这些愚人哉！我与你快去禀明元帅，无令这些无辜军士死于非命也。"杨戬道罢，二人齐至中军帐来，对子牙如此如彼说了一遍，众诸侯俱各惊异。子牙对众人曰："此怪乃千年老狐，受日精月华，偷采天地灵气，故此善能迷惑人。待吾自出营去，斩此恶怪。"子牙道罢先行，众诸侯随后。子牙同众诸侯门弟子出得辕门，见妲己绑缚在法场，果然千娇百媚，似玉如花，众军士如木雕泥塑。子牙喝退众士卒，命左右排香案，焚香炉内，取出陆压所赐葫芦，放于案上，揭去顶盖，只见一道白光上升，现出一物，有眉，有眼，有翅，有足，在白光上旋转。子牙打一躬："请宝贝转身。"那宝贝连转两三转，只见妲己头落在尘埃，血溅满地。诸侯中尚有怜惜之者。

妲己之惑人，靠的是美和媚，这是一种极为强大的诱惑力量，军士迷而不能举刀，诸侯迷而怜香惜玉，难怪纣王竟为她丢失了天下。

《封神演义》中九尾狐狸精妲己的形象是极具意味的。从狐妖这一层面上看，她把淫妇型狐妖媚人的狐媚观念推向极致。在此之前，从没有任何狐妖具有如此大的魅惑力，能产生如此大的危害性，所谓"狐狸听旨施妖术，断送成汤六百年"（第一回）。因此可以说，在淫妇型狐妖中，妲己乃是千古第一狐狸精。而从社会文化层面上看，她又把"从来女色多亡国"（第三回《姬昌解围进妲己》）的女色禁忌观念、女色亡国观念推向极致。因此又可以说妲己乃是千古第一恶妃。总之，妲己形象是多种文化符号的汇集点，阿紫原型的发展终极，九尾狐观念的发展终极，狐媚观念的发展终极，女色禁忌观念和女色亡国观念的发展终极，都被集中在妲己身上。从此在狐妖系统中，妲己形象奠定了九尾狐狸精的基本特征，即雌化和高度的惑人性。

崇祯间碧山卧樵《幽怪诗谭》卷六《瓜步娶耦》写洪武中窦明于瓜步遇媚娘拜月，悦而娶之生子，张真人过其宅见妖气甚重，挥剑斩之，乃一九尾狐。

这则小说可说是明代九尾狐故事的余波。虽说媚娘原本可以规规矩矩为人妻人母，但之所以难逃厄运，只因为九尾狐妖气太重。

清代小说《狐狸缘》中的狐妖玉面仙姑也是一只九尾玄狐，妖性十足。晚清小说《九尾狐》中娼妓胡宝玉号九尾狐，第一回《谈楔子演说九尾狐》中有一段话说：

> 盖狐性最淫，名之曰九尾，则不独更淫，而且善幻人形，工于献
>
> 媚，有采阳补阴之术，比寻常之狐尤为利害。

这可以说是给九尾狐的妖性作出了一个概括。因此不惟妓女之流被目为九尾狐，像《金瓶梅》第七十五回《因抱恙玉姐含酸，为护短金莲泼醋》吴月娘骂潘金莲"他是那九条尾的狐狸精"；李渔所写戏剧《凰求凤》第十五出《姻诧》中，女旦曹婉淑把自己的情敌乔梦兰也骂作九尾狐，她在〔锦渔灯〕中唱道："轻佻子（按：指吕曜），平白地将人凌践。我是个贞洁女，甚来由受此奇冤。一定是九尾狐狸肆野禅，引你做薄幸子把心偏。"——"九尾狐狸精"可算是对女人最刻毒的咒骂了。

# 四、明代狐妖小说《三遂平妖传》

以狐妖为主角的第一部长篇通俗小说是《三遂平妖传》，四十回，简称《平妖传》。元末明初罗贯中作有《三遂平妖传》二十回，冯梦龙改编为四十回。据张无咎序所云"书已传于泰昌改元之年"，明光宗泰昌元年（1620）前冯氏改编本已经成书，并且刻版传世，因此冯本《平妖传》当成于万历后期。

金陵世德堂刊罗贯中编次
二十回本《三遂平妖传》

清初刊墨憨斋批点
《三遂平妖传》目录

194

罗本所谓"平妖"之"妖"是指圣姑姑、左黜、胡永儿一干妖人用左道邪术佐贝州王则造反，冯本之"妖"自然有妖人、妖术之谓，但亦谓妖精——圣姑姑等三人都是狐妖。这样就把《平妖传》由一般意义的"妖术"小说变成一部描写狐妖作乱的狐妖小说。

小说第三回《胡黜儿村里闹贞娘，赵大郎林中寻狐迹》开头一段写道：

横生变化亦多途，妖幻从来莫过狐。

假佛装神人不识，何疑今日圣姑姑。

话说诸虫百兽，多有变幻之事，如黑鱼汉子，白螺美人，虎为僧为姬，牛称王，豹称将军，犬为主人，鹿为道士，狼为小儿，见于小说他书，不可胜数。就中惟猿、猴二种，最有灵性，算来总不如狐成妖作怪，事迹多端。这狐生得口锐鼻尖，头小尾大，毛作黄色。其有玄狐、白狐，则寿多而色变也。按《玄中记》云："狐五十岁能变化为人，百岁能知千里外事，千岁与天相通，人不能制，名曰天狐。性善蛊惑，变幻万端。"所以从古至今，多有将狐比人的。如说人容貌妖娆，谓之狐媚；心神不定，谓之狐疑；将伪作真，谓之狐假；三朋四友，谓之狐群。看官，且听我解说狐媚二字。大凡牝狐要哄诱男子，便变做个美貌妇人；牡狐要哄诱妇人，便变做个美貌男子。都是采他的阴精阳血，助成修炼之事。你道什么法儿变化？他天生有这个道数，假如牝狐要变妇人，便用着死妇人的髑髅顶盖，牡狐要变男子，也用着死男子的髑髅顶盖，取来戴在自家头上，对月而拜。若是不该变化的时候，这片顶骨碌碌滚下来了；若还牢牢的在头上，拜足了七七四十九拜，立地变作男女之形。扯些树叶花片遮掩身体，便成五色时新衣服。人有见他美貌华装，又自能言美笑，不亲自近，无不颠之倒之。除却义夫烈妇，其他十个人倒有九个半着了他的圈套，所以叫作狐媚。不止如此，他又能逢僧作佛，遇道称仙，哄人礼拜供养，所以唐朝有狐神之说，家家祭祀，不敢怠慢。当时有谚曰："无狐不成村。"此虽五代时消息[①]，然其种至今未绝也。

这段文字可说是狐妖总论，大都袭取自《太平广记》所载狐事，诸如《玄中记》《酉阳杂俎》《朝野佥载》等书所议尽数采入。冯梦龙曾熟读《太平广记》，他还编过《太平广记抄》，序称"自少涉猎，辄喜其博奥……芟繁就简……定为八十卷"。其中的大量狐妖故事，他是十分熟悉的。他在《醒世恒言》中，曾把《太平广记》卷四五三《王生》（出《灵怪录》，即《灵怪集》）改写为拟话本《小水湾天狐诒书》。署名江南詹詹外史述的《情史》，学者多谓詹詹外史即冯梦龙的另一别号，书中所载狐事，亦多采《太平广记》。可以说冯梦龙于精怪独钟狐精，以为"妖幻从来莫过狐"，所以他既要把"平妖"之"妖"坐实为妖精，便选择了狐妖。更何况罗本已有"胡永儿"之名，正好充作狐妖的化名——胡即狐也。而且罗本第五回《胡员外女嫁憨哥，胡永儿私走郑州》描写永儿嫁憨哥的赞词有"妖狐拜月"语，原意用作比喻，也正好坐实胡永儿之为妖狐。

《平妖传》的故事梗概如下：北宋真宗时，安德州雁门山一个大土洞中住着只老白牝狐，"不知年岁，颇能变化"，自称圣姑姑。生下一牡一牝，叫作胡黜儿和胡媚儿。胡黜儿化做秀才勾引猎户赵壹妻，一次在月下戴死人天灵盖拜月化形，被赵壹射中左腿。老狐扮作老丐妇往成都府找名医严半仙求药，被书童推倒在地，半仙诊其脉发现是兽脉。老狐瞒不过，说出原委，半仙说她儿子要成瘸子，女儿有灾死，而她自己"大有道缘"，劝她求师访道，脱离苦厄。老狐讨回九灵续命丹和拔毒膏，如法服治，黜儿保全性命，但变成瘸子，遂改名左瘸儿，又名左黜。老狐携儿女往西岳访道，路经剑门山义勇关王庙，庙主贾

---

① 《太平广记》卷四四七所引《朝野佥载》，有"无狐魅不成村"之谚。《朝野佥载》初唐张鷟撰，并非五代。明末凌濛初《二刻拍案惊奇》卷二九《赠芝麻识破假形，撷草药巧谐真偶》云"宋时有'无狐魅，不成村'之说"，又误为宋人之说，盖因《太平广记》编于北宋。

清风和乜道士都贪恋媚儿美貌，欲与淫通，媚儿设计捉弄二人。左黜行走不便，留下做道士，老狐携女上路。

经武则天墓，老狐梦见武则天，则天说自己修成魔道，将转为男身，媚儿冥数合为其妃。媚儿前身是张六郎，与则天恩情不浅，曾立誓世世为夫妻。则天又说自己当在贝州发迹，二十八年与老狐再次相会，命她修道术以佐。老狐醒后不见了媚儿，只好独自往太华山而去。华阴县巡检杨春得一梵字金经，老狐谎称曾跟普贤菩萨受过十六样天书，并化形普

墨憨斋批点《平妖传》
第一回《授剑术处女下山》插图

贤示现云中，骗得巡检夫妇信任，从此住在杨家，接受供养。

过一年多，泗州迎晖寺蛋子和尚（后又称弹子和尚）持天书来访——天书乃是从云梦山白云洞盗出的袁公天书。圣姑姑识得天书乃如意宝册，中有七十二地煞变法，便派人接来左黜，一同筑坛炼法。经过三年，三人均炼就书符召将及七十二般道法，相约日后会于贝州，分散而去。

胡媚儿当年在武则天墓被风吹走，落在东京雷太监园中，被道士张鸾发现认为侄女，雷太监娶为干妻。媚儿潜入官中，化为官女魅惑太子，被关圣劈死，托生胡员外家为女，名唤永儿。后来胡员外家失火，家道败落。圣姑姑从张鸾处得知永儿下落，来东京授与如意宝册，教她学习道法。永儿嫁给焦员外的傻儿子憨哥，原来贾清风思念媚儿病死，转世为憨哥，重续旧缘。永儿演弄法术

惹出祸端，连累了焦、胡两家，便只身逃走，与圣姑姑、左黜相会。张鸾、圣姑姑先后招得卜吉、任迁、张琪、吴旺，结成包括蛋子和尚在内的妖党，不断在东京骚扰官府。

武则天后身王则在贝州为都排，永儿、圣姑姑往贝州见之，说其起事，永儿嫁给王则。王则等在贝州造反，杀死州官，占据贝州城。王则自立为永平郡王，封永儿为皇后，左黜为国舅，张鸾为丞相，卜吉为大将军，蛋子和尚为国师。永儿攻打州县掠得小厮王俊，收为义子，与他私通，王俊每见有美男子便进与永儿行乐。王则也到处抢掠民间妻女，贪色恣欲。蛋子和尚知王则久后必败无成，不辞而去。

宋仁宗命文彦博讨王则，张鸾劝王则请罪归降，与徒卜吉往天台山修道。圣姑姑、永儿、左黜屡行妖法，文招讨不能胜。蛋子和尚得九天玄女娘娘所传天罡破邪术，依其吩咐化形为老僧诸葛遂智，助文招讨破掉圣姑姑白马迷军阵。打更军士马遂奉彦博命诈降王则，破了张琪妖术，马遂被杀。宋将李遂与诸葛遂智指挥掘手打地洞直入贝州城，宋军入城生擒王则、永儿。左黜欲变诸葛遂智模样入宋营害文招讨，被九天玄女娘娘用照妖镜照出原形，与永儿均被天雷震死。王则一干妖人被斩。圣姑姑也被玄女娘娘收服，下入天狱，赖众天狐保奏，罚在白云洞替白猿神看守天书。

关于王则起义，《宋史》卷二九二《王则传》有详细记载，称之为"妖人"，罗贯中写王则妖党妖术，正承此而来。冯梦龙进而将圣姑姑母子三人写成狐妖，而且又把妖党头目王则说成是"人中之狐"武则天后身，这样"狐中之人"圣姑姑和"人中之狐"王则的配合，无疑加重了全书内容的妖气，注入更为强烈的克邪制妖的含义。

从狐妖系统来考察，圣姑姑、左瘸儿、胡媚儿三妖的形象，集中了古来有关狐妖的种种观念。我们已经说过，在第三回开头的狐妖总论中，冯梦龙把历代狐妖观念尤其是唐人的狐妖观念作了集中、概括和发挥，圣姑姑等三人就是这些观念的具体化和形象化，而且还显示着更为丰富的内容。

圣姑姑三狐精通法术，属于术狐一系，是唐代术狐的发展。圣姑姑说："我等身无道术，只是装点人形，幻惑愚众，少不得数有尽时。"因此一心去"寻师访道"（第五回《左黜儿庙中偷酒，贾道士楼下迷花》）。后来通过蛋子和尚得到白云洞天书，炼成地煞变化之术，终于成为法力广大的道术之狐。这白云洞天书，显然有着唐人小说盛传的"狐书""天符""通天经"的影像，是所谓"狐书"观念的发展。

圣姑姑是狐妖之首，她是一只"老白牝狐"（第三回），属白狐系列。虽是妖化后的白狐，但仍透着不凡的特性。在未得天书之前，她已善变幻，最拿手的是幻化普贤菩萨惑众，对此第七回写道：

> 只见东南方五色祥云一朵，冉冉而来。云中现一位菩萨，金珠璎珞，宝相庄严，端坐在一个白象身上。……说话的，这云端里的菩萨是谁？就是圣姑姑变来的。

这一情节是从唐小说袭来的，唐小说多有狐化菩萨乘云的描写。圣姑姑后来还照此变过两次（第十二回《老狐精挑灯论法，痴道士感月伤怀》，第四十回《潞公奏凯汴京城，猿神重掌修文院》）。她经常以普贤菩萨形象出现，不是突出她的佛性，而是突出她与左黜、媚儿不同的，与其名号"圣姑姑"相协调的"圣"性。这一"圣"性更突出地表现为她的"天狐"特征。第七回说圣姑姑"这老狐精多曾与天狐往还，果然能辨识天书"，她不仅识得梵字金经，更能识得白云洞天书。后来她道性极深，已成天狐，第四十回说："圣姑姑多年修炼，已到了天狐地位。"因此，把她降伏的只能是九天玄女娘娘和白猿神袁公。她被降伏后，"天官十万八千听差的天狐，齐来殿下叩头，都替圣姑姑认罪求饶"，终于使"玉帝降旨，许他不死，权且发下天狱"。王则妖党平定之后她被罚在白云洞替白猿神看守天书，"落得饱看天书"——结局不算糟糕。这和唐人天狐观念一致，因为天狐是不能杀掉的。唐代流行天狐信仰，以后不再在民间流行，但天狐及天狐观念却被冯梦龙所吸收，圣姑姑可说是明代最为突出的天狐形象。

胡媚儿和左瘸儿的形象，既是术狐观念的发展，也是古老的淫狐观念的发展。胡媚儿重现着阿紫原型，左瘸儿重现着"雄狐"原型。胡媚儿，狐媚也，其主要特征是"媚"，即以美色媚人。如果说她媚贾道士、亿道士还只是自卫手段的话，那么她后来媚太子、媚王则及淫乱宫闱则完全是媚性、淫性的表现。第十五回书《雷太监馋眼娶干妻，胡媚儿痴心游内苑》描写媚儿潜入皇宫欲媚皇太子而被关圣斩掉：

原来这去处叫作资善堂，是皇太子读书之所。这皇太子生性聪明好学，虽然夜深，兀自秉烛而坐。几个内侍们四下倚台靠壁，东倒西歪，都在打瞌睡。媚儿道："此机失了，更待何时？"便从窟窿中飞身而下。瞧见后堂几个老宫人守着茶炉，在那里煎茶，桌上摆着剔漆茶盘及银碗金匙之类。媚儿去了兜头布儿，把嘴脸一抹，变做年轻美貌一个绝色的宫娥。忽地偷得来一个茶盘，一个银碗，吐些涎沫在内，吹口气，变成香喷喷的热茶。原来<u>狐涎是个媚人之药</u>，人若吃下，便心迷意惑。不拘男女，一着了他道儿，任你鲁男子，难说坐怀不乱，便露筋祠中的贞女，也钻入帐子里来了。媚儿捧了茶盘，妖妖娆娆的走出后堂，恰待向前献与皇太子，忽见皇太子背后闪出一尊神道。……这尊神正是义勇武安王馘魔上将关圣。从来圣天子百神呵护，这日正轮着关圣虚空护驾，见媚儿施妖逞幻，看看上交了，圣心大怒，便显出神威，将青龙偃月刀从头劈下。媚儿大叫一声，撇了茶盘，望后便倒。皇太子听得狐噪，吃了一惊。内侍们都惊醒了，携着画灯四处照看。只见一个牝狐，头脑迸裂，死于地下。衣服如蝉蜕一般，褪在一边。

就中对狐涎的描写，殆本宋人之说。唐有媚珠惑人之说，宋人不言媚珠而独举狐涎。南宋曾敏行《独醒杂志》卷七云：

祥符中，汀人王捷有烧金之术……时人谓之王烧金。捷能使人随所思想，一一有见，人故惑之。大抵皆南法以野狐涎与人食而如此。其法以肉置小口罂中，埋之野外，狐见而欲食，喙不得入，馋涎流堕罂内，渍入肉中。乃取其肉曝为脯末，而置人饮食间。又闻以狐涎和水颒（按：音会，洗脸）面，即照见头目，变为异形，今江乡吃菜事魔者多有此术。

取狐涎之法与《广异记》所记取媚珠之法相近。《广异记》称狐沫涎久则吐珠，媚珠本属虚妄，但狐涎实有，所以宋代民间也相信狐涎具有魔力。从《独醒杂志》所记看，南宋江南地区的吃菜事魔常行狐涎之术。吃菜事魔即明教，由原兴起于波斯的摩尼教演化而成，因为禁肉食，首领称作魔王，故而称吃菜事魔，又称事魔食菜，方腊即利用此教发动起义①。明教行狐涎术，是认为狐涎可以使人"随所思想，一一有见"，或者是"照见头目，变为异形"，就中无涉性事，与媚珠之效不同。冯梦龙采宋人狐涎之说，却用为媚人之药，就是说狐涎可以催人情欲，使人迷惑不能自制。《二刻拍案惊奇》第二十九回《赠芝麻识破假形，撷草药巧谐真偶》中"灵狐三束草"故事说狐"性极好淫，其涎染着人，无不迷惑"，也是同样说法。《平妖传》写媚儿用狐涎来媚太子，无疑是强化媚儿的"狐媚"本质。

第三十五回《赵无瑕拼生给贼，包龙图应诏推贤》前文描写永儿淫乱官中：

话说胡永儿先前引兵攻打州县之时，军中掳掠得人口，内中有个小厮，生得十分清秀。永儿一见便喜……看了粉妆玉琢这般个小厮，能不动情？这小厮竭力奉承，争奈永儿淫心荡漾，不满所欲。这小厮乖巧，但出外见个美男子，便访问他姓名，进与永儿。永儿自会法术，

---

① 参见南宋方勺《泊宅编》卷五《青溪寇轨》、庄绰《鸡肋编》卷上。

便摄他到伪宫中行乐。中意时多住几日，不中意时就放他去了。

永儿招外间美男入宫行乐，乃是历史上许多后妃贵妇的秽行，可以说不绝书记。例如《晋书》卷三一《惠贾皇后传》就记载老妪引小吏入密室与贾后共寝。这里加到永儿身上，自然可以突出永儿作为雌狐后身的淫性淫行。但永儿（亦即媚儿）这一"狐媚"形象不同于一般的阿紫型狐妖。媚儿十分向往狐精妲己，她说："同一般狐媚，他能攘妲己之位，取君王之宠。我之灵幻，岂不如他乎？"（第十五回）她梦见自己选入皇宫，蒙受宠爱，册为皇后，果如妲己一般。这里，后来果真成为"王家后"的永儿（媚儿），显然就是在世的妲己。小说还说她前世是武则天宠臣张六郎，而武则天后身乃为王则。她成为胡永儿后做了王则的皇后，分明又是在世的武则天。第六回《小狐精智赚道士，女魔王梦会圣姑》写武则天对圣姑姑说"卿乃狐中之人，朕乃人中之狐"。武则天被视为妲己一流人物，狐媚惑主。"王家后"胡永儿恰正是"狐中之人"和"人中之狐"的巧妙结合，是阿紫淫狐与武则天的巧妙结合。因此，胡媚儿亦即胡永儿的形象实际概括着所谓亡国"祸水"的本质特征。

就小说创作来说，胡媚儿这一妖狐形象是狐精妲己的再现，至于武则天这一"人中之狐"并没有任何小说把她写成是狐狸精，只有《镜花缘》说她是心月狐下凡①。为此，《平妖传》第十五回特地通过瞿瞎子说平话讲述了妲己的故事：

说起来妲己是纣王聘来的一个美人，迎至中途，一阵狂风，天昏地暗，从人都惊倒了。风过处，挣扎起来看时，只有妲己端坐不动。纣王道他有福分，立为正妃，十分宠幸。却不知那妲己已不是真的，是个多年玉面狐狸精，起这阵怪风，摄了美人开去，自己却变做他的

---

① 见第三回《徐英公传檄起义兵，骆主簿修书寄良友》。

模样，百般妖媚，哄弄纣王。纣王只为宠了这个妃子，为长夜之饮，以酒为池，以肉为林，诛杀谏臣，肆行无道。其时万民嗟怨，惹起周武王兴师伐罪，破纣王于牧野，杀妲己于宫中。

媚儿、妲己俱为狐妖，俱"百般妖媚"，俱"肆行无道"，俱惹来正义之师伐罪，弄得国破人亡。媚儿形象内涵全同《封神演义》之妲己，大凡"人中之狐"惑君媚主，国家必定完蛋。而且有意思的是，由作为老狐精之女的胡媚儿到作为胡员外之女的胡永儿，经历了由狐到人的变化，媚儿是"狐中之人"，永儿是"人中之狐"，人狐二位一体，于是媚儿—永儿形象便从女狐媚人和后妃惑君两个角度揭示着"狐媚"概念的双重内涵。

顺便说，妲己被说成是玉面狐狸精，这和《武王伐纣书》《封神演义》的九尾狐狸精不同。瞿暹子所说为平话，我们相信在明世的说书中会有这种说法，玉面狐狸精之说也来源于民间说书，与《武王伐纣书》一样。《西游记》描写过玉面狐狸精——牛魔王的宠妾。玉面狐狸精是雌狐妖的一个特殊类型，玉面强调其色之美，色美则媚人愈烈。因此，把妲己说成玉面狐狸精，倒也妥帖。

左瘸儿作为"雄狐"类型，性淫特征也被加以强调。在三狐中他是第一个露面的，一露面便是"变做个俏秀才模样，穿一身齐整的衣服"，勾引猎户赵壹那位"颇有颜色"的娘子。为此还吃了一箭，变成拐子。封为国舅后邪淫之性愈烈，第三十四回《刘彦威三败贝州城，胡永儿大掠河北地》写道：

只左黜原为调戏妇人，被赵大郎一箭射伤左腿，做了瘸子。今日虽然学得一身法术，淫心不改，收纳了十个美女，日夕取乐。又各处自行选取，与王则赌赛的受用。

但总的来看，他在这方面的表现不及胡媚儿突出，这种情形是和狐媚观念的雌化倾向密切相关的。

## 五、玄狐教与闻香教：以狐道设教

《平妖传》写狐妖佐王则作乱，在明代历史上确也有假托狐妖、狐神名义惑众的民间秘密教派。这是狐文化中一种极为特殊的现象。

史学家谈迁在顺治十年至十三年（1653—1656）北游北京，作《北游录》。在书中《纪闻上》记有《玄狐教》一则：

> 《康对山集》云，咸阳、醴泉、三原、三水、淳化、高陵处处有之，但不若泾阳之多耳。此教风行二十余年。妖师所至，家家事若祖考，惟其所命，极意奉承。一饮一馔，妖师方下箸入口，其家长幼老小，即便跪请留福，夺去自食。至于退处空室，则使处女少娟次第问安，倘蒙留侍枕席，即为大幸有福云云。按今闻香教即狐妖也。天启间盛行，致徐鸿儒之乱。近有长生教，但斋素默坐，男女淆杂。立庙于临平（原注：仁和县），最闳丽，余见于各乡者不一。吾里有少妇往海盐，四人舁之，值犷骑，谓："彼佛耶？我当射之。"不动。方弯弧，其妇遽下舆而走，被污久之。愚俗冀福，诳于妖师，可叹也。

明代民间秘密宗教会派十分活跃，教派林立，风行天下。其中最大的是白莲教，支派极多。据濮文起《中国民间秘密宗教》[1]一书介绍，主要有无为教、

---

[1] 濮文起《中国民间秘密宗教》，浙江人民出版社，1991年。

黄天道、西大乘教、东大乘教、红阳教、龙华会、长生教、龙天教、棒槌会等。《北游录》提到的闻香教，即东大乘教。这些民间教派与正统佛教、道教相对立，并极大地破坏着统治秩序，经常发动起义和暴乱，因此被统治阶级视为"妖教""邪教""左道""妖人"，一直是重点打击对象。

民间宗教和一切宗教一样，都是"以神道设教"的，信仰和崇拜鬼神仙佛，教主会首亦往往自称为神灵的化身。东汉末年，五斗米道创始人张陵的孙子张鲁，"以鬼道教民，自号师君"，"雄据巴汉垂三十年"①。张鲁所传五斗米道称为"鬼道"，初入教的信徒称为"鬼卒"，显见是以具有超自然力既能致病又能消灾的鬼神为崇拜对象的。东晋孙恩奉五斗米道，"愚者敬之如神"，党徒号"长生人"，孙恩兵败投水自杀后，信徒说他做了"水仙"②，显然又是以仙道设教教民的。明代民间秘密宗教也是这样。据《中国民间秘密宗教》，从明初以来，许多白莲教支派都崇奉弥勒佛，妄称弥勒佛下凡降生，"聚众作乱"，教主常自称弥勒化身。永乐年间山东蒲台唐赛儿传习白莲教，"自号佛母"。正统中汝州人张端"假佛法煽众"，推张清为主，谓为"紫微星降生"。西大乘教以无生老母为崇拜对象，教主称吕菩萨、吕姑，乃无生老母化身。红阳教则崇拜混元老祖，而以无生老母为混元老祖之妻。如此等等，不一而足。就白莲教的产生来看，白莲教乃是佛教的民间变种，故而常以佛法惑众，鼓吹弥勒降生，但其中又掺混着道教内容和种种旁门左道，因此崇拜对象纷纭混杂。

《平妖传》所写毋宁是一部白莲"妖教"作乱史。圣姑姑是这一"妖教"的教主，她以普贤菩萨弟子和"女菩萨"自居，显见乃以普贤为信仰对象，她化形普贤示现，亦如白莲教之鼓吹弥勒下凡，"假佛法煽众"。胡永儿、左黜等人撒豆成兵、剪草为马之类的妖术，也分明是白莲教玩弄的所谓"奇门遁甲"之术。《聊斋志异》卷三《小二》就写过赵旺惑于白莲教，徐鸿儒反，一家俱陷为

---

① 《三国志》卷八《张鲁传》。
② 《晋书》卷一〇〇《孙恩传》。

贼，其女小二精通纸兵豆马之术。冯梦龙在写《平妖传》时，投射进去他对明世流行全国各地的白莲教的认识，甚至他把圣姑姑三人写成狐妖，或许也正和白莲教支派闻香教及玄狐教有关。

关于闻香教，《明史》卷二五七《赵彦传》载云：

先是，蓟州人王森得妖狐异香，倡白莲教，自称闻香教主。其徒有大小传头及会主诸号，蔓延畿辅、山东、山西、河南、陕西、四川。森居滦州石佛庄，徒党输金钱称朝贡，飞行筹报机事，一日数百里。万历二十三年，有司捕系森，论死，因贿得释。乃入京师，结外戚中官，行教自如。后森徒李国用别立教，用符咒召鬼。两教相仇，事尽露。四十二年，森复为有司所摄。越五岁，毙于狱。其子好贤及巨野徐鸿儒、武邑于弘志辈踵其教，党徒益众。至是，好贤见辽东尽失，四方奸民思逞，与鸿儒等约是年中秋并起兵。会谋泄，鸿儒遂先期反，自号中兴福烈帝，称大成兴胜元年，用红巾为识。五月戊申陷郓城，俄陷邹、滕、峄，众至数万。……七月，彦视师兖州。……乃筑长围以攻邹。鸿儒抗守三月，食尽，贼党尽出降。鸿儒单骑走，被擒。抚其众四万七千余人。彦乃纪绩，告庙献俘，磔鸿儒于市。鸿儒蹦山东二十年，徒党不下二百万，至是始伏诛。于弘志亦于是年六月据武邑白家屯，将取景州应鸿儒。……为诸生叶廷珍所获，凡举事七日而灭。好贤亦捕得伏诛。

《北游录》所说"今闻香教即狐妖也。天启间盛行，致徐鸿儒之乱"，即是这段史实。王森所创闻香教，属大乘教一支，即东大乘教。之所以称闻香教，《明史》只说"得妖狐异香"，《北游录》也仅称"闻香教即狐妖"，皆语焉不详。记载较详的是明末黄尊素《说略》、岳和声《餐微子集》卷四《妖首王好贤父王森旧招节略》、清初查继佐《罪惟录·列传》卷三一《叛逆列传·王森传》和谷应泰《明史纪事本末》卷七〇《平徐鸿儒》。《说略》云：

> 王森原名石自然，蓟州皮工也。路遇妖狐为鹰所搏，狐求救于
> 森，森收之。至家，狐断尾相谢，传为妖香。凡闻此香者，心即迷
> 惑，妄有所见。森依其术，创为白莲教，自称闻香教主，立大小传头
> 会首名色。

《说略》又载，所救妖狐是一个身不满三尺的老人，他还夜授王森瓣香，说是"持
此可以起家"。凡染香气者，神魂俱醉，无不听其指挥，故又名梵香教。

《餐微子集》云：

> 石自然，改名王森，存日皮匠生理，移在永平府滦州石佛口。……
> 王森于先年间曾路遇妖狐被鹰搏击，口作人言求救，王森收抱回家，
> 遂断尾相谢，传下异香妖术，后称为闻香教主。

《罪惟录》云：

> 会深州人王森，以闻香教起。闻香者，森尝救一妖狐，狐遗其尾，
> 尾香，人乐闻之，咸归森。

《明史纪事本末》云：

> 深州人王森，以救一妖狐，妖狐断尾，令藏之招人。人闻异香，
> 多归附之，号闻香教。

四书记载相同，都是说王森救了一只妖狐，狐自断其尾送给王森，狐尾有

异香，妖狐叫他用狐尾来网罗信徒。这当然是王森编造的妖言，他用来惑众的狐尾随便就可以找到一条，喷上什么香料就行了。王森以此开宗立派，而愚夫愚妇们竟"多归附之"，此中奥妙即在于本是"蓟州皮工"的王森利用了北方民众的一种宗教迷信心理，就是狐神崇拜心理。北方长期流行狐神崇拜，民间视狐为神，既畏惧狐逞妖作祟，又祈盼狐降福消灾。王森编造的那只"妖狐"，在信徒心目中，正是狐王、狐神、狐仙之类。而狐尾是狐体最突出的部分，向有狐重其尾之说，狐神赐其香尾，此尾实可视作狐神之替身。老百姓相信闻狐尾之香，便可以求福得福，所谓"人乐闻之"，缘故即在此处。

王森初入西大乘教，自立教门后自称天真古佛转世，自号法王石佛、石佛祖[1]，这是承袭了大乘教以佛法设教的本义。但同时又搬出狐神，可见同时又是以狐道设教的，遂使闻香教亦即东大乘教成为佛狐混合体。这倒颇像《平妖传》中的圣姑姑，既是狐妖，又称菩萨。王森还利用狐尾搞了些什么名堂，我们不清楚。不过我们看王森、王好贤父子利用教徒所献巨万香金，广置田产，妻妾成群，全不似佛门弟子之清心寡欲，大概也会打出"雄狐绥绥"的性淫理论来作为根据的。

《北游录》所说的玄狐教，是引用康海《对山集》中的文字[2]。康海（1475—1540）号对山，是弘治、嘉靖间人，玄狐教当出现于此时期，比闻香教要早。从教名看，玄狐教是典型的以狐道设教。所崇拜的是玄狐——古老的瑞狐。玄狐教流行于陕西西安以北地区，正对应着古人或以玄狐为北方神狐。可以想象，此教奉玄狐为神，其"妖师"自然是玄狐神化身，可以作威作福，所以"家家事若祖考"。甚至"妖师"可以随意淫人妻女，百姓竟认为是大福大幸之事，求之不得。

以狐道设教看似荒唐，但在古人迷信心理中，狐一旦被当作神来信仰，便

---

[1] 参见《中国民间秘密宗教》，第57页。
[2]《对山集》今传十卷本，中无关于玄狐教的文字。

和菩萨、老君之类别无二致。这种奉妖为神和假妖惑众的现象，并不限于狐妖。明陆粲《庚巳编》卷二《说妖》云，吴俗奉妖神五圣，"一切事必祷"，巫卜乘机愚惑百姓，"动指五圣见责"，而"愚人信之"。又云："又有一老媪，能为收惊见鬼诸法，自谓五圣阴教，其人率与魅为奸云。"这个"五圣阴教"，是以"盖深山老魅山萧木客之类"的五圣为崇拜对象，也分明是以妖道设教的。

## 六、其他明代狐妖小说及戏曲

　　明代文人创作的狐妖小说，我们再谈三种。一种是李昌祺成书于永乐十八年（1420）的《剪灯余话》卷三《胡媚娘传》；一种是凌濛初成书于崇祯五年（1632）的《二刻拍案惊奇》卷二九《赠芝麻识破假形，撷草药巧谐真偶》；一种是也在崇祯间成书的陆人龙《型世言》（又称《幻影》）卷三八《妖术巧合良缘，蒋郎终偕伉俪》。此后江南书商将《型世言》改纂为《三刻拍案惊奇》，署名梦觉道人、西湖浪子，此事在第二十回，回目改作《良缘狐作合，伉俪草能偕》。

　　《胡媚娘传》写新郑驿卒黄兴夜遇一狐戴人髑髅拜月化为美貌少女，哭行道上，自称胡媚娘，父母兄弟俱死寇手，无所依托。黄兴携归，夫妻善视之。进士萧裕新除耀州判官，宿于新郑馆驿，黄兴使媚娘汲水井上，欲诱萧见而爱之。

明正德六年刻本《剪灯余话》卷三《胡媚娘传》插图

210

萧果求为妾，黄大得财礼。抵任后媚娘柔顺贤惠，内外称誉，皆以为"贤妇人"，萧裕颇得其内助。萧出差遇道士尹澹然，澹然说他"妖气甚盛，不治将有性命之忧"。回署后果病，色萎体瘦，医药无效。太守派人请来澹然，澹然结坛书符，召来邓、辛、张三元帅，发雷震死媚娘，现出狐形，人髑髅犹在其首。

这篇小说也许是托狐寓志，讽喻奸邪之徒多伪善惑，所以胡媚娘以"贤妇人"面貌出现，并无恶行，明安遇时《百家公案》第三回《访察除妖狐之怪》中的狐美人，碧山卧樵《幽怪诗谭》卷六《瓜步娶耦》中的九尾狐媚娘也是这种类型。胡媚娘虽无作祟行为，但她的妖气足可为害于人，且由于她貌似"贤妇人"，这种危害就更具隐蔽性。明人陆树声在《毫余杂识》中说：

> 虎狼之暴也，狐之媚也，皆能杀人。然虎狼之杀人也，人知避之；狐之媚以杀人也，人则不知。甚哉！阴柔巧佞之能溺人，而为害巨也。

《胡媚娘传》暗含的正是这一道理。

但从狐形象的创造方面看，读者无法在"贤妇人"和被雷击死的结局之间求得心理平衡——胡媚娘不应落此下场。这里分明存在着观念上的矛盾，即狐之为人的善性和狐之为妖的邪性的矛盾，作者未能沿着前一条线索创造全新的贤狐形象，如任氏一样，而是囿于传统的狐媚观念而置胡媚娘于道士的严惩之下。这表明从本质上看胡媚娘形象仍属民俗宗教态，而非文学审美态，虽说作者从事的是一番文学创造。

《二刻拍案惊奇》和《型世言》中的两篇狐精小说写的都是大别狐的故事。《二刻》本是根据明代"京师老郎"的话本《灵狐三束草》改编的。《型世言》本末有雨侯（陆人龙兄陆云龙的字）评语，云："此事殊不经，然而《鸿书》尝载之。"《鸿书》乃明人刘仲达编。至其原出，则为王同轨《耳谈》卷七《大别狐妖》，詹詹外史《情史》卷一二情媒类亦采之，题《大别狐》。话本《灵狐三束草》可能是据《大别狐妖》而改编。现将《耳谈·大别狐妖》全文引录于下：

　　浙人蒋生，贾于江湖，后客汉阳马口某店。而齿尚少，美丰仪。相距数家，马氏有女，临窗纤姣，光采射人。生偶入，窃见之，叹美销魂。是夜女自来曰："承公重盼，妾亦关情，故来呈其丑陋。然家严刚厉，必慎口修持，始永其好。"生喜逾遇仙，遂共枕席。而口三缄，足不外趾，惟恐负女。然生渐愈瘁。其侪若夜闻人声，疑之，语生曰："君得无中妖乎？"生始讳匿，及疾力，始曰："与马公女有前缘，常自来欢会，非有他也。"其侪曰："君误矣。马家崇墉稠人，女从何来？闻此地凤有狐鬼，必是物也。"因以粗布盛芝麻数升，曰："若来，可以此相赠，自能辨之。"果相授受，而生与狐皆罔然。

　　明日，生亦悟，因迹芝麻撒止处窥之，乃大别山下，有狐轩寝洞穴中。生惧大喊，狐醒曰："今为汝看破我行藏，亦是缘尽。然我不为子厉，今且报子。汝欲得马家真女亦不难。"自撷洞中草，作三束，曰："以一束煎水自灌，则子病愈。以一束撒马家屋上，则马家女病癫。以

尚友堂《二刻拍案惊奇》卷二九插图

一束煎水濯女，则癞除而女归汝矣。"生复大喜。归，不以告人，而自如其言为之。女癞遍体，皮痒脓腥，痛不可忍，日夜求死，诸医不效。其家因书门曰："能起女者，以为室。"生遂揭门书曰："我能治。"以草濯之，一月愈。遂赘其家，得美妇。

生始窥女而极慕思，女不知也。狐实阴见，故假女来，生以色自惑而狐惑之也。思虑不起，天君泰然，即狐何为？然以祸始以福终，亦生厚幸。虽然，狐媒犹狐媚也，终死色刃矣。此天顺甲申年事。

《二刻》本和《型世言》本的基本情节都和《大别狐妖》一致。《二刻》本男女主人公称作蒋生、马云容，《型世言》本称作蒋德休（字日休）、熊文姬。《二刻》本全据《大别狐妖》演义，《型世言》本则改编的幅度要大一些，许多细节与《二刻》本不同。不过小说的主旨大体相近，并无明显的差别。

大别狐具有二重性，一重是惑人致病，这是古来狐媚观念的反映；另一重是它赠草报恩，乃又显出善性。《二刻》本有这样一段话：

天地间之物，惟狐最灵，善能变幻，故名狐魅。北方最多，宋时有"无狐魅不成村"之说。又性极好淫，其涎染着人，无不迷惑，故又名狐媚，以比世间淫女，唐时有"狐媚偏能惑主"之徼。然虽是个妖物，其间原有好歹。如任氏以身殉郑六，连贞节之事也是有的。至于成就人功名，度脱人灾厄，撮合人夫妇，这样的事往往有之。莫谓妖类，便无好心，只要有缘遇得着。

这里讲的正是狐性的两重性。但前者毕竟是主要方面，《型世言》本即十分强调狐妖的惑人害人性。这集中表现在开头的一段议论中：

刘晨、阮肇天台得遇仙女，向来传为美谈。独有我朝程燉篁①学士，道"妖狐拜斗成美女，当日奇逢得无是"。他道深山旷野之中，多有妖物，或者妖物幻化有之，正如海中，蜃嘘气化作楼阁，飞鸟飞去歇宿，便为吸取。人亦有迷而不悟，反为物害者。……物久为妖，即能作怪，无论有情无情，或有遇之而死，或有遇之而生，或有垂死悟而得生，其事不一，也都可做个客坐新谈，动世人三省。

基于这种认识，所以陆人龙在开场词《阳关引》中告诫读者接受蒋日休"险落妖狐阱"的教训——"为殷勤寄语少年，须自省"，结末又明确揭出"好色之戒"。凌濛初也在小说结末说"狐媒犹狐媚也，终死色刃矣"。——引用《耳谈》的原话戒世警人。

不过小说的"好色之戒"与狐媚"色刃"论被蒋生先遇艳狐再获美妻的"奇偶"艳福冲淡乃至打破了。读了小说的读者大约都会"恨怎生我偏不撞着狐精，得有此奇遇"(《二刻》)——女狐精成为十分可爱的对象。这里表现出两种矛盾：一种是用传统狐媚观念干预大别狐妖这一含有某些新的狐妖观念的狐妖题材而产生的冲突，另一种则是对待女狐的赏玩与禁忌并存的冲突。

还须谈谈传奇戏《蕉帕记》，明单本作于万历年间，共三十六出。明人戏剧中很少涉及狐妖，此剧则以狐妖为女主角，她撮合姻缘，即所谓狐媒，一如大别狐。此狐是西施转世，只因倾覆吴国，天曹罚作白牝狐，居洞府修炼，号霜华大圣。她为炼成神丹成仙，化作胡弱妹与龙骧私会，得其元阳。为报龙生，便施展法术促成二人姻缘。此后又设法使龙生中得状元，并赠龙生遁甲天书，使破金兵。最后她被吕洞宾收为弟子，道号长春子，脱去狐身，成为仙姑。这本戏有浓重的神仙道化剧味道，白牝狐的报恩也被纳入因果——龙生和胡小姐本系王母童子侍儿，因动凡心谪在尘世，王母特使狐精撮合姻眷。这样一来使龙、胡二人悟得前缘，复归正道，二来使白牝狐赎去罪业，得入仙班。

---

① 应作程篁墩，程敏政号篁墩，有《篁墩文集》。

《蕉帕记》得名于戏中"假弱妹芭蕉叶变成罗帕"的情节，即白牝狐化形为胡弱妹，把窗前芭蕉叶变成罗帕，题诗于上，送给龙生，以获取龙生元阳。白牝狐的初始动机在她一出场时就交代得很清楚：

> 妾身生前西施是也，只因倾覆吴国，天曹罚做白牝狐。向居洞府，号作霜华大圣。修真炼形，已经三千余岁。但属阴类，终缺真阳，必得交媾男精。那时九九丹成，方登正果。向来遍觅多人，皆系凡胎俗骨，无可下手。昨见东吴龙骧，美他玉貌冰姿，兼有仙风道骨。尚无妻室，一向飘零，现寓胡招讨宅中。日后数该与他小姐有夫妻之分。我今化作小姐，略施小术，漏他几点元阳，脱此躯壳。然后指点前程，先自撮合姻眷，了完这段因果。（第四出《幻形》）

抛开了完因果的宿命循环不谈，白牝狐的直接目的是采阳补阴以成内丹，也就是唱词中唱的"连宵拜斗魄犹沉，经年炼气丹难就，待借些采战，向何处搜求"。很清楚，白牝狐作为修道求仙的狐妖，她的修炼方法除拜斗炼气外，最终将依赖于采战，这里引进了明人关于狐炼内丹求仙的说法。但白牝狐化作胡小姐与龙生幽会私合，得到龙生"几滴元阳"后，虽然"神丹成就"（第八出《采真》），但并未能脱去狐身成仙。第十九出写她对此所作出的"超悟"：

> 俺家修真三世，练气千年。亏那龙生，已借得些丹头在肚子里了。
> 但仙胎虽结，不得上真点化，怎生脱得这副皮毛？

为此她皈依四仙"求个解脱"，被吕洞宾收为弟子。吕洞宾命柳树精背她到大海洗濯，才"脱了凡胎"（第二十出《脱化》），成为仙姑"长春子"。白牝狐由"霜华大圣"到"长春子"亦即由妖到仙的转化过程，可以说集中了明人的许多修炼理论，如炼气、采战等，但她终赖仙人点化方成正果，这就又否定了有关狐采战炼丹成仙之说。大凡神仙道化剧无论对人对妖最终都由真仙点化得成正果，此剧也是这一路数。但从狐仙观念上看，真仙点化分明是在强调狐之为仙应走仙家正道。汉钟离等四仙教训白牝狐说：

> 再不许傅粉弄蹊跷，拜计逞妖娆。花月场上来撮俏，燕莺群去调包。

用白牝狐自己的话说，这些都是"旁门外道"。因此她才决然"皈依正果"，彻底屏绝了采战之道。这种结局分明是正统道教观念对道教旁门的否定。这种观念后来被吸收进清人的狐仙观念中。《阅微草堂笔记》卷一八《姑妄听之（四）》说狐修炼求仙的最上之途是"调息炼神"，"内结金丹"，并须得到"仙授"——即仙人点化，表达的也正是《蕉帕记》的观念。

顺便说一下，白牝狐被写成西施转世。西施颠覆吴国亦属"祸水"，于是便和妲己、武则天一样，均成为"狐媚"式人物。而白牝狐由媚狐皈依正果，"翻一个偌大的筋斗"，实际上也正是西施的改邪归正。

上述明代几篇小说及《蕉帕记》均以女狐为主角，此外圣姑姑、胡媚儿、妲己等等，也都为女狐，表明女狐成为文学描写的重点。但她们无一是任氏型的，即便是知恩图报的大别狐、皈依正果的白牝狐，也非任氏一脉。这表明唐代已出现的对女狐的审美改造，直到明末仍未在狐文学中形成气候。到清初《聊斋志异》的出现，才使这种局面有了根本改观。

附带谈一下《醒世恒言》第六卷的《小水湾天狐诒书》，这是冯梦龙依据唐代小说《灵怪集·王生》改编的拟话本。故事情节无须介绍，这里只谈两个小问题。一个是野狐精在旅店向王臣骗取被夺走的狐书，正要得手，恰好店主五六岁的小孙子走出来，"小厮家眼净，望见那人是个野狐，却叫不出名色"，冲着爷爷大喊"怎么这个大野猫坐在此"，结果野狐精被王臣拔剑赶走。众人都看不出野狐本相，唯独小孩子"眼净"能够识别，这是何等缘故？在《王生》

原文中，野狐是因为露出狐狸尾巴被店主发现的，冯梦龙有意改掉狐精露尾的老套子，而由"眼净"的小孩子看破本相，这里边应当大有讲究。其中隐含着一种民俗观念，就是儿童具有超凡的视觉特异功能。在《夷坚丙志》卷一《九圣奇鬼》中，薛季宣家请巫治鬼，巫降神将神兵，只有薛季宣的儿子和两个外甥能看见，"而余人不觉"。另外《夷坚志补》卷二三《天元邓将军》写赵善蹈在董松家作法降神治魅，"甥郭氏子，年十一岁，见神人火焰绕身，踞胡床而坐，旁列吏卒"，也是同样的情况。这说明早在宋代已经产生了这种儿童可见神鬼妖魅的民俗宗教观念。但和成人一样同为肉眼凡胎的儿童何以能够独具这种特异功能，此中有什么说法，我们不清楚。大约是因为儿童天性未泯，更具备自然禀性的缘故。

另一个小问题是《小水湾天狐诒书》结末说"所以至今吴越间称拐子为野狐精"。瘸子也叫拐子，但小说中的野狐精只是被王臣射瞎一只眼，并不是射断腿的拐子。其实这里拐子的另一个含义便是骗子，组词有拐骗等词。《初刻拍案惊奇》卷一六《张溜儿熟布迷魂局，陆蕙娘立决到头缘》说："话说世间最可恶的是拐子。世人但说是盗贼，便十分防备他。不知那拐子，便与他同行同止，也识不出弄喧捣鬼，没形没影的，做将出来，神仙也猜他不到，倒在怀里信他。"

# 第七章·清代的狐仙崇拜与狐仙观念

继唐代出现狐文化的第一个兴盛期后，经千余年发展，狐文化在清代出现了第二个兴盛期。清代狐文化是汉唐以来狐文化的集大成，承袭了古来种种狐妖观念、狐神观念和狐仙观念，并予以发展。就中狐仙观念尤为突出，成为清代狐文化最基本的民俗宗教观念，而狐仙信仰和狐仙崇拜也就成为清代狐文化的基本特点。清代小说描写狐妖、狐仙的也极多，数量远远超过往古，狐仙信仰和狐仙观念深刻影响着小说家对狐形象的审美创造。

# 一、狐神向狐仙的转变

这里有必要对狐妖、狐神、狐仙几个概念再作些比较说明。狐妖实际上有广狭二义，广义的狐妖指的是狐的妖精状态，是一个通称、泛称，不具备善恶评价的意义，这一概念等同于狐精。狭义的狐妖则专指作祟祸人者。以往我们在使用"狐妖"一语时，有时用其广义，有时用其狭义，读者自可体味。狐神和狐仙都属于广义的狐妖，是被赋予特定宗教文化含义的两种狐妖。妖之为神是为狐神，妖之为仙是为狐仙。在中国古代宗教文化观念中，神和仙不同。神是最高的超自然体，除人死可以为神外，山川动植的精灵都可为神，大大小小、林林总总的神都具备主宰者的性质。所谓狐神，就是具备超自然力，可以作威作福，因而受到世俗崇拜——常常建祠立龛——的狐中之神。仙是道教特有的观念，是指通过修炼超越肉体生命而长生不死的人，移之于狐，则为狐仙。

清代仍有唐以来流行的狐神之说和狐神崇拜，有关文字记载颇多，例如：

一日，张（张虚一）问胡（胡四相公）曰："南城中巫媪，日托狐神，渔病家利。不知其家狐，君识之否？"胡曰："彼妄耳，实无狐。"……至巫家……张曰："闻尔家狐子大灵应，果否？"巫正容曰："若个蹀躞语，不宜贵人出的。何便言狐子？恐吾家花姊不欢。"（蒲松龄《聊斋志异》卷四《胡四相公》）

女巫郝媪，村妇之狡黠者也。余幼时，于沧州吕氏姑母家见之。自言狐神附其体，言人休咎。凡人家细务，一一周知，故信之者甚众。（纪昀《阅微草堂笔记》卷四《滦阳消夏录四》）

东光马大还，尝夏夜裸卧资胜寺藏经阁。觉有人曳其臂曰："起，起，勿亵佛经。"醒见一老人在旁……曰："我守藏神也。……佛以神道设教，众生或信或不信，故守之以神。……"大还愧谢。因纵谈至晓，乃别去。竟不知为何神，或曰狐也。（同上）

田氏媪诡言其家事狐神，妇女多焚香问休咎，颇获利。（同上卷九《如是我闻三》）

京师都总管庙，其神为狐族之长。吾乡某太史登第时，年甫逾冠，少年选事，戏为文一通，就庙焚之。谓"闻尔族灵与人同，野乘所载仙缘不少，心窃美之。鲰生独居京邸，旷然寡俦，如不以尘俗见弃，愿赐系援。传之后世，亦为美谈"云云。越日薄暮，一叟款关来谒，自言胡姓，"昨蒙垂赐佳文，不以异类见斥，曷胜荣宠。今特送儿女子来，望君始终温煦之，幸甚"。即以手招之曰："来来，儿曹可善事贵人，吾去矣。"……但见粲者林立，九女二男，女固妖娆，男亦婉娈，目炫神摇，不能自主。由此闭门谢客，镇日与群美周旋，颇幸奇遇。（许奉恩《里乘》卷六《吾乡某太史》）

京师西单牌楼有大宅，为狐居之，无赁者。屋主以久失业，怒甚，行而詈狐。是夕，忽失其子。次日，求而得之于此宅。问何以至此，则亦不自知。而其子日就羸瘠，淹淹欲毙。或言东便门楼有<u>狐总管，实司京师狐政</u>，乃具酒食，撰文疏而往诉焉。越数日，往侦空宅，则树上悬一首，似猫而巨，喙较长，盖已为总管所诛矣。<u>狐神鼠圣</u>，亦自有道欤？（俞樾《右台仙馆笔记》卷四）

这几条记载反映出三种情况：一是北京有狐总管庙，士民奉为最高狐神，进行祭供。二是女巫事奉狐神，通过狐神附体的降神形式预言吉凶休咎，民间信奉的人很多。三是有的佛寺以狐神为看守佛经的守藏神。上述现象发生在北京、河北、山东，说明狐神崇拜仍主要流行于北方。

天狐之说清代也有流行，见于书记者颇众，例如：

一女郎年约十六七岁……姓胡名彩云……"实告君，妾乃<u>天狐</u>。……与君有缘，故脑脄相就，非祸君者。"（青城子《志异续编》卷四《陈自明》）

云（香云）固自言是狐，所谓主姑之女子亦狐，而为一山之主者，杜（杜姨）与翠（翠翠）与诸女子，皆狐也，唯太君则<u>天狐</u>矣。（和邦

额《夜谭随录》卷一《香云》)

叶旅亭御史宅，忽有狐怪……叶告张真人，真人以委法官。先书一符，甫张而裂；次牒都城隍，亦无验。法官曰："是必<u>天狐</u>，非拜章不可。"乃建道场七日……乃就擒，以罂贮之，埋广渠门外。(纪昀《阅微草堂笔记》卷一《滦阳消夏录一》)

沧州刘太史果实，襟怀夷旷，有晋人风。……尝买米斗余，贮罂中，食月余不尽，意甚怪之。忽闻檐际语曰："仆是<u>天狐</u>，慕公雅操，日日私益之耳，勿讶也。"(同上卷九《如是我闻三》)

骁骑校萨音绰克图与一狐友，一日，狐仓皇来曰："家有妖祟，拟借君坟园栖眷属。"怪问："闻狐祟人，不闻有物更祟狐，是何魅欤？"曰："<u>天狐</u>也。变化通神，不可思议；鬼出电入，不可端倪。其祟人，人不及防；或祟狐，狐亦弗能睹也。"(同上卷一二《槐西杂志二》)

有学茅山法者，劾治鬼魅，多奇验。有一家为狐所祟，请往驱除。……次日，谢遣请者曰："吾法能治凡狐耳。昨召将检查，君家之祟乃<u>天狐</u>，非即能制也。"(同上卷二〇《滦阳续录二》)

有与狐为友者，<u>天狐</u>也，有大神术，能摄此人于千里之外。凡名山胜景，恣其游眺，弹指而去，弹指而还，如一室也。(同上卷二三《滦阳续录五》)

女哭曰："愚孽哉！实告君，妾上界<u>天狐</u>也。修千年始脱革，功尚亏，不遽弃。……"(宣鼎《夜雨秋灯录》卷八《除三孽》)

（少年客）曰："实告君，我通天狐也。以醉后踏碎天上碧桃花，且狂击通通九灵鼓，惊醒希夷君座下高足二百五十名顽仙，乃谪降人世一纪。……"（《夜雨秋灯续录》卷七《狐侠》）

乌程郑梦白先生祖琛……将至京师，宿于长新店。甫入室，有客求见……客曰："仆天狐也，窃闻天曹之议，世间劫运将至。君此次入都，不久即膺节钺。将来数百万生灵之命，皆在君手，千万留意。"言已不见，先生为敧闷者久之。是岁，即拜陕藩之命，由陕藩迁滇抚，俄移节粤西，而洪秀全之乱起。（俞樾《右台仙馆笔记》卷一一，又载徐珂《清稗类钞》迷信类）

（刘生）闲游旷野，见石窟中卧一物，似猫而巨，毛毵光泽可爱。近前抚之，物酣睡未醒。抱之归，缚以绳。物醒，作人语曰："予天狐也，其事甚忙。偶贪杯酒，误为尔获。速释我，不然两俱无益。"曰："闻狐仙善能致财，厚赠我，则释之。"狐曰："我不敢妄以福泽加人，请与君结为昆弟，有急事，呼我即至，代君分忧，此即所以报厚德也。"……王慨然释之，转瞬不见。次日，王设香酒，如法祈请。飘然自空堕，则白须老叟也，问："何事见召？"王曰："无事，特试之耳。"叟曰："仆奉天职，公务颇繁，殊无暇逸。无要事，切勿妄渎。"拂袖遂去。（李庆辰《醉茶志怪》卷一《狐伏妖》）

此外如屠绅《六合内外琐言》卷三《狐女》、卷一六《行翁》也都提到天狐。

天狐之说兴于晋而盛于唐，唐代形成天狐信仰和天狐崇拜。宋元时期基本销声敛迹，仅明人冯梦龙在《平妖传》、钱希言在《狯园》中描写过，借用的是晋唐旧说。到清代则又有较多的流传。从上述故事看，天狐"奉天职"，可以出入天曹，属于"天上神"，神通广大，一般法力难以制服，这种天狐观念明显也是袭自晋唐。在唐人影响下清代虽有某些天狐信仰，在民俗宗教中却并未形成充分的天狐崇拜，而只是一般的狐神崇拜。

即便是狐神崇拜，也只是前世狐神崇拜的遗存，清代真正盛行的是狐仙信仰和狐仙崇拜。狐仙观念始于唐，但唐代尚无"狐仙"概念。在明代中后期有关狐修炼仙道的观念渐次强化，并且正式出现了"狐仙"概念，到清代终于形成影响日见广泛的狐仙崇拜。"狐仙"成为对狐妖狐精最敬重的普遍称呼，还常称为"上仙""仙家""大仙""圣仙""仙人"等等。如《聊斋志异》卷五《上仙》云"仙人至，则居此"，"上仙最爱夜谈"，卷六《胡大姑》云"上仙有意垂顾"，卷三《狐妾》云"群惮其神，呼之圣仙"，《毛狐》云"既为仙人"，《阅微草堂笔记》卷六《滦阳消夏录（六）》云"勿触仙家怒"，卷一七《姑妄听之（三）》云"乞仙家舍之"，自注："里俗呼狐曰仙家。"淮阴百一居士《壶天录》卷下云"为仙人居"，袁枚《新齐谐》卷三《狐撞钟》云"君为仙人"，慵讷居士《咫闻录》卷二云"大仙黑胡同"，如此不胜枚举。

分析狐神被狐仙取代的原因，大致有以下几方面。

首先，这是道教观念积极干预、渗透狐妖狐神观念的结果。明代道教极为盛行，也极为堕落，内外丹采补等邪说风靡天下，无论在统治阶层、士人社会或是民间都极有市场。狐文化作为妖精文化出现时，已同道教的精怪变化观念紧密相连，在其发展过程中不断受到道教观念的影响，可以说道教观念制约着狐文化的发展走向。明人的狐妖观念中已吸收了道教采补、天癸、内丹种种说法，认为狐通过这些修炼术可以得道成仙。这种观念一经形成，势必形成发展趋势。清代道教虽呈衰微之势，但在民间仍有很大影响，而且不管人们信仰不信仰道教，神仙、修炼等等道教观念已成为文化语境中的常识。这样狐妖的仙化获得了有利时机，狐仙观念的承继和发扬实在是水到渠成的事情。

其次，在宗教观念和世俗情感中，仙和神不同。神栖居于天宫或祠庙中，属冥冥中的神秘力量，就人来说所持态度大抵是"敬鬼神而远之"，缺乏亲近感。仙则反之，人们对仙的情感，亲近多于敬畏。《天隐子·神解》有云："在人曰人仙，在天曰天仙，在地曰地仙，在水曰水仙，能通变之曰神仙。"人仙本来就活动在人群中，地仙、水仙亦近乎人世，天仙也常下凡，这样人仙之间就建立起频繁交往的亲密关系。再者，神性威厉，仙性平和，这也是民众亲仙畏神的缘故。狐与人的关系极为密切，明清流行人狐共居的说法，反映在观念上，便是"狐近人也"，"人物异类，狐则在人物之间"①，认为狐性近于人类。而且，由于世俗审美观念对于宗教妖精观念的干预和反拨，狐妖的作祟性被大大弱化，甚至被美化为善良之物，人狐之间建立起和谐关系。在这种情况下，人们为狐所选择的超自然形象自然是仙人，不再是敬而远之的神祇。

事实上，由于世俗情感向仙倾斜，大凡妖精之属许多都进入仙列，并不限于狐妖。妖的泛仙化，是清代妖精文化的一个显著特点。例如《聊斋志异》有猴仙（卷五《侯静山》），有蟹、蛇、虾蟆"三仙"（卷一一《三仙》）。《醉茶志怪》有狐、蛇、鼠、猬、黄鼠狼"五仙"及鲤仙、槐仙、蝶仙。物皆为仙，这表明清代仙的概念具有普泛性。

第三，由于上述原因，在清代民众的宗教观念中，除少数大神如关圣等外，一般来说仙的地位比神为高。这可以从陆长春《香饮楼宾谈》卷二《湘潭狐》得到证实。姜某问自称"月府仙姝"的狐女："仙与神并称于世，神力之大，无异仙术之奇。卿固为仙人矣，脱有天神降临，与卿比权量力，卿得无畏之邪？"狐女笑道："吾受禄仙坛，功深元妙，何畏龌龊神人哉！"仙人贵于神人，仙术大于神力，故事透露出的正是民间的一般看法。

第四，在宗教理论中仙、神有别，但在民俗观念中却常常不分彼此。仙即神，神即仙，正如佛即道，道即佛一样。《醉茶志怪》卷一《狐伏妖》所写天狐，既说它是"天上神"，又称之为"狐仙"，神、仙所指为一。又卷三《鼠媪》说天津乡下"供五仙像"，而《右台仙馆笔记》卷一三却谓之"五家之神"，《庸庵笔记·述异》谓为"五显财神"；《里乘》卷六说"京师都总管庙，其神为狐族

---

① 《阅微草堂笔记》卷七《如是我闻（一）》、卷一〇《如是我闻（四）》。

之长",下文又说"野乘所载仙缘不少",也是于狐兼称神、仙。清代民间对神和仙不作细辨,而由于仙人之说在文化语境中最为流行,因此,凡神皆可曰仙。明乎此,前边所引述的诸多狐神、天狐,其实也均可称作狐仙。这一情况实际上说明,清代狐神被纳入狐仙系统,狐神被狐仙消融吸收掉了。这也是狐仙取代狐神的一个重要原因。

## 二、狐仙崇拜的表现形式

狐仙崇拜至晚在康熙年间即已盛行，时当清代之初。这在康熙年间蒲松龄《聊斋志异》中有突出反映。

就张友鹤辑校会校会注会评本《聊斋志异》来看，书中所写狐精故事及涉及狐精的故事有七十余篇，占全书五百余篇的近七分之一，数量很大。其中写狐仙的不少。卷一《王成》老妪自称"狐仙"，卷三《狐妾》狐夫人众呼之"圣仙"，《毛狐》呼作"仙人""狐仙"，卷五《上仙》"梁氏家有狐仙"，卷六《马介甫》马介甫自称"狐仙"，卷八《丑狐》丑女自称"狐仙"，卷九《绩女》少女自称"仙人"，《张鸿渐》舜华自称"狐仙"，卷一二《褚遂良》丽人自称"狐仙"。此外，若卷一《娇娜》、卷二《胡四姐》、卷四《辛十四娘》、卷五《荷花娘子》、卷七《阿绣》、卷一〇《真生》《恒娘》等，所写也均为狐仙。

乾隆后期，对狐仙的记载和描写更多。和邦额《夜谭随录》、长白浩歌子《萤窗异草》、袁枚《新齐谐》（原名《子不语》）、纪昀《阅微草堂笔记》、乐钧《耳食录》等都记有许多狐妖、狐仙的故事，其中《阅微草堂笔记》最多，多达近二百则。光绪间小说笔记也盛谈狐仙，记载较多的有宣鼎《夜雨秋灯录》、俞樾《右台仙馆笔记》、李庆辰《醉茶志怪》等。除上述诸书，其余不胜枚举，可以说有清一代近三百年间狐仙之谈不绝于书。到民国仍多有记载，如杨凤徽《南皋笔记》、金梁《瓜圃述异》都有多处写到狐仙。

清人所记狐仙故事大量属民俗态，保持着民间流传的原始状态，即使像《聊斋志异》《夜谭随录》《萤窗异草》《夜雨秋灯录》等书中许多有意加工创作的狐仙小说，也还保留着许多真实民俗资料，均有助于考察清代的狐仙观念和狐仙崇拜。

清代狐仙崇拜主要表现为以下几种形式。

（一）民间建祠庙祀奉。康熙中民间已有狐仙庙，东轩主人《述异记》卷上《胡老人》记云：

> 康熙戊辰进士钱塘陆寅，字冠周。其尊翁先生讳圻，字丽京，浙名儒也。因庄廷铖《明史》一案，牵累九族。后事得雪，遂削发弃家，挈一老仆云游。后并老仆遣还，不知所在。冠周求父，足迹几遍海内。甲子（康熙二十三年）予北上，冠周与予言，德州有狐仙庙，能知未来事。有人自幼失母，叩之，狐仙云在某府某县某家持爨，求果得之。亦欲往叩其尊人在否。予过德州，因访其庙，云狐仙已往楚中矣。后丙寅，冠周过予京师，询之，则已见胡老人矣。因为予言，凡有叩事者，先一日至庙乞筶，有老庙祝能知老人意，筶许见，即次日备香果诣庙拜祷，默道心事，胡老人即于神厨帐中，与人对语，问答如常，声如八九十岁人，但不见其形耳。时冠周欲往山东劳山求其尊人，老人言："汝父子终有相见之日，但此行宜往都门，自有际遇，功名可得。劳山之行，空跋涉耳。"冠周竟往劳山，不见尊翁而归。入都，果联捷。

德州狐仙庙在康熙二十三年（1684）已颇有名气，以致钱塘陆寅慕名前往叩父所在，可见这座祠庙的存在已很有些年头。德州狐仙庙狐仙称作"胡老人"，其神异之处乃在"能知未来事"，这同以往的狐神信仰并无差别。而称之为"狐仙"，恰也说明清世的狐仙往往由狐神转化而成。

咸丰、同治间人薛福成撰《庸庵笔记》，其《述异·物性通灵》云：

北方人以狐、蛇、猬、鼠及黄鼠狼五物为财神，民家见此五者，不敢触犯，故有五显财神庙。南方亦间有之。

"五显财神"《醉茶志怪》称作"五仙"。五显、五通、五圣乃南方民间所祀，北方人将五仙亦呼作五显，显然是借用，崇拜对象并不同。五仙崇拜在天津尤其盛行，家家供像祭祀，下边我们将要细谈。至于建庙之事天津似亦有之，光绪十年（1884）张焘作《津门杂记》，卷上《名庙宇》载城内东北隅有财神殿，南门外有五圣庙，大约就是五显财神庙。

从前文所引《右台仙馆笔记》卷四和《里乘》卷六所记来看，同治、光绪间北京的都总管庙或言狐总管庙，其实也是狐仙庙。所祀狐总管乃狐之首脑，颇似宋代的狐王庙。它管辖所有的狐，所以民家被狐骚扰，便向狐总管投诉。与此相关的，尚有"狐判官"之说。《萤窗异草》三编卷四《狐判官》写新城县吏杜梧被狐所惑，梦赴城隍祠——"此狐判官之所司"。狐判官处理狐惑人的案件，职事正同狐总管。

乐钧《耳食录》初编卷三《蜀商》载，蜀商某甲居货汉口，狐女来居其楼，报以黄金。"狐居楼凡三年，商得金无算，遂返成都为富人，立狐仙祠焉。"从这个故事来推测，乾隆年间成都也有狐仙祠。

在清代民国间所修地方志中也常可看到关于狐仙庙的记载，例如：

狐仙，讳称胡仙，云系千年得道老狐，能予人祸福。其庙或称胡仙堂，或称大仙堂，笃信而祀之者甚夥。亦有因病为之立小庙如祀土地者，而巫者奉之为主神。各大庙内间有附祀者。其所称胡三太爷，每著灵异，人尤趋奉。说者谓常化老翁或美少年美女，游戏人间，犯者必获谴。又有称胡大爷、胡二爷、胡三爷及胡大太太、胡二太太、胡三太太、胡少爷、胡少奶奶者，皆祀庙中。其庙中供木牌者，则书仙之本名或行次，冠胡字如姓。画像及塑像者，则老少男女不等，为清代服装。如有人求祝而验，则必至庙，挂红悬额焉。更有所谓黄仙、常仙，亦多供奉。黄仙者黄鼠狼，而常仙者则长虫（原注：蛇之俗称）也。（《义县志》中卷九《民事志·礼俗》）

七月……初五日狐公庙会。（《太谷县志》卷四《风俗》）

事实上是清代的狐仙信仰愈演愈烈，因而到清季民国，民间立庙祀狐现象极为普遍。辽宁义县民间立胡仙堂、大仙堂，或附祀于各大庙中，巫师也立小庙事狐治病，山西太谷并以七月五日为狐公庙会，这些都是祠庙祀狐的典型事例。

（二）官民家供狐仙。这方面的记载和故事很多，例如：

舅氏海公为骁骑校，好道，自号捉心主人。居东直门外楼子庄，去城三四里许。常奉祀一狐，亲友求见者，主人先白狐。狐自壁窦中出一小手，与客把握，肥白软腻，如六七岁小儿。其谈论必因人而施，声如燕子。力求一见，终不许。……一日，主人将往城湾习骑射，狐曰："三日内勿往，往必有灾。"主人乃止。会军政即本参领先期较阅，主人不得已就之。驰骤间马忽蹶，堕伤左腕，遂为废人。罢职家居，每至薪水不供，未免室人交谪。……乃教主人购南铅数百金，纳入窦中，戒勿窥伺。……七七日，呼主人至窦前，以白铤授之。翘边细丝，悉成纹宝，主人惊喜。男女六七人，往来取藏，竟夕始竭。权之，得五千金。问狐："此从何来？可以驻世否？"狐曰："我与君夙有缘，故用一施仙术，烧炼相赠，非齐奴物也。是非赝物，何不可驻世之有？君第用之，无疑虑。我亦从此去矣。"……主人感其德，为主虔祀之。以金营运数年，财雄一乡，今渐衰矣。（和邦额《夜谭随录》卷二《小手》）

济南某富翁，拥资数十万，性极悭吝。……居无何，有陕西客携一女来……留为侧室。……其密室中旧有贮银铁柜十数，封志甚固，例一月一开检视。居无何，又值检视之期。婢媪僮仆尽操诸大门之外，独与女闭户下窗。柜既发，则藏镪尽空。大惊，如失左右手，瞠目视女，诘其故。女笑而不答，翁大怒，即抽刀逼之。女笑曰："君以儿为人乎？"翁怒曰："尔非人，鬼耶？"女曰："亦非鬼，实狐也。以尔鄙陋，故盗而之他人耳。"……先是，翁宅后有楼七楹，为狐所据，已近百年。其祖父相沿于每月初二、十六日，具鸡子、白酒祝而祀之，罔敢弛懈。及翁承家后，以多费罢之。又以楼房出租于人，狐遂大抗，妖异迭兴……遂不再至。翁以为得计，初不意为其所愚弄至此。（同上卷一一《铁公鸡》）

钱方伯琦、蔡观察应彪（按：皆杭州人），未第时，有友吴某招饮。其家素奉狐仙。二人与群客至其家，候至日晚，腹已枵矣，不见酒肴，心以为疑。少顷主出，有愧色，曰："今日饮诸公，肴已全备，忽为狐仙摄去，奈何？"……众客欲散，独蔡公大呼曰："果狐仙在此，我有一言奉问。今年乙卯秋闱，我辈皆下场人。如有一个中者，狐仙还我酒肴。如无一人中者，狐仙竟全啖之，我等亦没兴在此饮酒。"言毕，出。未久，主人大笑来曰："恭喜诸公，酒肴都全还在案矣，今年必有中者。"于是群客欢饮而罢。是年钱公登第，蔡迟一科。（袁枚《新齐谐》卷九《狐仙知科举》）

内廷都领侍萧得禄，幼尝给事其邸第。偶见一黑物如猫，卧树下，戏击以弹丸。其物甫一转身，即巨如犬。再击，又一转身，遂巨如驴。惧不敢复击，物亦自去。俄而飞瓦掷砖，变怪陡作。知为狐魅，惴惴不自安。或教以绘像事之，其祟乃止。后忽于几上得钱数十，知为狐所酬，始试收之，秘不肯语。次日，增至百文。自是日有所增，渐至盈千。旋又改为银一铤，重约一两。亦日有所增，渐至一铤五十两。巨金不能密藏，遂为管领者所觉。疑盗诸官库，榜掠讯问，几不能自白。然后知为狐所陷也。（纪昀《阅微草堂笔记》卷二三《滦阳续录五》）

江阴高柏林者，少无赖，貌韶秀，住广福寺旁。一日，见众僧缚一狐，将就刃矣，高再三劝止之，方释缚，狐已逸去矣。……有某邑宰召高为长随，颇宠任之，呼曰小高。……一日，有钦差过，召小高付以千金，令办供应。……忽失金，愤极，欲投水死。旋有一老人救之曰："汝命应发大财，此非汝死所。"时供应铺设一天所备，钦差故廉俭，一见反大悦，以为好官。召其仆谕话，见其伶俐，即令跟随。嗣后声光益大，凡关差盐政皆任为纪纲，不十年拥赀数十万金。……先是小高感老人恩不死，乃塑像于家，每晨必礼拜。……后知老人乃狐也。（梁恭辰《北东园笔录》四编卷六《狐报恩》）

吾乡（按：宛平县）刘翁家祀狐最虔，朔望必礼祭之。（汤用中《翼駉稗编》卷二《狐斗五通》）

甲午（按：道光十四年）秋，余寓苏城胥门饮马桥缪宅。其家小有园圃，地不甚广，拳石孤花，自号幽趣。有斗室三楹，颇精雅，而窗牖常掩。询之主人，云有狐仙借居。且言狐喜食鸡子、火酒，故越日一供。入其室，见几案净无点尘，炉香萦霭。余欲觇其异，沽酒一器，煮鸡子十枚，置其中，阖扉而出。少顷入视，则酒巳罄，而鸡子完好如故。举之甚轻，盖中已空矣。此余所目击者。（陆长春《香饮楼宾谈》卷一《狐仙》）

昔汶上县……其邑之北门底，有贡生卢某，一妻一子一女，子已娶而女未嫁。家小康，人少而厦屋渠渠，闲房隙舍，向有狐居，习不为怪。一日，卢女启检衣箧，见三寸许长小儿，眠于衣上。呼嫂视之，突来巨猫，遂衔而去，急追无及。从此狐与为仇矣。……卢翁闻某宅有女狐称九姑者，从不为害于人，时与妇女隔壁谈笑，且喜代人调和竞事，命妻往求之。九姑笑曰："此畜名叫黑胡同，并无小儿，不过设此以肇衅耳。……此畜占定汝女为妻，以汝后楼为巢穴，楼中尚要供奉大仙黑胡同之位，日献鸡酒香茶，方免其祸。"（慵讷居士《咫闻录》卷二《治狐》）

扬州西山有富翁，姓叶，名槐，业贾。……妻董氏，尤内助。……一夕夫妇小饮醉卧……闻床下有窸窣声，瞰之有光，一女子蛇伏，拈纸作灯照蛇虫。骇问之，不见，次夕又见，怒叱之，即抛砖掷瓦，举家惊惶。董北人，知为狐，乃告槐，谓宜敬祀，可勿扰。……遂洁龛立主祀之，题曰"公道娘子之位"。（宣鼎《夜雨秋灯录》卷八《公道娘子》）

江西省城鼓楼前，一大宅久为狐据，无敢居者。其西为某氏宅，则无他也。有何姓者，僦其屋以居。一日，使婢至后院收所曝之衣，久之不至，迹之杳然。……有佣媪来告曰："顷闻邻宅有笑语声，此屋久无人居，是可异也。"何乃集家人往视。启其门，则蓬蒿没人，蛸蟏在户，经堂历奥，大索无获，废然将反。或曰此行也，得罪于仙人矣，宜以来意祝告之。何乃焚香默祷而还。及夜，婢忽自后院出，问连日何在，曰在邻宅。……何惧狐为祟，次日复盛设牲醴往谢之。后亦无他异。（俞樾《右台仙馆笔记》卷一四，程趾祥《此中人语》卷四《狐》、淮阴百一居士《壶天录》卷下亦载）

扬州新城彩衣街某姓南货铺，由勤俭起家，而素性悭吝。店屋三进，前为铺，而后则为栈货、眷属之所。自冬至春，数月之间，起火凡九次，皆未成灾。久乃知狐作祟。缘此屋乱前系徐姓公馆，本有仙居住，仙与徐极浃洽，乱后屋为某铺所有。仙忽至，嘱某道士相商，假一间屋，某不之从……自此祟日作矣。……某夫妇乃大惧，爇香叩祝，清洁一室，立位制幔，为仙人居，朔望顶礼设室，于是始安。当其扰时，有一伙偶出戏言。一夜启门，见一叟须发皓然，神情飒爽，立檐下，衣冠不类近时。一惊而入，从此共信畏焉。(淮阴百一居士《壶天录》卷下)

吴江同里有严翁者，富室也。或谓其先世，有老狐指示以藏镪之所，遂以起家。家有狐仙木主，子孙世祀之。一日，为翁子生孙弥月之期，乃大张筵席，而木主之前，亦特设一席以飨之。(徐珂《清稗类钞》迷信类《狐攫银币》)

王建屏，晋之世家子。从其祖迁居于津。……肆后厦屋五楹，王独居复室。……有女子自外入……王知其狐仙，毛发几竖，曰："素无不敬，何故来扰？"盖商最敬仙，堂中常设仙位，王虔拜尤勤，故云然也。(李庆辰《醉茶志怪》卷一《王建屏》)

沧州王氏，家多狐仙，平昔供奉甚谨。有客寄宿其厅，主人谆戒备至。客笑不信，词颇狎谑。主人摇手有怯色，使馆僮来伴寝。客以胆气自矜，力辞去。主人归，客甫就枕，便听堂中作响。忽寝门自辟，有健男四人猝入，曰："毁谤我辈，聊惩创之。"相与登床，各执客一体，曳至庭中，向空力掷，高过屋脊，飘然若驾云雾。将及地，四人以臂承之，得不坠。如是三四作，虽未跌伤，然心胆惊落矣。忽阶上

立一叟，白须垂胸，曰："且勿，且勿！够彼消受矣。"置客地上，相
与鼓掌而散。（同上卷二《狐仙》）

以上故事虽多夸诞，但确实可以说明清代中后期官宦百姓家奉祀狐仙的真
实情况。大凡家供狐仙，或设木主（即牌位），或挂绘像，或立塑像，或在狐仙
所居之处设供。木主上所写为狐仙名号，如"大仙黑胡同""公道娘子"等等。
绘像或塑像自然是人形，依其家想象，或男或女或老或少而已。供品常为鸡子、
白酒，皆为狐仙喜食之物。祭祀日期大抵是确定的，如初一、十五，或其他时
日。节日或家中喜庆之日，自然也要应时上供。北方家奉狐仙十分普遍，"人家
往往有之"[1]。天津地区奉五仙，狐仙为其首。不仅建有五圣庙，民家还纷纷设
像供奉。《醉茶志怪》卷三《鼠媼》记云：

予乡有供五仙像者，其神为胡、黄、白、柳、灰。胡，狐也；黄，
黄鼠也；白，猬也；柳，蛇也；灰，鼠也。

《津门杂记》卷中《仙家搬运》亦云：

北方妖异，多于繁星。有所谓大仙者，即胡、黄、白、柳、灰也。
居人供奉，惟恐不谨。有与仙缘者，仙即来福人，谓之作仙家买卖。
一切商贾则利市三倍，庄农则富有千仓。且有银钱无故自来，仓廪粜
籴不尽，恃有一仙，而席丰履厚者。然缘尽则散，散必取偿。或家出
败子，或时遇飞灾。且凭空搬运，必至毫末无遗然后已。

又《壶天录》卷下云：

---

① 梁绍壬《两般秋雨庵随笔》卷四《狐仙能画》。

237

南方多鬼，北方多狐，此常谚也。乃津人现又有<u>五大家之说</u>，家喻户晓，供奉不遑，则奇而险矣。<u>五大家者何？盖谓狐、蛇、鼠、鼠狼、刺猬也。</u>

狐、蛇、鼠、猬、黄鼠狼五种动物都是北方城乡常见之物，在泛仙观念作用下均被尊为仙人而合称"五仙"。据《醉茶志怪》卷四《白夫人》，天津南门外东塔寺乃猬仙祠，猬仙被尊称为"白仙""白老太太"。又据《壶天录》卷下，天津城西二十里有河滩寺，名为寺而实无寺，一棵柳树而已，居人在此祀奉蛇神——一白衣老者。《醉茶志怪》所写五仙传闻极众，就中狐仙最多，说明五仙中狐仙最受崇拜。

（三）女巫请狐仙。女巫利用请狐仙的巫术迷惑欺骗愚民百姓，是狐仙崇拜的又一种形式。前所引《聊斋志异·胡四相公》南城巫媪"日托狐神，渔病家利"，《阅微草堂笔记》卷四《滦阳消夏录（四）》女巫郝媪"自言狐神附其体，言人休咎"，卷九《如是我闻（三）》田氏媪"其家事狐神，妇女多焚香问休咎"，实际都是女巫降狐仙的巫术活动，不过称作狐神而已。

又如汤用中《翼駉稗编》卷二《肥城狐》：

> 山东运河安山闸于少府为余言：肥城某村有狐，在一媪家，与人言休咎。访焉，至则堂中悬白发老人像。向之长揖，但闻壁上应曰："不敢当。请坐。"命媪进茶。声嘤嘤类鸟语，非谛听不辨。数月后肥城令少子病，夫人遣仆往问，狐曰："可治。"并写方付之。饮其药，洞泄而卒。令大怒，命拘媪至，将治其罪。狐先期遁，媪亦遂死。

这位肥城村媪实际上也是奉狐降神，为人言休咎的女巫。

又如《右台仙馆笔记》卷九载：

　　河南颖州人李麟生玉方，以县令需次江苏。自言幼时至桐城一亲
串家，<u>其家适请狐仙。狐仙乃姊妹二人，一女巫主之</u>。巫至，先相度
坐处，分前后二室，前室陈果饵，必精美。后室则粗具蔬果而已，盖
侍其从者也。甲夜仙至，闻其语不见其人。俄而后室中哺啜之声大
作，前之人责之曰："此家以礼相邀，何太无状？"内竟寂然。乃诘主
人所问何事，一一酬答，既毕辞去。一人曰："可瞻仙容否？"应曰：
"可。"其来时置梯于中庭，及去，见二女子拾级而登，及溜而隐。年
可十六七，容貌映丽，而身材甚短，较之常人不过三之二而已。仙畏
灯烛光，虽香烟亦避之。惜麟生方龆龀，不能言其详，但记大略如此。

　　由于狐仙多传为女性，所以降狐仙者亦多为女巫。女巫所事狐仙各不同，
桐城女巫事二姊妹，南城巫媪所事"吾家花姊"，亦女子，肥城媪所事则白发老
人。狐仙降临方式有二：一为附女巫体，应人问对；一为直接降临，但常隐形。
狐仙附体最好糊弄人，由女巫信口开河而已。隐形而降也不难办，由别人躲起
来效狐仙声口即可。最不好办的是狐仙露面，观《右台仙馆笔记》所记，大约
是由两位女娃娃扮演狐仙姊妹，因为怕露马脚，所以降仙在夜间进行，而且要
避开灯光，所谓"仙畏灯烛光"，原是掩人耳目的手段。女巫降狐仙纯系骗人，
肥城狐故事最有力不过地证明了这一点。

　　天津人奉五仙，女巫则有请五仙之事，称为"顶神"。《右台仙馆笔记》卷
一三记云：

　　天津有所谓姑娘子者，女巫也。乡间妇女有病，辄使治
之。巫至，炷香于炉，口咽咽不知何语，遂称神降其身，是谓顶
神。所顶之神，有曰白老太太者，猬也；有曰黄少奶奶者，鼠狼
也；有曰胡姑娘者，狐也；又有蛇、鼠二物，津人合而称之为五家
之神。

《津门杂记》卷中《姑娘子》亦云：

> 天津女巫自称顶神，能看香头，治人疾病，人称曰姑娘子。乡愚无识，遇有疾病，多召之来。彼即烂香于炉，喃喃作呓语。俄而谓所顶之神下降，或称白老太太，或号黄少奶奶，或谓胡某姑姑。所立名号，大抵妇女居多。磁石引铁，故妇人易被蛊惑，小家眷属恒信之。其治病之法，或给药丸，或施圣水。病愈则竟自居功，不愈则诿为命尽。所索香资药费颇饶。所称之白，即是刺猬；黄即是黄鼬，一名黄鼠狼；胡即狐狸；更有蛇、鼠二者。津人合之称五大家，即胡、黄、白、柳、灰是也。比户供奉惟虔，言之殊堪捧腹。

巫师奉五仙的顶神活动不止于天津，据记载，东北满族萨满教巫师也有跳神请五仙的宗教仪式：

> 萨玛教……凡祭祀祈禳必跳神，名曰萨玛，亦曰叉玛，或曰萨嘛，俗作萨满，音讹也。跳神有跳家神、跳大神之别。祭祀用者曰跳家神，族中人多能之，亦曰家萨玛；其专以治病惑人者曰跳大神。三月三日、九月九日为跳神会。……至神之所托，多为狐、黄、白、柳、鼬五种。(《黑龙江志稿》卷六《地理志·风俗·祭祀》)

> 禳病用巫祝……满洲则重跳神，名曰跳太平神，跑神人腰铃手鼓，作法演技，托为狐、黄、白、柳、鼬五种神。……三月三日、九月九日为跳神会。(《瑷珲县志》卷一〇《礼俗志·祈禳》)

狐（或孤）、黄、白、柳、鼬五神，也正是胡、黄、白、柳、灰，作狐、鼬都是音讹。

河北沧县也有这种巫术活动,《沧县志》卷一二《事实志·礼俗·习尚禁忌·巫觋》载:

> 其教崇祀鼬、狐、蛇、猬,愚民有病恒延之,至则必曰蛇、猬为魔,于是焚纸燃香,旋舞跳号而禳之。或掐击病人股腋,云为驱魔,往往香烟未烬而病者震死,愚民不悟也。

(四)扶乩请狐仙。扶乩又称扶箕、扶鸾,是一种迷信术。起于唐,宋转盛,至明清不衰,士大夫颇好之。其法是将一丁字形木架置于沙盘上,施术者两手各扶一端,或为两人施术,则两人各扶一端,事先焚符请神,神即在沙盘上画出字迹,或为诗,或为话语,示以吉凶。扶乩的窍门全在手法,即两手或两人配合作字。《醉茶志怪》卷三《乩仙》说:"世之扶乩召仙,大半皆人之腕力。视为真仙,则惑之甚矣。顾扶乩一事,偶尔游戏则可,若藉以占吉凶、治疾病,鲜有不误事者。"

扶乩所请神仙名为乩仙,又作箕仙。宋代多为紫姑神,明清则五花八门,什么仙都有。如《醉茶志怪》卷一《青灵子》乩仙号青灵子,《判官》中乩仙乃城隍差役黄老。乩仙中亦有狐仙,《耳食录》二编卷四《西坡逸叟》中之乩仙西坡逸叟,又号助天仙翁,即为狐仙。乾隆中某贵家扶鸾,西坡逸叟降坛,自述经历。陈其元《庸闲斋笔记》卷二《狐知医》也记有狐乩仙二事:

> 先伯祖洛如公,讳燊。……公之长子为枝岩伯,讳明远,工诗,著有《玉照山房集》。少时习扶鸾之术,时召古诗人相为唱和,其是否,莫能明也。最后来一仙,与唱酬最久,自承为狐。会伯祖母张安人下堂而伤其足,疾甚剧,诸医束手。狐自赞能医,然需药资银若干。许之,乃先用敷药,继用煎剂,每日二次,以承筐系于梁上,少顷,药即在中,而筐自下矣。煎剂热可炙手,不知其药从何处煮也。病愈后,

取银而去，又不知需银将何所用也。枝岩伯每欲与之相见。辄不可。久之，乃约于某酒肆中晤面，届期而往，无所遇而归。归后，降坛书曰："室内第几座上长髯之老道士，即我也，君何不相诣耶？"思之信然，自是遂绝。此事先大夫在都中所目击者。狐自言每月在宫中轮当差使数日，信乎圣天子百灵呵护也。

先大夫又言，福建省城内九仙山，有乩坛，主之者亦一狐，作诗文楚楚有致，而大致在以医术济人。服其药者，有验有不验，曰："吾能治病，不能治命也。"

狐作为乩仙，和女巫所事之狐仙性质完全相同，都是以法术请来预言吉凶或消灾祛病的。只有在民间普遍信仰狐仙的情况下，狐仙才能进入术士和女巫的迷信活动中去。

（五）官署祀奉狐仙。狐神、狐仙虽早已是民间崇拜对象，但从未列入国家祀典，一直属于淫祀。清代官署却也堂而皇之祀奉狐仙，而且据俞鸿渐《印雪轩随笔》卷四说，"闻官署必有狐仙"，说明官署祀狐仙极为普遍。下边举些例子：

诸城丘公为遵化道，署中故多狐。最后一楼，绥绥者族而居之，以为家。时出殃人，遣之益炽。官此者惟设牲祷之，无敢迕。（《聊斋志异》卷二《遵化署狐》）

临清署五堂，久荒废为狐薮，然其后别有狐室，遂祝而遣之。……惟朔望焚香其室，旧规也，亦仍之。（《遵化署狐》雪亭附记）

大同学使院三堂，东一室有狐。……其幕客邵君言，前偕学使彭公至此，宿东室者，狐则祟之。乃空其室，设酒果以祀。晨起，酒果

尽空。(徐昆《遁斋偶笔》卷下《大同使院》)

严秉玠作云南禄劝县，县署东偏有屋三间，封锁甚严。相传狐仙所居，<u>官到必祭</u>。(《新齐谐》卷四《严秉玠》)

汝宁府寨院多狐，每岁修葺，则狐四出为阎闾害，工竣即息。学使至，多为所扰。卢公明楷到任，<u>祭之乃安，从此成例</u>。学使至，皆祭署后小阁，相传狐所居。(同上卷一一《狐诗》)。

余将赴宁绍台道任时，即闻宁波有三将军之说，皆巨蛇也。……及余到署，细察形迹，唯署后有小屋供财神，<u>其旁塑白发而坐者三人，询之旧吏，乃云狐也</u>。(薛福成《庸庵笔记·幽怪·宁绍台道署内狐蛇》)

蓟州署后有屋三楹，常封局，<u>云是仙人堂</u>，狐所居也。余于乙酉冬赴蓟署，亲往启视，见炕上施黄绫幔，室东隅一桌，文房茗具必备，为前任鲁公所设。鲁与狐善，每夜独挑灯往与狐谈，狐亦时至鲁所。乃一班白叟，往往告鲁隐事，故鲁发奸摘伏，有神明称。(汤用中《翼駉稗编》卷二《蓟州署狐》)

袁江河库道署有楼，庋藏《河防一览》《衡水金鉴》诸书板。相传狐据其中，颇著幻迹。观察使莅任，<u>必盛具祭之</u>。(同上卷七《狐求影像》)

福建省城内……总督署中之狐，则据居一楼，<u>称为仙楼，可以问卜</u>。李鄘斋方伯自尽一案，星使且至，人往叩之，则画二红顶于纸上，莫解其故。既总督汪公、巡抚王公皆褫职，乃悟。道光之季，制府刘

公钧珂撤其楼，狐大肆扰。至刘公归，乃已。（陈其元《庸闲斋笔记》卷二《狐知医》）

瑞州参军王汇川言：幼时随伯父官直隶遵化，时境内多狐，署中往往见怪异。……厨役某，最不信邪，时诟詈之。一日，遇星使过，备储待治膳毕，而皆失其鸡，见之在后园沟内罗列焉。嗣后每烹饪，必蹶之，不胜其扰。乃望空叩谢，许朔望陈豕首鸡卵以祀，乃已。

又言瑞州郡治亦有狐，时见其形。适福太守敏逝世，权篆者恶官廨不洁，寓试院，署遂空。狐无所享，自后园至参军署肆扰，祀以尊俎，乃安。（采蘅子《虫鸣漫录》卷二）

浙人章生，应台湾县之聘……见岑楼三间……寂无人居。……咨询其缘，始知楼为狐仙供奉之所，无敢擅入者。唯主人行香，一开即闭。……焚香登梯，见楼上清洁无尘，中设一几一牌，书"无真仙人之位"。章生再拜致敬而祷……自此安居楼下，从公无扰。朔望则具鸡子、清酒，再申前祝，积诚不辞。……次夜，托故遣仆他室卧……忽座上有人言曰："先生可谓诚矣！老朽久鉴贤衷，惟不敢稍示异迹，以贻人口实耳。……吾曾见宋高宗南渡，至今五百余年矣。自天台得道后，奉天狐命，派司是邑印信，故不得不居此耳。"章生曰："凡有衙门，即有印信，其尽仙人司之耶？"叟曰："然。"（吴炽昌《客窗闲话》卷二《无真叟》）

陕西宜君县署故有狐，设木主以祀之，新令尹至，必参谒如礼。（徐珂《清稗类钞》迷信类《狐祟顾晴谷》）

官署祀狐也和民间一样，或设木主，或塑仙像，或者祭其居处。官员把民间祀奉狐仙的一套搬进官府，足见狐仙崇拜的极度流行和深入人心。

清代官民奉祀狐仙的具体目的，从上述记载来看，不外乎这样几方面。一是防止狐作祟骚扰。"狐本善为妖惑者也"①，性喜作祟，一旦成仙，法力更高，所以民间普遍有畏狐心理，只好勤事供奉，"不敢触犯"。二是卜疑问难。凡有疑难事便卜问狐仙，因为狐仙"能知未来事"，"凡人家细务，一一周知"，这是狐仙充当着算命先生的角色。三是求医问药。狐仙既有仙术，便能治病消灾。四是求财邀福。这与"狐仙善能致财"的观念有关，《萤窗异草》三编卷四《阿玉》云"狐能致富，足以供人之求"，《阅微草堂笔记》卷二二《滦阳续录（四）》云"狐能致财"，都是相同说法。狐仙致财之法，一是搬运财物，所谓搬运其实就是盗窃。《聊斋志异》卷一《狐嫁女》说"千里之物，狐能摄致"，《萤窗异草》二编卷二《于成璧》说"凡狐之供具，皆以术摄于人间"，《昔柳摭谈》卷四《狐妻巧合》说"闻仙人能召致一切器具"，《阅微草堂笔记》卷一七《姑妄听之（三）》干脆说"盗窃淫佚，狐之本性"。二是狐仙擅炼金之术。因此，狐被尊为"财神"，与赵公明等。商人最重财，所以"商最敬仙（狐仙）"，"虔拜尤勤"。

除此而外，官署供狐还有些特殊目的。兰陵憨斋、锡山钝庵光绪间所作《豆棚谈助》卷一《狐》说："世多言衙署中必有狐以守视卷册。"这是说官署借狐仙法力看守文书。上所引《客窗闲话》则说奉狐仙命看守官印。杨凤徽《南皋笔记》卷四《仙姑姑》也写到闽省霞浦县三沙巡尹兰纫秋将祀大仙于署中护印，这大仙仙姑姑看来也是狐仙。官署祀狐以为官印文书的守护神，在清人眼中狐不仅是盗窃专家，分明也是反盗窃专家了。

---

① 《阅微草堂笔记》卷一五《姑妄听之（一）》"狐所幻化"条。

## 三、狐仙信仰及崇拜的地域分布

梁绍壬《两般秋雨庵随笔》卷四《狐仙能画》说："北地多狐仙，人家往往有之。"同类说法犹多，如《阅微草堂笔记》卷一四《槐西杂志（四）》说"北地多狐女"。《壶天录》卷下说"南方多鬼，北方多狐，此常谚也"。清世北地狐仙，以今之北京、天津、河北、山东最盛。《聊斋志异》《夜谭随录》《萤窗异草》《新齐谐》《阅微草堂笔记》《醉茶志怪》六书记狐最多，分别当清初、中、末三期，我们统计一下狐事发生地点的情况，就会对此得出一个清晰印象。

《聊斋志异》写狐七十余篇，事在山东者最多，占了一半，凡有历城、利津、平原、莒州、泰安、沂州、蒙阴、曹州、章丘、潍水、淄川、长山、博兴、新城、莱芜、德州、益都、临淄、滕县、峄县、东昌、陵县、禹城等州县，涉及济南、泰安、武定、青州、兖州、曹州、沂州七府范围，包括了大半个山东。其余北方之地，有山西太原、汾州，京师，直隶遵化、广平、永平、大名，河南虢城、洛阳、南阳，辽宁盖州，陕西长安等。

《夜谭随录》写狐二十余篇，亦大都事出北方，凡有奉天，京师，直隶天津、永平，甘肃阶州、河州、凉州、柳沟，内蒙古归化，山西平阳，陕西扶风，河南登封、开封、淮宁，山东济南等。事在京师者凡六，所占最多。

《萤窗异草》写狐三十篇，事在京师及顺天府地区者有十一事，此外又及直隶易州，山东济南、新城，山西大同，陕西长安，辽东，沈阳等北方地区。

《新齐谐》正续集记狐二十八事，所涉京城、河间、保定、献县、汝宁、虞城、陕西、河州，当今北京、河北、河南、陕西、甘肃五省市。

《阅微草堂笔记》记狐一百九十余事。其中事在京师及直隶各地者，诸如献县、东光、沧州、景州、河间、庆云、盐山、南皮、束州、故城、万全、霸州、邯郸、交河、青县、滦州、郑州、密云、阜城等，不少于一百事。这还是粗略的统计，因为还有不少记事没有明确说明州县名称，若加以细考，数字还会大得多。此中发生在京城的约有三四十事，书中卷四说"京师多狐"，赵翼《檐曝杂记》卷二《狐祟》也说"京师多狐祟"，情况确实如此。事在山东济南、海丰、长山、济宁、荏平、东昌等地者有十余事，也较多，此外还涉山西、陕西、内蒙古、甘肃、河南等地。

《醉茶志怪》写狐十九篇，事在天津者十篇，数量最多。其余有直隶易州、完县、河间、沧州、冀州及山东、辽东。

蒲松龄是山东淄川人，纪昀是河北献县人，在京居官，和邦额和长白浩歌子均为满人，久居京师，李庆辰是天津人，只有袁枚是钱塘人，作《新齐谐》时寓居江宁。所以除《新齐谐》狐事涉北者较少外，其余五书绝大部分发生在北方诸省。虽说和作者经历见闻有关，但基本前提是京、津、冀、鲁诸地乃至东北、西北、中原地区盛行狐仙信仰和狐仙崇拜，因而才有如此多的传闻和故事供作者采写。

相对北方而言，江淮、两湖、两广、四川、云贵地区狐仙传说流行较少，所以薛福成《庸庵笔记》说北方人以狐、蛇、鼠、猬、黄鼠狼五物为财神而"南方间有之"。程趾祥《此中人语》卷四《狐》说："狐魅惑人，南中不多见，故蒲留仙所志，多属北方。"淮阴百一居士《壶天录》卷下也说："狐媚惑人，小说家恒言之，然北方产是物，留仙所志多属北方，近日南中亦有是患矣。"不过他们对南方狐仙狐魅流传情况估计得非常不足，事实上并不是"间有之""不多见"，更不是到光绪年间南方才"亦有是患"。

仅从上节所引述的材料看，狐仙崇拜在四川成都，浙江杭州、宁波，江苏苏州、吴江、江阴、扬州，安徽桐城，江西南昌、临江、瑞州，福建福州，云南禄劝及台湾广有分布。倘若不只局限于对祀奉狐仙亦即狐仙崇拜的明确记载，而是扩展到对狐仙、狐妖的一般传闻——因为这些传闻实际上也都反映着狐仙信仰乃至狐仙崇拜现象，那么我们将会描绘出一个更为广阔周详的地理分布图域。

（一）江苏

①《夜雨秋灯录》卷六《陆季真》载江左陆季真救狐仙胡天玉事。

②《聊斋志异》卷四《青梅》载白下（江宁）程生娶狐女事。

③《聊斋志异》卷九《金陵乙》载金陵卖酒人遇狐事。

④《夜雨秋灯续录》卷七《狐侠》载金陵通天狐事。

⑤《耳食录》初编卷八《阿惜阿怜》载金陵萧生遇狐女事。

⑥俞蛟《梦厂杂著》卷八《齐东妄言上·狐报》载白门（江宁）钮姓杀狐遭报事。

⑦《萤窗异草》初编卷二《桃叶仙》载尚廷采秣陵（江宁）遇狐仙事。

⑧诸联《明斋小识》卷一一《遇狐》载秋试寓江宁见狐女事。

⑨《新齐谐》卷二二《狐道学》载金坛孙某家狐道学事。

⑩《新齐谐》卷一八《狐丹》载常州武进吕姓妇为狐所凭事。

⑪徐昆《遁斋偶笔》卷下《吴二官》载宜兴吴二官娶狐仙事。

⑫毛祥麟《墨余录》卷三《狐仙驱贼》载松郡（松江府）试院楼狐仙事。

⑬《阴斋小识》卷二《试院狐》亦载松江府试院后楼雄狐事。

⑭《萤窗异草》二编卷二《黄灏》载吴中（苏州）黄灏遇狐仙事。

⑮《梦厂杂著》卷八《齐东妄言上·胡承业》载吴趋（苏州）画师胡承业遇狐仙事。

⑯《右台仙馆笔记》卷七载苏州察院街笔店狐魅事。

⑰《香饮楼宾谈》卷二《元妙观狐》载苏州元妙观狐叟事。

⑱《清稗类钞》迷信类《周封翁救狐》载吴县东洞庭山狐据楼事。

⑲《阅微草堂笔记》卷九《如是我闻（三）》载吴江吴林塘亲表遇狐女事。

⑳ 王韬《淞滨琐话》卷一《倪幼蓉》载吴江倪幼蓉遇狐仙事。

㉑《聊斋志异》卷八《嫦娥》载宗子美广陵（扬州）遇狐女颠当事。

㉒《新齐谐》卷四《陈圣涛遇狐》载陈圣涛游扬州遇狐仙事。

㉓ 同上卷二四《狐仙开帐》载扬州兴教寺狐仙吴刚子事。

㉔《夜雨秋灯续录》卷五《货郎儿》载邗江（扬州）狐女小怜事。

㉕ 同上卷七《柳声》载扬州康生家狐仙事。

㉖《清稗类钞》迷信类《狐祟赵星杉》载扬州余某家狐祟事。

㉗《萤窗异草》二编卷三《绿绮》载高邮李生遇狐女事。

㉘《新齐谐》卷七《狐祖师》载盐城狐祖师事。

㉙《右台仙馆笔记》卷六载睢宁县署郑和轩妾梦狐妇事。

㉚《夜雨秋灯续录》卷一《碧云》载姚生于板浦遇狐仙事。

（二）浙江

① 袁枚《续新齐谐》卷三《心经诛狐》载钱塘狐妖胡三哥事。

②《右台仙馆笔记》卷一二、《清稗类钞》迷信类《狐办闹差》载钱塘伊生妻为狐所凭事。

③《里乘》卷四《浙江学使署狐》载"楼上旧有狐仙"。

④《右台仙馆笔记》卷一二载余杭女祟于狐事。

⑤ 同上卷七载海宁狐女细细事。

⑥《新齐谐》卷四《猎户除狐》，事在海昌（海宁）。

⑦《聊斋志异》卷三《黄九郎》载何师参于苕溪东遇狐仙事。苕溪在湖州。

⑧ 同上卷五《荷花三娘子》载湖州宗湘若遇狐女事。

⑨《香饮楼宾谈》卷二《汪一元》载"南浔某家有狐为祟"。南浔镇在湖州归安东。

⑩《阅微草堂笔记》卷六《滦阳消夏录（六）》载德清徐开厚闻狐读书事。

⑪ 徐晦堂《听雨轩笔记》卷一《杂纪》载德清新市镇江朴斋家狐翁钟紫霞事。

⑫《聊斋志异》卷七《小翠》载越人王太常父子遇狐女事。

⑬ 同上卷九《绩女》载绍兴寡妇遇狐仙事。

⑭ 《梦厂杂著》卷八《齐东妄言上·南极驱妖记》载浙东郑絮家三狐事。

⑮ 《萤窗异草》三编卷二《宜织》载山阴柳生遇狐女事。

⑯ 《咫闻录》卷四《杨舟》载会稽杨舟遇九尾狐女事。

⑰ 《新齐谐》卷一九《东医宝鉴有法治狐》载萧山李选民遇狐女事。

⑱ 《阅微草堂笔记》卷一《滦阳消夏录（一）》载宁波吴生昵狐女事。

⑲ 《聊斋志异》卷一《娇娜》载孔雪笠天台遇狐女娇娜、松娘事。

（三）安徽

① 《续新齐谐》卷八《李生遇狐》载歙县李生遇狐女事。

② 同上卷九《安庆府学狐》载安庆府学狐崇事。

③ 王韬《淞隐漫录》卷二《郑芷仙》载安庆太守子孙荪遇狐女郑芷仙事。

（四）江西

① 《清稗类钞》迷信类《狐携人以行》载江西某甲为狐所魇事。

② 曾衍东《小豆棚》卷九《拜书》载豫章（南昌）樵者段云岩遇合白狐女仙事。

③ 《耳食录》初编卷一一《胡夫人墓》载分宜某生遇狐女胡夫人事。

④ 《聊斋志异》卷一一《狐女》载九江伊衮遇狐女事。

⑤ 《新齐谐》卷一九《广信狐仙》载广信府狐仙吴子刚事。

（五）湖北

① 《夜雨秋灯录》卷二《香云》载乔氏子荆门遇狐仙事。

（六）湖南

① 《聊斋志异》卷八《丑狐》载长沙穆生遇狐仙事。

② 《香饮楼宾谈》卷二《湘潭狐》载姜某在湘潭遇狐仙事。

（七）四川

① 《夜谭随录》卷四《杂记》载临邛秦生遇狐女怜姐事。

② 《新齐谐》卷九《狐读时文》载临邛李生娶狐女事。

③ 《夜谭随录》卷八《陆珪》载陆珪夔州遇狐女事。

④《南皋笔记》载西番郝生遇狐仙事。根据书中所记作者经历，西番似指四川西部藏族地区。

（八）云南

①《新齐谐》卷八《向狐仙学道》载云南监生俞寿宁向狐仙学道事。

②《南皋笔记》卷二《狐女》载唐梅生滇南遇狐女事。

（九）福建

①《新齐谐》卷三《狐撞钟》载陈树著任汀漳道时狐仙事。汀漳道治彰州府。

②《耳食录》二编卷八《周英如》载昭武（邵武）姜某遇狐女事。

（十）广东

①《聊斋志异》卷二《巧娘》载广东傅连遇狐仙华姑、华三娘事。

（十一）广西

①《聊斋志异》卷九《凤仙》载平乐刘赤水遇狐仙事。

以上材料出自二十一种清人小说笔记，在数量庞大的清世笔记中这只是一小部分。倘若把材料范围再扩大一些，肯定会有许多补充。这些材料都是有关狐仙崇拜的辅助性材料，本身并没有明确谈到狐仙崇拜，但若联系上节所引述的大量狐仙崇拜材料，那么我们有理由相信，即便在这些故事的产生地区并没有发生过对狐仙的崇拜行为，如立庙、设像、祭祀等，但在民众心理中存在着狐仙信仰——即对狐仙的迷信和崇敬——则是肯定的，绝不会止于一般性的谈鬼说狐。上述故事虽然不都明谓其为狐仙，甚至有言其为妖者，但在狐仙之说大畅天下的情况下，狐之种种实际都被纳入狐仙系统，狐仙成为对狐的普遍尊称。狐仙之为仙，狐仙之为妖，这只是狐仙个体的品质不同而已，并不影响民众对狐的敬畏。《新齐谐》中的许多作祟狐妖，统统被呼为狐仙，原因即在于此。因此清人的狐仙崇拜其实就是泛狐崇拜。

上述材料中发生于江浙地区的极多，这说明江浙地区也是有狐仙信仰的重要地区。宋明之世多言江浙少狐魅，但到清世情况已大为变化，这些地区也盛行狐仙之说，并有许多崇拜行为发生。这样就使得清代狐文化成为分布最为广泛的时期，以往没有任何一个时期能像清代这样在大半个中国程度不同地流行狐仙信仰。从地域上看，清代狐仙信仰是以北方为中心向南扩散，最受影响的是江浙地区，愈远而愈微，两广、云贵地区明显呈弱势。从时间上看，狐仙影响又呈积时而进之势，到光绪年间可说是达到顶峰，分布最广，影响最深，所以光绪中淮阴百一居士才会说"近日南中亦有是患"，虽然说得并不很确切。南方狐分布较少，但也能流行狐仙信仰乃至发生崇拜行为，这是因为狐文化属于观念形态，一旦形成并发生影响，便会日渐浸入人心，初不以其地有狐无狐狐多狐少为限。我国台湾和海南二岛均无狐，但从《客窗闲话》所记，光绪中台湾官署亦供狐仙，道理即在于此。狐仙信仰的往南传播，途径很多，商人、官员、文人及一般行旅都可把北方的狐仙信仰带到南方，而且《聊斋》《阅微草堂笔记》等著名小说的流布更容易使狐仙信仰在各地民众中扎下根来。

清代狐仙信仰主要流行于汉族地区，满人入主中国，受汉人影响自然也信狐仙，边疆其他少数民族似不信仰和崇拜狐仙。《阅微草堂笔记》卷六《滦阳消夏录（六）》说："巴里坤、辟展、乌鲁木齐诸山，皆多狐，然未闻有祟人者。"新疆多沙狐，但无狐妖之说，没有狐幻化人形作祟这种狐化观念，更不用说尊事狐仙了。《阅微草堂笔记》卷一五《姑妄听之（一）》记哈密屯军徐守备所讲屯弁深山遇蜕形之狐一事，虽事在新疆哈密，但只是产生于驻边兵士之口，并非当地民众流传。《南皋笔记》所记西番即藏族地区郝生遇狐女事，也是当地汉民所传。这些都不能算数。边疆少数民族具有不同于汉族的宗教信仰和文化传统，自然不会对狐仙顶礼膜拜了。

## 四、修仙之途：狐仙观念之一（上）

清人狐仙观念的核心内容是狐经过修炼可以得道成仙，所谓"究性命之原，讲修持之道，仙籍可登"①。关于狐的修炼，纪昀《阅微草堂笔记》所言极多，其他清人小说笔记亦时有议论和记叙，我们就以纪氏书为主，参酌他书，讨论一下狐仙的修炼之道。

《阅微草堂笔记》卷一〇《如是我闻（四）》记有刘师退在沧州与一"躯干短小，貌如五六十人，衣冠不古不今，乃类道士"的狐的一段谈狐文字：

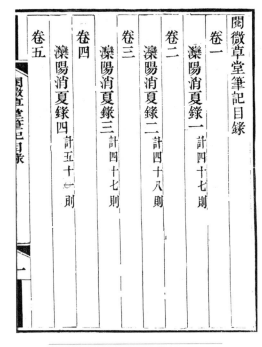

清嘉庆二十一年北平盛氏望益书屋刻本
《阅微草堂笔记》目录

师退曰："世与贵族相接者，传闻异词，其间颇有所未明。闻君

①《夜谭随录》卷一〇《玉公子》。

253

豁达不自讳，故请祛其惑。"狐笑曰："……我辈之中，好丑不一，亦如人类之内，良莠不齐。人不讳人之恶，狐何必讳狐之恶乎？第言无隐。"师退问："狐有别乎？"曰："凡狐皆可以修道，而最灵者曰牝狐。此如农家读书者少，儒家读书者多也。"问："牝狐生而皆灵乎？"曰："此系乎其种类。未成道者所生，则为常狐，已成道者所生，则自能变化也。"问："既成道矣，自必驻颜。而小说载狐亦有翁媪，何也？"曰："所谓成道，成人道也。其饮食男女，生老病死，亦与人同。若夫飞升霞举，又自一事。此如千百人中，有一二人求仕宦。其炼形服气者，如积学以成名；其媚惑采补者，如捷径以求售。然游仙岛，登天曹者，必炼形服气乃能；其媚惑采补，伤害或多，往往干天律也。"问："禁令赏罚孰司之乎？"曰："小赏罚统于其长，大赏罚则地界鬼神鉴察之。苟无禁令，则来往无形，出入无迹，何事不可为乎？"……问："或居人家，或居旷野，何也？"曰："未成道者未离乎兽，利于远人，非山林弗便也。已成道者事事与人同，利于近人，非城市弗便也。其道行高者，则城市山林皆可居。如大富大贵家，其力百物皆可致，住荒村僻壤与通都大邑一也。"师退与纵谈，其大旨惟劝人学道，曰："吾曹辛苦一二百年，始化人身。公等现是人身，功夫已抵大半，而悠悠忽忽，与草木同朽，殊可惜也。"

又卷三载明季书生见老翁坐墟墓间，旁有狐十余，捧书蹲坐，书生问读书何为，老翁答道：

　　吾辈皆修仙者也。凡狐之求仙有二途：其一采精气，拜北斗，渐至通灵变化，然后积修正果，是为由妖而求仙。然或入邪僻，则干天律，其途捷而危。其一先炼形为人，既得为人，然后讲习内丹，是为由人而求仙。虽吐纳导引，非旦夕之功，而久久坚持，自然圆满，其途纡而安。顾形不自变，随心而变，故先读圣贤之书，明三纲五常之理，心化则形亦化矣。

又卷一二记云：

朱明经静园，与一狐友。一日，饮静园家，大醉，睡花下。醒而静园问之曰："吾闻贵族醉后多变形，故以衾覆君而自守之。君竟不变，何也？"曰："此视道力之浅深矣。道力浅者能化形幻形耳，故醉则变，睡则变，仓皇惊怖则变；道力深者能脱形，犹仙家之尸解，已归人道，人其本形矣，何变之有！"静园欲从之学道，曰："公不能也。凡修道人易而物难，人气纯，物气驳也；成道物易而人难，物心一，人心杂也。炼形者先炼气，炼气者先炼心，所谓志，气之帅也。心定则气聚而形固，心摇则气涣而形萎。广成子之告黄帝，乃道家之秘要，非庄叟寓言也。深岩幽谷，不见不闻，惟凝神导引，与天地阴阳往来消息，阅百年如一日，人能之乎？"朱乃止。

又卷一六云：

释家能夺舍，道家能换形。夺舍者托孕妇而转生，换形者血气已衰，大丹未就，则借一壮盛之躯，与之互易也。狐亦能之。族兄次辰云：有张仲深者，与狐友，偶问其修道之术。狐言："初炼幻形，道渐深则炼蜕形，蜕形之后则可以换形。凡人痴者忽黠，黠者忽颠，与初不学仙而忽好服饵导引，人怪其性情变常，不知皆魂气已离，狐附其体而生也。然既换人形，即归人道，不复能幻化飞腾。由是而精进，则与人之修仙同，其证果较易。或声色货利，嗜欲牵缠，则与人之惑溺同，其堕轮回亦易，故非道力坚定，多不敢轻涉世缘，恐浸淫而不自觉也。"

又卷一八记一黑狐被缚哀鸣曰:

> 凡狐之灵者,皆修炼求仙。最上者调息炼神,讲坎离龙虎之旨,吸精服气,饵日月星斗之华,用以内结金丹,蜕形羽化。是须仙授,亦须仙才。若是者吾不能。次则修容成素女之术,妖媚蛊惑,摄精补益,内外配合,亦可成丹。然所采少则道不成,所采多则戕人利己,不干冥谪,必有天刑。若是者吾不敢。故以剽窃之功,为猎取之计,乘人酣睡,仰鼻息以收余气,如蜂采蕊,无损于花,凑合渐多,融结为一,亦可元神不散,岁久通灵,即我辈也。虽道浅才疏,积功亦苦,如不见释,则百年精力,尽付东流,惟君子哀而恕之。

以上五段文字,可说是五篇"狐仙论",集中反映着清人的狐仙观念,这实际上是参照道教修炼理论为狐构设的修炼之道。

这套理论的内容大致包括这样几点。

第一,关于狐的修仙资格,认为"凡狐皆可以修道",这正如道家认为人皆可以修道成仙一样。但由于狐种和个体狐禀性素质的差异,并不是任何狐都能持修仙之道的,而能真正成仙的更是少数。一种说法是只有"犼狐"能行修仙之道,是狐中"最灵者"。关于犼狐,《夜谭随录》卷四《杂记》说:

> 老而妖者名犼狐,又名灵狐,似猫而黑,北方多有之,盖别一种云。

犼狐是草狐、沙狐、玄狐等狐种之外的另一个狐种。《茶余客话》卷九《貂狐之种类》又称作"妖狐",云:

又有妖狐，一曰灵狐，似猫而黑，年老能幻人形。

这就是说，一般狐种并不能幻化，只有犹狐年老后可以幻化人形。既有幻化之能，当然也就能进而修仙了。所谓犹狐并不是真实的狐种，是虚拟之物。犹字同貔，又作犹。《诗经·大雅·韩奕》："献其貔皮。"《释文》云："貔，本亦作犹，音毗，即白狐也，一名执夷。"是说犹即白狐。但《夜谭随录》等书均称"似猫而黑"，显非白狐，而近于玄狐，说法并不相同。犹狐求仙只是清人的一种说法，事实上在清人小说笔记中大量狐仙并非犹狐，只有《夜谭随录》所写多为黑狐，《聊斋志异》《阅微草堂笔记》也常谈到黑狐，也就是所谓犹狐了。还是另一种说法比较通行，即"凡狐之灵者，皆修炼求仙"。

关于狐求仙还有一种说法。《南皋笔记》卷三《胡丽姑》记有"米钵山间仙人"胡丽姑与醉渔生的一段对话：

> 生因诘以求仙之术，女曰："神仙非人所能为者，人而能仙，则神仙当遍满瀛洲矣。白日飞升，亦复谈何容易。汉武、秦皇，可为殷鉴。"生诘之曰："卿虽为仙，固狐也。狐且能成仙，而况于人乎？"女曰："亦视来历根体何如耳。仙非尽人而能，亦非尽人不能，狐亦有不能成仙者，亦非尽狐而能之。妾虽狐，乃有仙根者也。君虽来历不差，无仙根者也，欲求仙得乎？"

求仙能否成功，全在于有无"仙根"。仙根是什么？无非是灵性、悟性之谓，也还是"凡狐之灵者，皆修炼求仙"。

古人认为狐于兽类中最有灵性，所以才有求仙、修仙之说。清人虽持泛仙论，于蛇、鼠、猬等皆曰仙，但真正议及修炼求仙的似乎只有狐。《阅微草堂笔记》卷一〇《如是我闻（四）》说："人物异类，狐则在人物之间。"狐介于人兽之间，视人而为兽，视兽而近人，极有灵性。但狐的自然灵性，还只是求仙的基本条件，还不足以成为"仙根"，还须在同人的接触交往中，在对人类知识学问的掌握中修养磨砺"根体"，所以我们在《阅微草堂笔记》等清人小说笔记中可以看到许多富有才智学问的狐，例如《阅微草堂笔记》卷八《如是我闻（二）》所记的那位"颇悦诗书，雅不欲与俗客伍"的狐即是。才狐、学狐在晋唐小说中已多见，到清代又加以发展，同求仙修道联系起来，才性学问成为求仙的"仙根"。

大约也是出于对"仙根"的考虑，《新齐谐》卷一《狐生员劝人修仙》还有一说，即狐修仙必须进行资格考试：

> 群狐蒙太山娘娘考试，每岁一次，取其文理精通者为生员，劣者为野狐。生员可以修仙，野狐不许修仙。

《翼駉稗编》卷六《狐仙请看戏》也有类似说法：

> 泰山娘娘每六十年集天下诸狐考试，择文理优通者为生员。生员许修仙，余皆不准。六十年考一次，为一科耳。

这种说法显然是模仿明清科举制。明清科举，先经考试入学为生员，然后才有资格步步高攀，中举人，擢进士，便可入仕了。

顺便说，《新齐谐》中的狐生员自称"狐仙"，其实他尚未成仙。在清世狐文化的语境中狐仙实有广狭二义，狭义狐仙是指得道成仙的狐，广义狐仙是指修道求仙的狐，狐生员自称狐仙即此，再宽泛一些则逢狐必称仙，乃是对狐的尊称。

第二，狐修仙有二途：一是由狐直接修炼成仙，即所谓"由妖而求仙"，可谓直接修仙法、一步登天法。二是先修炼成人——即"成人道"，这是第一阶段，完成由妖到人的转变；然后再进入第二阶段，由人修炼成仙，完成由人到仙的转变。此法即"由人而求仙",可谓二级修仙法。关于后者,《阅微草堂笔记》有许多论述,并提出"炼形""蜕形""脱形""解形""换形""服气""炼气""拜月"等一系列概念,我们详细讨论一下。

所谓"炼形",本是道教修炼术语,指的是修炼形体,配合以炼神炼气,以养元固本,求得长生不死。这里的"炼形"指的是狐修炼人形。由狐身修成人身,此之谓"蜕形""脱形"。蜕形、脱形和化形、幻形不一样,"道力浅者能化形、幻形","道力深者能脱形,犹仙家之尸解,已归人道,人其本形矣"。就是说狐幻化成人形,并不是真正的炼形成人,只是修炼的粗浅阶段,狐之本质未变,只有再经过炼形,道力深厚了,这才能永久脱去狐形归入人道,由狐到人的转化,便是"脱形""蜕形"。《阅微草堂笔记》卷一五《姑妄听之(一)》有"蜕形之狐"与"变形之狐"的对比,哈密深山老翁自称"蜕形之狐","久归人道",已成人身,至于"变形之狐"也就是化形幻形之狐,则其一切皆幻。

狐中毕竟道浅者多,因此大抵处于幻形、化形、变形阶段,即所谓"变形之狐"。变形之狐一般具有这样几种法力。一是能变化人形。《阅微草堂笔记》卷一《滦阳消夏录(一)》"宁波吴生"条狐女自言"吾能幻化,凡君所眷,吾一见即可肖其貌"。卷一四《槐西杂志(四)》"奴子业针工"条狐妖"每夜辄来,来必换一形,忽男忽女,忽老忽少,忽丑忽好,忽僧忽道,忽鬼忽神,忽今衣冠,忽古衣冠,岁余无一重复者"。卷二四《滦阳续录(六)》也有类似描写:

> 济南朱子青与一狐友,但闻声而不见形。亦时预文酒之会,词辩纵横,莫能屈也。一日,有请见其形者。狐曰:"欲见吾真形耶?真形安可使君见?欲见吾幻形耶?是形既幻,与不见同,又何必见。"众固请之,狐曰:"君等意中,觉吾形何似?"一人曰:"当庞眉皓首。"应声即现一老人形。又一人曰:"当仙风道骨。"应声即现一道士形。又一人曰:"当星冠羽衣。"应声即现一仙官形。又一人曰:"当貌如童颜。"

应声即现一婴儿形。又一人戏曰:"庄子言,姑射神人,绰约若处子。君亦当如是。"即应声现一美人形。又一人曰:"应声而变,是皆幻耳。究欲一睹真形。"狐曰:"天下之大,孰肯以真形示人者,而欲我独示真形乎?"大笑而去。子青曰:"此狐自称七百岁,盖阅历深矣。"

从这三则故事看,狐幻化人形有极大的随意性,可以随心所欲地变幻为既定人形,这可说是幻形的最高境界。《耳食录》初编卷八《阿惜阿怜》写雌狐阿惜自称"妾兄妹皆狐也……兄亦能为女,我亦能为男",卷二《胡好好》写狐女胡好好变书生淫何生妻张氏,也都突破原身的性别局限,带有较大随意性。但《阅微草堂笔记》和《耳食录》所记,或含有诙谐嘲世之意,属文人想象,一般情况是狐变幻人形多有局限,尤其是在性别上具有定向性,不能随意转换。

二是隐形。狐"来往无形,出入无迹","但闻声而不见形",用的是隐形术,此等事迹在清人小说中随处可见。狐之善隐形是修炼道术的结果,但也有借助于他物者。《醉茶志怪》卷三《狐帽》说狐以"败凉帽"为蔽身物,《林承嗣》说狐仙以玄巾为"隐身宝"。管世灏《影谈·酆都县洞》狐以半臂为隐身衣。《聊斋志异》卷九《金陵乙》狐以褐衣隐形。

三是缩形。自古谈狐者常谓狐出入人家自窗隙,明人谓之"缩形",清人亦颇言之。如《聊斋志异》卷九《凤仙》写水仙"棂隙可入",《香饮楼宾谈》卷二《湘潭狐》写狐仙"自窗间入",《阅微草堂笔记》卷七《如是我闻(一)》"江西孝廉"条写城上老狐"琤然破窗遁",如此甚多。对于这种神术,《阅微草堂笔记》卷一四《槐西杂志(四)》"瓜子店少年"条解释说,狐和鬼不同,鬼"有形无质,纯乎气也",故能"穿屋透壁";"狐能大能小,与龙等,然有形有质,质能缩而小,不能化而无,故有隙即遁,而无隙则碍不能出,虽至灵之狐,往来必由户牖"。可见是一种缩形术。又卷一五《姑妄听之(一)》"灶丁"条写狐女自窗入室后对灶丁说:"能自隐形,不为人见,顷缩身为数寸,君顿忘耶?"所说隐形实也是缩形术。但狐出入窗棂,有时也用化形术,即化作他物——自然是细小之物——以利穿隙。《阅微草堂笔记》卷五《滦阳消夏录（五）》说："狐能化形，故狐之通灵者，可往来于一隙之中，然特自化其形耳。"

变形之狐不管法力多大，本质仍是狐，仍是妖，因而死后便会显出原形，《阅微草堂笔记》卷二四《滦阳续录（六）》所记江南举子所遇狐女"死则形见"即然。另外，卷一二《槐西杂志（二）》所云"醉则变，睡则变，仓皇惊怖则变"，在这三种情况下也都显狐形。而炼形之狐在经过长期"服气炼形"或"拜月炼形"之后修成人道，便可永得人身。《阅微草堂笔记》卷一四《槐西杂志（四）》记刘哲娶狐女，"老而死，其尸亦不变狐形"，有人对此解释说："炼成人道，未得仙，故有老有死；已解形，故死而尸如人。"这里说的"解形"，也就是"蜕形""脱形"，即解脱狐形。

关于狐的炼形，《阅微草堂笔记》说"炼形者先炼气"，又常称为"服气炼形"。葛洪《神仙传》卷一《老子》①云老子九百三十卷"度世之法"中有"行气炼形"，行气即炼气、服气，乃道家呼吸吐纳之术。道家将天地自然之气分为六，称为"六气"，又将日月之精华称为"九华"，相信服六气九华可以长生。葛洪《抱朴子·畅玄》云："咽九华于云端，咀六气于丹霞。"即此之谓。又《释滞》云："仙人服六气。"服气炼形的修炼术被移之于狐，即认为狐通过呼吸吐纳、服食六气九华便可蜕形为人。《咫闻录》卷三《析击狐》写一白狐悬于城半，四足凭空，首向东方，张口吞吸日影，即是在行服气之术。

同时又有拜月炼形之法，即通过拜月来达到炼形、蜕形目的。《阅微草堂笔记》卷七《如是我闻（一）》记一黑狐人立向月拜，称为"拜月炼形"，卷二〇《滦阳续录（二）》载狐女自云"平生惟拜月炼形"，又卷一八《姑妄听之（四）》载河城"村南墟墓间，有黑狐夜夜拜月"。《醉茶志怪》卷四《浙生》载狐云："我炼形拜月，吐纳采补，数百年来，甘苦备尝，至今日支体官骸，与人无异。大丹将成，此一乐也。"其说与《阅微草堂笔记》同。拜月本是狐的幻形术，清人

---

① 此据《广汉魏丛书》本，系辑录《太平广记》卷一《老子》。

演为炼形术，这是对拜月旧说的发展。

炼形须"万缘断绝，一意精修"，"心如止水"，"不起妄念"①，此即"炼形者先炼气，炼气者先炼心"之"炼心"。为此，炼形的狐总要静处僻居，全如人之修道者。

炼形颇费时月，一般要经过数百年时间。《阅微草堂笔记》卷一〇《如是我闻（四）》说"辛苦一二百年，始化人身"，卷九《如是我闻（三）》说"服气炼形已二百余岁"，卷一《滦阳消夏录（一）》说"炼形已四百余年"。

炼形成功之后的"蜕形""脱形""解形"又被称为"尸解"，但这是由狐到人的尸解，不是由人到仙的尸解。《阅微草堂笔记》卷一五《姑妄听之（一）》主翁自称"蜕形之狐"，说"老夫尸解以来，久归人道"，可见尸解即指蜕形。狐何以尸解蜕形？卷一二《槐西杂志（二）》"朱某婢"条言朱某纳一婢为妾，婢自称是狐女，"炼形数百年，幸得成道"，今将尸解。"俄化狐仆地，有好女长数寸，出顶上，冉冉去"。据此说来，蜕形即是狐体中的人形破狐体而出，弃去狐尸，犹如蛾之破茧。卷二三《滦阳续录（五）》又载一黑狐被人击杀，"剥之，腹中有一小人首，眉目宛然，盖所炼婴儿未成也"。道教以腹内婴儿喻指内丹，谓内丹之结如胎儿之成。但此处为实写，所说腹中婴儿似乎也正如"朱某婢"条中狐女体内之长数寸"好女"，是所炼人形。不过从炼内丹意义上说，炼形之狐在体内修结人形也是一种内丹，上述说法实际上正是清人根据内丹理论设想出来的。

与"尸解"有别，又有"换形"。据前引《阅微草堂笔记》，所谓换形是狐附人体而生，形体为某一人，其质则为得道之狐。狐借躯体，是由狐转化为人的又一种形式。换形之狐不再能变化，尸解之狐大约也如此，因为都已归入人道。

炼形成人还有些其他说法。《新齐谐》卷一《狐生员劝人修仙》中狐生员说，

---

① 《阅微草堂笔记》卷四《滦阳消夏录（四）》、卷八《如是我闻（二）》。

狐学仙"先学人形，再学人语，学人语者先学鸟语，学鸟语者又必须尽学四海九州之鸟语，无所不能，然后能为人声，以成人形，其功已五百年矣"。这里把炼形分解为学人形、学鸟语、学人语几个过程。《醉茶志怪》卷二《狐革》则说，一狐每于月明之夜修炼，已修成人身，但仍为狐首，"道力尚微，首未能脱"。修炼时脱下狐皮，待天晓仍披上狐皮成狐，修炼功成后方能永远脱去狐皮。它的狐皮被人藏起来，百乞而不与，"至晓仆地化为狐，自颔下如新剥者然"。《夜雨秋灯录》卷八《除三孽》中的天狐花娘子"修千年始脱革"，以狐皮化为紫披风。这些说法，与《阅微草堂笔记》炼形之说，均有所不同。

狐蜕形归入人道后，便进入由人到仙的修仙过程，"由是而精进，则与人之修仙同"，亦即"吐纳导引"，"讲习内丹"，"调息炼神，讲坎离龙虎之旨，吸精服气，饵日月星斗之华，用以内结金丹，蜕形羽化"。这第二阶段的修炼是作为人的炼形阶段，也须炼内丹，进而再作新的蜕形尸解。《阅微草堂笔记》卷一五《姑妄听之（一）》哈密深山中的蜕形之狐"假居深山"，"世外幽栖"，便是在进而修炼仙道。这些无须多说，需要指出的是，在狐的修仙过程中发扬善性被予以强调。前所引《阅微草堂笔记》卷三所载狐老翁以"圣贤之书"教授诸狐，就是为了"明三纲五常之理"，正乎心性。"心化则形亦化"，形化、仙化的过程便是"心化"的过程，这"心化"便是修养善心仁性，也如同炼形过程中的"炼心"。为了说明善性对于修仙的重要性，《阅微草堂笔记》卷三《滦阳消夏录（三）》记有一个狐姊妹二人每夜助孝妇推磨，从而"为上帝所嘉，缘是功行，得证正果"，姊妹登仙而去的故事。道教说道，援儒家仁义之说为义。《抱朴子·对俗》云："欲求仙者，要当以忠孝和顺仁信为本，若德行不修，而但务方术，皆不得长生也。"又云："人欲地仙，当立三百善；欲天仙，立千二百善。"《阅微草堂笔记》卷一七《姑且听之（三）》说"天上无不忠不孝之神仙"，儒家伦理精神与性善思想同道教修仙理论始终是紧密联系在一起的。

## 五、修仙之途：狐仙观念之一（下）

第三，狐的修仙有正邪二道。《阅微草堂笔记》认为，以"炼形服气""讲习内丹"成就人道及仙道的修仙法，"其途纡而安"，乃是修仙正道，故而"游仙岛，登天曹者，必炼形服气乃能"。而"由妖而求仙"的一步登天法，是通过采精拜斗达到通灵变化并进而修成仙果，虽然快捷，但易入邪僻，"其途捷而危"。这是因为，修仙须炼内丹，以吐纳导引成丹虽为正途，但其法缓慢，而一般狐精出于妖性，常常"修容成素女之术，妖媚蛊惑，摄精补益"以成金丹，这样就堕入邪门歪道，"媚惑采补，伤害过多，往往干天律"，最终受到上天惩治，不仅不能成仙，还会送掉性命。《醉茶志怪》卷四《浙生》中的狐不仅修成人身，而且"大丹将成"，即将"升碧霄，登紫府"，"长生不老"，但非常担心"顿遭雷劫"，就是因为他在"炼形拜月""吐纳"的同时，还干过"采补"勾当。

狐的修仙以服气为正途，以采补为邪道，这实际反映着清人对道教不同修炼术的评价。吐纳、服气本是道教正宗修炼术，历来受到提倡。明世道教堕落，风行阴阳采补，以房中御女之术为长生法门。乾隆年间沈起凤作《谐铎》，卷九《掌中秘戏》载："黄帝御三千六百女而成仙，此说见于道书，后人祖为采战之术。商邱宋生，好长生诀。或以采阴补阳之说导之。生大惑，广置姬妾，日夜鏖战。"一道者来，以掌中秘戏点化宋生，训云："仙家以清心寡欲得臻上寿。若于欲海中求仙，淫魔一起，非以求生，实以丧生。"宋生大悟，弃家入山。这个故事说明，仙业"从清静中来"，否定"御女成仙"的采战邪说。

从明代开始流行狐行采补炼内丹之说，至清尤剧，这就使得纪昀这样的正统文人在谈狐之时承担起矫正邪说的责任，当然实际是针对社会上的采补陋风而发的。《阅微草堂笔记》认为，狐的媚人即与人的性交往有三种情况：

> 凡狐之媚人有两途：一曰蛊惑，一曰凤因。蛊惑者阳为阴蚀，则病，蚀尽则死。凤因则人本有缘，气自相感，阴阳翕合，故可久而相安。然蛊惑者十之九，凤因者十之一。其蛊惑者亦必自称凤因，但以伤人不伤人知其真伪耳。（卷五《滦阳消夏录五》）

> 狐之媚人，为采补计耳，非渔色也，然渔色者亦偶有之。（卷九《如是我闻三》）

> 有士人与狐女狎，初相遇即不自讳，曰："非以采补祸君，亦不托词有凤缘，特悦君秀美，意不自持耳。然一见即恋恋不能去，傥亦凤缘耶？"（卷二一《滦阳续录三》）

这三种情况是凤缘（凤因）、渔色、采补，后两种合为"蛊惑"，概括了狐妖接触人类异性的全部动机和目的。所谓凤缘、凤因是说狐遵从天意成就与人间男女的姻缘，既为天作之合，自然不会对人产生危害，"可久而相安"。例如《阅微草堂笔记》卷九所记吴江吴林塘表亲遇合狐女即属于这种情况——"此魅与郎君凤缘，无相害意"。而这位郎君之所以"惘惘恒若神不足"，打不起精神头，乃是因为自己不注意节制性事，"耽玩过度"，即使对方是人间女子，也会如此的。这种凤缘之说常被充满爱心的小说家用来构建美丽的人狐爱情。渔色即猎取美色，于狐来说动机有善恶不同，善者出于悦人秀美的爱心，恶者出于淫心，但不管何种动机，都属于"蛊惑"一类，由于"阳为阴蚀"，当然都会伤人。至于采补，采阳补阴，以助修炼，其伤人也甚，则为蛊惑之尤恶者。纪晓岚认为，凡狐媚人大抵都是为采补计，渔色者很少，凤缘者更寡，而且所谓"凤缘"也常常是骗取信任的蛊惑手段。

采补即采阴补阳，或采阳补阴。狐利用与人间男女性交的方式达到修炼目的。雄狐所采对象为年轻女子，以女子阴精补其元阳之气，与世间男子御女采战之术全同。《阅微草堂笔记》卷一三《槐西杂志（三）》所写狐媚姊妹二妓，卷一四《槐西杂志（三）》所记青县狐采小妓之精，均属此类。雌狐采补对象是年轻男子。人间本无女采男之事，故而有采阴补阳之说而无采阳补阴之说，而在狐界，雌狐则亦行采补。人间男子无论从幽明关系还是从性别关系上说均为阳性，故而又生出采阳补阴之说，即采人间男子的元阳以补雌狐之阴。其实于狐来说都属采阳补阴，因为即便是雄狐采女，因为人属阳狐属阴，亦为以阳补阴。由于狐妖的雌化倾向，雌狐采补之事最多。《阅微草堂笔记》卷一一《槐西杂志（一）》所记少华山狐女同时采补二男，每隔五日轮换一次，以及狐女采补一少年，少年疲顿不能御女狐乃辞去，卷一二《槐西杂志（二）》所记狐女盗纪生精气，卷一四《槐西杂志（四）》所记狐女假儒生妇摄其精，均属此类。《醉茶志怪》卷二《杜生》也是一个雌狐采补故事，二雌狐化为好女，轮夜与杜生交合，从无虚夕，结果半年后杜生羸瘦而死。雌狐与杜生交合"口含生下体"，采用口交方式，目的是更多地吸取精液。即便采用正常性交方式，狐精也有办法最大限度地摄取男精。《新齐谐》卷一九《东医宝鉴有法治狐》写萧山李选民与一美女相悦，"久之，李体日羸，觉交接时，吸取其精，与寻常夫妇不同"。此狐与李生交接，不待李生泄精便可吸取精液。

有的雌狐在采补取精时采用特殊方法，《耳食录》初编卷一一《胡夫人墓》记载了一个明珠取精的故事：

　　分宜某塾师，聚徒山中。门人某生，聪颖而好学，师绝爱之。而见其体渐羸瘦，神色尪然，谓攻苦所致，戒以少辍。然殊不闻诵读声，窃疑之。夜就其窗外伺之，则闻有人喁喁私语，音似妇人，而听不能彻。意其私人闺阁也，甚怒，明日使他徒诘之。生不能讳，遂告曰："向暮行山下，逢一女子含笑而来，姿容旷世，款语通情，遂订私约。夜分乃来，入自侧门，会于灯下。比寝，则幽香软玉，宛转衾席间。<u>复以径寸明珠，置我口中</u>，戒勿吞咽，将晓则仍取之去。盖已如是两月矣。叩其居址姓氏，乃山下前村之女。如此佳人，如此密约，吾非石人，诚不能遣，直愿为斯人死耳。"徒以告师，师益疑之，度人家闺女，恶能晓夜独行，踪迹不露如此？果若所云，其殆妖魅也。<u>且明珠必取精之具</u>，若再来，当吞之，以观其变。乃召生而教之。

是夜，女子复来，纳珠如故。及其将取，则吞之。女子跌足而泣曰："垂成之功，堕于一旦矣！"生歉然不安，叩其故，女子曰："此珠已历五百年，死于此珠者凡九十九人，皆聪明富贵寿考之人。<u>其精气尽在于是</u>，若经百人，则成正果。不谓乃败于君也。邪道求仙，终归无益，安敢怨君？君后日福祚且不可量。幸念枕席之情，明日求吾尸于东山下，棺椁而葬之，得比于君之姬妾，岁时以杯酒浇冢上，不使游魂弱魄寂寞泉台，君之惠也，死亦无憾。"遂相持恸哭而去。同室之人，莫不闻之，惟不见形耳。

次日至东山之下，见一大狐死焉。生伏而哭之甚哀，殡葬如礼，为文而祭之。夜乃梦女子来谢。生自吞珠之后，精神智慧尽倍于前。居显秩，登上寿，皆珠所益云。乃题狐墓曰"胡夫人之墓"。

所说明珠，分明就是狐丹。狐女以九十九人之精气炼成此丹，又借以取某生精气。其法纳入口中者，是因为男子的元精不惟存在于精液，口津中也有精气存在，而且还可从口腔中吸取体内元精。

可见雌狐摄精非只交合一途。《夜谭随录》卷八《庄虚松》说丘生为一黑狐所迷，连夜交媾，事泄而来报复：

> 女忿然，以两手捧丘之颊而接吻曰："我即死，汝岂能独生耶？"
> 即以舌启唇而吸之，飐飐然，气出如缕，心茫茫无所凭。女更加力吸
> 之，丘觉丹田痛如刀割，五内俱裂。

交媾取精须费时日，此狐情急之中使用接吻之法吸其丹田气。此法可立致人死
命，若不是别人及时相救，丘生必死无疑。接吻法既可吸气，也可补气，《阅微
草堂笔记》卷一〇《如是我闻（四）》记布商韩某昵一狐女而尪羸，狐女"以吻
相接，嘘气良久"。把交媾时摄来的精气再通过接吻吐气补还给他，元气回归，
韩某便"壮健如初"了。

狐若遇同性男女不能交合采精，往往用吸气摄精法。《萤窗异草》三编卷一
《沈阳女子》记，一牝狐祟沈阳女子，"摄其精气，日渐羸尪"。以同性而相惑，
无疑属同性恋，摄精必是口吻相吸。《阅微草堂笔记》卷一八《姑妄听之（四）》
有云：

> 女鬼恒欲与人狎，摄其精也。男鬼不能摄人精，则杀人而吸其生
> 气，均犹狐之采补耳。

可见狐对同性男女的采补之术便是"吸其生气"。

人的精气也存在于鼻息中，所以前所引《阅微草堂笔记》卷一八的黑狐"乘
人酣睡，仰鼻息以收余气"。鼻息中的精气想来含量极微，虽于人无害但收效甚
寡，故为大多数狐所不取，宁肯冒着风险干采补勾当。

狐采补摄精，为的是以阴阳之气在体内修结成丹，即所谓"狐丹"。关于狐
丹上一章已有说明，现在再讨论一下。《阅微草堂笔记》卷一五《姑妄听之（一）》
说"媚人采补，摄取外丹"，称之为"外丹"。而卷九《如是我闻（三）》狐鬼

说"我本数百岁狐，内丹已成"。《聊斋志异》卷九《陵县狐》雪堂补记亦称"但取生人精气以炼内丹"，说法与明人谢肇淛《五杂组》卷九全同。依道教炼丹理论，外丹系用鼎炉药物炼制而成，称作金丹；内丹则在人体内由精、气、神炼成，如妇女之结胎，故又称"圣胎""胎丹""胎仙"。狐在蜕形成人后以吐纳导引"讲习内丹"自然是真正意义上的所谓内丹，但作为"变形之狐"所炼之丹，不论得于采补还是得于吐纳，是一种既不同于外丹又不同于内丹的特殊的丹。之所以说狐丹是外丹，是因为它有形有质，状如金丹，可以从体内自由吐出并再吞入；说它是内丹，又因为它原本由精气生成于体内，并非用铅汞等炼成于丹灶。

自从明人《狐媚丛谈》卷五提出"狐丹"概念，清人小说中对狐丹多有描写，这里略举几例：

（娇娜）口吐红丸，如弹大，着肉上，按令旋转。才一周，觉热火蒸腾；再一周，习习作痒；三周已，遍体清凉，沁入骨髓。女收丸入咽，曰："愈矣。"（《聊斋志异》卷一《娇娜》）

鬼曰："此处一狐，金丹成矣。窃其丹吞之，则魂不散，可以长存，但凭所之，罔不如意。子愿之否？"王（王兰）从之。鬼导去，入一高第，见楼阁渠然，而悄无一人。有狐在月下，仰首望空际，气一呼，有丸自口中出，直上入于月中，一吸，辄复落，以口承之，则又呼之，如是不已。鬼潜伺其侧，俟其吐，急掇于手，付王吞之。狐惊，盛气相向。见二人在，恐不敌，愤恨而去。（同上《王兰》）

枕席间女极荡甚，（吴竹如）初犹支拄，久乃奔命不堪。女出药二丸，红绿各一，置掌中奕奕有光。取红丸欲吞，及喉格格不能下，遂细嚼而咽之，精神陡发，立能起坐。次夕至，告以服丹故，叹曰："固

知命也。妾以数十年功，苦炼丹方成，吞服寿可百岁。若嚼破则元气已泄，仅可少佐数月精神耳。"（《翼駉稗编》卷七《狐丹》）

见古柏树下，有少年十数辈，丫髻双双，如戏蹴鞠。抛掷小球，皆炯炯如灯，上下随身，旋舞不坠，以手承弄。刘视良久，踉跄突出，攘臂一呼，声振檐瓦。群鬼奔散，独剩一丸，跃跃地上。刘拾而吞之，顿觉神爽，而酒气拂拂从顶际出，遍身骨节皆鸣，固知为狐之丹也。（《小豆棚》卷九《金丹》）

次日女来，取温水半瓯，吐口中红丸，对烛润化，将饮病者（苏某）。（《醉茶志怪》卷一《苏某》）

以上所写狐丹均为圆丸之状，其色有红有绿，只有《小豆棚》所写之丹为发光如灯之球体，颇似《狐媚丛谈》中的狐丹。另外《耳食录》中胡夫人狐丹呈明珠状。丸者球者珠者形状均同于外丹。

狐丹由于形近外丹，为有形之物，可吐纳出入，因此容易丧失。《阅微草堂笔记》卷九记有这样一个故事：

先师赵横山先生，少年读书于西湖，以寺楼幽静，设榻其上。夜闻室中窸窣声，似有人行，叱问："是鬼是狐，何故扰我？"徐闻嗫嚅而对曰："我亦鬼亦狐。"又问："鬼则鬼，狐则狐耳。何亦鬼亦狐也？"良久，复对曰："我本数百岁狐，内丹已成，不幸为同类所扼杀，盗我丹去。幽魂沉滞，今为狐之鬼也。"问："何不诉诸地下？"曰："凡丹由吐纳导引而成者，如血气附形，融合为一，不自外来，人弗能盗也。其由采补而成者，如劫夺之财，本非己物，故人可杀而吸取之。吾媚人取精，所伤害多矣。杀人者死，死当其罪，虽诉神，神不理也。故宁郁郁居此耳。"

　　由吐纳导引所成之丹属于内丹，融于体内，不会丧失。这是炼丹正途。而以采补摄精之术所成狐丹，虽然生于体内，但游离于自身元气，名为内丹，实与外丹无异，所以易为窃去。这个数百岁狐便是被同类杀死后盗走狐丹的。

　　有的狐丹则为人盗去或抢去，《聊斋志异·王兰》《小豆棚·金丹》《醉茶志怪·苏某》皆然。又如《翼駉稗编》卷六《狐入腹》写宁秀才与狐交好，乘其睡而"盗吞其丹"，致使这个"修真有年"的狐友功败垂成。《阅微草堂笔记》卷一四《槐西杂志（四）》写狐女采补炼成丹，遇一道士反供其采补，狐女被迫献丹，"失丹之后遂复兽形"，叹息"从此炼形又须二三百年始能变化"。有的狐丹则是因有罪被夺走的，属处罚性质。《聊斋志异》卷二《董生》中的狐女因惑人而被冥曹追去金丹，《夜雨秋灯录》卷六《陆季真》中的狐精胡天玉因过也被其师追去金丹。胡天玉所习为"吐纳长生之术"，《聊斋志异·王兰》中的狐吸月华成丹，狐丹均非采补而成。按《阅微草堂笔记》说法，"不自外来，人弗能盗"，但终究被追去抢去者，大约是因为他们的丹毕竟不是作为人而是作为狐所炼成的丹，也就是说都是在走"由妖而求仙"的危捷之径。倘若得人道后再讲习内丹，那才是真正的"圣胎""胎丹"。可见凡狐之丹均非内丹，易于丢失。

　　但狐丹毕竟是狐求仙的根本，一经炼成"大丹"——最高品位的狐丹，如胡天玉所炼者，便可成仙，正如《醉茶志怪·苏某》中狐女所说，"寿同金石，且换凡骨"。即便一般的狐丹于狐于人也有神效，可以通灵变化，可以长寿延年，可以医治伤痛，也可以如《小豆棚·金丹》所说"得隐形五遁法"——"举意一往，墙壁门径，一无障碍"。《新齐谐》卷一八《狐丹》还记有这样一个故事：

　　　　常州武进县有吕姓者，妇为狐所凭。化为美男子，戴唐巾，为人言休咎，有验有不验。来问卜者，狐或外出，则命书一笺焚之，存其灰于坛中。狐来，口吐物，红色，如小镜然，大不过寸许，持向坛中照灰，便能朗诵所焚之语，丝毫无误。照毕，仍吞入腹中。或云此狐丹也。

灰中识字，这也是狐丹妙用。于是我们知道，凡狐种种神术法力，大抵与狐丹相关。顺便说，此狐丹形如小镜，乃是狐丹别说。

狐丹失去意味着狐的一切道行法力全部丧失，而当狐丹凝聚着狐数百年的精气时，甚至会由此失去性命，如《耳食录》之胡夫人然，狐丹不啻为狐命。反之，得到狐丹便会得到仙术道力。所以围绕着狐丹经常在狐间、人狐间展开争斗。《小豆棚》中的刘姓人将狐丹吞入腹中，群狐"以秫秸自其口贯腹，往来探取，珠出，血渍阶石"，"刘痛楚不能声"。狐为夺回金丹采用残酷手段固可予谅解，但若《阅微草堂笔记》卷九之杀同类夺丹，卷一五之化形婢女盗谪仙金丹，均为邪恶之行。

狐采补摄精是一种干犯天条的犯罪行为，《阅微草堂笔记》一再强调它为天律所不容：

> 若媚惑梦魇，盗采精气，损人之寿，延己之年，事与劫盗无异，天律不容也。又或恣为妖幻，贻祸生灵，天律亦不容也。（卷四《滦阳消夏录四》）

> 凡我辈女求男者，是为采补，杀人过多，天律不容也。（卷七《如是我闻一》）

狐有善恶，道有正邪，求仙必以正途，故而许许多多采补摄精的狐受到惩罚。《耳食录》中胡夫人的临终忏悔"邪道求仙，终归无益"，是向狐们发出的教训。而恪守服气炼形之道，"誓不媚人"（《阅微草堂笔记》卷九）的狐则受到肯定。这里不仅反映着正统道教思想对于道教邪说的否定，同时也含戒世之旨，即戒色戒欲。而事采补者多为女狐，因而其旨更在于对"女求男"的警告。

第四，狐通过服气炼形等修炼功夫炼成大丹后，便名登仙籍成为仙人了。《聊斋志异》卷二胡四姐"大丹已成"，"名列仙籍"，成为真正的狐仙。由狐到仙和由人到仙一样，须经过尸解的过程。《聊斋志异》卷一〇《恒娘》中恒娘说"明日老父尸解"，便是说尸解成仙。《阅微草堂笔记》卷一七《姑妄听之（三）》亦记一狐成仙事：

> 族侄竹汀言：文安有佣工古北口外者，久无音问。其父母值岁荒，亦就食口外，且觅子，亦久无音问。后乃有人见之泰山下。言昔至密云东北，日已暮，风云并作。遥见山谷有灯光，漫往投止。至则土屋数楹，围以秫篱。有老妪应门，问其里贯，入以告。又遣问姓名年岁，并问："曾有子出口否？子何名？年几何岁？"具以实对。忽有女子整衣出，延入上坐，拜而侍立。促老妪督婢治酒肴，意甚亲昵。莫测其由，起而固诘。则失声伏地曰："儿不敢欺翁姑。儿狐女也，尝与翁姑之子为夫妇。本出相悦，无相媚意。不虞其爱恋过度，竟以瘵亡。心恒愧悔，故誓不别适，依其墓以居。今无意与翁姑遇，幸勿他往，儿尚能养翁姑。"初甚骇怖，既而见其意真切，相持涕泣，留共居。狐女奉事无不至，转胜于有子。如是六七年，狐女忽遣老妪市一棺，且具锸畚。怪问其故，欣然曰："翁姑宜贺儿。儿奉事翁姑，且追念逝者，聊尽寸心耳。不期感动土地，闻之岳帝。岳帝悯之，<u>许不待丹成，解形证果</u>。今以遗蜕合窆，表同穴意也。"引至侧室，果一黑狐卧榻上，毛光如漆，举之轻如叶，扣之乃作金石声，信其真仙矣。葬事毕，又启曰："今隶碧霞元君为女官，当往泰山，请共往。"故相偕至此，僦屋与土人杂居。狐女惟不使人见形，其供养仍如初也，后不知其所

> 终。……天上无不忠不孝之神仙，斯言谅哉！

黑狐女"解形"，也就是尸解，遗蜕狐躯而仙。狐躯只剩空壳，真神已去，故而"举之轻如叶"。黑狐女成仙并不是由于大丹炼成，而是岳帝感其孝行而破格恩准解形证果，这是成仙的特例。

有趣的是，有的狐在成仙前须断尾。《梦厂杂著》卷九《齐东妄言下·狐尾》记关中狐王璞对朋友袁在田说：

> 我关中狐也，居仇池山中，炼神服气五百年，立志福善祸淫，助造化所不及。计历齐鲁燕赵之乡，又百有余年。经吾败亡之而补助之者，不知凡几。今功行已满，行将入山之深而入林之密，不复履尘世矣。吾五官四体，不与人殊，惟茸茸修尾，缀于尻不能去。明日当午，子为我断以利刃，藏诸洁室。

关中狐功行已满将入山林，大约将成为地仙。他已修成人身，只有尾巴修不掉，所以请朋友替他砍掉。袁在田"举刀一挥，尾断而狐杳矣"，刹那间便仙化而去。宣鼎《夜雨秋灯续录》卷七《狐侠》也有断尾事，说通天狐因过谪人世为一少年，限满当归，"所恨者尻后物未除，急切不能隶仙籍"，乞东方生断之。如言挥刃，"尾堕而客已杳"。通天狐已列仙籍，不当再为狐身，看来是谪降后复堕入狐道，故而仍须断尾。

我们曾经讲过，狐尾具有固原性，或者说是记忆性，不大容易变掉，即便能变掉，也往往在酒醉睡梦中露出狐尾。清人仍流行这一说法，我们曾举过《聊斋志异·贾儿》为例，这里不妨再举几例：

> （董生）先以手入衾中，探其温否。才一探入，则腻有卧人。大愕，敛手。急火之，竟为姝丽，韶颜稚齿，神仙不殊。狂喜，戏探下体，

则毛尾修然。(《聊斋志异》卷二《董生》)

忽一夕，月色甚佳，赏心尽醉。(翁)欲去，众力挽之，良久始得脱。绥绥进入殿后，月下微露其尾。众大骇，始悟其非人。(《萤窗异草》三编卷一《谈易狐》)

崇文门外王氏女，年及笄，而尻有尾，长三尺余，圉系腰间。父母外，人无知者。……或曰："人而尾，非人类，其狐种欤?"(《梦厂杂著》卷八《齐东妄言上·狐女传》)

《梦厂杂著》中的狐女称为"狐种"，意谓为人狐所生。《新齐谐》卷五《斧断狐尾》中的雄狐蛊惑女子，"女一胎四子，面状皆人类，而尻多一尾"，也是说人与狐所生之子天生有尾。狐父或狐母有尾，又传给子女，可见狐尾遗传性极强，这也是狐尾固原性的表现。

总之，凡有尾的狐在成仙时必得请人做一番断尾手术，否则难登仙界。以仙而有尾，将成何体统? 这是清人的思维逻辑，不免给狐仙添出些滑稽感。据说狐仙所断之尾乃是仙物，关中狐王璞的尾巴可以消意外之祸，少年客通天狐的尾巴也可以御难，难怪明代闻香教要假托狐尾设教了[①]。

还须说明，从以上狐成仙诸例看，胡四姐实以妖道成大丹，这说明媚人之狐亦可成仙，只要不伤害人就行。但胡四姐险遭术士擒杀，看来媚人求仙者风险极大。关中狐王璞以"炼神服气"修成人身，走的是正途，颇合《阅微草堂笔记》所言"服气炼形"；但他成人道后随即成仙，乃又不合《阅微草堂笔记》

---

① 关于狐尾的神异效能，朝鲜林趾源 (1737—1805)《燕岩集》卷一二《虎叱》有云："吾闻得狐之冠者，家致千金之富；得狐之履者，能匿影于白日；得狐之尾者，善媚而人悦之。"狐尾效同媚珠。

之二级修仙法。实际上除《阅微草堂笔记》外，其他清人书中很少见所谓"由人而求仙"的，大抵是"由妖而求仙"。《阅微草堂笔记》的黑狐女其实也是由妖而仙，因此其尸解之体为黑狐而不是人。不过求仙之途一般都归于"炼神服气""讲习内丹"，这则是一致的。

狐成为狐仙后"名登仙籍"，均有隶归。黑狐女"隶碧霞元君为女官"，《右台仙馆笔记》卷七的狐女吴细细，上帝"命为碧霞宫侍书"，也是碧霞元君属下女官。碧霞元君即泰山娘娘，东岳大帝的女儿，是一位著名女仙。许多狐仙隶其部下，《新齐谐》卷四《陈圣涛遇狐》中的女狐仙自云"往泰山娘娘处听差"。其中也有男狐仙，《新齐谐》卷五《斧断狐尾》的狐仙也在泰山娘娘处当差，因为蛊惑妇女，被泰山娘娘罚砌进香御路。狐仙中当以通天狐仙秩最高，《夜雨秋灯录》卷八《除三孽》中的"上界天狐"因功被天帝封为真妃。《新齐谐》卷七狐祖师统管天下诸狐，连关圣帝也对他毕恭毕敬，则又是天狐中之最高者。

前边说过，清人根据科举制创造出关于狐的学仙资格考试的幻想。按照这种幻想逻辑，狐授仙职也要经过考试，犹如人世之进士登科——唐人久已有此说。《夜雨秋灯录》卷二《一裘报恩》写到，一个名叫樗卿的狐"赴上元仙府，已考擢通天狐，授职仙班"。上元仙府之主是"上元姥"，也就是《汉武帝内传》中的上元夫人——三天真皇之母。另外《夜雨秋灯续录》卷七《柳声》也说狐子珍郎"应上科玄女通天狐试"，玄女即九天玄女。参加上天考试的狐生员并不是狐仙，考试合格后方可进入仙班。当然能考中的狐必是道力深者，也须苦苦服气炼形讲习内丹。但有了这一途，分明多了成仙机会。

狐仙有过也会谪降。《聊斋志异》卷一〇《真生》中的真生通仙家隐术、仙人点金术，是一位"有道之狐"亦即狐仙，但因丢失仙人点金石，遂被福神奏帝，削去仙籍。《南皋笔记》也有两个狐谪仙故事。卷二《狐仙》中的女狐仙，"因在瑶池祝寿，偶动尘念，谪降人间"。青春骚动而被打发下凡，步了许多不安分仙女的后尘。卷四《狐仙》中的上界星月狐仙，"因昏旦失次，谪降人间"，则是犯了渎职罪。星月狐应作心月狐，乃二十八宿中的心宿，其神为狐，故称心月狐，《西游记》《封神演义》等小说都提到过。被谪的狐仙在"以功德消罪"或"尘罚已满"后照例重归仙界。

狐一成仙，一切都依仙人老例，再无特殊处。说实在的，狐们的故事到此也就结束了。

# 六、仙妖之间：狐仙观念之二

《阅微草堂笔记》卷一〇《如是我闻（四）》说：

> 人物异类，狐则在人物之间；幽明异路，狐则在幽明之间；仙妖
> 异途，狐则在仙妖之间。

说的是狐的独特性质。大凡鬼怪之属，总要祟人害人，但狐作为妖物，是极有
灵性、慧性和仙根之物，以修道求仙为目标，因而自和一般妖物有别。所谓"狐
则在仙妖之间"，正是指出狐由妖而仙的转化本能，而在修仙过程中的狐也就具
备了妖和仙的双重属性。淮阴百一居士《壶天录》卷下称狐仙为"仙怪"，包含
的也是这种意思。

　　一位修道的狐仙曾说："我辈之中，好丑不一，亦如人类之内，良莠不
齐。"① 狐中丑类自然不少，如淫人妻女者，窃财盗物者。这些胸无大志的狐属
于野狐、常狐之列，自可不论。有志趣的狐则笃志修道。修道之狐也有正邪之
别。"狐能死人，采补者流"②，亦属害人之狐，而按正道修仙的狐以及已成正果
的狐——即所谓狐仙——则不同，用一位狐仙的话说，"生平自爱，一毫不敢

---

① 《阅微草堂笔记》卷一〇《如是我闻（四）》。
② 《聊斋志异》卷二《莲香》。

妄作"①。

在清人看来，狐的修道过程是由兽道向人道和仙道的转化。在这一过程中，狐"非惟形化人，心亦化人"②，或者说"兽变人心"③，"狐而人心"④，"狐而人"⑤。这里说的"人""人心"，是指符合伦理道德的"人"和"人心"，因此狐的修成人道，不是随便修个人身就成，而是要通过"炼心"，成为正人君子。只有做到这一步，才能谈到成就仙道，甚至还可以说，修成人道之时也就成就仙道了。仙之于人，从伦理角度看无非是大善大仁之人。由于狐在"人物之间"，"狐近于人也"⑥，就是说狐性颇与人性相通，因此狐具有对人性、伦理的天然悟性。所谓"邪正之念，妖魅皆得知"⑦，就是说狐通过修炼获得人的伦理意识，并用人的伦理原则规范自己的行为。因此，"狐有狐礼"⑧的"礼"，再不是狐界的野蛮原则，而是人类的礼规，故而《阅微草堂笔记》卷九赞扬与人生子并携去抚养的狐女"殊有人理"。

"兽变人心"的"人心"除"人理"外，还包含有人情的内容，即人类友爱善良的美好情感。其实理和情本来就难解难分，理念性、伦理性的"理"和情感性的"情"都植根于同一善性。获得这一善性的狐，不光"知礼"⑨，"颇循礼义"⑩，而且重情，故而清人有"狐重情"之说⑪。"狐而仙者"，"有情有礼"⑫，这

---

① 《聊斋志异》卷一〇《真生》。

② 《阅微草堂笔记》卷一二《槐西杂志（二）》。

③ 《阅微草堂笔记》卷一八《姑妄听之（四）》。

④ 《阅微草堂笔记》卷一四《槐西杂志（四）》。

⑤ 《阅微草堂笔记》卷二三《滦阳续录（五）》。

⑥ 《阅微草堂笔记》卷八《如是我闻（二）》。

⑦ 《阅微草堂笔记》卷一二《槐西杂志（二）》。

⑧ 《阅微草堂笔记》卷一三《槐西杂志（三）》。

⑨ 《阅微草堂笔记》卷一二《槐西杂志（二）》。

⑩ 《壶天录》卷下。

⑪ 《阅微草堂笔记》卷一四《槐西杂志（四）》。

⑫ 《右台仙馆笔记》卷一〇。

样狐即使还没有完全脱离狐界，也已经树立起一个令人尊敬亲近的形象，清人蛮有感情地呼之为"狐仙"。这种"仙妖之间"的狐，岂但"彼虽异物，然无害于人"①，更是人类的朋友。

清人认为狐仙和野狐的一个很大不同点，就是喜近人居。尤其是已经修成人道者，"事事与人同，利于近人"②，更是与人为邻。

本来自汉代以来狐妖多传为墓居穴处，到明代中叶则相传京师住宅多狐，狐始迁入人居，而到清世则此说大畅。以致乾隆中赵翼在《檐曝杂记》卷二《狐祟》中说：

> 京师多狐祟，每占高楼空屋。然不为害，故皆称为狐仙。

而纪昀还为楼居之狐写诗二首，记在《阅微草堂笔记》卷三《滦阳消夏录（三）》：

> 丁亥春，余携家至京师。因虎坊桥旧宅未赎，权住钱香树先生空宅中。云楼上亦有狐居，但扃锁杂物，人不轻上。余戏粘一诗于壁曰：
>
> 草草移家偶遇君，一楼上下且平分。
> 耽诗自是书生癖，彻夜吟哦莫厌闻。
>
> 一日，姬人启锁取物，急呼怪事。余走视之，则地板尘上，满画荷花，茎叶苕亭，具有笔致。因以纸笔置几上，又粘一诗于壁曰：

---

① 《清稗类钞》迷信类《老狐复仇》。
② 《阅微草堂笔记》卷一〇《如是我闻（四）》。

仙人果是好楼居，文采风流我不如。

新得吴笺三十幅，可能一一画芙蕖？

越数日启视，竟不举笔。以告裘文达公，公笑曰："钱香树家狐，固应稍雅。"

"仙人果是好楼居"一首后来梁绍壬还引录在《两般秋雨庵随笔》卷四《狐仙能画》中，但说法乃有所不同，显系传闻所致：

北地多狐仙，人家往往有之。晓岚纪宗伯在滦阳寓楼颇多，闻有善画者，先生盛具酒脯而祷焉。祷毕，铺笺纸三十幅于几上，并附一诗云："仙人自古好楼居，文采风流我不如。新得吴笺三十幅，可能一一画芙蕖？"越三日而登楼视之。则已设色完好矣。遂携而下，复以酒果祀之。

"仙人果是好楼居"典出《史记》卷二八《封禅书》方士公孙卿语："且仙人好楼居。"但又颇合狐仙习性。在清人看来，狐既在"人物之间""仙妖之间"，具有人性、仙性，自然应当以人居为居。狐占据高楼空屋，乃是在人类环境中体悟人道，因而不仅"不为害"，甚至与人建立起良好的睦邻关系。纪晓岚所说"钱香树家狐"，不妨就此确定"家狐"概念，这一概念恰到好处地反映出与野狐俨然有别的这种家居狐的特点。家狐、野狐之别，正也是狐仙、狐妖之别。

关于家狐的传闻比比皆是，《阅微草堂笔记》即多有记述，有的还是纪晓岚家中的家狐。例如卷三《滦阳消夏录（三）》说："余家假山上有小楼，狐居之五十余年矣。人不上，狐亦不下，但时见窗扉无风自启闭耳。"彼此"相安已久"。卷九《如是我闻（三）》说佃户刘子明"有狐居其仓屋中，数十年一无所扰"，也是"相安已久"；而且"或遇火盗，辄扣门窗作声，使主人知之"——

分明是家庭保护神。卷一一《槐西杂志（一）》所记山东民家狐也是如此：

> 山东民家，有狐居其屋数世矣，不见其形，亦不闻其语。或夜有火烛盗贼，则击扉撼窗，使主人知觉而已。屋或漏损，则有银钱铿然坠几上，即为修葺，计所给恒浮所费十之二。若相酬者，岁时必有小馈遗置窗外。或以食物答之，置其窗下，转瞬即不见矣。从不出觌人，儿童或反觌之，戏以瓦砾掷窗内，仍自窗还掷出。或欲观其掷出，投之不已，亦掷出不已，终不怒也。……从来狐居人家，无如是之谨饬者，其有得于老氏和光之旨欤？

另外卷一五《姑妄听之（一）》说有狐居某氏书楼数十年，经常替主人"整理卷轴，驱除虫鼠"，俨然一藏书专家。主人宴集宾客，辄邀其出酬酢，非常善谈，只是终不见形。还有许多家狐成为人的朋友——此即所谓"狐友"，有关传闻极多。例如《阅微草堂笔记》卷一四《槐西杂志（四）》载，有人与狐为友，将出外行商，以家事托狐，狐友防火防盗，管理童婢，家政搞得井井有条。

在与人交往中，狐仙常表现出扶困济贫、乐于助人的品德。《阅微草堂笔记》卷九《如是我闻（三）》记沧州刘果实太史晚岁家居，授徒自给，家贫，"箪瓢屡空"。一次买米斗余，吃了一个多月仍吃不尽，原来是天狐慕其雅操，"日日私益之"。——这是狐仙尊敬人的清操而帮助贫者。卷三《滦阳消夏录（三）》记有妇卖面养姑，夜夜推磨到四更，同住的两位狐姊妹为其所感，每夜暗中帮助推磨。——这是狐仙尊敬人的孝心而帮助贫者，人们认为狐善搬运财物，能使人致富，是故奉为财神。但狐仙助人有道，只是周济贫者及忠厚正人，这是狐仙的一条原则。

古来神仙道教方术中含有医术，由于狐仙修炼仙道，所以清人认为狐仙擅医。《聊斋志异》卷五《上仙》说"南郭梁氏家有狐仙，善长桑之术"。这"长桑之术"即为医术，相传春秋良医扁鹊之师名长桑君，故云。陈其元《庸闲斋笔记》卷二《狐知医》也写到狐仙能医，记有许多事迹。这种擅长医道的狐仙，可称之为狐医。狐医不仅有高超医术，且讲究医德，常能救死扶伤。《阅微草堂笔记》卷七《如是我闻（一）》记一事云：

> 饮卤汁者，血凝而死，无药可医。里有妇人饮此者，方张皇莫措。忽一媪排闼入，曰："可急取隔壁卖浆家所磨豆浆灌之。卤得豆浆，则凝浆为腐而不凝血。我是前村老狐，曾闻仙人言此方也。"言讫不见。试之果得苏。刘涓子有鬼遗方，此可称狐遗方也。

这位狐媪急人所难，主动上门献方，救了里妇一命，堪称有道之狐。

狐在和人的性交往上，当然不乏采补者流。但有许多狐却出于情爱追求人间男女，所谓"本出相悦，无相媚意"①。且不说经过文学审美处理的情长意重的众多狐仙狐女，如《聊斋》等书所描写的那样；即便在民俗态故事中，像《阅微草堂笔记》卷二一《滦阳续录（三）》所记狐女，因为爱悦士人美秀，"恋恋不能去"，相交近十年，"情若夫妇"，也是一位可爱的情狐。民间流传许多人狐联姻的故事，狐妇们不啻是贤妻良母，把爱情、良知和力量献给家庭、亲人。《阅微草堂笔记》卷一五《姑妄听之（一）》载，一位狐妾从狐家逃出，被灶丁（海上煮盐之户）收留为妻，"亲操井臼，不异贫家，灶丁竟以小康"。卷一二《槐西杂志（二）》中的一位狐女也深明"夫妇之义"，虽因异类被逐，但在丈夫死后，仍来哭丧，留金殓葬。狐女"知礼"如此，所以人们称道她"心亦化人"，是人心、人道、人伦之狐。而另一位狐女毅然承担起抚孤责任，虽说这孩子并非亲生：

> 茌平有夫妇相继死，遗一子，甫周岁。兄嫂或不顾恤，饿将死。
> 忽一少妇排门入，抱儿于怀。詈其兄嫂曰："尔弟夫妇尸骨未寒，汝等

---

① 《阅微草堂笔记》卷一七《姑妄听之（三）》。

何忍心至此！不如以儿付我，犹可觅一生活处也。"挈儿竟出，莫知所终。邻里咸目睹之。有知其事者曰："其弟在日，常昵一狐女。意或不忘旧情，来视遗孤乎？"

卷四《滦阳消夏录（四）》的狐女则在所昵郎君死后，闻其孀母病卧不能自炊，便托名邻家女前来照料，凡三四月。《醉茶志怪》卷四《樊英》中的狐女樊英也是这样的狐娘子，其夫刘氏子死后她留下一巨布囊给婆婆，"饥求食，寒求衣"，婆婆生计全赖之。这位狐娘子后来又嫁了人，有人责其"未明大节"，但正如她辩解的那样，"夫死再醮，亦事之常，身虽嫁而犹养姑"，无疑称得上是贤妇。狐娘子中还有贞烈之狐。《壶天录》卷下载，狐妓阿秀为叶生所爱，脱籍为妾，舍身救护丈夫和大妇，被贼人杀死，作者赞其"得情之正而著其烈"。

狐仙还被看作是知恩图报的仁义之狐，此类故事颇为常见，有以婚姻相报，有以财物相报，有以救难相报，等等。例如《夜谭随录》卷五《阿稚》，狐媪为报柳沟一村翁的救命之恩，便把女儿和甥女嫁给村翁两个儿子，以致二女被犬咬死。兰岩评此事说："图报旧恩，不惜二女，狐真不可及。"《醉茶志怪》卷四《狐师》，宦生前生救下一狐，此狐女便来为师，教导他高中进士。狐的报恩有时采用了极特殊的方式。《阅微草堂笔记》卷二三《滦阳续录（五）》记一事云：

有人富甲一乡，积粟千余石。遇岁歉，闭不肯粜。忽一日，征集仆隶，陈设概量，手书一红笺，榜于门曰："岁歉人饥，何心独饱？今拟以历年积粟，尽贷乡邻，每人以一石为例。即日各具囊箧赴领，迟则粟尽矣。"附近居民，闻声云合，不一日而粟尽。有请见主人而申谢者，则主人不知所往矣。皇遽大索，乃得于久锔敝屋中，酣眠方熟，人至始欠申。众惊愕掖起，于身畔得一纸曰："积而不散，怨之府也；怨之所归，祸之丛也。千家饥而一家饱，剽劫为势所必至，不

名实两亡乎？感君旧恩，为君市德。希恕专擅，是所深祷。"不省所
言者何事。询知始末，太息而已。然是时人情汹汹，实有焚掠之谋。
得是博施，乃转祸为福。此幻形之妖，可谓爱人以德矣。所云"旧恩"，
则不知其故。或曰：此家园中有老屋，狐居之数十年，屋圮乃移去。
意即其事欤？

此狐"市德"以报旧恩，使人想起战国冯谖收债焚券为孟尝君"市义"的行为①。

还有许多狐侠故事，狐之行一如人之侠，打抱不平，排难解纷。例如《阅
微草堂笔记》卷一四《槐西杂志（四）》载，村夫子程老女儿被里中恶少调戏，
其狐友便遣一狐婢化作程女引诱少年，把他弄得"一息尚存"才去，结果"百
计医药，幸得不死，资产已荡然"。纪昀称赞说，"此狐中之朱家、郭解"。又卷
一八《姑妄听之（四）》载，一太学生被妻党所欺，家产被霸占，太学生与前妻
所生子备受虐待。后圃狐打抱不平，作祟不已，妻党吃尽苦头，终被撵走。此
狐路见不平，"义所当为，奋然而起"，分明是难得的侠义行为。《壶天录》卷下
记一事说，百姓王永以力养母，母亲给他攒下点娶媳妇钱，贼想偷去，受到狐
仙惩治。王永患重病，仙赐药愈之。作者说："此仙能助节孝，则仗义一流，而
近于侠矣。"从上述数例看，狐侠惩治的均为邪恶之人，而救助的是弱者、贫者、
善者。这颇合于古来的侠义精神，堪称义侠。

总而言之，在人狐关系中，狐尤其是狐仙总以"有情有义"的面貌出现，
充满人类的美好情感和伦理精神。人狐亲密无间，以致狐竟成为人类生活中的
一部分，泯灭了人狐界限。情狐、义狐、仁狐以及狐友、狐侠等，成为清代小
说家竞相描写的对象。以后我们还会详细谈到。

狐在"人物之间""仙妖之间"，当然也具有作祟的妖性。但清人宁肯相信
狐的人性、仙性大于妖性，如果说作祟的话，也是作祟有故、作祟有道、作祟

---

① 事见《战国策·齐策四》。

有度的。《壶天录》卷下说:

> 总之狐仙皆敦性义者也。其所以祟人者，皆人有以侮之耳。不之侮而祟人者，吾未之前闻也。观此数事，信然。

所记数事，均发生在天津。梁家园墙外跑马场为狐仙聚居，一英国医生故意前去打猎，结果遭到一大黄狐戏弄，坠马受伤。一小狐被巡丁杀死，巡丁剥售其皮，结果夜发疾暴死。这类事《壶天录》卷下还记有许多，"皆有以触犯之而后遭其戏弄"。

其他清人小说笔记中这种记载也屡见不鲜。《夜雨秋灯续录》卷一《碧云》说，"仙人非可以触犯者"，狐的作祟大抵是受到触犯后所作出的行为反应。《阅微草堂笔记》卷五《滦阳消夏录（五）》记海丰僧寺多狐，"时时掷瓦石戏人"，这本是狐的顽皮淘气，本无恶意，但受到一学究呵责。"一日东翁过谈，拱揖之顷，忽袖中一卷堕地，取视，乃秘戏图也。东翁默然去，次日生徒不至矣"。狐用恶作剧报复了倒霉的学究，这叫作"狐未犯人，人乃犯狐，竟反为狐所中"。卷一〇《如是我闻（四）》又记一老儒无端詈骂古冢中狐，老儒积攒的四锭银子陆续不翼而飞，原来也是狐的恶作剧。《新齐谐》卷二三《狐仙亲嘴》亦属恶作剧，十分有趣:

> 隐仙庵有狐祟人，庵中老仆王某恶而骂之。夜卧于床，灯下见一女子冉冉来，抱之亲嘴，王不甚拒。乃变为短黑胡子，胡尖如针。王不胜痛，大喊，狐笑而去。次日，仆满嘴生细眼，若猬刺者然。

狐报复的程度视所受触犯程度而定。《阅微草堂笔记》卷一七《姑妄听之（三）》说甲、乙二人捕狐，结果受到狐的百般戏弄，狼狈不堪。狐对于"戕杀之仇"只"以游戏报之"，是因为并未伤害到自己，见出狐的忠厚处，所以纪昀赞其"善留余地"。而卷二一《滦阳续录（三）》所记值更者杀死狐的妾，竟被狐用石灰弄瞎双眼，狐报则十分酷烈，再不是恶作剧式的"小虐之使警"[1]了。相似的还有卷一二《槐西杂志（二）》所记之事：

> 里有恶少数人，闻某氏荒冢有狐，能化形媚人。夜携罝罦布穴口，果掩得二牝狐。防其变幻，急以锥刺其骭，贯之以索。操刀胁之曰："尔果能化形为人，为我辈行酒，则贷尔命。否则立磔尔。"二狐嗥叫跳掷，如不解者。恶少怒，刺杀其一。其一乃人语曰："我无衣履，及化形为人，成何状耶？"又以刃拟颈。乃宛转成一好女子，裸无寸缕。众大喜，迭肆无礼。复拥使侑觞，而始终掣索不释手。狐妮妮软语，祈求解索。甫一脱手，已瞥然逝。归未到门，遥见火光，见数家皆焦土，杀狐者一女焚焉。知狐之相报也。狐不扰人，人乃扰狐，多行不义，其及也宜哉。

这里，狐女的报复与其说是报复，不如说是伸张正义。卷一四《槐西杂志（四）》又记一事说，南皮某甲夜有二狐女相就，言"夙命当为夫妇"，为其生子。后某甲另纳他女，"顿负旧盟"。新婚之夜某甲被狐女攫至神祠，七八日后方被发现，"已昏昏不知人"。狐女的这种"激而为祟"，被作者斥为"妒且悍"，其实也具正义性，使人想到霍小玉之于李益，桂英之于王魁。

狐的作祟并不都由于自己受到触犯，有时是出于正直之心教训和惩治他人。夏昌祺《雪窗新语》卷二《狐借衣》说江北富室某家狐仙赴喜席借主人家衣，主人开箱取衣失去袍褂二件，怀疑婢仆窃取而欲詈骂，"忽有冷手痛批其颊"，方知为狐所摄。《阅微草堂笔记》事例尤多。卷一六《姑妄听之（二）》载，客作陈忠，主买菜蔬，每日将买菜余钱私下干没，凡蓄钱数千。楼上狐窃去其钱

---

[1]《阅微草堂笔记》卷二二《滦阳续录（四）》。

买回酒肉鸡鱼，叫陈忠给大伙办酒席饱餐一顿。作者说："此狐可谓恶作剧，然亦颇快人意也。"像这种"颇快人意"的恶作剧卷五《滦阳消夏录（五）》亦记有二事，都是狐摄去"以财为命"的守财奴的钱财予以教训。

总之，狐仙作祟都有他的道理，并不随心所欲，无理取闹，可谓作祟有故，作祟有道。而且作祟也有分寸感，大恶大报，小恶小报，通常不过"小小扰人"[1]而已，此可谓作祟有度。清代民众对狐仙满怀崇敬之心，不仅认为"狐意未必大恶"[2]，而且认为狐仙善恶是非分明，"守正无私"[3]。这是在长期狐仙崇拜中积淀在民众心中的民俗观念。

---

① 《阅微草堂笔记》卷一六《姑妄听之（二）》。

② 《聊斋志异》卷一二《姬生》。

③ 《壶天录》卷下。

# 七、五畏：狐仙观念之三

《阅微草堂笔记》卷二一《滦阳续录（三）》记狐女温玉语云：

> 狐所畏者五：曰凶暴，避其盛气也。曰术士，避其劾治也。曰神灵，避其稽察也。曰有福，避其旺运也。曰有德，避其正气也。然凶暴不恒有，亦究自败。术士与神灵，吾不为非，皆无如我何。有福者运衰亦复玩之。惟有德者则畏而且敬。得自附于有德者，则族党以为荣，其品格即高出侪类也。

狐女所说的这"五畏"，实际是清人提出的狐的禁忌信条，这也是清代狐仙观念的一项重要内容。《阅微草堂笔记》卷一七《姑妄听之（三）》说："狐魅，人之所畏也。"人既畏狐，而狐于人亦有所畏，物物相克，惟此才能在人狐之间建立起平衡关系。

下边就狐之五畏分别讨论。

（一）畏凶暴。狐畏凶暴是畏其"盛气"。具有盛气的凶暴之徒，实际上有几类人。一类是歹徒、暴徒。这种人胆大妄为，故而狐亦畏之。《阅微草堂笔记》卷一二《槐西杂志（二）》所记"多行不义"的一伙恶少捕得二牝狐，杀一奸一，即属这种人。狐女遇此别无他法，唯有号叫乞求而已。又卷四《滦阳消夏录（四）》云：

村南旧有狐女，多媚少年，所谓二姑娘者是也。族人某，竟拟生致之，未言也。一日，于废圃见美女，疑其即是。戏歌艳曲，欣然流盼，折草花掷其前。方欲俯拾，忽却立数步外，曰："君有恶念。"逾破垣竟去。

狐未媚人而某媚狐，心怀恶念，意欲生擒狐女。狐女看出他不是善良之辈，畏而逃走。凡畏恶少者大抵是狐女，颇似人间之柔弱女子。

另一类是武夫力士，虽未必凶恶，但狐亦往往远避。正如《萤窗异草》二编卷三《住住》中狐女住住说："无一不狂暴，宜吾辈皆惧见武夫。"《阅微草堂笔记》卷九《如是我闻（三）》记，武生王某"粗豪有胆"，独携被夜宿废宅，希望遇见狐女。狐女六娘子预知王某要来，"避往溪头看月"，说是"畏见此腹负将军"。狐女媚人，喜风流偶觉温柔可人者，故而文弱书生常成为狐女性追逐的对象。粗毫武夫大抵无怜香惜玉之心，甚至要施行强暴，所以为狐女所畏。《咫闻录》卷二《治狐》记云，某家媳妇被狐妖所祟，其夫邀壮而有膂力者，夜必三四人，秉烛坐守。狐来阴风袭人，力士即拔剑而舞，"狐亦畏之"。力士虽不能以术伏狐，但至少可以凭其"盛气"吓退狐妖。

恶徒以恶退狐，力士以力退狐，还有一类人不过是一般平民百姓，竟亦可使狐大生畏意。狐之所以害怕他们，是因为他们有股不认邪的蛮劲儿。《聊斋志异》卷五《农人》讲的就是这样一个故事：

有农人芸于山下，妇以陶器为饷。食已，置器垄畔。向暮视之，器中余粥尽空。如是者屡。心疑之，因晚注以觇。有狐来，探首器中。农人荷锄潜往，力击之，狐惊窜走。器囊头，苦不得脱，狐颠蹶，触器碎落。出首，见农人，窜益急，越山而去。

后数年，山南有贵家女，苦狐缠祟，敕勒无灵。狐谓女曰："纸上符咒，能奈我何！"女绐之曰："汝道术良深，可幸永好。顾不知生平

亦有所畏者否？"狐曰："我
罔所怖。但十年前在北山
时，尝窃食田畔，被一人戴
阔笠，持曲项兵，几为所
戮，至今犹悸。"女告父。
父思投其所畏，但不知姓
名、居里，无从问讯。

会仆以故至山村，向人
偶道。旁一人惊曰："此与
吾曩年事适相符同。将无向
所逐狐，今能为怪耶？"仆
异之，归告主人。主人喜，
即命仆马招农人来，敬白
所求。农人笑曰："曩所遇
诚有之，顾未必即为此物。
且既能怪变，岂复畏一农

光绪同文书局石印本
《详注聊斋志异图咏·农人》

人？"贵家固强之，使披戴如尔日状，入室以锄卓地，咤曰："我日觅
汝不可得，汝乃逃匿在此耶！今相值，决杀不宥。"言已，即闻狐鸣于
室。农人益作威怒，狐即哀言乞命。农人叱曰："速去，释汝。"女见
狐奉头鼠窜而去。自是遂安。

《咫闻录》卷三《柝击狐》也是类似故事。老更夫黄邦怀见白狐悬城上吸日
影，用巡更梆子把它打下来。这个叫作白公子的狐妖虽然连法师的敕勒术都不
怕，却从此最怕老更夫——"所可畏者独黄邦怀耳"，"在营更柝，最为利害"。
白公子蛊惑蒋家女儿，蒋家请来黄邦怀，结果白公子又吃了一梆子，号叫而逃。
狐竟畏惧农人更夫，怀疑什么厉害本事，这是狐的直拙处。但若非当日农人更夫敢凭盛气出手一击，狐也绝不害怕他们，以致"一年遭蛇咬，三年怕井绳"，一直心有余悸。这两则故事不啻在暗示畏狐的人们，不论什么人只要有点"盛气"，便会使神通变化的狐退避三舍。

清人小说笔记中还有大量狐畏猎户及犬的故事，猎户和犬在狐心目中尤属"凶暴"者。这是从古以来就极为流行的狐妖观念，我们以后还将专门讨论。

（二）畏术士。术士即操法术劾治妖鬼者，还包括巫师、道士，许多和尚亦有法术。术士治狐的法术，清人常提到的有五雷法、敕勒术。五雷法是术士用五雷真火击狐，下文还要详谈。敕勒术是唐代就有的驱鬼治邪术。段成式《酉阳杂俎》前集卷一四《诺皋记上》云："有龙兴寺僧智圆，善总持敕勒之术，制邪理痛多著效，日有数十人候门。"大约这法术是从敕勒传来的，敕勒即铁勒、高车，是我国古代北方的一个部族。术士用法术治狐，唐以降流传极多，我们已经多次谈到。这类故事清世仍极流行，《聊斋志异》卷一《焦螟》写的就是关东道士焦螟用敕勒术治西域所产狐婢的故事。

这些不必细说。需要细说的有二点。一是术士伏狐之法，常常是用符法把狐妖装入坛坛罐罐里，这是以前很少见的。例如：

> 一日，有陕人骑驴造门曰："吾寻妖物，匪伊朝夕，乃今始得之。"……出二瓶，列地上，符咒良久，有黑雾四团，分投瓶中。客喜曰："全家都到矣。"遂以猪脬裹瓶口，缄封甚固。生（尚生）父亦喜，坚留客饭。生心恻然，近瓶窃视，闻四姐在瓶中言曰："坐视不救，君何负心？"生益感动，急启所封，而结不可解。四姐又曰："勿须尔，但放倒坛上旗，以针刺脬作孔，予即出矣。"生如其请，果见白气一丝，从孔中出，凌霄而去。客出，见旗横地，大惊曰："遁矣，此必公子所为。"摇瓶俯听，曰："幸止亡其一。此物合不死，犹可赦。"乃携瓶而去。（《聊斋志异》卷二《胡四姐》）

　　僧曰："此狐也。其技尚浅，易就束缚。"乃书符二道，付嘱曰："归以净坛一事，置榻前，即以一符贴坛口。待狐窜入，急覆以盆，再以一符粘盆上，投釜汤烈火烹煮，少顷毙矣。"家人归，如僧教。夜深，女始至……忽坛口飕飖一声，女已吸入。家人暴起，覆口贴符，方欲就煮。宗（宗湘若）……遽命释之，揭符去覆，女子自坛中出，狼狈颇殆。（同上卷五《荷花三娘子》）

　　适官署多狐，宰有女为所惑。聘术士来，符捉入瓶，将炽以火，狐在瓶内大呼……（同上卷八《盗户》）

　　法官又檄他神相助，乃就擒，以罂贮之，埋广渠门外。（《阅微草堂笔记》卷一《滦阳消夏录一》）

　　某家妇为狐所媚，延道士劾治，已捕得封罂中。儿童辈私揭其符，欲视狐何状，竟破罂飞去。（同上卷八《如是我闻二》）

　　瓶、罂都是平常物，并非神仙法宝，起作用的是符法。当然狐在其中也不会自动化为血水，还待火烧或埋掉才行。此法弊病很大，一旦揭去符，狐便逃逸。看来不及五雷正法，直接把狐劈死。五雷法是道家大法，威力无穷，而这种罐子装狐法只能算作雕虫小技。想必江湖术士用此来骗人，反正罐子里到底装进去妖精没有谁也看不见。这法子传来传去，狐精也便经常要碰上这倒霉罐子。而且这样来编治狐故事，也就给狐精的逃逸留下方便，民众和小说家是不愿意自己尊敬和喜爱的狐仙真格遭殃的，就像孙猴子不会永远被压在五行山下一样。

　　二是在伏狐时术士常常是无能的，法不胜妖。例如《聊斋志异》卷八《丑狐》写术士作坛伏狐反被割去一耳。《阅微草堂笔记》卷九《如是我闻（三）》说狐女姊妹入居人腹中，"正一真人劾治弗能遣，竟颠痫终身"。术士失败一般因为狐道力深，而术士术浅。有时以敕勒术之威尚治不住狐，更何况其他。但有时并非是法术不灵，而是狐以诈术取胜。《阅微草堂笔记》卷一二《槐西杂志（二）》就写过这样的狐僧智术之战，狐以"狐算"而胜僧：

> 有僧善禁咒，为狐诱至旷野，千百为群，嗥叫搏噬。僧运金杵，击踣人形一老狐，乃溃围出。后遇于途，老狐投地膜拜，曰："曩蒙不杀，深自忏悔。今愿皈依，受五戒。"僧欲摩其顶，忽掷一物幂僧面，遁形而去。其物非帛非革，色如琥珀，粘若漆，牢不可脱。督闷不可忍，使人奋力揭去，则面皮尽剥，痛晕殆绝。后痂落，无复人状矣。又一游僧，榜门曰"驱狐"。亦有狐来诱，僧识为魅，摇铃诵梵咒，狐骇而逃。旬月后，有媪叩门，言家近墟墓，日为狐扰，乞往禁治。僧出小镜照之，灼然人也，因随往。媪导至堤畔，忽攫其书囊掷河中，符箓法物，尽随水去。妪亦奔匿秫田中，不可踪迹。方懊恼间，瓦砾飞击，面目俱败。幸赖梵咒自卫，狐不能近，狼狈而归。次日，即愧遁。久乃知妪即土人，其女与狐昵，因其女，赂以金，使盗其符耳。此皆术足以胜狐，卒为狐算。狐有策而僧无备，狐有党而僧无助也。况术不足胜而轻与妖物角乎！

狐之善算，分明在重复着狐文化中的一个古老话题，即狐为智兽。但在清代狐仙崇拜的背景中又分明具有新的含义，即对狐仙的敬畏。因此当术士面对的不是一般狐妖而是真正狐仙的时候，更显得无能。《萤窗异草》二编卷三《住住》描写谷维藩娶狐女住住，其兄维垣深以为患，劝弟遣之，维藩不听。以下写道：

> 侦知某县有异人，颇善敕勒之术，聘使驱之。其人至，即入女室，

> 周回一视，语维垣曰："毫无妖氛，殆仙也，吾术不能祛之。"竟辞归。

敕勒术只能对付平常狐妖，狐仙已具仙质而妖气消尽，法术便失灵无验。

但不管怎么说，得道狐仙总是少数，术士总还是狐精的敌人，可召神唤雷的道士尤为狐所畏惧。大凡在狐法斗争中，狐妖若处于邪恶一方，则总被术士制法，这是古人反复强调的邪不克正、正可制邪的道理，来不得半点含糊。

（三）畏神灵。清人虽敬狐仙，但狐之为仙实是不入祀典的妖仙。清人的崇拜对象中还有一系列天神地祇，狐的权威性便遇到严重挑战，狐不得不屈居其下而受其管制，于是便有狐畏神灵之说。在神灵信仰中，神灵掌管人妖鬼神四界，是天地幽明间的主宰者、执法者，职在维持一个秩序化的世界。这秩序当然是封建秩序，因此不惟犯上作乱者、祸人作祟者受到监督惩治，即连并不害人不过是追求男欢女爱的妖鬼们也因干犯了天律——封建刑律的天命化——而获罪受罚。天律高于一切，不啻是悬在妖鬼头上的宝剑，因此对于神灵狐妖自然畏惧——"避其稽察也"。

《阅微草堂笔记》卷一○《如是我闻（四）》说狐"小赏罚统于其长，大赏罚则地界鬼神鉴察之"。"统于其长"的长便是狐总管、狐判官，再往上便是狐祖师。至于"地界鬼神"大致有这样一些：

甲、城隍。清代城隍之祀遍天下，府县皆有城隍庙，城隍与人世地方官分治幽明二界。城隍管制惩治狐妖，宋人已生此说，明世亦多有流传，清代更为流行。如《阅微草堂笔记》卷九《如是我闻（三）》载，正乙真人"牒于城隍"劾治狐妖。又如《咫闻录》卷二《治狐》载，汶上县狐妖黑胡同媚卢女，县令亲赴城隍庙焚牒文，终于仰赖神威伏狐。有意思的是狐界发生纠纷也到城隍庙打官司，《阅微草堂笔记》卷一二《槐西杂志（二）》就描写了城隍鞫狐的情景：

> 有狐陈诉于神前，大意谓邻家狐媚一少年，将死未绝之顷，尚欲
> 取其精。其家愤甚，伏猎者以铳矢攻之。狐骇，现形奔，众噪随其

后。狐不投己穴，而投里许外一邻穴。众布网穴处，熏以火，阖穴皆殪，而此狐反乘隙遁，故讼其嫁祸。城隍曰："彼杀人而汝受祸，讼之宜也。然汝子孙亦有媚人者乎？"良久应曰："亦有。""亦曾杀人乎？"又良久应曰："或亦有。""杀几人乎？"狐不应。城隍怒，命批其颊。乃应曰："实数十人。"城隍曰："杀数十命，偿以数十命，适相当矣。此怨魄所凭，借手此狐也。尔何讼焉？"命检籍示之。狐乃泣去。

此狐控告另一狐，但终因自己也有罪由原告变成被告。城隍神的判决具有权威性，此狐败诉亦竟无可奈何。

城隍系府县冥神，神力有限，往往管不了神通广大的狐妖。《续新齐谐》卷二《驱狐四字》记狐作祟，县令移牒城隍，狐说："汝求城隍，城隍奈我何？"作祟益甚。《阅微草堂笔记》卷一《滦阳消夏录（一）》记狐怪在叶御史宅扰攘，法官牒都城隍无验，因为它是天狐。这时要降伏它须"拜章"。拜章就是由道士写章表焚告上帝，请来天神降伏。有时城隍治不了，便求道术高的真人代为制服。《咫闻录》卷二《治狐》说某翁家有狐祟，某翁控于城隍，但因"此狐势大，非郡邑城隍所能制"，故而城隍投牒于天师，天师便发符治之。天师即张天师，天师道张道陵嫡传子孙。城隍、道士、天师相互配合，可算是"综合治理"，狐是难逃厄运的。

乙、泰山娘娘。泰山娘娘即碧霞元君，东岳大帝女儿，明清北方各地颇尊奉之。明徐昌祚《燕山丛录》卷七云："泰山颠旧有玉女池，其侧有玉女石像，泉源壅绝，像亦摧毁。宋贞（真）宗东封，泉忽上徙，王钦若请加浚治，为石龛奉像，贞（真）宗亲御笔墨题额。元因之，建昭贞观。国初增修，成化间赐号碧霞元君，祈祷云集。长淮以北多立行宫，畿辅尤盛。相传神主小儿痘疹，祷者悉有奇验。"又云："河南北皆奉碧霞元君，于小儿痘疹尤著灵异。"碧霞元君是妇女儿童保护神，不惟可预防医治牛痘，还可送子。清人李百川《绿野仙踪》百回本第八回《泰山庙于冰打女鬼，八里铺侠客赶书生》写到代州一座泰山娘娘庙，大殿"中间塑着三位娘娘，两边也塑着许多侍候的妇女"。泰山娘娘只有一位，另两位陪祀的不知是谁。又说"两廊下塑着许多携男抱女的鬼判"，"携男抱女"即送子之谓。民间有送子观音之供，分其职于泰山娘娘，故又被称作送子娘娘。如前所说，泰山娘娘掌管狐仙考试，许多狐女成仙后成为她的侍从。男狐也多在其处当差，除《新齐谐》所记，还可补充管世灏《影谈》一例，《洛神》中叫作袁复的狐"奉泰山娘娘命，调征黄河水母"。大约因为狐女之为女性而男狐又多媚女之辈，所以天帝把管理狐仙、狐妖的任务派给作为妇女保护神的泰山娘娘了。这样狐们有了罪过差错便要受到泰山娘娘惩处，《新齐谐》卷五《斧断狐尾》中的狐仙因蛊惑妇女，泰山娘娘"罚砌进香御路，永不许出境"即是。

丙、关帝。三国蜀汉大将关羽自宋封王受祀，历元明清三朝香火旺盛，成为既列入祀典又受到民间热烈崇拜的一尊大神。清人赵翼《陔余丛考》卷三五《关壮缪》云：

> 关壮缪在三国六朝唐宋皆未有禋祀。考之史志，宋徽宗始封为忠惠公。大观二年，加封武安王。高宗建炎二年，加壮缪武安王。孝宗淳熙十四年，加英济王，祭于荆门当阳县之庙。元文宗天历元年，加封显灵威勇武安英济王。明洪武中，复侯原封。万历二十二年，因道士张通元（玄）之请，进爵为帝，庙曰英烈。四十二年，又敕封三界伏魔大帝、神威远镇天尊、关圣帝君，又封夫人为九灵懿德武肃英皇后，子平为竭忠王，兴为显忠王，周仓为威灵惠勇公。赐以左丞相一员，为宋陆秀夫；右丞相一员，为张世杰。其道坛之三界馘魔元帅，则以宋岳飞代；其佛寺伽蓝，则以唐尉迟恭代。刘若愚《芜史》云，太监林朝所请也。继又崇为武庙，与孔庙并祀。本朝顺治九年，加封忠义神武关圣大帝。今且南极岭表，北极塞垣，凡儿童妇女，无有不震其威灵者。香火之盛，将与天地同不朽。

满人入关前即重关羽，所以关帝之崇清世为烈。各地均立关帝庙，诚如顾炎武《日知录》卷三〇《古今神祠》所云："关壮缪之祠至遍于天下，封为帝君。"关庙与孔庙并称文武二庙，而孔之为人关之为神，所以民间所受礼拜又甚于孔庙。

关帝明代曾封三界伏魔大帝，所以为妖鬼所畏。《平妖传》第十五回《雷太监馋眼娶干妻，胡媚儿痴心游内苑》已写过关圣护驾斩胡媚儿事，清人小说笔记中有关狐畏关帝和关帝伏狐事颇夥，如：

> 牛（牛同人）过父室，则翁卧床上未醒，以此知为狐，怒曰："狐可忍也，胡败我伦！关圣号为'伏魔'，今何在，而任此类横行？"因作表上玉帝。……久之，忽闻空中喊嘶声，则关帝也。……少间，有黑面将军缚一狐至，牵之而去，其怪遂绝。后三年，济南游击女为狐所惑，百术不能遣。……（牛同人）为之呈告关帝。俄顷，见金甲神降于其家。狐方在室，颜猝变，现形为犬，绕屋号窜，旋出自投阶下。神……絷系马颈而去。（《聊斋志异》卷一〇《牛同人》）

> 有商家方演戏，丁与狐在空中观。忽闻场上锣鼓声喧，关圣单刀步出，狐大惊，舍丁而奔。（《新齐谐》卷五《斧断狐尾》）

> 盐家村戴家有女，为妖所凭，厌以符咒，终莫能止。诉于村北圣帝祠，怪遂绝。已而有金甲神托梦于其家曰："我圣帝某部下邹将军也。前日汝家妖是狐精，吾已斩之。……"（同上卷七《狐祖师》）

> 女奴（狐女）曰："几为郎君丧我性命。顷见关公过此，我急避，仅得免耳。"（徐昆《遁斋偶笔》卷下）

（狐叟）年余始至，曰："几不复见子面。曩者驾（清高宗）将至，私伏于室。忽闻关圣来扈跸，清除妖孽。吾为其所见，几被捉。狂奔至东海畔，回视周将军追将至，骇极，匿于涧藩而免。……"（陆长春《香饮楼宾谈》卷二《元妙观狐》）

（狐仙胡某）自是遂日作祟无虚日……李（狐仙）又至，教之曰："尔第焚疏于前门关帝庙，彼自惧而不敢祟矣。"至夜梦一三十许方面壮夫，锵铠被体，戟指向方曰："尔受李某谗，控我于神。……我不过发配陕西两三年耳。……"（坐观老人《清代野记》卷下《方某遇狐仙事》）

前面提到的黑面将军、周将军即周仓，在《三国志通俗演义》中是给关羽扛刀的部下。另一位金甲神邹将军，亦为关帝部下，所出未详。

丁、钟馗。钟馗捉鬼之说起于唐，吴道子曾画钟馗像。据说钟馗是终南山落第进士，触阶而死，为神除妖治鬼。明清人家常在室内悬挂钟馗像，或贴在门上，以辟邪祟，钟馗成为民间信仰的守护神。明王同轨《耳谈类增》卷四七《钟馗显灵》记钟馗像显灵用简击伤五通。凌云翰曾作《题钟馗图》诗，中云："终南进士倔然起，带束蓝袍靴露趾。……颐指守门茶与垒，肯放狐狸摇九尾。"狐妖也是钟馗捉拿的对象，故而狐妖亦畏之。

这方面的记载也较多，例如：

南皮赵氏子为狐所媚，附于其身，恒在襟袂间与人语。偶悬钟馗小像于壁，夜闻室中跳掷声，谓驱之去矣。次日，语如故。诘以曾睹钟馗否，曰："钟馗甚可怖，幸其躯干仅尺余，其剑仅数寸。彼上床则我下床，彼下床则我上床，终不能击及我耳。"（《阅微草堂笔记》卷九《如是我闻三》）

姜固问其所畏，女（狐女）曰："曩在湘潭县里，见钟进士，须髯似戟，口大于盆，齿龃龃若利锯，嚼鬼腿如啖甘蔗。妾见之，悸欲死。所畏者此尔。"姜私志之。……姜以索道至署，见堂中果有钟馗像，神采焕发，奕奕有神。……姜既得像，倏装星夜遄归。恐女迹至，深居不出，而悬像于堂以拒之。一日，姜早起盥漱，闻堂中有叱咤声。窥之，则女立阶下，见钟像努目张喙，作搏噬状，惧不敢入，怒恨而去。（《香饮楼宾谈》卷二《湘潭狐》）

杨既寝，倚枕而待，见一老大婢……婢曰："吾家莲姑，闻郎君在此，偕七姑避往云姑处围棋，适匆匆忘着半臂，今令侍婢来取，故将搜取以往。"杨问何故避去，婢曰："不知。莲姑但云，相君之面，殆是钟进士后身，故不敢相亲也。"杨大喜。次日出夸于众，以为此去必中进士。众视其貌，貙目昂鼻，虬须绕颊，面黔如鬼，绝似世所绘钟馗状，匿笑而退。然由是楼中，狐亦绝不复至矣。（《埋忧集》卷一《钟进士》）

悬挂的钟馗像虽为人绘，皆可显灵。显灵之钟馗，自然是钟馗真身。《阅微草堂笔记》所说钟馗显灵后仍如画像大小，追狐不及，不过是想象诙谐之词。但即便如此，亦足使狐大生畏意。狐甚至害怕貌似钟馗的人而远避之，足见钟馗于狐之可畏。

禁制狐的地界神灵以上述四种为常见。这不是因为狐和这些神灵有什么过节，而是因为这四种神灵均有管束妖鬼之责，而又在民间广受崇祀，所以不免成为狐的对头。事实上民众创造的驱邪神灵还有许多，无一不成为治狐之神。例如《阅微草堂笔记》卷一〇《如是我闻（四）》记土神捕狐，土神即土地神，俗称土地爷即是，是府县城隍下属。顺便说，土神捕狐入瓦瓶，全同术士之法。土地神职微，实际上难以治狐，《阅微草堂笔记》卷一四《槐西杂志（四）》载，一农家妇为魅所祟，"哭诉于社公祠，亦无验"。社公祠即土地庙。《新齐谐》卷一九《广信狐仙》又记门神却狐。门神古又称门户神，充当门神的凡有神荼、郁垒、荆轲、钟馗、秦琼、尉迟恭、温峤、岳飞、赵云、赵公明等等，五花八门①。《续新齐谐》卷二《驱狐四字》还提到户夜神，是民户夜间的守护神。还有一个比较特殊的例子，《梦厂杂著》卷八《齐东妄言上·南极驱妖记》写南极老人驱三狐。南极老人即南极仙翁，是著名的寿星。南极主寿主生，竟也管起不安分的狐妖来，倒也有趣。无独有偶，清末通俗小说《狐狸缘》也写到南极老祖召吕洞宾捉拿狐妖。

狐所畏神灵，还须谈谈雷部诸神。雷神本为单一的神，明世演为群体，总称雷部。《封神演义》第九十九回《姜子牙归国封神》说，雷部正神是闻仲，号九天应元雷神、普化天尊，下领二十四员天君，如邓、辛、张、陶等等。雷部是玉皇大帝治下的天神，其职不仅施放雷电、守卫天官，还奉命击杀人妖中之有罪者，乃天刑之执行者。因此狐妖获罪，常受雷殛，即如《阅微草堂笔记》卷四《滦阳消夏录（四）》所说，"多婴雷斧"。卷一四《槐西杂志（四）》还记有"白昼晦冥，雷击裂村南一古墓，魅乃绝"一事。雷火威力极大，道士有五雷法，即调用雷部真火击妖鬼。《阅微草堂笔记》卷一五载一道士说："凡得五雷法者，皆可以役狐。"是说掌握五雷法的道士可以控制狐妖，使其听从役使，这是因为狐妖畏雷的缘故。《听雨轩笔记》卷一曾记术士行五雷法治狐的情形：

> 秣陵陈澹山，江（江朴斋）之戚也。素善五雷法。……陈衣冠中坐，几上燃二椽烛，供一令牌。篚中出五色纸人五，画符呵气其上，按正位置于几，目正视之，而不一瞬。少顷，纸人忽起立，绕案而趋，若走马灯然。行稍缓，则陈以气喷之，声隐隐若雷，行更加驶。至五更，陈曰："去矣。"以令牌击案，而五纸人皆仆，仍置之篚中而起。是夜

① 参见《中国民间诸神》丙编《门神》。

> 江之内人……见对面楼屋上下皆红光团绕，殷殷作雷声。闻翁（狐仙钟紫霞）与夫人语曰："本欲俟下月汝病愈方去，不意陈翁以五雷真火相逼，不可留矣。惜不及一别贤主人，奈何？"

道术中有所谓掌心雷，掌中发雷击人，亦即五雷法之一种。《绿野仙踪》第十一回《伏仙剑柳社收厉鬼，试雷珠佛殿诛妖狐》写冷于冰用雷火珠打死女狐妖，"皮肉烧黑，与雷打死者无复异"。这雷火珠所聚也是五雷真火。

然则狐之畏雷必矣，却亦有法子免灾，这就是狐避雷劫之说。据《阅微草堂笔记》卷七《如是我闻（一）》所说，"狐避雷劫，自宋以来，见于杂说者不一"。清以前似乎并不多见，清人笔记乃屡见不鲜，如：

> 公子（皇甫氏）曰："余非人类，狐也。今有雷霆之劫，君肯以身赴难，一门可望生全；不然，请抱子而行，无相累。"生（孔生）矢共生死。乃使仗剑于门，嘱曰："雷霆轰击，勿动也。"生如所教。果见阴云昼暝，昏黑如醫。回视旧居，无复闬闳，惟见高冢岿然，巨穴无底。方错愕间，霹雳一声，摆簸山岳，急雨狂风，老树为拔。生目眩耳聋，屹不少动。忽于繁烟黑絮之中，见一鬼物，利喙长爪，自穴攫一人出，随烟直上。瞥睹衣履，念似娇娜，乃急跃离地，以剑击之，随手堕落。忽而崩雷暴裂，生仆，遂毙。少间，晴霁，娇娜已能自苏。（《聊斋志异》卷一《娇娜》）

> 王太常，越人。总角时，昼卧榻上。忽阴晦，巨霆暴作。一物大如猫，来伏身下，展转不离。移时晴霁，物即径出。视之非猫，始怖，隔房呼兄。兄闻喜曰："弟必大贵，此狐来避雷霆劫也。"（同上卷七《小翠》）

会夏日，大雨大雷，女惊慌失措，抱四郎卧帐中，现形为一黑牝狐。……霹雳绕屋奔腾，逾时始定。狐复化为女，跽谢四郎，欣喜之色可掬。……是盖狐欲避劫，故托庇于四郎。（《夜谭随录》卷二《阿凤》）

女笑曰："……实告君，妾固涂山氏之苗裔也。前庇尊公座下，幸逃雷劫，誓以身报大德。……"（王韬《淞滨琐话》卷四《皇甫更生》）

不数日，天大雷雨，封翁坐静室中，召诸子列坐左右。俄而金蛇绕屋，霹雳轰击不已，众咸失色。有见翁座下蹲黑物，大如犬……须臾雨霁，翁始告其家人曰："当雷声初起，即见有物伏座下，知为避雷。我故坚坐，且令汝辈环坐以护之，俾其免于此劫耳。"（《清稗类钞》迷信类《周封翁救狐》）

狐之依人避雷，并不是什么人都行的，大抵是福贵之人或日后将成为贵人的。雷神投鼠忌器，便不敢动真格的，轰鸣一番而已，得以使狐逃劫。诚如《阅微草堂笔记》卷一六《姑妄听之（二）》中避雷狐女所说："凡狐遇雷劫，惟德重禄重者庇之可免。"《三侠五义》第二回《奎星兆梦忠良降生，雷部宣威狐狸避难》描写说包公幼年时在一座古庙中避雨，一女子进庙，畏雷而抱住包公，包公展开衣服遮护住她，渐渐雷止雨住，女子也不见了。原来这女子是狐狸精，借包公庇护以避雷劫。包公日后是贵人，又是天上星宿下凡，所以可以庇护狐女大难不死。一般仁善之人亦可庇狐，《阅微草堂笔记》卷一一《槐西杂志（一）》记一事说，山东民家有狐居数岁，一天说道："君虽农家，而子弟孝友，妇姑娣姒皆婉顺，恒为善神所护，故久住君家避雷劫。"而卷一六《姑妄听之（二）》中的狐女则是托身为孀妇童养媳避雷，孀妇非贵非福，但因赖狐女养老送终，所以亦可庇护。狐以仁德福贵之人避雷，这里显然体现着儒家的伦理道德观念。

狐避雷的对象,还有许多。《夜谭随录》卷一〇《玉公子》写玉公子家有贝叶梵字《金刚经》供于佛堂,三女狐来避雷劫。雷鸣,三女伏佛座下,立化为狐。玉公子诵经不已,听见雷神说:"止止!已奉佛旨免之矣。"——这是托佛法而逃劫。《夜雨秋灯录》卷四《白老长》写狐女投蛇仙白老长之女,说是"来依娘子避雷霆劫耳"——这是托蛇仙而避难。佛之可庇自不待论;蛇仙之可庇,是因为白老长"精吐纳术,从不噬人害生物,以故雷霆不能诛,仙法不能纠",是有德有道之蛇。这里,佛道二教都被赋予极大的神圣性。《咫闻录》卷二《治狐》云:

此畜名叫黑胡同……其雌者在麒麟台下迷人害命,已被雷击。彼匿在比干墓里。贤者寝陵,雷亦矜式,获免其劫。

比干是商纣王贤臣,其墓之所以可以避雷,是因为雷神不敢施威。

(四)畏有福。有福之人福星高照,命佳运顺,此之谓"旺运"。《埋忧集》卷一〇《狐妖》中女狐说沈宗善"彼福人,不可近也",即以其"旺运"而避之。有福之人何以狐畏之?《阅微草堂笔记》卷一六狐女说"德重禄重者""皆为鬼神所呵护"。禄重者自然就是有福者,看来是有鬼神在暗中保驾。有福之人即便没有鬼神呵护,照迷信说法,也会有紫气回绕,狐不能近。人的福分都是天意所赋,既禀天赋福分,便会释放出某种异乎常人的气息,如顶上紫气,如面上福气,或是在相貌上显出福贵之相。因此狐畏有福,实是畏神灵、畏天命。狐畏避有福者的记载不多,诸联《明斋小识》卷二《试院狐》说郡试院后楼有雄狐据此,"值文宗按临,每避出傲居邻舍",可为一例。文宗即诸省提督学政(简称学政,又称学台、督学),与总督、巡抚平起平坐,自然是有福有禄的贵人、福人。

(五)畏有德。《阅微草堂笔记》卷一三《槐西杂志(三)》说"狐不近正人"。有德者充满正气,甚至有鬼神呵护,所以狐畏之。《阅微草堂笔记》卷一六《姑妄听之（二）》载，魏环极先生读书山寺，有人为他每日整饬书案，魏来即去。说是"某狐之习儒者也。以公正人，不敢近。然私敬公，故日日窃执仆隶役"。魏环极即魏象枢，是清初著名直臣与理学家。卷一八《姑妄听之（四）》又载纪昀门人郝瑗，做县令清廉爱民，少时遇狐姬将二女避于路旁，说是"以公正人不敢近"。另外卷一一《槐西杂志（一）》记"孤高特立，一介不取，有古狷者风"的申谦居先生夜宿神祠，当户而卧，狐女欲避出户，申当户不得出；卷四《滦阳消夏录（四）》记"心地朴诚"的族祖雷阳公夜读书，狐女不敢近。这些都是"狐不近正人"之例。征之他书，如《聊斋志异》卷六《河间生》狐翁说朱衣人"此正人，不可近"。《遁斋偶笔》卷下《大同使院》说大同使院有狐，但"此中多正人，故不敢为祟"。《新齐谐》卷一九《朱法师》载，同馆翰林朱沄之父朴庵先生少时课徒为业，一村有狐仙为患三年，狐闻朱来曰："明日朱法师来，我当避之。"朱朴庵本是塾师而狐仙称为法师，看来在狐仙心目中道德的力量如同法力。

对于寻常百姓，只要是有德者狐亦畏避。《阅微草堂笔记》卷一《滦阳消夏录（一）》载刘士玉孝廉一仆妇甚粗蠢，独不畏狐，狐亦不击之。人问故，狐说："彼虽下役，乃真孝妇也。鬼神见之犹敛避，况我曹乎？"——这是狐畏孝妇。又卷一〇《如是我闻（四）》布商韩某昵一狐女，一夕共寝，韩忽生善念，欲出金代邻人吴某赎子。狐女起身推枕说："君作是念，即是善人。害善人者有大罚，吾自此逝矣。"——这是狐畏善人。卷三《滦阳消夏录（三）》还有这样一件事：

　　张明经晴岚言：一寺藏经阁上有狐居，诸僧多栖止阁下。一日，天酷暑，有打包僧厌其嚣杂，径移坐具住阁上。诸僧忽闻梁上狐语曰："大众且各归房，我眷属不少，将移住阁下。"僧问："久居阁上，何忽又欲据此？"曰："和尚在彼。"问："汝避和尚耶？"曰："和尚佛子，安敢不避？"又问："我辈非和尚耶？"狐不答。固问之，曰："汝辈自以为和尚，我复何言。"从兄懋园闻之曰："此狐黑白太明，然亦可使三教中人，各发深省。"

狐独避打包僧（即行脚僧），肯定这和尚是有德的真佛子。其余诸僧名为和尚实无功德，狐瞧不起他们，自然不畏不避。

狐之五畏，说到底是人之畏。儒家向来讲畏，所谓"畏而后上下慈和"[①]，所谓"戒惧之不可以怠"[②]，所谓"戒慎乎其所不睹，恐惧乎其所不闻"[③]，所谓"专一谨畏"[④]。畏是自律持身的必需修养。孔子曾提出君子"三畏"，即"畏天命，畏大人，畏圣人之言"[⑤]。天命、圣人乃君子所畏服，惟此才可顺吉逆凶，正身明德。狐之"五畏"，也正是君子"三畏"，其中渗透着儒家的宗教观、伦理观。而所谓"畏有德"尤为分明。清人反复强调："妖不胜德"[⑥]，"妖不胜德，古之训也"[⑦]，"以德胜妖"[⑧]。"妖不胜德"是一个古老的思想。在古人看来，妖异灾变固然出于上天，但完全是由人引起的，此之谓"妖由人兴也，人无衅焉，妖不自作，人弃常则妖兴"[⑨]。"弃常"即背弃常道。人弃常，天地亦反常，"天反时为灾，地反物为妖"[⑩]，妖则兴焉。人之弃常即失德。古人十分看重德在政治中的作用，德兴则政通人和，德败则灾祸并作。《尚书·大禹谟》云："侮慢自贤，反道败德，君子在野，小人在位，民弃不保，天降之咎。"反之，如果修德行

---

① 《左传》襄公二十七年。

② 《左传》宣公十二年。

③ 《礼记·中庸》。

④ 《朱子语类》卷一二。

⑤ 《论语·季氏》。

⑥ 《右台仙馆笔记》卷七。

⑦ 《阅微草堂笔记》卷一四《槐西杂志（四）》。

⑧ 《阅微草堂笔记》卷一〇《如是我闻（四）》。

⑨ 《左传》庄公十四年。

⑩ 《左传》宣公十五年。

道，岂但妖异不作，即便生出妖异，亦可消弭以德，这就叫作"以德胜妖"，"妖不胜德"。治国如此，个人修身持家亦如此，吉凶成败全在于一己，取决于道德的修持程度。清人说的狐畏有德，正是发挥了这种儒家思想。会不会被狐所惑所祟，全看自己的德行如何了。心存邪念必招妖邪，心存正气妖邪自退。《阅微草堂笔记》卷四《滦阳消夏录（四）》讲的一个故事再清楚不过地说明了这一点：

> 村南旧有狐女，多媚少年，所谓二姑娘者是也。……后有二生读书东岳庙僧房，一居南室，与之昵；一居北室，无睹也。南室生尝怪其晏至，戏之曰："左把浮丘袖，右拍洪崖肩耶？"狐女曰："君不以异类见薄，故为悦己者容。北室生心如木石，吾安敢近？"

俗云苍蝇不叮无缝的蛋，即此之谓。诚如《昔柳摭谈》卷五《僧道捉狐》中狐女所说："善媚者亦必择人而施，几曾见正人而惑于媚者。"在《阅微草堂笔记》中许多狐妖毋宁是一个讽喻意象，意味深长地昭示着持德正身对于人的重要意义。

## 八、"伪狐"现象：骗术与邪术

由于清代社会流行狐仙迷信，不仅巫婆神汉利用狐仙骗钱，还出现了一种奇特现象，即"伪狐"，或又称"假狐"，即伪装狐仙行骗。宋以来市民社会盛行骗术，奸猾之徒设下种种骗局诱人入彀——所谓"落巨奸之股掌"，"入老棍之牢笼"[①]，小说中对此多有描写。但若以"伪狐"设骗，前此罕闻，乃为清世所特有。

《阅微草堂笔记》卷一〇《如是我闻（四）》云：

> 乾隆己未会试前，一举人过永光寺西街，见好女立门外，意颇悦之。托媒关说，以三百金纳为妾。因就寓其家，亦甚相得。迨出闱返舍，则破窗尘壁，阒无一人，污秽堆积，似废坏多年者。访问邻家，曰："是宅久空，是家来住仅月余，一夕自去，莫知所往矣。"或曰："狐也，小说中盖尝有是事。"或曰："是以女为饵，窃资远遁，<u>伪为狐状也</u>。"夫狐而伪人，斯亦黠矣；<u>人而伪狐</u>，不更黠乎哉！余居京师五六十年，见类此者不胜数，此其一耳。

狐在人们心目中经常以"好女"诱惑男子，所以有人便使女子"伪为狐状"

---

① 明张应俞《江湖奇闻杜骗新书》熊振骥万历丁巳年（1617）序。

骗取聘礼并"窃资远遁"。这种"人而伪狐"的骗人事情据纪昀说在北京数不胜数，这自然是因为"京师多狐"，狐仙信仰非常盛行的缘故。

在这个故事中那"好女"其实并未明说她假冒狐女，"伪为狐状"只是别人的揣测，同书卷一三《槐西杂志（三）》所记另一个故事则是典型的"人而伪狐"。故事说某游士在广陵纳一妾，颇娴文墨。一日夜饮归，失妾，妾留一札称："妾本狐女，僻处山林。以夙负应偿，从君半载。今业缘已尽，不敢淹留。"如此云云。原来此女母亲又把她卖给另一人，故而"伪以狐女自脱"。果然游士中了假狐女的金蝉脱壳计，"以典籍尝有此事，弗致疑"，任其所去，不加追究。

除《阅微草堂笔记》，其他清人笔记也常有伪狐行骗的故事。青城子《志异续编》卷二《吴生》写道：

> 吴生某，邯郸人。家颇裕，溺志声色。尝乘良马，着美服，束玉带，驰驱官道间。遇殊色，辄尾追不忍舍。一日单骑出游，适道旁一女子坐树下，年约二十余，淡妆轻盈，柔媚可爱。见生至，以手招曰："君急救妾。"生下马问故，女曰："妾居某村，偕仆归宁。至半途仆还，妾独行折足，乞君见怜。"生曰："然则徒行至是乎？"曰："妾本跨驴，仆忽病愈甚，无奈与仆还。度距母家，仅数里程，可缓步以达。不意被折，寸步难移矣。"生曰："此距寒舍不甚远，请乘骑至舍，再为图之何如？"女曰："固所甚愿。但君徒行，妾心何安。敢恳觅舆，同至尊府，则感佩大德矣。"
>
> 生神魂飘荡，将欲趋行，复转念此女行踪可疑，留恐构祸，因一一诘难。女正色曰："实告君，妾非人，乃狐仙也。与君有缘，故相期如此。"生闻言，疑信参半。女复含笑曰："君所恋玉姬，亦妾同类。因寡学少文，吾辈常轻之，君乃要以生死。"盖玉姬乃生夙好，生尝评为仙子者。乃闻是言，不禁狂喜起舞曰："卿既属仙姬，必知未来事。"女曰："如何不知？当即有人，向君索阿堵物，幸君勿吝。"言未已，

果有人踉跄而至，向生含泪叩头曰："不幸老母死道旁，无力殡殓，恳乞伙助。"生见其情词哀切，即解囊与之。女曰："何如？"生曰："偶然耳。"女曰："当又有向君索马者。君但指妾为君内人，则来者自不苛求矣。"未几，有人持束至，乃邑令差来借马。缘生凤与邑令往来，故有是事。生如女言遣去。

生于是始信为真狐仙，遂揖而言曰："卿稍待，行即赁舆至。"女曰："恐君负心，致妾久候。"生曰："有马为质。"女曰："明知妾纤弱之姿，无需乎此。"生脱手上金环曰："以此为质。"女受环曰："此尚不足明心，可脱君裘，解君带，系马上。君身生寒，自念及妾。今与君约，过午不至，妾将御风而行，君其索妾于蓬莱三岛之上矣。"生曰："谨受命。"遂解衣留带挂马上，徒步疾去。有顷乘舆至，女与马俱杳，四顾莫知去向，惆怅而返。后有人云："何曾是狐！乃奸徒窥吴平素行止，故令歌童扮作女妆，托为狐仙以骗生。其索钱借马之人，皆伊同类侦探迎援者。"此或然与。而吴生犹每告人曰："我尝为狐所骗。"

这位"歌童"——更大的可能是妓女——利用吴生好色又迷信狐仙的心理，与同党一举骗取吴生的裘马金环，可笑他执迷不悟，还真的相信"为狐所骗"。

汤用中《翼驷稗编》卷六亦有《假狐》一事，记云：

刑部主事山西常君，赁居西河沿，宅旁临小胡同。娶妾天津，貌极佳。性嗜酒，早晚须饮烧春一壶，啖鸡子数枚。自到家后宅中抛砖掷瓦，婢媪颇涉疑怪。一日晓起，门户未启而妾已杳，箱箧一空，疑为狐，置之。越半年，有控追获逃妾因争毙命者，女至，则妾也。穷治之，始知预赂家人，代为传递，托狐而逃。常大怒，尽法惩之。女发官卖，殴人者抵，案始结。

此妾嗜酒啖鸡子，抛砖掷瓦，这是模仿狐妖习性，可谓善假狐者，与前事之伪"知未来者"，手法相同。汤用中称之为"假狐"——假冒伪装狐精或假狐精，亦即纪昀所说"伪狐"之意。

伪狐除骗取钱财外，还有以行淫为目的的，这是又一种"伪狐"类型。《阅微草堂笔记》卷二《滦阳消夏录（二）》记有这样一件事：

> 有卖花老妇言：京师一宅近空圊，圊故多狐。有丽妇夜逾短垣，与邻家少年狎。惧事泄，初诡托姓名。欢昵渐洽，虑不相弃，乃自冒为圊中狐女。少年悦其色，亦不疑拒。久之，忽妇家屋上掷瓦骂曰："我居圊中久，小儿女戏抛砖石，惊动邻里或有之，实无冶荡蛊惑事。汝奈何污我？"事乃泄。异哉！狐媚恒托于人，此妇乃托于狐。人善媚者比之狐，此狐乃贞于人。

"丽妇"私通邻家少年，自冒为圊中狐女。既为狐女，不但邻家少年不会追问她的来历，即便露出风声，少年也自然会说是与狐女结下仙缘，邻里亲朋不会猜三道四。这"丽妇"的心计是很深的。这事传自卖花老妇，大约是真事，只是扯出了真狐女，便传闻有虚了。

此类伪狐，《耳食录》二编卷三《姚子英》也有记叙。闽人姚子英奉父命挟资往京师谋为小吏，途中某庙遇一丽女子，暗示为狐。一同欢寝，女子授媚药服之，人道益健。姚生随女子而去，女子于肆中玩弄幻术。展技之时，忽有一人来，厉声道："淫婢子尚不归耶？"女子色变而奔，姚生急避入人群，两相分散。数年后姚生过故庙，问庙中道士此地可有狐祟，以所遇告之。道士笑着说了这样一番话：

> 伪狐也。有某伶者无姓名，挟左道攫人财物。尤善房中术，能致妇人魂魄，好女子见之，辄病卧如丧。久之乃复，往往言自伶所来，

盖非其璞矣。佥又能隐形易貌，甚诡秘。昔尝居此，今复移云矣。闻佥有女传父术，亦用以媚男子，<u>托名为狐</u>。佥虽甚耻之，莫能禁也。客所遇得毋是乎？

佥人女儿托狐媚男，并不是为骗取财物，纯系满足淫欲，和"圃中狐女"差不多。

还有的"伪狐"虽亦为施骗，但目的并不如此下道。《阅微草堂笔记》记有两个这样的故事。一个是学生找来妓女装成狐女引诱老师以图报复。事载于卷一六《姑妄听之（二）》：

> 有讲学者，性乖僻，好以苛礼绳生徒，生徒苦之。然其人颇负端方名，不能诋其非也。塾后有小圃，一夕散步月下，见花间隐隐有人影。时积雨初晴，土垣微圮，疑为邻里窃蔬者。迫而诘之，则一丽人匿树后，跪答曰："身是狐女，畏公正人不敢近，故夜来折花。不虞为公所见，乞曲恕。"言词柔婉，顾盼间百媚俱生。讲学者惑之，挑与语，宛转相就。且云："妾能隐形，往来无迹，即有人在侧亦不睹，不至为生徒知也。"因相燕昵。比天欲晓，讲学者促之行。曰："外有人声，我自能从窗隙去，公无虑。"俄晓日满窗，执经者麇至，女仍垂帐偃卧。讲学者心摇摇，然尚冀人不见。忽外言某媪来迓女。女披衣径出，坐皋比上，理鬒讫，敛衽谢曰："未携妆具，且归梳沐。暇日再来访，索昨夕缠头锦耳。"乃里中新来角妓，诸生徒贿使为此也。讲学者大沮。生徒课毕归早餐，已自负衣装遁矣。

这事颇富戏剧性，一夕风流戳穿了老师的"端方"假面。这位严苛的塾师固然可憎，学生的恶作剧也未免过分。

卷一九《滦阳续录（一）》所记另外一例"伪狐"也是妓女，不过装狐的动机要正经得多。一位形貌丑陋、垢腻满面的富室子偏好女色，一日独行遇此妓，上前调戏。妓女"憎其丑态，且惧行强暴"，便机警地欺哄他说："尔勿愤愤！我是狐女，平生惟拜月炼形，从不作媚人采补事。尔自顾何物，乃敢作是言？行且祸尔！"说罢掬沙洒其面，富室子受惊跌进沟中，妓女乘机躲到麦场柴垛后边。

"伪狐"种种不一而足，都是巧妙利用了对狐仙的迷信心理，轻而易举地使对方上当。"伪狐"现象充分证明了清代的狐仙信仰何等盛行，何等深入人心！愚夫愚妇之辈一听狐仙便深信不疑，不遑辨其真伪，规规矩矩入其彀中不能自脱。甚至受骗上当后还一直以为是真狐仙，可见迷惑之剧。这几个故事中的"伪狐"都是冒牌"狐女"。色欲缠身的男人们在一片"狐女""狐仙"的蛊惑中，不免异想天开地盼望有好运撞个母狐狸精消受，这样自然便勾来冒牌"狐女"了。

明代的玄狐教、闻香教都曾以狐设教，惑人聚众。清代也有过这类事情，是一种包含着更大欲求和政治野心的伪狐现象。钱泳《履园丛话》卷六《朱方旦》记载了朱方旦一事：

> 湖广人朱方旦，鳏居好道。偶于收旧店买得铜佛一尊，衣冠如内官状，朱虔奉之，朝夕礼拜者三年。忽有一道人化缘，其形宛如佛像。朱心异之，延之坐，因问："此佛何名？"道人曰："此斗姥宫尊者。"谈论投机。道人问朱曾娶否，曰："未也。"道人曰："某有一女，年已及笄，愿与君结丝萝，可乎？"朱大喜，请同行。俄至一处，门庭清雅，竹石潇潇，迥非凡境。少顷，有女出见，芳姿艳雅，奕奕动人。道人曰："老夫将倚以终身，君无辞焉。"朱曰："诺。"遂涓吉合卺，伉俪情笃。日月薪水，不求而自不乏。
>
> 居无何，女曰："此间荒野，不足栖迟。闻京师为天下大都会，与君居之，始可稍伸骥足。"道人力阻不从，叹曰："此数也。"遂别而行。朱与女既入都，赁居大厦，广收生徒，传法修道，出其门者以千百计。时京师久旱，天师祈雨无有效也。女怂朱出，教以法咒，暗中助力。

朱甫登坛，而黑云起于东南，须臾甘霖大沛。有司上闻圣祖，因召见，赏赐甚厚，俨然与天师抗衡。天师不得已，乃佯与之亲昵，以探其为何如人，而女不知也。

如是者一年，女忽谓朱曰："妾有一衣，恳天师用印，谅无不允。"朱如命，遂求之。天师心疑，与法官商，此衣必有他故，不可骤印。姑以火炙之，竟化一狐皮。女已早知，遂向朱大哭曰："妾与君缘尽矣。妾非人，乃狐也。将衣求印，原冀升天，诅意被其一火，原形已露。骨肉仅存，死期将至，即君亦祸不旋踵矣。"彼此大恸，遂不见。其日天师已奏进，下旨将朱方旦正法。先是云间王侍御鸿绪劾朱妖言惑众，至是上嘉之，擢官至大司寇。

这件事乍看与一般狐仙传闻无异，但其中却反映着发生在康熙年间的一宗妖道惑众案。《清史稿》卷二七一《王鸿绪传》载，康熙十九年（1680），湘广朱方旦自号二眉山人，造《中说补》，聚徒横议，常至数千人。自诩前知，与人决休咎。巡抚董国兴劾其左道惑众，逮至京，得旨宽释。后在荆州以占验出入军营，巡抚张朝珍称为异人。走避江浙，王鸿绪得其所刊《中质秘书》奏进，列其诬罔君上、悖逆圣道、摇惑人心三大罪，方旦坐诛。张伯行《皇清诰授光禄大夫经筵讲官户部尚书加七级王公鸿绪墓志铭》[1]亦详述此事，言朱方旦肆行左道，"中外士大夫往往为所煽惑"，鸿绪具疏劾方旦三大罪。疏云方旦"阳托修养炼气之名，阴挟欺世惑民之术，盛姬妾，广田宅，为子纳官，交结势要"，"背叛孔孟，尊奉妖邪"，"聚众辄数千人，勾连入教"，"操惑民心"。

朱方旦之教其为邪教无疑。钱泳所记掺进民间传闻不免变形，如果还原为事实的话，那么可以看出朱方旦的邪教是利用了清代民众的狐仙信仰的。事实应当是朱方旦令其妻假托为狐仙，并以狐皮为凭证，从而愚惑民众。狐仙以修

---

① 见清钱仪吉纂《碑传集》卷二一。

炼为事，能预知休咎，所谓朱方旦"阳托修养炼气之名"，"自诩前知，与人决休咎"，均透露着个中消息。朱方旦的邪教邪术比以狐尾惑众的闻香教在假托狐神、狐仙上更为彻底，不光拿出狐皮狐尾之类骗人，更用"伪狐"术惑众。可以说在清代，朱方旦之妻是最大的一只"伪狐"，其余骗钱行淫之"伪狐"均自不免有"小巫"之慨。

第八章·《聊斋志异》与美狐：狐妖的文学审美化

## 一、从民俗审美到文学审美

清世文言小说大量描写狐狸精以蒲松龄《聊斋志异》为最早。《聊斋》书出之后，风靡全国，竟至谈狐者必言《聊斋》。《聊斋志异》创造了一系列美狐形象，即具有人形美、人性美、人情美及艺术美的狐形象，其中尤以女性美狐最为突出。《九尾狐》第一回《说楔子演说九尾狐，偿孽债愿为比翼鸟》曾说：

> 至于蒲留仙《聊斋志异》一书，说狐谈怪，不一而足。其中如《青凤》《莲香》等传，情致缠绵，有恩有义，令人读之神往，翻以未遇斯怪为恨。

蒲氏笔下的美丽女狐具有强大的艺术魅力，改变了传统的"狐媚"观念，以至世间痴儿呆男竟希盼有青凤之遇。《阅微草堂笔记》卷一三《槐西杂志三》记有这样一件事：

《聊斋志异》铸雪斋抄本

319

东昌一书生，夜行郊外。忽见甲第甚宏壮，私念此某氏墓，安有是宅，殆狐魅所化欤？稔闻《聊斋志异》青凤、水仙诸事，冀有所遇，踟蹰不前。

又《埋忧集》卷一《钟进士》记云：

平湖钱孝廉某……以赴选入都，至通州，日已暮，寓舍满矣。惟屋后楼房之间，相传向有狐妖，无敢宿者。钱欲开视，众皆以为不可。钱笑曰："何害？余向读《青凤传》，每叹不得与此人遇。果有是耶，当引与同榻，以遣此旅枕凄凉。"立命启之。

可以说清代狐仙信仰的兴盛以及狐仙信仰地域的不断扩大，与《聊斋》的创作与流传不无关

《聊斋志异》但明伦评本

系。而对于文言小说创作来说，《聊斋》更是开启了一个谈狐风气——清人笔下的狐层出不穷，数量远远超过了自汉晋至明的总和。

清代写狐较多的文言小说集，有乾隆间和邦额的《夜谭随录》、长白浩歌子的《萤窗异草》、袁枚的《新齐谐》（一名《子不语》）、乐钧的《耳食录》、屠绅的《六合内外琐言》、乾隆嘉庆间纪昀的《阅微草堂笔记》、道光间汤用中的《翼駉稗编》、光绪间宣鼎的《夜雨秋灯录》、俞樾的《右台仙馆笔记》、李庆辰的《醉

荼志怪》等，集中在乾隆、光绪二朝。就中《阅微草堂笔记》所记最多，与《聊斋》成为最为突出的两部小说集。

在历代小说笔记中，狐大抵以文学审美态和民俗宗教态两种形态出现。清代以前，文学审美态的狐形象不多见，即在《胡媚娘传》《三遂平妖传》等文学作品中，狐形象实际仍保持着宗教态特征——作祟、媚人、害人，因而受到惩治。《任氏传》中的狐妖任氏，这一高度审美化的美狐形象并没有得到认同。任氏是孤立的，人们宁愿接受胡媚娘、胡媚儿之属。人们仍然相信，狐是淫兽、媚兽、妖兽。狐在文学中照例担任着反派角色。

在上述清人小说中，狐当然仍大量以民俗宗教态出现，但自《聊斋》始，文学审美态的狐也大量出现了。之后，《夜谭随录》等书把这个传统一直保持下去。《聊斋》中的狐也有民俗宗教态，但主要是文学审美态，《新齐谐》《阅微草堂笔记》等则主要是民俗宗教态。

但清代民俗宗教态的狐与以往民俗宗教态的狐有很大不同，这就是狐仙的出现。狐之为仙不同于狐之为妖，因此清代民俗宗教中的狐不再总以媚人、祟人面貌出现，而带上种种善性。纪昀在《阅微草堂笔记》中更是在人狐之间借狐言理，许多狐事在相当程度上被理念化了。

与纪氏不同，蒲氏把狐纳入审美创造中，致力于创造美狐，这是文学创造中狐形象的重大转变。以前我们研究这一问题，一般只着眼于蒲氏本人的生活经历、思想情感、创作思想、审美旨趣，认为蒲氏以普通民众的淳朴心理和理想追求审视狐妖，并自觉发扬唐人"花妖狐魅，多具人情"的审美态度。这些都不错。但从狐文化角度说，清代狐仙信仰已经改变了狐的形象。狐近人而居，狐修道求仙，这些观念已使得狐性狐习大大接近了人类，甚至狐人一体，合二而一。在民众狐仙信仰中，实际上狐已被初步审美化了。老百姓对于狐由对立转为亲近，狐的人化和美化是必然的。所以我们即便从民俗宗教态的狐中也会看到种种情狐、仁狐、义狐。

以前我们曾就此作过讨论，这里不妨再举几个例子：

故城刁飞万言：其乡有与狐女生子者，其父母怒诟之。狐女泣涕曰："舅姑见逐，义难抗拒。但子未离乳，当且携去耳。"越两岁余，忽抱子诣其夫曰："儿已长，今还汝。"其夫遵父母戒，掉首不与语，狐女太息抱之去。（《阅微草堂笔记》卷九《如是我闻三》）

歙有李生圣修，美丰仪，十四岁，读书二十里外岩镇别院。一夜漏二下，生睡觉，忽睹丽人坐榻上，相视嫣然，年可十五六。生心动，手挑之，亦不拒，遂就燕好。每宵飘然自至，常教生作诗填词，并为改削。间与论时文，则愀然不乐，云："此事无关学问，且君科名无分，何必耐此辛苦！"由是两相酬唱，颇不岑寂。数年迄无知者。会有杨生者，生中表戚也，亦就院中下帷，与生斋仅隔一壁，常怪生既昏即闭户。一夜月下，杨生潜于壁隙窥之，见生方拥丽者坐。急敲扉入，遍烛寂然。问之，始讳。次夜复窥，如前状，并闻笑语之声。心知为狐，遂奔告生父。促生返，而狐随至其家。他人莫睹，惟生见之，举家虑为生害。一日生嫂诣生室，大言责曰："妖狐岂无羞耻！强欲夺人婿。况吾家小叔，幼已订婚某室，他日入门，谁为嫡庶？"是夜狐泣谓生曰："嫂氏见责，其言甚正，不容不去，今永别矣。"生为泣下，留之不可，两相唏嘘于枕畔。闻鸡唱，遂下榻而没。李生工词律，善拳棒，皆狐所教也。闻狐所赠诗词极清丽，惜传者未记。此新安洪介亭所说，李亦自言不讳。（《续新齐谐》卷八《李生遇狐》）

这两个故事中都是未被加工的民间传闻，前一个产生流传于乡村，后一个产生流传于士人间。两个故事中的狐女，诚如纪晓岚所说，都是"殊有人理"的，她们的情感和人间有情有义的普通女子全然相同。

这类故事随处可见。可以想象，这些在狐仙信仰中产生的朴素故事一旦进入蒲松龄辈的笔下便会生出许多美情美意。即便是没有素材依傍的自撰自创，作者头脑中固有的狐仙观念及由此而形成的思维模式，也会制约着他们的情感趣向和艺术构思。

蒲松龄对狐在民俗审美的基础上大力进行文学审美改造，也就是按照自然美、社会美和艺术美的标准来改造狐的人格属性，来赋予狐形象以美感形式。他把狐高度美化和理想化了，民俗宗教中的狐妖和狐仙转变为文学中的美狐。《聊斋》中的大量美狐是非常生动的审美意象，他们成为美、爱、智慧和道德的象征。

当然，并不是说文学中的狐不能以妖祟之物出现，把民俗宗教中的狐妖创造为一种邪恶意象，其实也是一个文学审美过程——"审丑"也正是审美。但是，我们是在用审美手段对狐进行审美理想化的意义上使用文学审美化这一概念的，这是因为美狐的创造更富于审美意义和文学意义。文学创造的价值所在是对真善美的把握，创造美好事物是文学的基本追求。鬼怪这类含有宗教意味的事物，其宗教意义在于与人的对立，因而一般表现为邪恶有害之物。但由于世俗情感对于宗教的干预，人们常常消去鬼怪的宗教禁忌含义而宣泄人类的非宗教情感，于是鬼怪成为人的象征意象，这中间人的种种美好情感和品质便由人自身辐射到鬼怪身上。在宗教意象的世俗化人情化过程中，文学充当了非常重要的角色。文学对宗教的干预是文学发展中的普遍现象，就中十分重要的一点便是重新确立人与妖鬼的关系，把人与妖鬼的对立关系转变为一体的和谐关系。妖鬼成为象征意象，不再是宗教意象，妖鬼成为真善美的符号。因此，蒲松龄美狐创造的价值不在于他改变了传统狐妖的邪恶之性，不在于他对狐妖的评价具有真理性——狐妖本来就不是真实存在的，而在于当他对狐妖进行审美改造时，一批崭新的狐形象便纷纷出现了，这些形象凝聚着人情美和伦理美，足以唤起人的种种美好情感和美好愿望。

## 二、美狐分析之一：情狐

　　清人认为"狐情重"。当以往淫狐的淫性被改造为人类的正当情欲并升华为美好的情爱之性时，便有了情狐——追求爱情并具有爱情的真诚性和执着性。情狐主要是女狐，或曰狐女，她们是爱和美的象征，是任氏原型意象的发展。

　　《聊斋志异》极善描写情狐，塑造了一系列美丽动人的情狐形象，如青凤、婴宁、莲香、红玉、青梅、小翠、凤仙等等。这些多情狐女具有美丽的形貌、美丽的心灵、美丽的情操，难怪世俗痴男子们读了《聊斋》后一心要遇上青凤之类的狐女了。

光绪同文书局石印本
《详注聊斋志异图咏·青凤》

　　青凤（卷一）是蒲松龄着意创造的一个优美的情狐形象，蒲松龄是如此喜爱她，以至他在《狐友》（卷五）中假托友人毕怡庵说"毕每读《青凤传》，心辄向往，恨不一遇"。青凤"弱态生娇，秋波流慧，人间无其丽"的美丽，和其他狐女并无不同，但她温婉贤惠的禀性使之更带上大家闺秀的色彩。她有着一位对她严于管教的叔父胡义君，因而谨守闺训，并不像许多狐女之风流大胆，对于狂生耿去病的狂热追求采取回避态度，但耿生的"倦倦深情"已经在她心中播下爱的种子。她对耿生爱的回报含蓄而有节制，只有当她现形为犬所逼而又被耿生救下之后，这时才与耿生结为同好——胡家以为她已经死于犬喙之下了。但明伦评青凤说："青凤之爱生甚挚，而待之又甚诚。""挚""诚"二字下语极确。青凤的挚诚也表现在她对待叔父的态度上，尽管这位严厉的叔父胡义君阻挠破坏青凤的爱情，但当青凤从胡义君之子孝儿口中得知叔父蒙难之后，劝耿生救之，并亲抱义君尸体于怀，三日而活之。因为她既不忘叔父抚养之恩，又对胡义君的严格家范采取理解和宽容的态度。最后是阖家团圆，这一完满结局，全赖青凤诚挚之性以成。

蒲氏笔下的情狐许多都具有诚挚之性，我们还可以再举出莲香（卷二）和鸦头（卷五）。

《莲香》写的是狐鬼共恋桑生，这自然带有一夫多妻的时代痕迹。撇开这一点不谈，小说所描写的仍是动人爱情。此中狐女莲香无疑处于中心地位，故而小说以狐女之名命篇。莲香冒充"西家妓女"主动就生欢合，分明是一般狐女之性，但她和青凤一样也具有温婉诚挚的性格。莲香面对着情敌——女鬼李氏，表现出和"醋娘子"李氏全然不同的态度。她对李氏的宽容和"妾见犹怜"的怜惜，终于感动了

光绪同文书局石印本
《详注聊斋志异图咏·莲香》

李氏，"事莲犹姊"。这种态度既是莲香的敦厚之性使然，也是出于对桑生的深恋之情——爱桑生之所爱。因此，当李氏借尸还魂以人的身份做了桑生新妇之后，莲香也断然死去并订下"十年相见之约"，转世为人再事桑生，成就了"两世情好"。

何守奇评道："莲以怜称。"莲、怜相谐，这个"怜"字实在是对莲香品性的揭示。怜不单单是施于李氏——"莲亦深怜爱之"，"莲益怜之"，"妾见犹怜"，实际上更施之于桑生，在桑生由于和李氏夜夜贪欢遭致病重不起的情况下，莲香用事先炼制的药及时治好了桑生。这个"怜"字实际上就是善良和真情。

当蒲松龄把真情置于莲香性格核心中时，他就要有意改变传统的狐妖观念。他抹去了莲香主动结好桑生的动机——照传统说法是采补，强调莲香是与"采补者流"迥异的"不害人之狐"，并通过狐鬼对比——李氏以阴气致病于桑生而莲香却无害于生——证实这一点。狐女莲香有狐仙的某些影像——采药三山炼制成丸，蒲氏实际上是引入某些狐仙观念来创造莲香形象；但他终究又不肯把莲香写成狐仙，最终让她由狐到人成就两世姻缘，以显示这一情狐的真情深意。

狐妓鸦头是所谓"贞狐"（何守奇评语），但对她的"矢死不二"与其作出道德的阐释不如作出情感的阐释。她身为"烟花下流"却无烟花之性，一直不肯接客。只有当得到"诚笃"的王文爱慕为其所感，也就是"既蒙缱绻，义即至重"之后才以身相许。她说的"义即至重"，是视王生为知己的以情报情。基于这一点，她才在被其母抓回去后"矢死不二"。在"妓尽狐也"的传统观念之下，鸦头形象具有特殊意义，她是古来义妓形象和情狐形象的美妙结合。

婴宁（卷二）这一人狐所生的狐女——其实并不是真正的狐精——是又一个优美形象，于诸狐中最具特色。何守奇评婴宁说："婴宁憨态，一片天真。"说得极是。她的天真是真性情的表现。婴宁生性爱笑，而这笑是初无用心的憨笑、痴笑，且又爱做傻事爱说傻话，憨态可掬。但"狂而不损其媚"，这憨狂更增妩媚，天真烂漫，具有山野村姑的朴素美感。不止于此，婴宁"爱花成癖"，于是她的形象时时又映衬之以鲜花——"拈梅花一枝"，"执杏花一朵，俯首自簪"，"含笑拈花而入"，"视碧桃开未"……使人想到崔护所遇见的那位"人面桃花相映红"的城南村姑。蒲氏以花写人，尤增美感，不独衬出婴宁之美，更衬托其天真之性——一片浑然天成的真性情。

婴宁的真性情也表现在她和王子服的情爱上，这是一种不加雕琢、不加文饰的天真之爱。她初见王生，一边直率地说"个儿郎目灼灼似贼"，一边又有意"遗花地上，笑语自去"，分明向王生掷出爱情

光绪同文书局石印本
《详注聊斋志异图咏·婴宁》

信物。王生寻到她家，她正"执杏花一朵，俯首自簪，举头见生，遂不复簪，含笑拈花而入"。这"含笑拈花而入"，大有深意焉。拈花而不再遗花，乃是信物已投不当有二；含笑而入，见其欣悦娇羞之状，喜王生之至也。她和王生言语嬉戏，表面上似痴似憨，但憨中藏慧，实在是慧气逼人。诚如蒲氏自己所说，"孜孜憨笑"的婴宁可不是"全无心肝"的傻大姐，其实很聪明很懂感情，"我婴宁殆隐于笑者矣"。所以，她和王生相处时那些无拘无束的顽皮言语举止，其中何尝不透露着这位初恋少女的亲昵之情和享受爱情的幸福感。

婴宁在捉弄西邻子惹出祸端受到婆母责备后"矢不复笑"，从此憨态可掬的婴宁不复存在。有人说这是封建礼教压迫的结果，其实并没有把握住蒲松龄的用意。蒲氏写狐女，既重其情又重其德，所有情狐都被赋予贤惠之性。婴宁的正色不复笑，婴宁的"反笑为哭"——惦念抚养她的鬼母，婴宁对于狐婢的"德

之常不去心"，这些都是她贤惠之性的表现。贤惠自古以来便是女子的美德，即在今天也仍还是美德。因此，蒲松龄既要把婴宁写成异常可爱的狐女，就不能丢弃女德这一女性审美原则。

于是便又有红玉（卷二）、青梅（卷四）、辛十四娘（卷四）、凤仙（卷九）等贤狐，这类狐女对于情人的挚爱更多地表现在她们的贤德上，即以贤见其情。

蒲松龄称赞青梅"能识英雄于尘埃，誓嫁之志，期以必死"；王渔阳评语谓"青梅，张之知己"。青梅慧眼识贤，一眼看中贫士张生的纯孝笃学。先是力劝王家小姐阿喜嫁之，事不谐则诣门自托，表现出莫大的勇气。作为王家婢女，青梅的卑贱身份使之很难与张生结为良缘，但她决心已定，誓之以死。幸赖阿喜相助，终于如愿。入门后孝顺翁姑，勤俭持家，佐夫苦读，终使张生取得功名富贵。这里，青梅完全以贤内助的面貌出现。她的贤惠还表现在她促使落难的阿喜成为张生的正妻，而自己却宁肯"执婢妾礼"，以侧室自处。这里自然有着家庭等级观念，但更重要的是青梅的敦厚之性。在她看来张生和阿喜本是良配，只因阿喜父亲厌贫阻挠，才使二人不能结为琴瑟之好。"天正欲我两人完聚耳"——青梅在阿喜"挫折无偶"之时终于促成了这宗迟到的婚事。王渔洋称道青梅是"张之知己"，不仅是指她能"识英雄于尘埃"，实亦包含着她先为张生、阿喜作伐并最终促成良缘的情况在内。青梅自知为狐妇所生，且又为婢，张生宜别有佳配，这也正是她的"知己"之处。

凤仙和其二姊水仙所嫁都是人间男子。水仙之夫丁郎乃"大贾子"，水仙因为丁郎为人"诚笃"而主动相从。凤仙之夫刘赤水则是"游荡自废"的浪荡公子，凤仙之嫁刘纯系大姊八仙的恶作剧——用凤仙交换她在和胡郎欢会时落在刘赤水手中的紫纨袴，也就是凤仙说的"以妾换袴"。凤仙被八仙"乱点鸳鸯谱"倒也得其所哉，因为刘赤水自有颖秀可爱处。凤仙所不满意的是刘"不能为床头人吐气"，于是便激励刘折节读书。小说写道：

（凤仙）旋出一镜付之（刘赤水）曰："欲见妾，当于书卷中觅之；

不然相见无期矣。"言已不见。怊怅而归。视镜，则凤仙背立其中，如望去人于百步之外者。因念所嘱，谢客下帷。一日，见镜中人忽现正面，盈盈欲笑，益重爱之。无人时，辄以共对。月余，锐志渐衰，游恒忘返。归见镜影，惨然若涕；隔日再视，则背立如初矣：始悟为己之废学也。乃闭户研读，昼夜不辍。月余，则影复向外。自此验之，每有事荒废，则其容戚；数日攻苦，则其容笑。于是朝夕悬之，如对师保。如此二年，一举而捷，喜曰："今可以对我凤仙矣。"揽镜视之，见画黛弯长，瓠犀微漏，喜容可掬，宛在目前。爱极，停睇不已。忽镜中人笑曰："影里情郎，画中爱宠，今之谓矣。"惊喜四顾，则凤仙已在座右。握手问翁媪起居。曰："妾别后，不曾归家，伏处岩穴，聊与君分苦耳。"

这段描写十分精彩，诚如但明伦评语所说，"曲曲写出，传神绘影之笔"。在这极富诗意和美感的描写中极为生动地传达出凤仙的一番苦心。她有意与刘赤水分离，以断其情爱之欲；但又在镜中现影，以激励其发愤读书。她在镜中时远时近时笑时戚的变化饱含着她盼夫成名的深切愿望和对丈夫的无限深情。冯镇峦评语曰："此女分苦是至情。"但明伦评语曰："能与分苦，然后可与共甘，此之谓贤内助。"从"至情"和"贤内助"两个角度评论凤仙的苦心，可谓得其髓。

红玉的贤德更带有侠气，所以蒲松龄赞道："非特人侠，狐亦侠也。"红玉爱慕冯相如，假托东邻女主动与冯生幽会交好，半年后被冯翁发觉受到斥责。红玉自感羞愧难当，以为"妾与君无媒妁之言，父母之命，逾墙钻隙，何能白首"，毅然与冯生断绝关系。红玉这番话未免透出腐气——这是蒲松龄的煞风景处。但红玉绝交而不绝情，出金为冯生觅得一贤妇，"琴瑟甚笃"。后来因邑绅宋氏看上冯妻卫氏，不遂而毁冯家，父死妻亡，冯生抱子告状不得雪冤。这时有一虬髯丈夫打抱不平，杀死宋家多人，官府以为冯生所为而捕之，冯陷狱而

光绪同文书局石印本
《详注聊斋志异图咏·红玉》

失其子。县令夜被侠客掷刀所儆，惧而释冯生。正当冯生"悲怛欲死"之时，红玉携冯子飘然而来，担负起重创家道的重任，并佐冯成就功名。冯生的大冤昭雪，表面看是虬髯丈夫所为，其实详文意，原是红玉所使，蒲氏故弄狡狯而已。红玉为冯生雪冤抚孤并"白手再造"，实是冯家功臣，而她自己也实现初愿，与冯生永结欢好。红玉可谓有情有义有德有功，索之人间而不可得，是一个极富魅力的情义之狐。

辛十四娘也是一个动人的贤狐情狐形象。她的贤惠之处是劝诫丈夫冯生克服轻脱纵酒的坏毛病，并且设计为夫雪冤狱，免去杀身之祸。辛十四娘的贤惠包含着过人的识见，有为须眉所不及者。她告诫冯生说："轻薄之态，施之君子，则丧吾德；施之小人，则杀吾身。"这一箴语既合儒家忠恕之道，又是对险恶人情的深刻洞悉，所以冯、但诸人评为"长者之言"，"士人当书为座右箴"，"金石之言，学者当奉之为座右箴"。

辛十四娘后来尸解为仙，"名列仙籍"，蒲松龄是把她当作狐仙来描写的。蒲松龄的狐仙观念是把儒家道德观念注入狐仙的仙道修养，因而狐仙一身正气，即在人狐恋爱关系中他也十分注意道德的观照，即用伦理原则制约情狐的情感内容。其实对非狐仙的其他狐女们也都是这样，情爱中均注入伦理因素——中国传统的爱情观本来就和道德观结合在一起，只是对于辛十四娘这样的狐仙更为强调一些。

类似的还有胡四姐（卷二）、小翠（卷七）和舜华（卷九《张鸿渐》）三位情狐型狐仙。胡四姐在和胡三姐——一个惑杀三人的采补之狐——以及颇饶风韵的"骚狐"少妇的对照中确立了她的品格，即以礼制情，全不似三姐和骚狐之风骚放纵，观其初见尚生时"惟手引绣带"，俯首不语可知。胡四姐非不知情者，而是得情之正。她对尚生的爱非常深刻，以致在她"名列仙籍"后"本不应再履尘世"，但感于尚生之情仍来相会，并且答应日后度尚生为鬼仙。何守奇评四姐曰："及名列仙籍，犹倦倦于生，何故人之多情也。"

狐仙舜华对于被她称为"风流才士"并以"诚笃"誉之的名士张鸿渐，一见而心生爱慕，这一点和胡四姐、辛十四娘等不同，显示出爱的主动性。她的爱甚至显得自私，挽留住张鸿渐不使与妻相聚。她说得很坦率："妾有褊心，于妾愿君之不忘，于人愿君之忘之也。"她还施小术，化作张妻方氏，考验这位心上人对自己的忠诚程度。这些其实都是舜华的可爱之处，冯镇峦"觉情至"之评语十分精到。但舜华终究把张生送了回去，"从此别矣"，因为作为狐仙，她的品格修养使她不愿长久隔绝张生夫妇恩义，而且正因为她深爱张生，也就不能对张生"念妻孥不去心"的心情漠然视之。虽然她把自己下定"自此绝矣"决心而送别张生解释为"痴情恋人，终无意味"，这不过是娇嗔之语而已。以后张鸿渐蒙难获罪，又得舜华救助。舜华"痴情恋人"的"痴情"，可谓深矣。

小翠与王元丰的姻缘被置于报恩的前提下，即小翠之母曾遭雷霆之劫，而得元丰父王太常庇翼，故其母携来王家作妇。元丰是"十六岁不能知牝牡"的痴儿，小翠则性似婴宁，憨气十足。这一对"颠妇痴儿，日事戏笑"，充满喜剧色彩。但小翠实也是隐于憨痴者，她不仅戏谑般地治愈元丰的痴疾，从此"琴瑟静好，如形影焉"，而且在此之前又戏谑般地免除了王太常的灾难。由于她和元丰只有五年夙分，并且先知元丰将娶钟氏之妇，所以预化钟女之貌，使"顷刻不忘小翠"的元丰"对新人如睹旧好"，以获得安慰。小翠在促成元丰新婚之后从容而去，蒲松龄说："始知仙人之情，亦更深于流俗也。"虽说小翠和元丰只有"五年之爱"，但她用不同于流俗的方式表达她的爱，这爱便带上永恒性，所谓"深情无尽"（但明伦评）。

总之，蒲松龄笔下的情狐们具有这样两个基本特征：一是美丽多情，这种情感不是轻薄的男贪女爱，而是真性情、至情，显示出爱情的真诚性、深刻性；二是爱情和情操、爱情和道德的完美统一，情狐们往往同时又具有贤狐、义狐的特征。很显然，蒲松龄笔下的情狐是高度审美化和理想化的，他把人间和仙界女性的全部风采和美德都集中到狐女们身上，使之成为《聊斋》中最具魅力的艺术形象。

## 三、美狐分析之二：友狐

在狐仙观念的作用下，明清俗间有许多人狐友情的故事流传，是之谓狐友故事。同爱情一样，友情也是人间美好的情感，所以描写友狐也是蒲松龄美狐创造的重要内容。在友狐形象的描写中，蒲松龄特别注意发掘人狐友情中动人的情感因素和植根于传统美德的伦理因素，因此友狐实都是仁爱信义之狐。

《酒友》（卷二）中的人狐友谊是以酒为媒的，说来可乐，狐——一位"儒冠之俊人"——因窃酒而成为车生的"糟丘之良友"。但酒中见真情，这对因酒缘而交的酒友有酒共饮夜则共寝，表现出最为纯真的情意。狐友对车生的头两次报答——一次是令车生拾遗金市酒，一次是令发窖藏得钱百余千——自然多少带有狐精的诡黠之性，但他叫车生市荞售种而大富，则是以狐未卜先知的精明助友发财，并无不当之处。

胡四相公（卷四）是在"性豪放自纵"的张虚一心所向往怀刺往谒的诚意感动下成为张虚一的狐友的。胡四相公自言"见黄巢反，犹如昨日"，分明是得道的狐仙。他与张主客往来从不露面，可知善隐形之术；张求其一现颜色，胡则谓"但得交好足矣，见面何为"，实在洒脱得很，可见这是一种神接心交的君子之交，与车生的酒友有雅俗之别。但蒲松龄终究是要让他一露风采的，原是一"衣裳楚楚，眉目如画"的美少年。这就不惟赋予胡四相公以雅情高怀，又赋予其美的形貌，恰如狐女们皆为佳丽然。从蒲氏的审美理想出发，看重友情的友狐们也应当是一切皆美。与车生酒友相似的是胡四相公对张也以拯其贫乏而相报——赠以白银。这当然是旨在表现胡四相公的朋友义气，但倘若从明清人普遍认为狐善取财物的观念来看，此举施之以胡四相公乃又显示着狐仙本相，恰如车生酒友善知未来一样。

《念秧》（卷四）中的狐秀才对吴生的友情则表现为在旅途中充当吴生的保护神。他凭借智慧和法术使得吴生免入念秧——设局行骗者——的圈套，且又获美妇，而念秧反落圈套，赔了夫人又折兵。这里狐秀才的友情回报手段，仍还是狐精所特有的。

以上三例友狐都是雄狐，而充当狐友角色的也有狐女，最生动的是娇娜（卷一）。《娇娜》描写了两位狐女，松娘嫁与书生孔雪笠，"艳色贤名，声闻遐迩"，属情狐类型；娇娜所嫁为狐，夫名吴郎，虽然孔生对其心怀爱慕，但各有室家，最终确立为亲密朋友关系，娇娜成为孔生的"腻友"。蒲松龄赞语云：

光绪同文书局石印本
《详注聊斋志异图咏·娇娜》

> 余于孔生，不美其得艳妻，而美其得腻友也。观其容可以忘饥，听其声可以解颐。得此良友，时一谈宴，则"色授魂与"尤胜于"颠倒衣裳"矣。

所谓"腻友"是一种处于爱情与友情之间的亲密两性关系。礼的正当制约使孔生对娇娜的情感只能控制在"色授魂与，心愉于侧"的程度内，这有点近似《任氏传》中韦崟与狐女任氏的关系——"每相狎昵，无所不至，唯不及乱而已"。而娇娜对于孔生的情意与之相当，亲之近之而不逾规矩，所以但明伦论评道："娇娜能用情，能守礼，天真烂漫，举止大方，可爱可敬。"

娇娜、孔生的友情是生死之交。先是孔生胸肿，眠食都废，娇娜用狐丹治愈；后来娇娜遇雷霆之劫，孔生仗剑击雷鬼相救，自己反被击死，娇娜又亲以狐丹救活。小说写道：

> 娇娜使松娘捧其首，兄以金簪拨其齿，自乃撮其颐，以舌度红丸入，又接吻而呵之。红丸随气入喉，格格作响。移时，醒然而苏。

度舌接吻之举，非有至情者而不能行。当娇娜见孔生震死后大哭道："孔郎为我而死，我何生矣！"既不肯独生，又何畏接吻之非礼！但评云："人为我死，我何敢生。撮颐度丸，接吻呵气，报之者不啻以身矣。生即不苏，不已得死所哉！"说报之不啻以身这是把娇娜的情感庸俗化了，娇娜作为孔生的"腻友"，其情其意是远超出肌肤之亲的崇高情感。

还须提及娇娜表弟、松娘之兄皇甫公子，他也是一位友狐。皇甫公子是儒雅之士，属雅狐、才狐类型。他和孔生交往一如士林之交，充满高情雅趣，而其为孔侍疾谋偶，又充满世俗人情意味。

封三娘（卷五）是别种性情的女性友狐，她和人的友情在同性间展开。封三娘本为修吐纳导引之术的道术之狐，只因睹范十一娘之艳美，为情魔所缠，心生爱意，而十一娘亦相爱悦。不过封三娘毕竟终能自持，没有堕入同性恋的"情魔之劫"，而以姊妹之情善待十一娘。作为十一娘闺蜜，她告诫十一娘慎于择偶："纨袴儿敖不足数，如欲得佳偶，请无以贫富论。"并为十一娘物色得贫士孟秀才——谓为"翰苑才"，代为赠钗作伐。范夫人嫌贫作阻，又逢某权要托邑宰求婚，范公畏而允之，十一娘愤而自杀。这时封三娘忽来，使孟生发墓，

光绪同文书局石印本
《详注聊斋志异图咏·封三娘》

投药救活十一娘，终于成就姻缘。封三娘是一个以友情为核心的崭新的狐媒形象，她对十一娘的友情既有姊妹之情，又有诤友之义，可谓善为友者。但明伦评道："闺中有良友，而针砭药石，生死不渝，遂致嘉耦终谐，不陷于权要。古人出处之大节，每得诸良朋规戒之间，若十一娘之于封，所谓因不失其亲者也，足以为法矣。"封三娘这一友狐形象的含义殆在于此。

## 四、其他清人文言小说中的美狐

在《聊斋》巨大影响下，许多作家效仿蒲松龄写狐笔意，也都创造了许多美狐形象。这里就《夜谭随录》《萤窗异草》《夜雨秋灯录》《醉茶志怪》四书作些分析。

《夜谭随录》十二卷，和邦额作于乾隆四十四年（1779）。这是一部被认为"笔意纯从《聊斋志异》脱化而出"[①] 的文言小说集，但笔意远不逮《聊斋》之灵秀隽永。《夜谭随录》写狐有二十多篇，作者在自序中说"灭烛谭鬼，坐月说狐"，可见对狐事十分注意。与《聊斋》相比，如果说蒲氏对情狐投注了更大的热情的话，那么和邦额更重视义狐的创造，卷一《崔秀才》，卷二《红姑娘》《噶雄》，卷五《阿稚》都是这类作品。

《崔秀才》的艾山老狐崔元素秀才是在同"富贵则趋附之，贫贱则违避之"的"俗情"（兰岩评语）的鲜明对照中显示出他的可贵品格的。刘公"倜傥好客"，艾山老狐慕其"抱奇气"，不远千里来相结纳，做了刘公食客，刘待之甚善。后来刘公连遭大故，一贫如洗，生计无着，而其所谓"莫逆交""总角之交""道义之交"都不肯相助。正在刘公一家"束手待毙"之时，崔秀才先是车辇八十千钱至，继又赠赤金三百两，刘公遂重兴家业，繁华如故。清人常认为

① 邱炜萲《菽园赘谈·续小说闲评》，阿英《晚清文学丛抄·小说戏曲研究卷·客云庐小说话》卷一引。

狐善取财，故有艾山老狐重金赠刘之事，但在作者笔下，这位忽然而来忽然而去的狐精分明充当着朋友之义的象征角色，发挥着"人而不如狐"（兰岩评语）的讽世作用。

其他义狐们的义则表现为报恩。《诗经·大雅·抑》云："无德不报。"报恩历来被视为从君子到庶民都应具备的一种美德，是义的具体表现。

狐女红姑娘原是一只黑狐，早年被人所捕，亏军校赫色出金二两赎而纵之。三十年后赫色老病贫穷，守城度日，红姑娘来做义女尽孝。每到值宿时，便送来酒馔；家有急需，女便周以巨金；还授赫色导引之术，使他一直活到九十余岁。

《阿稚》中的狐媪也是一只黑狐，因被猎人所获，村翁赎而纵之，遂来报答村翁。她的报答方式是把甥女阿雏和女儿阿稚嫁给村翁两个儿子。但不幸的是两个漂亮狐媳妇都被狗咬死，狐媪大哭而来，犹叹"大恩不报之说，良有以也"。

《噶雄》中的狐女对噶雄的报答缘于数十年前曾被噶雄祖父猎获而又放生，与前两个黑狐精经历相似。她的报恩是用奇特的方式充当"狐媒"，促成噶雄和河州副将周文锦爱女的姻缘。噶雄在周副将属下掌书记，与周小姐两心相慕，狐女遂化形为周女来与噶雄私会。事发被逐，狐女亦相随，出资置房产仆婢，遂成富室。后来周副将得知事情原委，把女儿嫁给噶雄，狐女遂去。这个故事又载于《新齐谐》卷六，情事相同，但不及《夜谭随录》描写细致。

情狐的描写以卷一《香云》为佳。狐女香云美貌温柔，其母古媪为其物色得乔氏子为婿，夫妻"鱼水其乐，胶漆其情"。不意主姑——狐之山主——见到乔郎心生醋意，借口香云不告而嫁，把乔郎带走禁锢起来。乔郎对香云"虽死九幽不忘"，而香云在受到主姑责骂后逃走被黑雄狐扈十郎所得，贞烈不肯受污，备受折磨。这对痴男情狐的爱情经历了严重考验而至死不渝，最终夫妻团圆。在以后的共同生活中，无论是设计捉弄好色的太守公子，还是施术救乔郎于牢狱，都充分显示着香云的忠贞爱情。

香云和乔郎的"夙世缘"被规定为三十年，未能白首偕老。这种夙缘之说本是人仙、人神、人鬼、人妖恋爱故事的套路，《聊斋志异》言狐亦不免偶用斯说，如《小翠》。但三十年后香云在表妹翠翠用一番道家性命说词劝说下弃乔而去——自然是成其仙道，则不免削弱了香云的情狐性征。在情、道冲突中弃情而就道，终究由人情意味转向宗教意味，这就不及《聊斋》中的情狐形象具备最深刻最完美的情感内涵。

卷四《杂记》第二则中"色比宓妃，才同谢女"的狐女怜姐也是较好的情狐形象。她与秦生相交，褚生见而神魂颠倒，但怜姐与褚生"相得甚欢，然终未及乱"，"一似韦鉴之与任氏"。怜姐被许为"亦有贞操"，兰岩评语云："守身贞，见理明，出词雅，此狐不多得。"怜姐的"贞操"以及香云的"贞烈"都是含有道学意味的女德评价，但其实完全可以作出人情意味的情感评价，即对于爱情的诚挚态度。

卷三《梁生》中的狐女自然也可归于香云、怜姐一类，她对于寒士梁生一片真情。但小说对她的描写着重于她凭借智术捉弄惩罚色鬼汪、刘二生，描写十分生动，富有喜剧性。历来言狐多智，且善恶作剧。《聊斋》中的婴宁以智术捉弄西邻子，上边提到的香云以智术捉弄太守公子，和这位狐女行径全同，作者都是利用狐精的狡黠之性寓庄于谐地表现狐女们的性格魅力。

卷一一《铁公鸡》描写的是一个"快狐"（兰岩评语）形象——狐女大快人心地惩治了一个吝啬鬼。狐女盗走铁公鸡铁柜中的财物济人，这自然是作祟行为，但盗而有道，分明显示着这个"快狐"的正义感和正直性。兰岩评语说："每读一过，令人叫快者三。"

《萤窗异草》三编十二卷，长白浩歌子①撰，成书于乾隆年间。这也是部模仿《聊斋》的重要小说集，昔人谓"将与留仙之《志异》、随园之神怪、《滦阳》《槐西》之著录，后先颉颃"②，以为乃《聊斋志异》及袁枚《新齐谐》、纪昀《阅

---

① 《八旗艺文编目》著录此书，注云："满洲庆兰著。庆兰字似村，庠生，尹文端公子。"尹文端即尹继善，字元长，号望山，官至文华殿大学士、军机大臣，卒谥文端。

② 光绪丁丑（二年，1877）山阴悟痴生《萤窗异草三编序》。

微草堂笔记》的比翼之作。

《萤窗异草》写狐约三十篇，其中尤致力于情狐的描写，多为情致绰约之作，诸如桃叶仙、温玉、青眉、弱翠、绿绮、春云、宜织等都是情深意笃的动人狐女形象。

桃叶仙（初编卷二）——前身为王献之妾桃叶，凤蕚堕落为狐——是"痴于情"的狐女。她在桃叶渡与献之后身尚廷采重续旧缘，致使尚生生病。狐女从灵山采来药救治，被道士所擒，小说写道：

> ……良久，有黑气一团，微挟赤光，自东南而来，飘疾如风，径投网内。众视之，则一白狐，毛雪色，口衔小草，闪灼有光。向之所见其赤者，盖即此也。道士不暇责问，急掣剑欲斩之。狐匍伏乞命，以喙向病室而号，一若悲不自胜者。道士验其草为芝，乃掷剑叹曰："世之膜视其夫者，固此畜之不若也，吾几害天下之节义矣。"急命撤其网，狐遂展转仍化为女。

"口衔小草"，"向病室而号"等描写，非常动人，生动表现出狐女的痴情。她的痴情甚至感动了道士和旁观者，作者赞叹道："情之动人，一至于此。"

桃叶仙修持数百年已是悟道仙狐，但颇背"太上忘情"之旨而自溺于情中，可谓百世情种。她后来和尚生双双成仙，二人的爱情可说是在永恒的神仙世界中获得天长地久的永恒性。

《温玉》（初编卷二）模仿《聊斋·莲香》，随园老人（袁枚）评曰："人谓似《聊斋·莲香传》，余亦谓似《聊斋·莲香传》，然非鬼狐之迹略同，人亦乌从寻针线迹耶？事奇文奇，安在莲香后不可复有温玉？"温玉和莲香一样，她与女鬼柔娘共事孝廉陈风梧，处处显示出温柔敦厚之性。作者说："玉以温名，取其德也。女字以此，殆无愧乎！"作者有意把她塑造成女德的楷模。但温玉动人之处尚不在此，而是陈生由于不堪"两斧伐孤木"染疾之后温玉采药嵩山，触怒岳神，堕崖而死；而且死后犹托梦于陈，指点名医，使之病愈。这就是作者说的"且能为夫子死，犹欲冀夫子生"。此后又诉于岳帝，岳帝怜其节，许令更生，温玉遂借尸还魂，终与陈生再结连理。在《聊斋·莲香》中，莲香是在女鬼李氏借尸还魂与桑生成亲后产子暴病而死，然后又转世为人与桑生重聚的，此则写温玉救夫而死，更能表现出狐女重情的性格特征。

《弱翠》（二编卷一）的笔意类似于《聊斋志异·凤仙》，写狐女弱翠相夫成名。王立献才长自负，但屡试不中，只中副车（乡试副榜贡生），弱翠与之为文字交，常能指其诗文瑕瑜，王以之为师。久而弱翠渐生爱意，遂成伉俪。弱翠生性诙谐，常对王生肆意调侃，但其中实寓激励之意。王生"深自刻励，下帷苦读"，最后终于魁于乡试，复捷南宫。而在这过程中，弱翠一直隐形相随，日侍左右，在王生联捷后才露面相见。弱翠心性行为一似凤仙，是位藏情于中的贤德之狐，王生称赞她说："非卿嘲讪，无以致此，今之飞黄腾达，胥吾卿一激之力也，乐羊之妻不得专美于前矣。"作者在论赞中也总结说："其诙谐之妙，具有曼倩之才，而能于戏谑之中，相厥夫子致身青云，岂长舌之妇可侔哉！"

作者写情狐重视贤德，以贤行见其用情之深。在作者看来，既有情而又有义才堪称模范。作者用这种理想女性的审美标准创造情狐，眼光一如蒲留仙。这样的狐女还有青眉（初编卷三）、绿绮及其姑（二编卷三）、春云（三编卷一）等。

青眉对皮工竺十八一见而"顿为情系"，假邻女自荐为妇，"两情欢爱，生死弗渝"，亲操井臼，织屦相夫，终使贫寒之家小裕。但是竺十八与无赖交游，青眉规劝不听，便施展智术使其所交富家子暴露丑形，借以教育竺十八。后竺陷入赌局圈套，劣豪逼其以妻抵债，青眉为保护丈夫慨然而行，却又凭智术假缢豪门，并身藏血状诉冤，终使劣豪和诱赌者受到法律制裁。青眉的"相夫之智，持节之坚"有着生动的表现，是一个内涵丰富的狐女形象。

《绿绮》写的是李生父子皆以狐女为妻妾。李生父夜读有狐女来相伴，与谈古今诗文，渐而有私。但狐女因李父有妻"不忍己双而令人只"，遂别去，待李父死后才成伉俪，结成狐鬼姻缘。而狐女又把侄女绿绮嫁给李生，绿绮美丽温柔、贤淑多情，一如乃姑。这个狐与李氏两世秦晋的故事着重描写"狐之贤淑"，十分感人。

春云的贤淑别有一番情味。春云父为爱女择婿选中"词章诗赋绰有可观"的毕应霖，矫称婚媾，遣人送女上门。但毕在岳丈家为女鬼春柳所惑与之交合，阴气袭体几至于死，幸得春云父以丹药救活。春云父以其有"俗骨"而黜之，不令女与之再相见。春云迫于严命，不得不留钿别。但她对毕生深怀眷意，留九字箴语劝其苦读毋俗，在毕生再婚之夕又托人赠诗励其换去俗骨。毕生从此"刻意求雅，谈吐襟怀顿异故昔"，实赖春云规箴，所以作者赞道："惟其女，侃侃数语，不第得妇之正，抑且得雅之真。"

除上述诸狐女，其他若住住（二编卷三）、镜儿（二编卷四）、宜织（三编卷二）也都是情意诚笃的情狐，无不楚楚可爱。而阿玉（三编卷四）为报薛瑞救命之恩，充当贤内助，亲持庖厨，事毕而归山修道，则更多地带有义狐特征。

总的来看，《萤窗异草》的美狐创造颇得《聊斋》神韵，较之《夜谭随录》尤为出色。狐女们情意绵绵又善良贤惠，具有动人的艺术魅力。

《夜雨秋灯录》八卷，《续录》八卷，共十六卷，宣鼎撰，分别刊行于光绪三年（1877）和六年（1880）。全书共二百三十篇故事，写狐的十篇，比例不大，但亦多有美狐形象。

《公道娘子》（卷八）塑造了一个自称"公道人"的动人狐女形象。狐女七姑娘因窃饮醉倒被擒，"好义周急"的叶葵赎而放之。叶葵兄叶槐夫妇性贪，与叶葵分家，自得十之九。狐女欲报答叶葵，先来叶槐家，托言与槐女萼娘前生为手足，求为义女，颇益其家。叶葵有子名麟，颖敏温婉，狐女就之交好，从此夜伴读书，并指点叶麟掘出白银数千金——实自槐家窃出，葵家遂成富室，葵妻称七姑娘为"吾家福星"。此后又以狐丹治愈叶葵重病，助麟取功名，并出资捐得某郡知府。她"事翁姑至孝，相夫多政声"，俨为贤妇。由于她事先是化作谢公女娟娘相貌出现的，谢公恰为叶麟幕僚，见之惊诧，此时狐女始道出原委而辞去，叶麟遂娶娟娘，原来这正是狐女预留后路而作出的安排。此后狐女又以丹药救得葶娘难产，并警告叶槐，叶槐惧，立公道娘子之位祀之。这位公道娘子不啻是公道的象征，她是非清楚，憎爱分明，奖善惩恶，主持正义，属义狐性质；她和叶麟的姻缘，原本由报恩而起，但她对叶麟一往情深，分明又具有情狐性质。作者在赞词中说："若七姑娘者，感恩而来，报恩而去，分香判袂，留有余不尽之情，又不仅仅乎公道已也。"也指出她别前"分香"于娟娘①，具有"有余不尽之情"，是她感人至深之处。

《除三孽》（卷八）中的上界天狐花欢喜是修行千年的狐仙，她生性嗜酒，就孙骙求饮而醉，所服紫披风化为狐皮被孙骙烧掉，遂嫁之为妇。她作为人妻，相夫教子，督织课耕，克尽妇道，颇称贤惠；而作为狐仙，虽知"破杀戒更恐沉沦"，但出于正直之心，仍毅然剪除残害村民的马家三孽，作者赞其"既智勇且决断"。花欢喜与孙骙死后，花欢喜因为民除害之功被天帝封为除孽真妃，孙骙亦成鬼仙。这个故事有浓重的神仙道术色彩，但狐仙花欢喜仍被赋予充分的情感意味和人格意味，具有情狐、贤狐、义狐等多重品格。

《货郎儿》（《续录》卷五）描写的是"艳而贞，美而烈"的情狐形象。钟儒士女小怜是狐妇所生的狐女，她家贫却不慕富贵，择得年少俊美的蔡郎为夫，"燕婉之情坚且昵"。后蔡郎为堂伯招去谋食，小怜与婢阿容闭门而居，以刺绣为生。会有富家子见小怜貌美遂生偷香窃玉之念，买通左邻卖珠娘阿线为之传情。小怜佯许，以婢易为己形使与富家子相会，而得其白金五千两。蔡郎归，误以小怜淫荡不贞，怒而去。小怜与婢女扮男装往姑苏贸易，三年后巨富。恰巧遇蔡郎——此时为货郎，录为佣人，说破真情，夫妻团聚。小怜形象描写得情真意切，又不乏黠慧多智。但写她以婢代己即所谓"李代桃僵"，写她假托"有断袖癖"——即好男风——与蔡郎入帷而狎，则不免损害了小怜形象的可爱可敬之处，表现出作者的庸俗性。

---

① 《文选》卷六〇陆机《吊魏武帝文》："余香可分与诸夫人。"此以喻七姑娘分爱与娟娘。

《涤烦香》(《续录》卷八) 中的卖鲜果狐女螺娘也写得情意缠绵，楚楚可怜，她对郎豹赠果的动人描写充分显示出这位美丽少女的多情善良。但她遇人不淑，郎豹疑其为妖且不贞，竟在她醉后化形为狐的情况下残忍地杀害了她。螺娘是个惹人同情的不幸情狐，在情狐系列中自具特色。

小说还描写了螺娘兄大郎这一男狐形象，通过他为妹复仇揭示这一形象的正义品格。大郎化形为老道士，授郎豹以名叫如意珠的小桃一枚，令持去献兖郡太守愈其足疾以谋生计。如言果遂，郡守留供差遣，私囊颇丰。后大郎又化童子，献郎豹名益智子之桃，郎豹食而失智狂暴，竟用马鞭打伤郡守，结果被斩。作者在赞词中说："如意珠之赠，狐亦黠毒矣哉。"大郎手段固然"黠毒"，但以死偿死，加之郎豹并未过分。事后大郎又化形书生向郡守献名定楚丸之桃，治愈郡守鞭伤。大郎说："吾母闻明公能泽民，实不忍坐视此厄，遣献一丸以疗之。"大郎和其母可谓憎爱分明。顺便说，狐妪形象虽着墨不多，但也写得慈祥善良，"和蔼可人"。

《一裘报恩》(《续录》卷二)、《狐侠》(《续录》卷七) 所写均为男性美狐。《一裘报恩》描写了一个"玉树临风，不足喻其貌；澡芬浴露，不足方其才"，俨如"翩翩浊世之佳公子"的男狐形象。作者一方面着意表现他的才情藻思，同时又通过他的报恩行为——为报答秦钰援救而赠以翠绸白羔袄和马乳葡萄——来表现他的义。而他所报之物都是自己所买，非如一般狐精窃物赠人，这颇符合这位风雅君子的性格，可谓相得益彰。

最值得称道的是《狐侠》中的通天狐，他因过谪人世，自称"智比黄衫，义同许俊，一斗热血藏胸膈久矣"，豪气四溢，充满侠义精神。东方曼恋上秦淮名妓徐无双，囊尽妓赠金五百令归，东方生乃欲赎无双，但资金不足。通天狐知之，化形为朝廷使臣，谎称缉查娼院，救出无双与东方生团聚。嗣后又"救人须救彻"，为二人谋生计，出明珠二枚令各服之，男则善文，女则善绣。从此夫妇"男卖文，女刺绣"，家业渐丰。作者把妓女叫作徐无双，遥与唐人传奇《无双传》之刘无双相应，其意实是使人想到侠士古押衙——其实作者假东方生之感叹"世久无古押衙其人者"，已道出这一点；而通天狐恰正是作者着意创造的狐中古押衙。除古押衙，《霍小玉传》中的黄衫豪士、《柳氏传》中的许俊，都是凭借豪义智勇促成男女情侣相见或团圆的侠客，所谓"智比黄衫，义同许俊"，分明又以唐侠黄衫豪士和许俊比附通天狐。而通天狐化形星使，其貌"髯飘飘如怒虬"，乃又使人想起唐传奇《虬须客传》中的大侠虬须客。这些比拟虽不免有卖弄故实之嫌，但说明作者是依照唐代豪侠的范本来描写狐侠的。这一包含着豪侠正义精神的狐侠形象在清人小说中并不很常见，因而引人注目。

《醉茶志怪》四卷，李庆辰作于光绪壬辰即十八年（1892）。作者自叙开头即提到《聊斋志异》和《阅微草堂笔记》，说明作者是受此二书影响写作本书的。书中写狐近二十篇，志怪、传奇二体并存，其传奇之体明显是师法《聊斋》的，但亦颇善自出机杼。

《苏某》、《王建屏》（以上卷一）、《阿菱》、《樊英》（以上卷四）都是描写情狐的，最为生动优美，表明作者有意承继《聊斋》传统，着意于创造"深于情者"的狐女形象。

《苏某》中的狐女被作者誉为"深于情者"。她的深于情不只在于她主动就苏某交好，更表现在她同苏某的爱情悲剧之中。由于贪欢苏某憔悴成病，狐女吐口中红丸——狐丹——治之，不意苏某误听奸人之言中其奸计，奸人闯入污辱狐女并喝掉红丸所制灵药，致使苏某不治而卒。由于狐女致人以死，日后亦不免于雷殛。这位狐女陷入情网而自毁，颇背仙家清虚之道，但这恰是她的可爱之处，她的形象闪烁着爱情的光芒。

《王建屏》中的狐女也是修道的狐仙，她主动交好王建屏，"恩爱备至"，亦似前之狐女。她作为狐仙不能违抗凤缘——一种天命姻缘限定，只能与情人含泪而别，但她日后为王建屏脱急难，毕竟也是深于情者。

樊英是一个非常特殊的情狐兼贤狐形象。她被刘氏子所爱而主动上门私会，情好深笃。数年后刘呕血病危——作者每每作此叙写，乃是过分拘泥于狐蛊之说——她精心服侍，夫亡又披麻哭泣尽礼。这位狐女的出奇之处尚不在此，而是再嫁他人而犹养姑。刘母责其失节，以理学贞洁观念视之诚然如此，所以作者也说"或云樊英诚贤，惜其未明大节也"，但樊英自己辩解得好："夫死再醮，亦事之常，身虽嫁而犹养姑。以视悻悻出门，视翁姑如寇仇者，母将何以责之？"所以樊英完全当得起贤妇之誉。

《阿菱》描写狐女阿菱和王生的曲折姻缘。这段姻缘因为王生父亲缘故颇遭挫折，但终经阿菱外祖母施以智术使王生父脱出冤狱而有情人终成眷属。就中阿菱一方面被描写得痴憨可爱，一方面又明智有识见。不过在后一方面，阿菱坚持婚姻有待"媒妁之言，父母之命"，并动辄言天命，这种道学气和道术气不免削弱了她的动人处——这自然是作者的思想局限。

《柳儿》（卷一）是一篇生动的狐媒故事，狐仙俞姥撮合姻缘，显示出她的智慧和仁爱。秀才季生在外乡与缝工王家女柳儿相恋，但因两家阻挠未能如愿。俞姥先是使其女化形柳儿与王生梦魂相会，再使其女化形柳儿母，俞姥引来柳儿和王生，令二人拜堂成亲。二人回家后各叙经历，两家惊骇不已，遂同意结亲。作者在篇末论赞中说："钟情者相对咫尺，而宛如山岳，不无室迩人远之慨。恨无好事之俞姥，为之宛转撮合也。苟广其术以行之，则情天欲海中，永无怨旷之苦矣，彼月下翁正嫌其无用耳。"对俞姥宛转撮合钟情者姻缘的行为极力称赞。

《狐师》（卷四）也是一篇有特色的作品，描写了一位女狐师的美狐形象。女狐师曾被官生前生——时为山西富室——所救，所以此时来报德。她的报德方法是担任官生老师，教其读书作文，使之高捷南宫。女狐师博古通今，是学狐兼义狐的统一形象，这种美狐类型在狐女中颇不多见。

对于美狐的创造，除上述四书外，还有不少清人小说，如徐喈凤《会仙记》（载张潮辑《虞初新志》卷一四）、乐钧《耳食录》、曾衍东《小豆棚》、俞蛟《梦厂杂著》、朱翊清《埋忧集》、王韬《淞滨琐话》及《淞隐漫录》等等，这里就不一一细说了。

# 第九章 · 狐妖与清代通俗小说

继明代冯梦龙《三遂平妖传》之后，清人先后创作了几部以狐妖为题材的中长篇通俗小说，有《妖狐艳史》《蕉叶帕》《狐狸缘》。此外《绿野仙踪》等也有对狐妖较重要的描写。清末《九尾狐》描写妓女，但也涉及狐与娼妓关系的重要观念。

这些作品与《聊斋志异》不同，狐妖虽为文学形象，但实际未被进行审美改造，基本上仍以民俗宗教态出现，突出反映着清人关于狐的某些宗教观念。因此就文学审美价值来看，它们与《聊斋志异》不可同日而语。其价值主要在民俗宗教方面，在狐文化的文化认识方面。

一、狐仙观念与《妖狐艳史》《狐狸缘》

写狐妖、狐仙的三部通俗小说，作者不详的《蕉叶帕》（四卷十六回），全据明人单本《蕉帕记》传奇，情节内容无一增删修改，不必再作讨论。《妖狐艳史》乃松竹轩编，十二回。松竹轩不详何人。书中第一回《普宁寺前遇明媚，妖风作入仙子居》写到普宁寺前演《西门庆大闹葡萄架》，当是清人作品。《狐狸缘》又称《狐狸缘全传》，五卷二十二回，醉月山人著，光绪戊子（1888）刊，系根据弹词《青石山》改编。

这两部小说都写人狐姻缘，但其中的狐女都不是人情化的情狐，而是宗教意味颇浓的修道之狐或狐仙。作者所要表现的是有关狐仙修炼的狐仙观念以及儒家的善恶观和伦理观。

《妖狐艳史》事托于宋朝，从江西青峰岭中的狐写起：

> 山中有无数的洞府，洞中有万年的白狐，千年的黑狐，五百年的玄狐，皆可以成仙，可以得道，不食烟火之食，不贪人间之色，此为狐中之上等者也。最可恶的是一种臊皮打狐，名为妖狐，居在此山桃花洞中，也有百十多年的道业。俱是两个母妖狐，是姊妹两个，一个叫桂香仙子，一个叫云香仙子。因日久年远，采炼阳丹，能以变化人形。何为阳丹？阳丹者即男子之精也。女狐借人之精以补阴，男狐采女子之阴以补阳。要知此皆下贱之臊狐也，即如人间的妓者，背着自己的丈夫和别人偷情的淫妇，皆是一样罔披人皮，而行畜类之事。

这里作者把修道之狐分为两类，其上者为白狐、黑狐、玄狐，这些古老的瑞狐被纳入道家修炼体系后便成为有道的仙狐；其下者是所谓"臊皮打狐"，或曰"妖狐""臊狐"，即专以采补为事者。桃花洞的桂香仙子、云香仙子便是两个这样的"臊狐"，二人把春汇生的儿子明媚秀才摄入洞中，说是要"采些阳哥以助咱姊妹二人的道业"（第二回《牝狐精交戏后亭，桂香子窗外听风》），所谓"阳哥"即男子阳精，而其"道业"则是采阳补阴炼就"阳丹"。书中同时还写了两个公狐精，名叫到口酥、海里娃，住在清峰岭南风洞。这两个公狐精"是一对兔子托生的"——"兔子"是清人对男妓娈童的俗称。书中说江西地方"男风洋洋泛澜"，读书的学生不好好念诗云子曰，一味相互弄屁股、吹"肉笛"。想必这对公狐精就是江西的这些"兔子"们托生而成的，故而仍保存着好男风的脾性，"两个成了贴换屁股的交易"。这两公两母妖狐的丑恶之行在前五回有淋漓尽致的描写，两公狐"贴换屁股"取乐，两母狐则与明媚轮番云雨交欢。到了第八回《被虎食转生畜类，郁雷立斩二牝妖》，两公狐被奉玉帝敕旨巡查妖魔的神将郁雷斩掉，两母狐则被镇在桃花洞石板之下，这是妖狐的最终下场。

"妖狐"与明媚小官人的"艳史"到此便告结束，以下是明媚和也住在青峰岭的黑狐仙月素仙子的并不香艳的姻缘。月素仙子便是开头讲的"千年的黑狐"，五百年前在云南蜈蚣山被猎户射中，而被明媚前生云南某县知县所救。此时她在青峰岭修炼已有千百年，是一位深悟"大道旨趣"的狐仙。月素仙子与明媚隔世相逢，要报偿旧恩。报恩之事有五：一是救治了明媚的脓血之灾；二是和舅舅胡老叟——也是一位得道狐仙——救灭道士生意在春家放的大火；三是舅甥为明媚父春汇生雪冤，使其被释；四是辅助明媚读书，并以神力相助使其在会试中中了亚魁；五是促成明媚和王小姐的婚事，月素仙子自己也同时嫁给明媚。结局是喜气洋洋的大团圆，后来"月素缘满归山，胡老叟渺然而去"。

第九回《闻仙训明媚归正，逢月素胡老作媒》有四句诗道："得道仙女行正途，岂同臊狐混账畜。五百年前将恩报，总把纲常名纪扶。"这四句可说是全书主旨的概括。作者在妖狐和狐仙的对照中，一方面否定妖狐的采补修炼之道，而肯定月素仙子体悟"大道旨趣"的修仙正途，这里体现着与《阅微草堂笔记》完全相同的狐仙观念。另一方面，作者将妖狐、臊狐比附于妓女、淫妇，而将月素仙子写成"总把纲常名纪扶"的礼义之狐。她知恩图报，佐夫成名，成就明媚与王小姐婚事，一夫二妻，无妒妇之性，此其知义者也；她在连环洞与明媚经胡老叟为媒结夫妇之义，但因尚未成婚所以"白日清心，夜来各自下榻"，一毫不染，作者赞为"明媒义正的夫妻，实礼义相交的君子"，此其知礼者也。月素仙子的礼义之性最明白不过地表明，清人心目中的真正狐仙都是道性和仁性的结合，是传统儒道的统一体。月素仙子这样的狐仙完全是概念化的，是清人狐仙观念的图解。

《狐狸缘》描写的玄狐精玉面仙姑全然不同于黑狐仙月素仙子，却有着类似的结局。玉面仙姑住在浙江宁波城外青石山古洞中，小说第一回《周太史隐居归仙阙，贤公子祭扫遇妖狐》交代她的来历写道：

> 却说此山有一嵯岈古洞，因无修行养性的真人居住，洞内便孳生许多妖狐。有一只为首的乃是九尾元（玄）狐，群妖称他作玉面仙姑。大凡狐之皮毛，都是花斑遍体，白质黑章。取其皮，用刀裁碎，便作各色的皮裘。惟独元狐，通身一色皆黑，如同熏染貂皮一般，故其价最昂贵。这嵯岈洞九尾元狐就是黑色，股生九节尾，乃是九百余年的道行。将及千载，黑将变白，因先从面上变起，故名曰玉面。

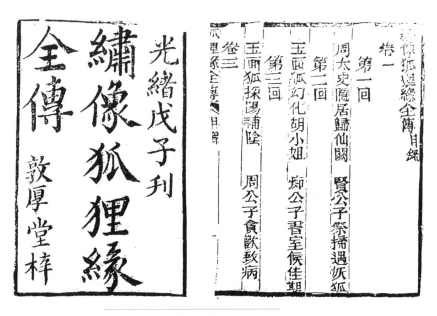

光绪戊子刊《绣像狐狸缘全传》及目录

玉面仙姑原是一只修炼了九百余年的九尾玉面玄狐精。

这一狐精无疑是古来众多狐精中独一无二的，分明是九尾狐、玄狐、玉面狐的三位一体。玄狐本是古老的图腾狐、瑞狐，当它在狐文化中发生分化后，遂占据了狐精的两极，即仙狐之尤和妖狐之尤。《妖狐艳史》的月素仙子是其前一极，玉面仙姑则是其后一极。九尾狐和玄狐差不多，但在九尾狐妖化为妲己后，除偶或当作正面形象描写——如清人陈鼎《烈狐传》[①]所写"能以节死"的九尾狐妇，慵讷居士《咫闻录》卷四《杨舟》所写的"可谓仁矣"的九尾狐女——外，在人们观念中大抵为至妖之狐。玉面狐起于宋，如前所言，《平妖传》中妲己为玉面狐，《西游记》中牛魔王宠妾为玉面狐，比丘国白鹿精所宠美女为白面狐，也是女狐妖之最媚人者。作者将作为妖狐之尤的九尾狐、玄狐、玉面狐均集于玉面

《狐狸缘全传》玉面仙姑

仙姑一身，乃是要强调玉面仙姑的妖性、媚性无与伦比，所以她才能深深迷住书生周信，所以她道术之高连吕洞宾都难以制伏。

这里还对玉面、九尾作出了前所未有的解释。玉面是"将及千载，黑将变白"，"先从面上变起"。若到千年，则通体为白，亦即白狐了。玄狐变白狐之说与白狐变玄狐之说——所谓"白狐年久而黄，黄久而玄"[②]——恰正相反，前者以白狐后者以玄狐为狐之极致。至于九尾，则是修行九百余年的结果。后来吕洞宾对玉面仙姑说："你这几个尾巴，乃一百年修成一个。今已修成九个，再一百年将十尾修全，黑色化为白色，便可名登天府，身列仙阶。"[③]（第二十二回

---

① 载《虞初新志》卷一〇。

② 见清平步青《霞外捃屑》卷五《玄狐猓刀》。

③ 原文"百"作"千"，与第一回不合，今改。

《运元机重生小延寿，怜物命饶放玉面狐》）玉面、九尾不是自然生成而是修炼所致，这是用狐仙修炼理论改造旧说。有趣的是，玉面仙姑成仙后将身拖十尾，而许多狐修成仙道后却要求人断尾。

玉面仙姑的修炼，从第二回《玉面狐幻化胡小姐，痴公子书室候佳期》"对月光先拜了四十八拜，然后张开口吸取明月精华"的描写来看分明是拜月服气。这本是修仙正途，所以吕洞宾后来在规劝玉面仙姑时说："你等素具性灵，久慕人道，礼星拜斗，食露吸风，并非一朝一夕的功夫，脱去皮毛之丑，得化人身之尊。倘能倍加奋勉，何愁身入仙区。"（第十六回《法台上吕祖劝妖狐，半虚空真人斗道法》）她修炼的也是所谓"内丹"，即为狐所独有的狐内丹。第八回《妖狐吐丹唬庄汉，书斋媚语探周生》写周信管家老苍头带领众庄汉捉狐妖，玉面狐"便运动了丹田，把口一张，吐出那千年修炼的一粒金丹，随风而变，顷刻间大放毫光"，把众庄汉吓散；第十六回写玉面狐与吕洞宾斗法，"又把樱桃小口一张，吐出那月下炼成的一粒金丹，随着那三昧真火，一齐喷去，要伤吕祖"。这些对玉面狐狐丹的描写，与清人流传的狐丹之说全同。狐内丹一旦炼成"九转金丹"，便会成就"大道"（第八回），也就是玉面狐说的，"修到大罗仙的步位"（第三回《玉面狐采阳补阴，周公子贪欢致病》）。九转金丹本是外丹术语，指的是反复炼制而成的金丹，内丹学说则援为内丹之称，为内丹之极品。明传奇《蕉帕记》中的白牝狐所说"九九丹成"，说的也是这种九转金丹。

玉面狐若照此修炼下去，至少也会像她的两个干姐妹云萝仙子、玉箫公主一样，修到天狐地位（第十八回《天兵大战众妖狐，识天机云凤归山》）。但她偶然路逢扫墓的公子周信，见他年少貌美，"元阳充足"（第一回），是"修炼难得的金丹至宝"（第二回），感到"采取元阳，容易修成大道"（第三回），于是顿生邪念，化为绝色女子，托名胡芸香，来媚周公子。她和周公子夜夜交欢，"淫荡已极，来必阳台三赴"，一心"窃来元阳，炼他的金丹"（第四回《玉面狐兴心食童男，小延寿摘果丧妖命》）。结果弄得周公子衰疲瘦弱，病入膏肓。此时她感到采阳补阴金丹难就，便又吃掉老苍头儿子延寿儿。事情败露，终于引出一系列麻烦——老苍头率众庄汉捉狐，王半仙擒妖，众道士施术，南极寿星老祖召来吕洞宾，仙妖斗法，吕祖再召托塔李天王、哪吒、二郎神比武斗宝，结果是玉面狐被神鹰神犬生擒，由吕祖发落。

第六回《众佃户拙计捕妖狐，老苍头收埋寿儿骨》回前诗说："从来采补是旁门，邪正之间莫错分。利己损人能得道，谁还苦炼戒贪淫？"从修炼和道德两个角度否定了采补之术。玉面仙姑所提供的正是这样一份反面教材，说明采补如何引起人神共愤，如何利己损人最终损害了自己的道理。吕洞宾把玉面狐的邪门歪道称为截教、邪教，把神仙大道称为元（玄）教、正教，正像《封神演义》中截教、阐教之邪正对立一样。邪教、正教的区别在修炼上体现为采补和炼神之异，在道德上则体现为害人和度人之别。正统道教贯穿着儒家教义，小说结尾写吕洞宾告诫众人"须要好好的各守本分，仰答天恩，不可胡行人事，作恶为非，以致上天降灾。总要以孝悌忠信礼义廉耻居心。常言说为善降祥，作恶降殃，尔等自求多福，以乐余庆"，不啻是一份儒学讲义。清人的狐仙观念中，一涉狐的修炼必对采补大施挞伐，就因为采补者流"有负修炼之正道"（第二十一回《太平庄真人审妖，李天王回归金阙》），而修炼之正道必是符合儒家律己爱人之道的。

玉面仙姑的结局并不算很坏，她被吕洞宾割去八尾后入洞修炼，转生为李玉香，与周公子再结前缘，这是《狐狸缘后传》所要详写的内容，只是《后传》未见行世。玉面仙姑幸免一死，全赖周公子的怜香惜玉和吕洞宾的仁爱心怀。这里其实也透露着清代民众对狐仙尤其是美貌狐女的惜爱心理，不忍心看着狐美人倒霉。但玉面狐不是以狐而是以转生以后的人和周公子再续良缘，却又分明见出对玉面狐的惜爱大有保守之处。谁叫她不走正道呢？

附带说一下《绿野仙踪》。

《绿野仙踪》，李百川作于乾隆年间，一百回，又有八十回本。小说描写明代嘉靖间冷于冰寻仙访道的故事，第十一回（《伏仙剑柳社收厉鬼，试雷珠佛殿诛妖狐》）、四十五回（《连城璧误入骊珠洞，冷于冰奔救虎牙山》）、七十二回

（《访妖仙误逢狐大姐，传道术收认女门生》）都写到狐妖狐仙。这些狐精共有三类。一类是采补媚人的狐妖，赛飞琼与其女梅大姑娘即是。赛飞琼"已修道千年，再加精进，便可至天狐的步位；他却不肯安分，屡次吸人精液，滋补自己的元阳，死在他手内人，也不知有多少"（第七十二回）。第十一回"试雷珠佛殿诛妖狐"一节写她化作美艳妇人媚惑冷于冰，被冷于冰用雷火珠打死。其女梅大姑娘一如乃母，七十二回写她在骊珠洞见到冷于冰也逞媚态行惑，被用法术制住。冷于冰道出她"将来与他母亲是一样结果"——"二百一十年后必为雷火所逐"。骊珠洞的锦屏公主、翠黛公主姐妹二狐属第二类，她们开始也干采补媚人勾当。第四十五回写冷于冰道友连城璧误入骊珠洞，锦屏强逼他和妹妹成亲，不从便吊在石梁上，亏得被二狐之父雪山道人救出。雪山道人托冷于冰训教二女"归于正果"，后来冷于冰遵嘱前往骊珠洞，收二狐女为弟子，教以正道，并传道术口诀。"到三十年后，二女脱尽皮毛，永成人体。一百六七十年后，各入仙班，比他父雪山高出百倍"（第七十二回）。此二狐属于由邪入正之狐，所以未如赛飞琼母女之终遭大厄而能成仙。小说说她俩先成人体再入仙班，其修仙途径全同《阅微草堂笔记》所说，可说是给所谓先成人道再成仙道，即"由人而求仙"的二级修仙法提供了一个范例。

赛飞琼母女和锦屏、翠黛二姊妹是作者有意创造的对比狐形象，其对比意义即是揭示正确的修炼思想。这种思想在第七十二回冷于冰对锦屏、翠黛姊妹大谈"性命之学"时有充分的表现。所谓"性命"，"道教以炼性寿命为宗，其要只在于以神为性，以气为命"。因此，修道之奥在于"守神固气"，亦即"炼精成气，炼气化神，炼神合道"。此中细情诸如"七返九还之药"，"调龙虎之道"，"婴儿姹女产育之道"不必详述，都是讲道教内丹理论，玄妙而枯燥。但有一个基本思想是强调得十分明白的，就是修道者必须清心寡欲，超脱世俗。作者还针对采补之说特设这样一段对话：

　　二女道："……若采男子之真阳，滋下元之肾水，于补益功效何

如？"于冰大笑道："盗人之精，而益己之精，吸人之髓，补己之髓，
忠恕先失。抑且装神变鬼，明去夜来，甚至淫声艳语，献丑百端，究
之补益，亦属有限。况舍己之皮肉，为人之皮肉点污戏弄，恐有志成
仙者，不肯如此下贱也。"

采补是道家"性命之学"的反动，冷于冰极力予以抨击，指出它是"下贱"之道。
值得注意的是"忠恕先失"的话，采补不仅不合守神固气之道、丹胎产育之法，
补益有限，难成大道，而且也有悖儒家忠恕思想。这仍还是我们多次谈到的道
家的援儒入道。

　　第三类即雪山道人。雪山道人是天狐，奉上帝命在上界职理修文院书吏，稽
查符命书箓。这一形象是根据唐人的天狐观念和天狐形象创造的，与《平妖传》
看守天书的天狐圣姑姑也有联系。小说写雪山道人在太清八景宫窃出天书《天罡
总枢》，藏于江西庐山凌云峰内，不意被鄱阳湖老鲲鱼精窃走吞入肚中。雪山道
人闯下此祸日夜愁思，幸得冷于冰在他嘱托下杀死鱼精夺回天书，由火龙真人送
还八景宫。在唐代天狐中，天狐虽任职天曹但常不守本分，雪山道人的窃天书分
明见出唐天狐的影像。但在清人狐仙观念的改造下他又分明是清代天狐面貌——
"满脸道气"的"大有根行之人"。

## 二、《九尾狐》: 狐与娼妓

《九尾狐》是晚清评花主人①所作的一部狭邪小说，全书六十二回。晚清妓女小说有《九尾龟》《九尾鳖》②，《九尾狐》乃仿《九尾龟》，但"九尾狐"系妓女绰号，"九尾龟"则为官绅康己生绰号——其家九妇都是放荡的淫妇。评花主人把女主人公胡宝玉（原名林黛玉）称作九尾狐是大有用意的，这里不光是在重提有关九尾狐老生常谈的话题，更重要的是涉及清人一个重要观念，即狐与娼妓的一体关系。

作者在第一回《谈楔子演说九尾狐》中开宗明义地论述了狐和娼妓的这种关系：

> 龟有九尾，狐亦有九尾。九尾龟有书，九尾狐不可无书。他为一个富贵达官写照，因其帷薄不修，闹出许多笑话，故与他题个雅号叫作"九尾龟"。我为一个淫贱娼妓现形，因其风骚善媚，别有许多魔力，故与他取个美名，叫做"九尾狐"。
>
> 昔骆宾王《讨武曌檄》中有两句云："掩袖工谗，狐媚偏能惑主。"是以则天比狐。后人将他做了古典编成一部《镜花缘》小说，就说武

---

① 春风文艺出版社 1993 年版《九尾狐》题作梦花馆主江荫香著。
② 《九尾鳖》见阿英《晚清小说目》著录，一题《女优现形记》，顾曲周郎著，未见传世。

则天是心月狐下凡。虽未免有些附会，不足为据，然其献媚惑人，又何妨说他是个狐呢？至于蒲柳仙（按：应作留仙，下同）《聊斋志异》一书，说狐谈怪，不一而足。其中如《青凤》《莲香》等传，情致缠绵，有恩有义，令人读之神往，翻以未遇斯狐为恨。然这个考据，出自《聊斋》，犹可说是柳仙的寓言，难以深信。若古时大禹皇帝，娶女于涂山氏，自称九尾天狐，禹颇得其内助，而夏遂以兴。这件故事却是班班可考，比不得无稽谰语了。照这样说起来，则狐几胜于人，人将不足以比狐。不知狐而人，则狐有人心，我不妨即称之为人；人而狐，则人有狐心，我亦不妨即比之为狐。

盖狐性最淫，名之曰九尾，则不独更淫，而且善幻人形，工于献媚，有采阳补阴之术，比寻常之狐，尤为利害。若非有夏禹圣德，谁能得其内助？势必受其蛊惑而死。死了一个，再迷一个，有什么情？有什么义？与那迎来送往、弃旧恋新的娼妓，真是一般无二。狐是物中之妖，妓是人中之妖，并非在下的苛论。试观今之娼妓敲精吸髓，不顾人之死活，一味贪淫，甚至姘戏子姘马夫，种种下贱，罄竹难书。虽有几分姿色，打扮得花枝招展，妖艳动人，但据在下看起来，分明是个玉面狐狸。即有人娶她归家，藏诸金屋，幸而自己有命，不曾被他迷死，也可算得侥幸。只是他拘束不惯，终究要兴妖作怪，不安于室的，你想可怕不可怕？然这几句话，仅就大概而言。如今在下编成这部书，特地欲唤醒世人，要人惊心夺目，故标其名曰《九尾狐》。是专指一个极淫贱的娼妓，把他秽史描写出来，做个榜样罢了。

书中描写的娼妓胡宝玉——胡乃狐之姓——的秽史究竟如何不必细说，我们只知道这是"一个极淫贱的娼妓"也就够了。需要讨论的是作者提出的"狐是物中之妖，妓是人中之妖"，亦即"妓即狐，狐即妓"的观点。

这种观点并非评花主人所独创，甚至妓女以狐为别号也不是仅见于《九尾狐》，《阅微草堂笔记》卷一八《姑妄听之（四）》"德景间有富室"条即言"有角妓号玉面狐"。我们曾讨论过唐宋狐妖已有娼妓化倾向，即把狐妖说成娼妓或者是都市娼女型的人物，狐妖化娼女卖淫赚钱，或者以歌舞乐伎亦即所谓"散乐子弟"身份媚人。这种狐妓故事实际上已经透出狐与妓的比附观念。到了清代，这一观念则以十分明确的概念形式表述出来，而且多次出现于文人笔下，如：

妓尽狐也。（《聊斋志异》卷五《鸦头》）

妓亦狐也。狐而妓，其伎俩必多，将来又不知若何偿还矣。使仅知狐以蛊人而为妓，独不思蛊人之妓，又将为何？是犹鉴于前车，而听其后车之覆，不亦徒多此踌躇也耶？（《萤窗异草》二编卷四《大同妓》）

人之淫者为妓，物之淫者为狐。（《壶天录》卷下）

（东方曼）闻座有谈狐者则唾不顾，曰："彼戴骷髅而拜月者，能吸人精髓，而欲与之为友，不亦颠乎？"有言妓者，曰："此亦人中狐也，何足置吻！"（《夜雨秋灯续录》卷七《狐侠》）

要知此皆下贱之臊狐也，即如人间之妓者，背着自己的丈夫合别人偷情的淫妇，皆是一样罔披人皮，而行畜类之事。（《妖狐艳史》第一回《普宁寺前遇明媚，妖风作入仙子居》）

评花主人的论述正是对前人的发挥，不过他把问题提得十分明确，论述得最为透彻。

在狐妖雌化倾向中人们确立了狐妓形象，而在对娼妓的认识中人们又引入狐妖观念。由狐之妓到妓之狐，这样终于实现了妓与狐的最终结合，形成妓狐一体性、妓狐相通性的观念。这种观念于狐来说是以妓性印证狐性，即以"人之淫者为妓"印证"物之淫者为狐"，以"妓是人中之妖"印证"狐是物中之妖"；于妓来说是以狐性揭示妓性，即以"物之淫者为狐"揭示"人之淫者为妓"，以"狐是物中之妖"揭示"妓是人中之妖"。妓性与狐性的相通一致之处，便是淫性、媚性。

狐被视为淫兽、媚兽是极为古老的狐媚观念，在盛行狐仙信仰的清世，尽管人们常以善意看待狐仙，尽管蒲松龄笔下的青凤、莲香一干美丽多情的狐女使人着迷，以至于人"以未遇斯狐为恨"，但传统的狐媚观念仍很流行。或者说清人既相信狐之为仁善的"仙家"，也相信狐之为淫媚之物。《夜谭随录》卷一《碧碧》说"狐性本淫"，卷三《段公子》说"狐非情种，直淫物也"，卷四《杂记》说"吾闻狐性极淫，故名曰淫狐"，《狐狸缘》第三回说"常言狐性最淫"，陈鼎《烈狐传》说"狐淫兽也，以淫媚人，死于狐者不知其几矣"，都是固守传统旧说。由淫狐、媚狐反观人类，如果说人们在"祸水"论即女色亡国论支配下发现了妲己、西施、武则天这些"人中狐"的话，那么用切近世俗的视点来看便又发现了更为广泛的"人中狐"群体——妓女。评花主人所发现的妓狐一体性表现为弃旧恋新，无情无义，敲精吸髓，不顾人死活，妖艳媚人，不守妇规。当然还可以说出许多，但有这几项也大体说明了问题。

中国娼妓是一个十分复杂的社会现象，我们无意于作出细致分析。你尽可找出许许多多有情有义多才多艺的妓女来，从薛涛到李香君，但从整体上看，这一操声色皮肉生意的职业集团无疑是社会的恶瘤。在清代，妓女、赌具和鸦片是男人的三大宗毒化物，妓院、赌场和烟馆是男人破家亡身的三处地方，有识之士一向视为畏途。明乎此，也就不难理解清人何以要发出"妓尽狐""妓亦狐""妓亦人中狐"的训世箴言。评花主人的用心则更为良苦，他把九尾狐人化为娼妓胡宝玉，用她的"秽史"给人们做个"榜样"，教育人们畏妓如狐，避妓如避狐。狐中他独选九尾狐，这是因为九尾狐"比寻常之狐尤为利害"，不免使人想到为非作歹无以复加的妲己。

清人小说还常有狐托生为娼妓的故事。《耳食录》初编卷八《阿惜阿怜》写金陵妓胡媚娘前生是狐，"为淫媚过多，为神所怒，责令受生女体，堕入烟花，不复能自变化，竟失本来面目"。《萤窗异草·大同妓》写大同某姬乃"勾栏妙选"，得异人函而枕之，梦见自己前生是狐，同类十余妓女亦皆是狐，冥府因其"贪淫"而罚为娼妓。这才知道"今之淫狐媚而供脂膏者，即向之崇人莫生者也"。这在古代的人兽转生观念中，大凡性同者相互转生，淫妇之为阿紫，胡媚儿之为胡永儿，西施之为白牝狐，如此皆是。狐转世为娼亦同此理，其中宣传的仍是"妓亦狐"的观点。

顺便说清代小说也曾描写过贞烈的狐妓，《聊斋志异·鸦头》中"之死靡他"的鸦头即是，前已言之。《壶天录》卷下亦有一例：

> 叶生昌源，浙湖风雅士也。工篆隶，善诗画。世业贾，设典肆于中州。生尝游勾阑，狎一妓，名阿秀，年二旬余矣，貌仅中人，姿态极媚。生惑之，以千金脱其籍，置簉室。大妇许，固贤，秀事之尤谨，数年无间言。性绝慧，摹分书神仙，时为促刀。会咸、丰间，发逆北犯，仓卒不及遁。城陷，贼破扉入，生匿暗处。执许及秀，将犯之。秀忽跃起，夺贼刀。一贼斫其项，秀急以手自按其项，毙贼四五人，余众骇遁。秀呼叶出，泣语曰："妾与君缘尽矣。然受君恩深，必护君。君当谨守此室，无害也。"言已，首遂堕，身亦仆矣。生夫妇惊恸，抚视其尸，则狐也。殓以人礼，猝不得棺，匿尸箧中。守其戒，不敢出。越日，贼率其党来，及门，辄呼颈痛而逸。月余，叶梦秀谓曰："贼已遁，盍携家南归，此非福地也。"叶遂南归。抵湖郡，秀复入梦曰："湖郡亦不可居，择业被兵燹之地托焉。十年后，即事平矣。妾生不盅人，蒙帝鉴，证入神道，不能复来矣。"叶乃携眷至沪上，居于歇浦之东，遂无虞。厥后发逆肃清，叶乃归里，闭门不出，而叶已

老矣。营生圹，附狐棺于墓。噫，人之淫者为妓，物之淫者为狐。狐
尤有得情之正，而著其烈者，夫岂真人不如狐哉？人苦不自立耳。

妓为人之淫者，狐为物之淫者，阿秀为狐为妓，合狐妓为一体，应当为淫
者之尤，但她恰是"得情之正，而著其烈"的贞烈之狐，置于人中亦属罕见。
恰如人妓胡宝玉做个"人中狐"的坏榜样一样，狐妓阿秀则做了个"狐中人"
的好榜样。

# 第十章 · 狐妖姓名及习性种种

# 一、狐妖姓名的寓意性

在中国妖精文化中，大凡妖精常有姓氏名号。这里边的思维逻辑是，既然精物幻化为人，取得特定的人形、性别、身份，自然也应有人的姓氏名字。而且妖精化人的目的乃是由外部世界进入内部世界，与人建立起某种联系。妖精为掩盖自己的真相获取人的信任，也必须为自己取一个姓名或别号。狐妖也是如此。而且由于狐妖的特殊性，它们的姓名最富色彩，所隐含的意义最为丰富，最为有趣。

东晋葛洪在《抱朴子·登涉》中曾列举出一系列精怪的名号自称，其中有狐。他说：

> 山中寅日，有自称虞吏者，虎也。称当路君者，狼也。称令长者，老狸也。卯日称丈人者，兔也。称东王父者，麋也。称西王母者，鹿也。辰日称雨师者，龙也。称河伯者，鱼也。称无肠公子者，蟹也。巳日称寡人者，社中蛇也。称时君者，龟也。午日称三公者，马也。称仙人者，老树也。未日称主人者，羊也。称吏者，獐也。申日称人君者，猴也。称九卿者，猿也。酉日称将军者，老鸡也。称捕贼者，雉也。戌日称人姓字者，犬也。称成阳公者，狐也。亥日称神君者，猪也。称妇人者，金玉也。子日称社君者，鼠也。称神人者，伏翼也。丑日称书生者，牛也。但知其物名，则不能为害也。

这二十五种"物名"，许多只是人的官称，如令长、吏、虞吏、三公、九卿、将军等；一部分是人的泛称或特殊自称，如丈人、妇人、书生、主人、人君、寡人；一部分是神灵称呼，如神人、仙人、雨师、河伯、东王父、西王母、神君、社君；当路君、成阳公则为虚拟的封爵之号。狐之称成阳公，成阳为秦汉县名，又作城阳，《史记》卷五《秦本纪》有城阳君。《太平御览》卷八八六引《抱朴子》作"咸阳公"，卷八八九引作"阳城公"，也都是古县名。成阳公不是姓名，但却是专称，非如三公、九卿之泛。不过，成阳公只是狐的通名，并非个体狐的独用名号。狐何以称成阳公不详。

《搜神记辑校》卷一八《阿紫》引道书《名山记》说：

> 狐者，先古之淫妇也，其名曰阿紫。化而为狐，故其怪多自称阿紫也。

"阿紫"也是狐妖通名，不过已经是名字而不是"成阳公"那样的封号。阿紫之名，大约起于狐的毛色。《酉阳杂俎》前集卷一五《诺皋记下》说："旧说野狐名紫狐。"《青琐高议》后集卷三的《小莲记》写"狐耳间有花毫而紫，长数寸"，都说狐有紫毛。

阿紫之名在后世颇见影响，不像成阳公之湮没无闻。清人和邦额《夜谭随录》卷二《阿凤》写某宗伯对居于其家空楼的狐说："主人寄声阿紫……"这是以阿紫用为狐的通称。卷三《梁生》有"阿紫相依千载期"的诗句，乐钧《耳食录》初编卷九《卜疑轩》狐女诗云"阿紫腰肢二八年"，则用为狐女泛称。阿紫本为淫妇之名，用为狐女之称更为恰当。《夜谭随录》卷七《陆水部》又以阿紫为狐女专名。狐翁有四子三女，长子名青，次子名苍，三子名白，少子名碧，长女名阿红，次女名阿黄，三女名阿紫。顺便说，四子三女全以毛色取名，阿紫言其为紫狐，其余则为青狐、苍狐、白狐、碧狐、红狐、黄狐。明人李昌祺所写《剪灯余话·胡媚娘传》云"绥绥厥状，紫紫其名"，紫紫亦即阿紫。日本汉文古籍《本朝继文粹》卷一一《狐媚记》称狐媚"或为紫衣公到县，许其女尸"，所指本事不详，但紫衣公显然由阿紫化出。

《搜神后记辑校》卷六《伯裘》，千岁狐自称"字伯裘"，这是个体狐的一个专名，有别于通名阿紫。"伯裘"的含义是狐皮为裘，暗喻其为狐族，伯字表示行第，意思是老大，以切千岁狐之历年长久。

狐妖获得的第一个姓氏是胡，首见于《搜神记辑校》卷一八，即"胡博士"。到刘宋朝刘敬叔《异苑》卷八又有"胡道洽"，这是见于典籍的第一个狐姓姓名，亦以胡为姓。此后谈狐者每言狐姓多为胡，自唐至清不绝于书，胡姓成为狐族的通姓。以狐为胡姓，自然是利用了谐音双关的手法，即以"胡"音隐切"狐"音。但这里似乎还隐含着一层意思。胡是中国对外族的通称，《集韵》模部云："胡，虏总称。"中原人出于对外族的轻蔑，每视外族为不开化的禽兽之族，而且外族又每兴兵进犯，所以这个本义为"牛颔垂"（《说文》肉部）亦即兽类下巴悬肉的"胡"字，被派作狐姓，实又有对其兽性、妖性的揭示。

胡姓之狐名号繁多，毋庸罗列。就中值得特别一提的是女性狐妖常以胡媚娘为姓名。胡媚娘始见于《剪灯余话·胡媚娘传》。明末《幽怪诗谭》中又有九尾狐妖名媚娘。清代《耳食录·阿惜阿怜》中金陵妓胡媚娘乃狐妖转世，实亦为狐名。《平妖传》之胡媚儿其名也和媚娘相似。女狐名媚娘，揭示的是女狐的媚性，所谓"狐媚"者也。而且凑巧的是武则天亦名武媚娘。《新唐书》卷四《则天顺圣武皇后传》载，太宗召武氏为才人，"赐号武媚"。张鷟《朝野佥载》卷一云："永徽后，天下唱《武媚娘歌》，后立武氏为皇后。"可见武媚又称作武媚娘。骆宾王讥弹武则天"狐媚偏能惑主"，"狐媚"二字既切武则天之名又比之为狐，可谓用思精巧。至此以后武则天成为"狐媚"典型，而媚娘被派作雌狐之名，也就增加了更为深长的意味。

胡字偶或亦用为狐名，唐戴孚《广异记·焦练师》说"有黄裙妇人自称阿胡"。

阿胡乃仿阿紫，而以胡、狐相切。

戴孚在《广异记》中对狐的姓氏独出新说。《唐参军》写千年狐赵门福说：

> 我已千年，千年之狐姓赵姓张，五百年狐姓白姓康。

赵门福系千年天狐故而姓赵，其同伴康三姓康，自然是五百年狐。赵、张、白、康均非唐代望姓，不知何以用为道行极深的千年狐和五百年狐的姓氏。事实上唐代小说中的天狐，诸如王八、吴南鹤、刘成、崔参军等无一姓赵姓张，而这几个天狐恰亦出于《广异记》，自相抵牾。这只能算是一种个别说法，并不具备普遍性，终不如胡姓被普遍说成狐的姓氏。

但《广异记》的说法在后世也产生过影响。明徐应秋《玉芝堂谈荟》卷三二《物类多寿》采录了此说："千年之狐姓赵姓张，五百年之狐姓白姓康。"冯梦龙在《平妖传》第三回亦采此说，不过有所变通：

> 原来狐精但是五百年的，多是姓白姓康，但是千年的，多是姓赵姓张，这胡字是他的总姓。

这就如同姓和氏的关系一样，胡姓乃狐族总姓，赵、张、白、康乃是姓的分支亦即氏，狐族中不同支派家族各有其氏。清人梓华生《昔柳摭谈》卷五《僧道捉狐》狐女说："或五百年而白姓康姓，或一千年而赵氏张氏，虽分四姓，实出一家。"这也是冯梦龙的说法，"一家"者即胡姓，白、康、赵、张均自胡姓分出。

后世以赵、张、白、康为狐姓的实例俱见于清代。《耳食录·卜疑轩》狐女歌有云："张家阿姊赵家姨，同向春山学画眉。"《阅微草堂笔记》卷八《如是我闻（二）》"西城将军教场一宅"条写"雅不欲与俗客伍"的狐自称康默。《六合内外琐言》卷三《镆耶宝》有狐女康氏，乃天狐之女。俞蛟《梦厂杂著》卷八《齐东妄言上·南极驱妖记》中三个"功行颇深"的八百年峨眉狐分别姓赵张李。

《咫闻录》卷三《柝击狐》中白狐叫白公子。狐女歌中的张姊、赵姨还只是泛泛而言，康默、康氏、白公子、赵张李三狐则均为具体狐精的姓氏。他们都是有道行的修仙之狐，显然是特意根据"千年之狐姓赵姓张，五百年之狐姓白姓康"选定姓氏的。

明人王同轨《耳谈类增》卷四七《外纪狐篇·狐术女变男子》对狐姓又提出一种新的说法：

> 熊孝廉吕原谈，尝闻狐多姓田，而行辈常七。

以田为狐姓，想来和《周易·解》所云"田获三狐"有关，田即打猎之意。"行辈常七"不好理解，若说所指为排行第七，这不合情理，故事里的狐妖叫田二哥，排行老二；若把"行辈"解释为同辈，何以只有七个，也不好理解。

从唐代看，除胡姓狐妖——如《广异记·李氏》之胡绰、胡邈——外，除赵、康之属外，也有姓李、王、萧、任、郑、崔、高、独孤等姓氏的。狐既为人，凡人之姓狐皆可有，但此中有几个姓值得讨论。

《广异记》的天狐王八姓王，崔参军姓崔（参军是官名），又同书《李麈》的牝狐郑四娘姓郑，《宣室志·计真》的李外郎、李氏姓李。李、崔、王、郑、卢是唐代五大姓，唐人重门第，狐以大姓为己姓，自然是托身于望族之意。

沈既济《任氏传》中女狐妖姓任。任者，人也，暗示任氏之为狐而有"人道"。

《宣室志·计真》中"自称进士独孤沼"者亦是狐精。独孤氏出北魏鲜卑族，隋唐亦有此姓。独孤之于狐，乃是用拆字离合之法，"独"字之左半与"孤"字之右半正好合为"狐"字。宋人刘斧《青琐高议》别集卷一《西池春游》中女狐亦姓独孤，居于隋将独孤将军之墓。表面看此狐系以所托身之墓主姓氏为姓，正如唐小说《会昌解颐录》所记高锴侍郎墓狐妖自称高侍郎一样（《太平广记》卷四五四），其实也是暗示她的狐精身份。屠绅《六合内外琐言》卷三《镆耶宝》

亦有狐精名独孤奇。这种手法用心精巧，颇见趣味。《耳食录·卜疑轩》狐女诵《玉面娘》曲云："如孤洞，今夜月华云涌。东瓜棚侧犬初眠，北斗垣中星欲动。""东瓜棚侧犬初眠"一句以瓜、犬合为狐字，亦为离合之法。而"如孤洞"三字，"如"字取其左旁"女"字，"孤"字形近"狐"字，则为"女狐洞"之意，手法相类。

唐代狐妖中有些无姓名而只有别号。《宣室志·张铤》[①] 所写诸怪，中一人衣黑，曰玄丘校尉，乃是玄狐精。《山海经·海内经》载北海幽都之山有玄狐蓬尾，有玄丘之民，所谓玄丘校尉即出此。这种命名手法是运用典故切其本形，殊见巧思。《耳食录·卜疑轩》狐女歌云："元（玄）丘校尉太风魔，漫使佳人斗艳歌。"以元丘校尉切指雄狐妖。校尉本是汉代武官，自当为雄狐之称。狐女歌写其"风魔"之性，十分有趣[②]。

《广异记·长孙甲》中的三万岁仙狐号狐刚子，这是一个赤松子、宁封子之类的仙人名号，表明他的神仙身份。清世的狐仙，姓名也常带仙气。例如，《新齐谐》卷二四《狐仙开帐》中的吴刚子，用月中仙人吴刚之名而加"子"字。《听雨轩笔记》卷一中的钟紫霞，名含紫气烟霞。《夜谭随录》卷四《杂记》中的胡万龄，"神气清爽，飘然若仙"，乃万年狐仙。

清人小说笔记中狐族最多，姓氏名号亦最为繁富。除上边提到的，尚可讨论若干例。

---

① 《太平广记》卷四四五《张铤》注出《广异记》，误。

② 《耳食录·卜疑轩》以隐喻手法写狐，在清人小说中别具一格。作者云："卜疑轩者，狐性善疑也。其语言词曲，皆狐隐语也。"除前边所引述的事例，"咏于《诗》，系于《易》"，谓《诗经》《周易》均曾言狐；《九尾醮》曲谓天狐九尾，有符有醮日，出《酉阳杂俎·诺皋记下》；《夜篝红》曲谓吴广夜篝火学狐鸣，出《史记》卷四八《陈涉世家》；《玉面娘》曲谓玉面狐；《绛缯囊儿慢》曲出《搜神辑校》卷六《绛绫香囊》所载老雄狐"脚上戴绛绫香囊"；"北斗垣中星欲动"谓狐拜北斗；"须防华表照双蛾"谓张华燃华表照出斑狐原形，见《搜神记辑校·斑狐书生》。虽为游戏笔墨，然用狐典颇多，且见巧思，故附志于此。

《聊斋志异》卷三《黄九郎》狐少年黄九郎自称："黄姓，第九，童子无字。"黄姓取狐之毛色，意同《夜谭随录》之狐女阿黄。排行九者，大约暗切九尾狐。以毛色为狐姓，还可举出花姓。《夜谭随录》卷二《苏仲芬》狐女自称姓花。狐毛色斑驳，故有花狐狸的俗称，这是花姓所出。《夜雨秋灯录》卷八《除三孽》天狐女"自述无姓氏，名曰花欢喜，同侪呼为花娘子"。这里花虽非姓氏，但亦为花姓含义。此女修千年脱狐革，以狐革化为紫披风——原是紫花狐狸。以毛色为名，又有《夜谭随录》卷二的红姑娘，亦如阿红，红狐而已。

《聊斋志异》卷九《凤仙》狐婢称"吾家皮姓"，《醉茶志怪》卷四《阿菱》狐亦姓皮，这一姓氏也大有讲究。明人郎瑛《七修类稿》卷四八《狐狸》说山东人夜间发觉狐潜入室中，骇曰："打皮狐！打皮狐！"徐昌祚《燕山丛录》卷八说"山东、河南谓狐精为皮老虎，河北谓之黑皮子"。"皮狐""皮老虎""黑皮子"都是北方人对狐或狐妖的称呼，狐以皮为姓盖源于此。至于为何以皮相称，原因大概有二：一是狐有光滑漂亮的毛皮，俗语称作皮子；二是北方话谓奸猾、讨嫌为"皮"。狐狸时入民宅窃物，惹人讨厌，所以称为皮狐。黄鼠狼性近狐狸，北方人叫作黄皮子，为加以区别，狐狸便叫作黑皮子。

《聊斋志异》卷五《封三娘》狐女姓封。此取《离骚》："羿淫游以佚田兮，又好射夫封狐。"封狐即大狐。

《萤窗异草》三编卷二《宜织》、《六合内外琐言》卷一二《猂狌吟》狐女姓令狐。令狐姓含狐字，所以用为狐姓。

《夜谭随录》卷八《陆珪》狐狸精自称郦三娘子，狐与狸古谓同类，所以以郦为姓，郦者狸也。

《夜谭随录》卷一《碧碧》狐女"自言宓氏，字碧碧"。据同书卷四《杂记》的解释："狐而色比宓妃，才同谢女。"则系托神话中洛水女神宓妃为姓。《史记》卷一一七《司马相如列传》载《上林赋》"若夫青琴、宓妃之徒"，《索隐》引如淳注："宓妃，伏羲女，溺死洛水，遂为洛水之神。"曹植《洛神赋》即写宓妃，极言其美。

《聊斋志异》卷二《九山王》老雄狐化形老叟，"自号南山翁"。这是一个别号，取意于《诗经·齐风·南山》："南山崔崔，雄狐绥绥。"

关于狐的名字最值得注意的是狐女，就中又以《聊斋志异》最富色彩。《聊斋》描写了一大群美丽多情的狐女，各有一个动听的名字，诸如娇娜、松娘、青凤、婴宁、莲香、红玉、鸦头、翠仙、凤仙、水仙、八仙、阿绣、小翠、小梅、长亭、红亭等等，这些芳名无不楚楚可怜，富有美感。作者意在描写皆有人情的美狐，所以配之以美名，名实相得益彰。此后清人小说为狐女取名大率如此。

总的来说，狐族姓名丰富多彩，其基本特点是寓意性、趣味性。造成寓意的手法是用典、谐音、离合等等。即便在字面上初无寓意的娇娜、青凤之类，以狐名之美映衬狐貌狐情之美，睹其名而思其人，也不妨理解为一种寓意手段。

## 二、狐妖的生活习性

在狐妖观念中，狐妖有着不同于其他妖物的独特生活习性。对这些生活习性的描述，大都有着确切的生物学依据，就是说古人参照生物狐的习性来认识狐妖习性。当然作为人格化的狐妖，其习性又不完全等同于生物狐，此中发生了诸多变异，掺和了人的因素。狐妖生活习性表现在居处、饮食及脾性几个方面，下边我们就墓居与家居、嗜鸡及鸡子、嗜酒、畏犬及猎户这几个问题作一番讨论。

（一）墓居与家居。

狐为穴居动物，凡野外及近人居之处均可筑洞栖息。古有"城狐社鼠"之说①，是说狐鼠居于城墙和土地祠洞穴中。《文选》卷一一鲍照《芜城赋》云"野鼠城狐"，注引魏明帝《长歌行》："久城育狐兔，高墉多鸟声。"说的也是狐穴居于古老的城墙里。《青琐高议》后集卷三《小莲记》写小莲自述"乃城上之狐"，明陆粲《说听》卷上"唐文选"条云城下多狐窟，即据此为说。《夷坚支乙》卷九《宜黄老人》则谓老狐妖居于社坛空穴，乃由社鼠而及狐。在小说中，还有言狐妖居于竹间孔穴中的②，有言以大树为窟的③，有言以山中大

---

① 见《晋书》卷四九《谢鲲传》。
② 《太平广记》卷四四九《广异记·李元恭》、《夷坚支丁》卷六《乌江魏宰》。
③ 明陆粲《庚巳编》卷三《谷亭狐》。

土洞为住窟的[①]。如此等等，都符合生物狐的生态习性。

但最常见的却是墓居，即居于墓穴之中，而墓穴常是古墓。西晋张载《七哀诗》云："北芒何垒垒，高陵有四五。借问谁人坟，皆云汉世主。……狐兔窟其中，芜秽不复扫。"[②]梁任昉《为卞彬谢修卞忠贞墓启》云："丘树荒毁，狐兔成穴。"[③]都是描写无人祭扫的荒墓成为狐兔窟穴。这种描写是真实的，并非想象，《中国动物志》在描述赤狐的栖息处时就提到了墓穴。事实上墓地近于人居，栖止于墓地的狐最易被人发现，不比山林荒野之狐窟人所鲜见，因而古人写狐大抵以冢墓为穴。

征之小说，狐精墓居始见于西汉刘歆《西京杂记》。其卷六载广川王刘去疾发栾书冢，"有一白狐，见人惊走"。栾书乃春秋晋大夫，其冢自为数百年古冢，"棺柩明器，朽烂无余"，故而成为狐穴。

自此狐居墓穴之载不绝于书，以致唐代白居易还写过《古冢狐》一诗。古墓成为伴随着狐精的一个重要意象，可谓古墓意象。古墓意象不仅反映出狐作为隐伏之兽的生物学特征，而且也以古墓之荒败幽暗映衬着狐妖的神秘妖性。正因为后一点，所以在狐文化语境中一般洞穴多遭到排斥，而独取冢墓尤其是古墓。

下边我们列举一些由六朝到宋代的例子。

> 于时燕昭王墓前，有一斑狐，积年能为幻化。(《搜神记辑校》卷一八《斑狐书生》)

> (陈羡) 因将步骑数十，领猎犬，周旋于城外求索，果见孝 (士灵

---

① 《平妖传》第三回《胡黯儿村里闹贞娘，赵大郎林中寻狐迹》。

② 《文选》卷二三。

③ 《文选》卷三九。

孝）于空冢中。闻人犬声，怪避。（同上书《阿紫》）

　　有一空冢，入数步，群狐罗列。见人迸走，唯有一老狐独不去，是皓首书生，常假书者。（同上书《胡博士》）

　　岗顶有一阱，是古时冢，见一老狐蹲冢中，前有一卷簿书，老狐对书屈指，有所计较。（《搜神后记辑校》卷六《古冢老狐》）

　　有一古坟，坟上有大桑树，下小孔……因发掘之……有老狐，坐据玉案。（《太平广记》卷四四八引《广异记·刘甲》）

　　俄至夜，可一更，不觉至一古墟之中。忽有火烛之光，迫而前，乃一冢穴中光明耳。前觇之，见狐凭几，寻读册子。（同上书卷四五四引《张简栖》）

　　其女说云，宅后有竹丛，与高锴侍郎墓近。其中有野狐窟穴，因被其魅。（同上书卷四五四引《会昌解颐录·张立本》）

　　直诣柏林下，则碑板废于荒坎，樵苏残于茂林。中列大冢十余，皆狐兔之窟宅。（皇甫枚《三水小牍》卷上《王知古为狐招婿》）

　　此有隋将独孤将军之墓，即不知果是否？下有群狐所聚。……有耕者耕坏冢，见老狐凭腐棺而观书，耕者击之而夺其书，字皆不可识。经日复失之，不知其何书。（《青琐高议》别集卷一《西池春游》）

　　约行十里，前望似有石牌，视之，但刻二十字曰："十口尚无声，

莫下土非轻。反犬肩瓜走，那知米畔青。"……暗包四字，合成"古墓狐精"。(《夷坚三志辛》卷二《宜城客》)

在上述狐居古墓的描写中，古墓多以原态出现。而《三水小牍》王知古所至狐窟幻化的"朱门中开，皓壁横亘"的"北阙之甲第"，《西池春游》狐精独孤氏所居古墓显示为"若王公家"的"高门大第"，《宜城客》之古墓亦呈"梁栋宏伟"之"大宅"状，凡此古墓皆以宅第的幻态出现。六朝人写冢墓幻化为屋宇多以言鬼，如《搜神记辑校》卷二三谈生入睢阳王女冢，冢为"华堂奥室"，《搜神后记辑校》卷一〇卢充入崔少府墓，墓为"高门瓦屋"，但于狐妖所居例皆为墓形，到唐代才有古墓幻态出现，后世愈为常见。

明清之世亦多言狐精居墓。《封神演义》第一回写千年狐狸精住在轩辕坟。清代尤多，下边略举数例以概其余：

群疑其狐。村北有古冢，陷不可测，意必居此。(《聊斋志异》卷三《小髻》)

(徐继长)偶适烟家，道出于氏殡宫。薄暮醉归，过其处，见楼阁繁丽，一叟(狐妖)当户坐。(同上卷六《萧七》)

里人王五贤……尝夜过古墓，闻鞭扑声，并闻责数曰："尔不读书识字，不能明理，将来何事不可为？至上干天律时，尔悔迟矣。"……谛听乃出狐窟中。(《阅微草堂笔记》卷七《如是我闻一》)

庆云、盐山间，有夜过墟墓者，为群狐所遮。(同上)

闻有老儒经古冢，同行者言中有狐。(同上书卷一〇《如是我

闻四》)

里有恶少数人，闻某氏荒冢有狐，能化形媚人。夜携罝罦布穴口，果掩得二牝狐。（同上书卷一二《槐西杂志二》）

敝先茔在邑城北刘园村，古墓崔巍，狐狸穴处。（《醉茶志怪》卷三《狐帽》）

清人言狐居古墓还有些新的说法。《阅微草堂笔记》卷八《如是我闻（二）》载一鬼云："狐与鬼自古不并居，狐所窟穴之墓，皆无鬼之墓也。我墓在村北三里许，狐乘我他往，聚族据之，反驱我不得入。"这就解释了何以狐居皆为古墓荒冢，原来都是"无鬼之墓"，墓主鬼魂早已转生了。狐鬼不同居一墓，分明是冤家对头。此言狐霸占鬼墓，鬼奈何不得，但《聊斋志异》卷一〇《长亭》却写"鬼为狐祟"，别出一说，故而但明伦评道："狐仍畏鬼，似亦创闻。"其实在小说中狐鬼常常友好相处。《聊斋志异》卷二《莲香》即写过狐女莲香和女鬼李氏共事桑生而情同姊妹的故事，又《巧娘》中的女鬼巧娘和狐女华三娘同居一墓并同为傅生之妻。《萤窗异草》初编卷二《温玉》狐女温玉、女鬼柔娘共事陈生，而二编卷三《绿绮》写狐为人鬼之妻，也都是例证。狐鬼交好可上溯至《青琐高议》别集卷一《西池春游》，居于独孤将军墓的狐精独孤氏和女鬼王夫人友好邻处。

《阅微草堂笔记》卷一五《姑妄听之（一）》记一"蜕形之狐"说，"变形之狐，其室皆幻"，这又可为古墓呈幻态即人间屋宇之状作出解释，原是狐妖惑人用的幻化之术。

在明清以前的狐妖传说中，狐妖也有居于人居的。东汉应劭《风俗通义》卷九《怪神篇》"到伯夷"条记老狐居于亭楼，元好问《续夷坚志》卷二《胡公去狐》妖狐据占县廨，《湖海新闻夷坚续志》后集卷二《剥皮狐狸》大狐狸居于成都府万景楼。这些都异于墓居穴处。但这些狐居有一个共同点，即均为人迹不至的废居。它们虽处于居民区，但无疑又是一个与人群隔绝的封闭环境。因而其实质与古墓洞穴并无二致。从明代中后叶开始出现家居狐，也就是所谓家狐。《五杂组》卷九说："今京师住宅，有狐怪者十六七。"到清代则家狐遍及天下，狐精大抵舍墓穴而就居人家。事例无须赘举，我们要强调指出曾已讨论过的一个观点，即狐由墓居到家居的变化是狐仙信仰和狐仙崇拜的必然结果。在这种观念下，民众调整了人狐关系，把人狐的对立关系转变为亲善关系，这就把狐妖从古墓中引入人的内部世界，成为人的友好邻居。清人笔记中尽管还有许多狐居古墓的描写，但这只不过是古墓原型意象的自然遗存，"古冢狐"的历史毕竟已经结束了。

（二）嗜鸡及鸡子。

嗜鸡是生物狐的习性而保存在狐精食性中。如前所述，宋元已有此说，见于《夷坚志》和《湖海新闻夷坚续志》。在清代仍沿用此说，例如：

> 胡（胡四相公）曰："此必家兄。"张言："何不邀来共坐？"曰："伊道颇浅，只好攫鸡啖，便了足耳。"（《聊斋志异》卷四《胡四相公》）

> 南阳鄂氏，患狐，金钱什物，辄被窃去。……有熟鸡，欲供客而失之。（同上书卷一二《姬生》）

> 狐女别无异人处……喜食鸡肉，嗜火酒，为可异耳。（《夜谭随录》卷一二《董如彪》）

清人还认为狐喜食鸡子，例如《香饮楼宾谈》卷一《狐仙》载，苏州缪宅供狐仙，主人云有狐仙借居，"狐喜食鸡子、火酒"。清代民家祀狐，大都以鸡子、白酒为供品，《夜谭随录》卷一一《铁公鸡》说"具鸡子、白酒祝而祀之"，《阅微草堂笔记》卷九《如是我闻（三）》说"岁时祭以酒五钱、鸡子数枚"，又卷一五《姑妄听之（一）》说"于门外几上置鸡卵数百、白酒数罂"，如此皆是。也有祭以鸡子、猪头的，《虫鸣漫录》卷二说遵化署中朔望祀狐"陈鸡卵豕首"。

说狐喜食鸡蛋大约有事实依据，但若《香饮楼宾谈》所说"鸡子完好如故，举之甚轻，盖中已空矣"——狐吸食蛋清蛋黄而不损蛋壳，则显系传闻不实之词。但这种说法在《昔柳摭谈》卷二《狐扰》中也有，说狐扰人家窃食，"厨下藏鸡卵，空其中而壳完好无科破"，可见流传较广。

关于狐的食性，唐代还有说食生鼠的，《广异记·刘众爱》[1]写狐变成绯衣妇人，"捉一鼠食"。狐本为杂食性动物，鼠类自然是其食物，与鸡并无二致。唐宋人言狐所食，大抵遵循生物狐习性，清人信仰狐仙，狐在食性中所体现出来的野性也就随而褪去，于是鸡蛋及白酒便成为狐精的主要食物了。而鸡也是熟鸡，全不似《夷坚志补》卷二二《姜五郎二女子》之"攫鸡而食"。

（三）嗜酒。

清人祀狐以鸡子、白酒，白酒亦即烧酒，或又称火酒。狐嗜酒善饮之说兴于唐，如《广异记·李苌》[2]即记有狐妖乞酒，"累饮三斗许"之事。清代所记尤多。例如《聊斋志异》卷二《酒友》写车生以狐为"糟丘之良友"，"狐量豪善谐"，卷九《金陵乙》写金陵卖酒人"见一狐醉卧槽边"，《阅微草堂笔记》卷一五写狐魅夜入酒罂中窃饮醉眠，《夜雨秋灯录》卷八《公道娘子》写一狐窃饮醉倒瓮侧，酒气醺醺，《虫鸣漫录》卷二写狐精张二少爷"酣饮诙谐"，"其饮酒则置杯于案，酾酒其中，转瞬即空"。凡此都如《绿野仙踪》四十五回《连城璧误入骊珠洞，冷于冰奔救虎牙山》所说，"狐子们最好吃酒，吃起来不醉不止"。

狐嗜酒而易醉，醉则现形。明郎瑛《七修类稿》卷四八《狐狸》记狐精醉后化作黑纯狐，《封神演义》二十五回《苏妲己请妖赴宴》写众狐精酒醉现狐尾。此类描述清世更为常见，例如：

---

[1]《太平广记》卷四五一。

[2]《太平广记》卷四五二。

妇与王（王氏女）饮，王觉过醉，就卧席间，<u>化而为狐</u>。（《聊斋志异》卷五《武孝廉》)

一日，欲设筵飨狐。狐言老而饕餮，乃多设酒肴以待。比至日暮，<u>有数狐醉倒现形</u>，始知其呼朋引类来也。（《阅微草堂笔记》卷二一《滦阳续录三》)

女饮大醉，枕于膝上而卧，<u>辄化为狐</u>。（《埋忧集》卷一〇《狐妖》)

一夕既寝，篝灯未熄，忽见一美人凭案翻阅新诗。旋吸两壶酒倾之，须臾颓然倒地，<u>化为玄狐</u>。（《庸庵笔记·幽怪·北齐守宫老狐》)

（狐女）勉饮一两杯，即昏然卧榻上，俄顷，<u>忽化而为狐</u>。（《夜雨秋灯续录》卷八《涤烦香》)

对于狐"醉后多变形"，《阅微草堂笔记》卷一二《槐西杂志（二）》狐友解释说，道力浅的狐只能化形幻形，"故醉则变"，道力深者归于人道，便不会现形了。这里体现的是狐仙修炼观念。但狐醉现形在一般情况下其意义表现为暴露，是一种狐妖暴露形式。通过这种暴露形式——另外所谓"睡则变，仓皇惊怖则变"亦均为暴露形式——使狐由化形复归本形，从而引起人的不同心理反应、情感反应及行为反应。而人的反应态度往往决定着狐精的命运遭际。或许也正是为了使狐精获得合理的暴露形式，所以人们才虚构出狐嗜酒之说，这自然是背离了生物狐的生态习性的。

（四）畏犬及猎户。

我们在讨论狐精的"五畏"时，把畏犬畏猎户归入"畏凶暴"一类。但"五畏"实际上反映的是人自身的敬畏原则，而狐畏犬及猎户却分明是其生物习性的表现。狐作为中型兽类，无力伤人，猎人于狐无可畏惧，尽可放心捕猎，而猎犬猛于狐，因此猎人猎犬乃至一般犬便成为狐的大敌。狐成精后还望而生畏，退避三舍。于是古来谈狐者便有"魑魅忌狗"①，"妖狐最惮猎犬"②，"狐怪畏猎户"③，"狐性皆畏狗"④ 之说。

狐妖畏犬及猎户的事例，自六朝迄清不绝于书，例如：

（陈羡）因将步骑数十，领猎犬，周旋于城外求索……闻人犬声，怪（狐怪）避。（《搜神记辑校》卷一八《阿紫》）

胡道洽者……唯忌猛犬……时人咸谓狐也。（《异苑》卷八）

吴郡顾旃，猎至一岗……见一老狐蹲冢中……放犬咋杀之。（《搜神后记辑校》卷六《古冢老狐》）

是时西门围人教猎狗于洛川，已旬日矣，适值于道。苍犬腾出于草间，郑子见任氏欻然坠于地，复本形而南驰，苍犬逐之……里余，为犬所获。（《任氏传》）

猎犬至，见讼者，直前搏逐，径跳上屋，化为二狐而去。（《太平广记》卷四四九引《广异记·谢混之》）

参军王颙曳狗将猎，李氏群婢见狗甚骇，多骋而入门。颙素疑其

---

① 《搜神记辑校》卷一八《斑狐书生》。
② 《太平广记》卷四五四引《集异记·薛夔》。
③ 《阅微草堂笔记》卷五《滦阳消夏录（五）》。
④ 《萤窗异草》二编卷二《黄灏》。

妖媚，尔日心动，径牵狗入其宅。合家拒堂门，不敢喘息。狗亦掣拏号吠。李氏妇门中大诟曰："婢等顷为犬咋，今尚遑惧。王颙何事牵犬入人家？同官为僚，独不为李参军之地乎？"颙意是狐，乃决意排窗放犬，<u>咋杀群狐</u>。唯妻死，身是人，而其尾不变。（《太平广记》卷四四八引《广异记·李参军》）

表弟崔氏，为本州参军。是日至芣（李芣）所，言此野狐耳，曲沃饶鹰犬，当大致之。俄又掷粪于崔杯中。后数日，<u>犬至，芣大猎，获狡狐数头</u>。（同上书卷四五二引《广异记·李芣》）

《狐媚丛谈》卷二《李参军娶狐》插图

<u>会有猎骑从西来，引数犬</u>。妇人望见，即东走数十步，化为一狐。（同上书卷四五四引《宣室志·韦氏子》）

公安县沧渚村民辛家，犬逐一妇人，登木而坠，<u>为犬啮死</u>，乃老狐也，尾长七八尺。（同上书卷四五五引《北梦琐言·沧渚民》）

家有两犬，俊警雄猛，为外人所畏。<u>翁（狐妖）恶之，犬亦常怀</u>

搏噬之意。(《夷坚支庚》卷六《谭法师》)

方知为狐入屋，邻人聚犬逐之，见一老狐正睡，为犬所毙。(《湖海新闻夷坚续志》后集卷二《狐精嫁女》)

会清明上墓归，见小狐二，为犬逼逐。其一投荒窜去，一则皇急道上，望见生（耿去病），依依哀啼，蓂耳辑首，似乞其援。生怜之，启裳衿，提抱以归。闭门，置床上，则青凤也。大喜，慰问。女曰："适与婢子戏，遭此大厄。脱非郎君，必葬犬腹。望无以非类见憎。"(《聊斋志异》卷一《青凤》)

冬暮大雪，有猎户十余人，来借宿其家。告以借宿不难，恐有扰累。猎户曰："此狐也，我辈猎狐者也。但求烧酒饮醉，当有以报君。"其家即沽酒，具肴馔，彻内外燃巨烛。猎户轰饮大醉，各出鸟枪，装火药向空点放，烟尘障天，竟夕震动，迨天明雪止始去。其家方虑惊骇之，当更作祟，乃竟夕悄然。又数日，了无所闻。上楼察之，则群毛委地，窗槅尽开，而其怪迁矣。(《新齐谐》卷四《猎户除狐》)

适二新妇自庭后来，笑语方哗，忽举目见犬，惶声失色，瞥然却走。犬大吠，直前逐而攫之。翁惊呼奔救，稚（阿稚）已被噬断喉，踣地不动。犬又舍稚逐雏（阿雏），咋其踵，仆倒地十余步。二子亦惊出，偕翁极力挞犬。救之，已死，但见二黑狐卧地上，衣服履袜，宛如蝉蜕。(《夜谭随录》卷五《阿稚》)

海淀有贵家守墓者，偶见数犬逐一狐，毛血狼藉。(《阅微草堂笔记》卷一六《姑妄听之二》)

其邻家二犬，一夕吠甚急。邻妇出视无一人，惟闻屋上语曰："汝家犬太恶，我不敢下。……"（同上书卷一七《姑妄听之三》）

西蜀卓海帆相国督学时，豢西犬三十余头，以防穿窬。同人夜话亭中，狐每坐檐牙窃听。是夜人散，狐亦踽踽将归，不虞为犬所戕云。（许奉恩《里乘》卷四《浙江学使署狐》）

上述事例，在犬狐对立关系中狐完全处于失败者地位，常常成为牺牲品，这是狐性使然。有趣的是，狐自可识犬，但犬每见化形为人的狐仍能不受所惑，主动出击。这大约是因为狐虽化人而"野狐气"仍存。《广异记·王苞》[1]写道士叶静能从王苞身上嗅出"野狐气"，而犬则天生具有超凡的嗅觉。

猎犬中有"咋狐犬"，狐妖最所畏惧。《广异记·李参军》写到，李参军狐妻及狐婢为王颐纵狗咬死，而其妻父"萧使君"却"犬无搏噬之意"。王于东都取来咋狐犬，"萧作老狐，下阶走数步，为犬咋死"。看来"咋狐犬"是专门对付狐的，所以即便像"萧使君"那样道力深厚的老狐精也难免毙命于其爪牙之下。

猎户以猎狐为业，又有猎犬相助，狐妖自然畏忌。狐妖甚至对猎具也生畏意，《聊斋志异》卷八《浙东生》写到狐怕猎网。房某与一狐美人"如琴瑟之好"，一日戏以猎网潜蒙之，狐女竟"不敢动，但哀乞"。

畏犬可说是狐的天性，狐妖的种种悲剧常常由此引出。但人们出于对狐妖的敬畏或怜爱，企图在狐犬之间建立起一种新的关系，于是便又有狐不畏犬、狐役犬、犬畏狐的背反观念。

《搜神记》所记燕昭王墓斑狐故事中，一方面说"魑魅忌狗"，但一方面却是斑狐精面对猎犬"竟无惮色"[2]。此中缘故在于"数百年物"才"忌狗"，"千年

---

[1]《太平广记》卷四五〇。

[2] 此据《搜神记》八卷本卷四。明辑本《搜神记》卷一八亦有此四字。

老精"则不忌，而斑狐精恰是千年老精。这里提出了千岁狐不畏犬的观念。这一观念尤盛于唐代。唐代盛行天狐信仰，天狐神可通天，自然不畏犬。《酉阳杂俎》前集卷一五《诺皋记下》说刘元鼎纵犬逐狐，经年所杀百数，后获一疥狐，纵五六犬，皆不敢逐，狐亦不走。访得巨犬，"至皆弭耳环守之"。原来这只"疥狐"乃是"役于日月宫"的天狐。甚至天狐子孙也性不畏犬，《传奇·姚坤》说天狐之孙化为女子，自称夭桃，与姚坤为妾。人执良犬入姚馆，"犬见夭桃，怒目掣锁，蹲步上阶。夭桃亦化为狐，跳上犬背抉其目"。犬惊号而窜，行数里，犬毙。夭桃不仅不畏犬，甚至致犬于死地。

于是犬狐关系整个被倒转了，犬在狐的面前成为失败者，甚至沦为仆从奴隶。唐人小说于此多有描写，《纪闻·郑宏之》①说郑宏之缚一天狐，诸神鬼皆来谒拜慰问，有黄撅神呼狐为"大兄"，弄断锁链，狐化人而去。黄撅神原是县仓老狗。

又如：

　　唐睢阳郡宋王冢旁有老狐，每至衙日，邑中之狗悉往朝之。狐坐冢上，狗列其下。东都王老有双犬能咋魅，前后杀魅甚多，宋人相率以财雇犬咋狐。王老牵犬往，犬乃径诣诸犬之下，伏而不动，大失宋人之望。今世人有不了其事者，相戏云"取睢阳野狐犬"。（《太平广记》卷四五一引《广异记·王老》）

狐狗关系俨似君臣主仆关系，甚至连"咋魅"的"野狐犬"亦即咋狐犬也对狐俯首帖耳。

又如：

　　贞元末，骁卫将军薛夔寓居永宁龙兴观之北。多妖狐，夜则纵横，

---

① 《太平广记》卷四四九。

逢人不忌。夔举家惊恐，莫知所如。或谓曰："妖狐最悍猎犬。西邻李太尉第中，鹰犬颇多，何不假其骏异者，向夕以待之。"夔深以为然，即诣西邻子弟具述其事。李氏喜闻，羁三犬以付焉。是夕月明，夔纵犬，与家人辈密觇之。见三犬皆被羁絷，三狐跨之，奔走庭中，东西南北，靡不如意。及晓，三犬困殆，寝而不食。才暝，复为乘跨，广庭蹴鞠。犬稍留滞，鞭策备至。夔无奈何，竟徙焉。(《太平广记》卷四五四引《集异记·薛夔》)

这里，犬不仅不能咋狐，反倒成为狐的坐骑，任其驱使。

还有犬为狐媒的，北宋刘斧在《青琐高议·西池春游》篇末议中说，田家妇为狐所惑，"邻家犬作媒"。犬之为狐媒，也是对传统狐畏犬之说的反拨。

清代也有类似说法。《萤窗异草》二编卷二《黄灏》，写狐女(南山狐)捉弄好色的县宰，县宰夜拥美妇，晓则一狞毛巨犬，结果被狗咬伤。原来是狐女以术摄来典吏猎狗，化为己形以戏县宰。作者说："第狐性皆畏狗，此独能役之，则又狐中之仙，而非嗜鸡之狸可比也。"又卷三《住住》写猎犬见狐女住住，"反皆辟易，如有所追逐然"，住住亦为狐仙。"狐性皆畏狗"说的是一般狐妖，至于狐仙则不独不畏狗，狗反倒畏之，甚至听凭役使。狐仙不畏狗是清人狐仙信仰的反映，与唐人天狐不畏犬的观念一脉相承。

# 第十一章 · 狐与医药：狐药的民俗宗教含义

狐的经济价值最主要是皮毛可制裘，其次便是用为药材。早在远古，狐肉已被用于治蛊，《山海经·南山经》说青丘之山九尾狐，"食者不蛊"。郭璞注云："啖其肉令人不逢妖邪之气。或曰：蛊，蛊毒。"蛊字《说文》解释为"腹中虫"，段玉裁注云："谓腹内中虫食之毒也。自外而入，故曰中；自内而蚀，故曰蛊。"古人所说的蛊是一种毒虫，称作毒蛊。《周礼·秋官·庶氏》："庶氏掌除毒蛊。"郑玄注："毒蛊，虫物而病害人者。"毒蛊由人工培育，它吃过的食物有剧毒，人吃了便中毒而死。蛊字又释为自然界的毒气。《史记》卷五《秦本纪》云"以狗御蛊"，张守节《正义》："蛊者，热毒恶气为伤害人。"指瘴气之类。郭璞说的"妖邪之气"就是这种"热毒恶气"。九尾狐肉"食者不蛊"，就是说九尾狐肉有防蛊毒或瘴毒的功效。

西汉书《淮南万毕术》也有对狐血药性的记载，《太平御览》卷七三六引曰：

取门冬、赤黍，渍以狐血，阴干之。欲饮酒，取一丸置舌下含之，令人不醉。

这是说狐血可以解酒。

以后狐药不断载入药典，狐身各个部位几乎均可入药。今据《重修政和证类本草》和《本草纲目》条疏于下：

狐肉：气味甘温无毒，或曰有小毒。作臛（肉羹）或粥食之，治疮疥，治惊痫。煮炙食之，补虚损，治五脏邪气、蛊毒寒热。作鲙（切成细丝）生食，去风补虚劳。

狐胆：治邪疟发作无时。雄狐胆温水研末灌入喉，治人暴亡。

狐肠：作臛食之，治疥疮。腊月烧末水服治中恶、蛊毒。烧灰水灌治牛疫疾。

狐肝：烧灰，治风。治劳疟、瘴疟，其法取野狐肝一具阴干，重五日五更初北斗下受气为末，粳米作丸，绿豆大。每以一丸绯帛裹系手中指，男左女右。

治鬼疟寒热，其法取野狐肝胆一具，新瓶内阴干，阿魏一分为末，醋糊丸，芡子大。发时男左女右把一丸嗅之，仍以绯帛包一丸，系手中指。

狐心：生服，治狐魅。或为肝。

狐头：烧之辟邪。

狐目：治破伤中风。其法腊月收取狐目，阴干。用时用二目，炭火微烧，研末酒服之。

狐鼻：煮食，治狐魅病。

狐唇：恶刺入肉，以杵捣烂，和盐涂之。

狐涎：入媚药。

狐足：治痔漏下血。

狐皮：辟邪魅。

狐尾：烧灰，辟恶。或曰雄狐尾。又狐头狐尾灰可治牛疫。

狐阴茎：气味甘，微寒，有毒，或曰有小毒。治女子绝产、阴中痒、阴脱，小儿阴颓卵肿。

狐屎：研末水服治恶瘘。烧灰制膏取恶刺。雄狐屎制丸治鬼疟寒热。烧之辟恶，去瘟疫，治肝气、心痛。

明清小说也常提到狐药。《平妖传》第十五回《雷太监馋眼娶干妻，胡媚儿痴心游内苑》说"狐涎是个媚人之药，人若吃下便心迷意惑"。这同《本草纲目》所载狐涎入媚药相合。又第十一回《得道法蛋僧访师，遇天书圣姑认弟》写圣姑姑撒一泼尿在碗中，治好了杨奶奶的风寒病，作者说："原来药性本草上有一款狐尿，主治寒热瘟疟，偶然暗合了。"乃又增出狐尿。《萤窗异草》三编卷二《童之杰》描写武生童之杰伏狐之事：

　　又某县富家有女，亦为狐祟。昼则自身卧闺中，夜则凝妆以起。侍儿窥之，都无所见，唯衾枕时有长毫数十茎，则狐之所遗也。童闻之，佩剑而往。至，即于富家门侧，拔剑挥之，应手而倒，得一狐，

长近三尺，血殷然，已垂毙。童乃剖狐之心，用以疗女病。良已，仍
以囊贮此狐，徐徐而去。

以狐心治狐魅病，也合药典。

依照古代中药学，狐全身皆可入药，诚为中药之宝。现代中药学中亦有狐
药，但只限于五脏。《中国药用动物志》[①] 载，北方赤狐的心脏有镇静、利尿之
功能，主治癫狂、心悸、失眠、头晕、水肿等症，肺有补肺、化痰定喘之功能，
主治慢性气管炎、肺气肿。南狐（赤狐亚种）狐肺有理气解毒的功效，主治肺
结核、肺脓肿等症，狐胆有镇静的功效，主治癫痫。

现代中药学的认识当然要比古代中药学科学得多，古代狐药无疑具有许多
荒诞成分。事实上古代巫医不分，医术亦即巫术，中医实际来源于巫术及方术，
巫术性和方术性是古代中医的一个显著特点。因此我们讨论狐和古代医药的关
系，并不是试图从药物学角度讨论狐药的真实效用（笔者也不谙医药），而是
意在从狐文化观念角度探讨充满了方术迷信的狐药中的民俗宗教含义。这些民
俗宗教含义都是我们已经讨论到的，因此换句话说，也就是凭借我们对古人狐
妖观念的已有认识来分析狐药，揭示古人对种种狐药的医药性能的认识其实并
没有建立在药物学基础上，而是建立在民俗宗教的狐妖观念上。古人不是从狐
本身发现了狐药，而是从狐妖中发现了狐药。这话虽有些绝对化，但大体不错。
或者准确地说，相当多的狐药是如此。

我们在讨论《平妖传》时讨论过狐涎。狐涎入药用为媚药最典型地反映着
这一点。狐涎用为媚药来源于唐人媚珠之说，而媚珠之说又基于狐媚观念。狐
善媚人，因为腹中有媚珠，吐涎出珠，于是涎亦具媚效，即如《二刻拍案惊奇》
所说狐"性极好淫，其涎染着人，无不迷惑"。很清楚，相信狐涎为媚药，植根
于狐性淫的观念。人吃了狐涎制成的媚药，人也就成为淫邪之人。

① 天津科学技术出版社出版，第一册 1979 年出版，第二册 1983 年出版。

　　狐性淫的观念反映在狐药中还有狐阴茎一味。狐阴茎用为妇科药，主治妇女绝产（不孕症）、阴痒（霉菌性阴道炎和滴虫性阴道炎）、阴脱（子宫脱垂）。这里边包含的观念无非是：狐性既淫，雄狐阴茎必具异质，以狐阴茎阳刚之气补妇女阴质之亏，便可治疗绝产诸病。就是说妇女生殖系统的诸多失调亏乏之处，必赖狐阴茎以作调整补充。就像某些民族盛行男根崇拜，相信妇女触摸男根状之物可以育子多子一样，狐阴茎入为妇科药实际上反映的也是对狐阴茎的崇拜心理。

　　这种心理也反映在相信狐阴茎可治小儿阴颓卵肿上。小儿阴茎不举，睾丸肿大，明为雄气不足，得以狐阴茎补之。狐阴茎分明成为男性的象征，成为雄性的符号。因此当患者吃下狐阴茎时，他或她不是吃下了一剂药物，而是吃下了一种神秘力量，这种力量足以壮男子之阳，也足以使妇女阴阳调和。

　　再说狐心、狐肝、狐鼻。这三味药用来治狐魅病。狐魅病即为狐妖所惑，或狐妖附体，其症候《焦氏易林》已有描述："进退无羞"，"进退多态"，"哭涕诎指"。唐代称为"狐魅疾"，主要表现为"狂疾"。《重修政和证类本草》卷一八《狐》引《食疗》，说"狐魅状候"是"或叉手有礼见人，或于静处独语，或裸形见人，或衹揖无度，或多语，或紧含口"等，也主要是"狂疾"症候。所谓"狐魅病"其实就是精神病。现代中医学认为狐心可以镇静，主治癫狂，这和古中医认为狐心"治狐魅"一致。但是古人关于狐魅病和狐心等治狐魅的认识原本是植根于狐妖观念。狐魅人祟人，使人失去神志，而表现为"狂疾"——狐魅病，这种对病因的解释和对病症的命名就是荒谬的，完全是出于对所谓"狐魅"的迷信。而以狐心、狐肝、狐鼻治之，乃又基于以狐克狐的朴素认识。病症既由狐而生，必须以狐而消之。这是一种巫思维和巫术观念，即致病致灾之物本身又具有对应的消病消灾的魔力。《山海经》所记青丘九尾狐，既能"食人"，而人啖其肉则不逢妖邪之气，亦即以其妖邪以制妖邪，也正是这种巫思维、巫观念的表现。但于狐何以独选其心、肝、鼻以治狐魅病呢？这大约是因为狂疾原本为心疾——柳宗元《李赤传》称李赤为"病心"，李肇《国史补》

卷中称刘阆有"心疾"，皆此之谓——因此也必得以心来治之，俗谓"心病还得心药医"说的就是这个道理。而心肝并称，肝亦为重要脏器。古代常有食人肝的记载，古人相信肝可益身，以狐肝治狐魅病自然不难理解。至于狐鼻，《太平御览》卷三六七引《养生经》云："鼻者，心之门。"鼻乃心之门户，与心相通，也是和狐心相关之物。

再说狐肉、狐肠、狐胆、狐屎，凡此均可治邪气、蛊毒、邪疟。尽管现代中医学已确认狐胆有镇静的药效，但古人这种以狐肉及肠、胆、屎等去邪气的认识，无疑是源于《山海经》九尾狐治蛊的巫术观念，这里体现的仍是以邪克邪的巫思维。

反映同一观念的还有狐头、狐皮、狐尾。狐头"烧之辟邪"，狐尾"烧灰辟恶"，狐皮"辟邪魅"。其实这些已不是服用或外敷药物，纯为巫术。我们曾谈过，唐人以烧鹊头、鹊巢辟邪，狐头等物具有同样意义。这不仅源于九尾狐"食之不蛊"的观念，在狐神崇拜流行于民间后，狐既为神便有法力，相信狐头、狐尾、狐皮可辟邪也正是狐神信仰的体现。恰如明代闻香教供狐尾，清代妖人朱方旦借狐皮惑众一样，狐头、狐尾、狐皮均成为具有魔力的神物。

在狐药制法上甚至也渗透着与狐相关的巫术和方术内容。《本草纲目》卷五一下《狐》引《圣惠方》所说制狐肝丸的方法，是在"重五日（五月初五）五更初，北斗下受气为末"。五月五日古为重要节日，古人视此日为不吉之日，因而有端午逐疫之俗。俗间辟邪之法极多，如门挂桃艾、饮艾叶酒、系五彩丝、佩楝叶等等。道家医家制药也多于是日，如《玄微集》载五月五日制朱砂雄黄丸可治疟疾，《博闻录》载五月五日制朱龙团可催生，《金门岁节》载端午日午时取竹节中雨水制獭肝丸可治心腹积聚病，《本草》载五月五日采百草烧灰制团可治腋臭金疮，《图经本草》载五月五日午时采葛根作粉食之益人，《四时纂要》载端五日取葵子烧作灰服之治石淋，《千金方》载五月五日采小豆花叶阴干末服治酒醉，如此极多。《荆楚岁时记》说："五月五日，竞采杂药。"《琐碎录》说端午日"合药可久，不歇气味"①。《圣惠方》所言制狐肝丸亦在此日，也是取端午辟邪之意。而研末必在五更初北斗下者，则分明和狐拜北斗有关。狐拜北斗以成人形，乃是得北斗之气，而所谓"北斗下受气为末"，恰也是受北斗之气。在北斗之下研狐肝为末，便采入北斗精华，这样药方有神效。这一套制药程序不啻是巫师行巫术或方士行方术。

在古代《本草》系统中，动物性药材很少有狐药这般繁富者。这倒不是因为狐比其他动物更有药用价值，而是因为狐在民俗文化和宗教文化中处于为其他动物望尘莫及的地位。没有哪种动物像狐那样被赋予丰富的文化含义，而这种文化含义基本上处在非正统宗教的民俗宗教方面。民俗宗教创造了狐妖，中药学随之创造了狐药。狐药和狐妖一样，都只是一种神秘力量，都背离了狐本体。

---

① 以上参见南宋陈元靓《岁时广记》卷二一至二三《端午》。

修订后记

在精怪系统中，狐精无疑着墨最多也最引人注目，林林总总的各色精怪无出其右。晋人郭璞《玄中记》曾有云："狐五十岁能变化为妇人，百岁为美女，为神巫，或为丈夫，与女人交接。能知千里外事，善蛊惑，使人迷惑失智。千岁即与天通，为天狐。"对狐精变化作了一个基本概括。实际古人的狐精观念一直处于不断的丰富和变化之中，从狐精、狐妖、狐神、狐仙这些不同称呼不难看出此间端倪。20世纪八九十年代，我相继出版《唐前志怪小说史》（1984年5月）、《唐前志怪小说辑释》（1986年10月）、《唐五代志怪传奇叙录》（1993年12月）三部书，其中对唐前及唐五代小说中所书写的狐精故事都颇为关注，皆有详细考论。此间，1993年冬春之际我还特意主编了一本《狐狸精的故事》，选译了从晋到清的97篇小说故事。书前是我所作前言，题曰"话说狐狸精"，对狐精的来龙去脉作了简略介绍。此书1994年9月由南开大学出版社出版。

说来也巧，美国哈佛大学远东文化系博士生韩瑞亚（Rania Huntington），她的博士论文是研究明清小说中的狐狸精，来信和我联系，于1994年8月来到南开访学。当时我也开始了《中国狐文化研究》的撰写工作。韩瑞亚次年7月回国，我从1995年10月到1996年8月在韩国岭南大学中文系任交换教授，在韩期间也从韩国古籍《三国遗事》《高丽史》等书中搜集到一些狐妖资料。回国后继续撰写，于1998年完成书稿，交给人民文学出版社。

恰也正在此时，在美国攻读博士的康笑菲女士，由她的北大中文系同学顾青介绍来寒舍和我交谈，她也在研究狐狸精。我的《中国狐文化研究》当时只有手写书稿，已不在手边，介绍她到人民文学出版社去看。当时书稿正在外评审，书稿负责人来电话说书还没出版，给外人看是否合适，我说但看无妨。

康笑菲博士和韩瑞亚博士研究狐狸的著作，均已在美国出版，可喜的是在中国也有中译本问世，康笑菲所著中译本名《说狐》，浙江大学出版社2011年出版。韩瑞亚所著中译本名《异类：狐狸与中华帝国晚期的叙事》，上海世纪出版集团中西书局2019年出版。

此前，我的书也由人民文学出版社于2002年6月出版，改名《中国狐文化》。

说来好笑，此书出版闹过笑话，最初署名"李建国"，后来被一位老编辑也是我的前辈学长发现，责编才打电话告诉我，还问我这样署名不行吧。错本说是已经发行了1000册，后来即重印封面。出版社说，有个读者拿着两本书来问哪本是正版哪本是盗版。学生买了一册错本送我，留个纪念吧。

学界研究狐狸还大有人在。我在书中已引用过日本吉野裕子《神秘的狐狸》相关内容。洛阳师范学院教授李正学著《狐狸的诗学》，中国社会科学出版社2014年出版。正学送我一本，48万字，厚厚一巨册。据查，还有周彩虹的《中国狐文化的心理分析》，武汉大学出版社2019年出版，呼延苏《狐说》，岳麓书社2020年出版。著作虽不太多，但一区区狐狸竟亦惹出如许笔墨，倒亦可咄咄称奇了。

人民文学出版社所出《中国狐文化》，印了4000册，已过去近20年。今年2月，东方出版社编辑张凌云女士联系到我，说现在已买不到此书，所以想再版。应她要求，我托学生从网上下载了电子版给她发去，随后她便报选题立项。6月签订合同，7月我即着手修订此书，历时约两个月完成。

全书文字基本照旧，微调略修而已。最大的变化是根据凌云的建议加入许多对应的图片。图片共38幅，大多数出自明清古籍。

修改本辍笔之时，立冬已过，寒气尚薄。新月临窗，夜色如水，此刻心境真有不可言说者。特借昔年拙诗一联云："谁能会得个中意，唯有寒窗明月知。"

2021年11月14日作于钓雪斋